本书系2019年度国家社科项目"我国运动项目协会内部治理研究"（19XTY004）阶段性研究成果。

COMPARATIVE
AND
INTERNATIONAL SPORT LAW

比较与国际体育法系列

总主编 张春良

# 国际反兴奋剂争端解决专题研究：
# 以WADA v. SunYang &FINA为视角

## Thematic Research on the International Anti-Doping Dispute Resolution
## —— Focused on the WADA vs. SUN Yang & FINA

张春良 贺 嘉 等 著

厦门大学出版社 国家一级出版社
XIAMEN UNIVERSITY PRESS 全国百佳图书出版单位

**图书在版编目(CIP)数据**

国际反兴奋剂争端解决专题研究:以 WADA v.SunYang &FINA 为视角/
张春良,贺嘉等著.—厦门:厦门大学出版社,2021.6
(比较与国际体育法系列)
ISBN 978-7-5615-8238-1

Ⅰ.①国…　Ⅱ.①张…　②贺…　Ⅲ.①运动员—兴奋剂—法律—研究
Ⅳ.①D912.16

中国版本图书馆 CIP 数据核字(2021)第 106260 号

| | |
|---|---|
| **出 版 人** | 郑文礼 |
| **责任编辑** | 李　宁　郑晓曦 |
| **封面设计** | 李嘉彬 |
| **技术编辑** | 许克华 |

| | |
|---|---|
| **出版发行** | 厦门大学出版社 |
| **社　　址** | 厦门市软件园二期望海路 39 号 |
| **邮政编码** | 361008 |
| **总　　机** | 0592-2181111　0592-2181406(传真) |
| **营销中心** | 0592-2184458　0592-2181365 |
| **网　　址** | http://www.xmupress.com |
| **邮　　箱** | xmup@xmupress.com |
| **印　　刷** | 厦门兴立通印刷设计有限公司 |

| | |
|---|---|
| **开本** | 720 mm×1 000 mm　1/16 |
| **印张** | 18 |
| **插页** | 2 |
| **字数** | 314 千字 |
| **版次** | 2021 年 6 月第 1 版 |
| **印次** | 2021 年 6 月第 1 次印刷 |
| **定价** | 88.00 元 |

本书如有印装质量问题请直接寄承印厂调换

厦门大学出版社
微信二维码

厦门大学出版社
微博二维码

# 总　　序

　　庚子鼠年,风雨如晦。在这个非常时期,笔者牵头组织撰写的"比较与国际体育法系列"丛书开启了它注定非常的生命旅程。

　　非常系列,非常特色。本丛书是在西南政法大学资助和国际法学院的支持下立项实施的,其初心是整合我校在国际法和体育法交叉领域的研究力量,开辟西南法学学派的新的学术增长点,铸就西南国际法研究的特色增长极。有史以来,西南政法大学以其厚重的法学研究品质蜚声学界。学界公认,歌乐出品,必是精品! 毋庸讳言,基于地缘格局和情势变更的客观影响,西南学派的国际法研究虽时有亮点,但特色待彰。为破局西南国际法研究的特色之困,既需要国际法学科进行科学和前瞻性的顶层布局,也需要学科研究人员的厚积薄发,还需要支撑特色研究的特色实践有其规模化的长足发展。现在看来,这些条件业已成就。有学校和学院的统筹规划,有一批致力于国际体育法研究的学术新锐,更有中国在奥运会赛事举办上"梅开二度"的举国投入与实践,天时、地利、人和诸要素均已具足,启动西南学派"比较与国际体育法系列"丛书的建设,形成该领域研究的西南气象和特色适逢其时。因之,相比于传统法学研究而言,本套丛书作为非常系列,有其非常特色!

　　非常系列,非常使命。2020 年 2 月 28 日,这是一个值得中国竞技体育界和国际法学界刻骨铭心的时刻。是日,有体育世界最高法庭之称的国际体育仲裁院一纸裁决,对中国当代泳坛天骄孙杨处以 8 年顶格禁赛处罚。针对个别运动员的个案处罚大惊小怪似有过于矫情之嫌疑,然而正如该仲裁裁决所指称的,运动员对规则的认知、事件的处理和责任的担当方面都是令该案仲裁庭感到"惊讶""印象深刻"的若干问题。这多少揭示了我国竞技体育圈在相当程度上属于"法治洼地"的令人不堪但可能足够客观的现状。也因此,本系列丛书还以借力法治促进中国体育从大国向强国转型、从法治洼地向法治高地提升为不言而喻的使命和情怀。就此而言,本套丛书作为非常系列,有其非常使命。

非常系列,非常期待。体育是大众的实践,体育法却是小众的修行。这至少在当前之中国而言是如此。体育法研究和实践在中国的小众化是与体育在中国作为大众实践不相符的,更是与正处于伟大复兴和崛起进程中的中华民族朝气蓬勃之气象不相称的。现代奥林匹克之父顾拜旦曾言:"一个民族,老当益壮的人多,那个民族一定强;一个民族,未老先衰的人多,那个民族一定弱。"这是关于体育之于民族盛衰兴亡的意义之睿智断言:体育强,则民族强;体育弱,则民族弱。我们仍然还记得《体育颂》中作者以无上的热切和虔诚,将体育视为是"天神的欢娱,生命的动力",是集美丽、正义、勇气、荣誉、乐趣、进步、和平和培育人类的沃土等万千美德于一身的存在。体育,既是世界的选择,也应是中华民族的选择,是各国人民通往真善美的"大乘"之道。可预期的是,体育应当也必然是伟大复兴后的中华民族不可或缺的生命实践和生活方式!遵循经济基础决定上层建筑这一从不过时的因果,体育强,则体育法盛!这也当是"比较与国际体育法"的时也、命也!有鉴于此,本套丛书作为非常系列,有其非常期待。

其实,本套丛书被定位为西南国际法研究的非常之"特色",也反道出其处境的维艰,它不是主流也不是常态,这显然并非组织者的"野心"。以非常之态,走非常之道,最终归于法学研究和实践的常态和常道,这才是本丛书的"小目标"。

风雨如晦,却不见得就是困境。反者道之动,这如晦风雨反倒极可能是"福人"之"微祸"。先贤曾言:天欲祸人,必先以微福骄之,要看他会受;天欲福人,必先以微祸儆之,要看他会救。扼住命运之喉咙,旋转祸福之乾坤的,仍然是那斯芬克斯之谜的谜底。自助者,天助之!以此献给风雨如晦时期的抗疫人民,并与为体育法的繁荣昌盛而"烦心""操劳"之士共勉!

以此为序!

丛书总主编　张春良

2020 年 4 月 17 日

重庆·众妙之门

# 作者简介

**张春良**，男，四川泸县人，法学博士，西南政法大学国际法学院教授、博士生导师、教务处副处长，重庆英才创新领军人才，巴渝学者特聘教授，西南政法大学比较与国际体育法研究中心主任，课程思政教学研究中心副主任，中国国际私法学会常务理事。

**贺嘉**，女，重庆人，法学博士，西南政法大学人工智能法学院讲师，比较与国际体育法研究中心研究员。

**黄晖**，女，四川成都人，法学博士，重庆大学法学院副教授，法学院体育法治研究所主任。

**李智**，男，山东济宁人，法学博士，福州大学法学院教授、副院长，国家高端智库武汉大学国际法研究所兼职教授、博士生导师，国际体育仲裁院(CAS)仲裁员，中国奥委会奥运备战办法律顾问，中国国际私法学会常务理事，中国法学会体育法学研究会副会长。

**石现明**，男，四川仪陇人，法学博士，云南财经大学法学院教授，中国国际私法学会常务理事，中国法律逻辑研究会常务理事。

**罗小霜**，女，湖南湘潭人，法学博士，博士后。中国政法大学体育法治研究基地讲师。

**白显月**，男，牛津大学国际商法硕士，比利时鲁汶大学欧盟法硕士，国浩(天津)律师事务所管理合伙人，中国贸仲、香港国际仲裁中心(HKIAC)、国际体育仲裁院(CAS)等多家境内外顶级仲裁机构仲裁员、调解员，国际律师联盟(LAWYERS ASSOCIATED WORLDWIDE)全球执委(2008—2013)，全国律协首届"中国涉外律师领军人才"，CAS上海听证中心专家委员，中国奥委会奥运备战办法律顾问，中国篮球协会仲裁委员会委员，中国仲裁法学研究会理事，2018年第18届亚运会CAS特设仲裁庭六名仲裁员之一。

**张春燕**，女，四川泸县人，西南交通大学副教授，体育学院副院长。

**刘永平**，女，福建福州人，武汉大学体育法学博士研究生。

**周大山**，男，湖北江陵人，西南政法大学国际法学博士研究生，西南政法大学比较与国际体育法研究中心研究员。

**向伦**,男,重庆云阳人,西南政法大学国际法学博士研究生,西南政法大学比较与国际体育法研究中心研究员。

**侯中敏**,女,河南安阳人,西南政法大学国际法学硕士研究生。

**段营营**,女,山东寿光人,西南政法大学国际法学硕士研究生。

**刘延鑫**,女,河北邢台人,西南政法大学国际法学硕士研究生。

# 写作分工

第一章　张春良　侯中敏
第二章　周大山　张春燕
第三章　白显月
第四章　罗小霜　段营营
第五章　周大山　黄　晖
第六章　李　智　刘永平
第七章　向　伦　黄　晖
第八章　石现明
第九章　贺　嘉
第十章　刘延鑫　张春良

## 缩略语表

| 序号 | 缩略词 | 中文全称 | 外文全称 |
|---|---|---|---|
| 1 | WADA | 世界反兴奋剂机构 | Word Anti-Doping Agency |
| 2 | WADC | 《世界反兴奋剂条例》 | World Anti-Doping Code |
| 3 | FINA | 国际游泳联合会 | Federation of International National Association |
| 4 | FINA DC | 《国际泳联兴奋剂管制规则》 | FINA Doping Control Rules |
| 5 | IOC | 国际奥林匹克委员会 | International Olympic Committee |
| 6 | CAS | 国际体育仲裁院 | Court of Arbitration for Sport |
| 7 | NOC | 国家奥林匹克委员会 | National Olympic Committee |
| 8 | SFT | 瑞士联邦最高法庭 | Swiss Federal Tribunal |

# 目　　录

# 第一章

# 国际体育纠纷解决的"非常道"
## ——从 WADA v. Sun Yang & FINA 案谈起*

国际体育仲裁院(Court of Arbitration for Sport，以下简称 CAS)被誉为体育世界的"最高法庭"，因其在体育领域，尤其是高水平竞技体育领域的专业性、权威性和高效性而为各级各类体育组织、体育协会、竞技运动员所普遍认可和接受，并在代表全球最高竞技赛事即奥林匹克运动会赛事中被确定为唯一的赛事争议解纷机构。根据 CAS《与体育相关的仲裁法典》的规定，CAS 主要通过四类程序、四类分处(庭)解决争议：第一类是由普通仲裁分处(The Ordinary Arbitration Division)通过普通仲裁程序解决提交其审理的争议。第二类是由反兴奋剂分处(The Anti-doping Division)通过特设的反兴奋剂程序解决兴奋剂违纪争议，该处组建的仲裁庭可以作为初审仲裁庭，也可以作为终审仲裁庭裁决争议。第三类是由上诉仲裁分处(The Appeals Arbitration Division)通过上诉仲裁程序处理体育协会、联合会或其他体育相关组织作出的决定，只要在其章程或法规中同意将此类决定提交给 CAS 进行仲裁解决。第四类是由 CAS 在奥运会赛事中特设的临时仲裁庭，按照奥运会仲裁规则处理在奥运会赛事期间发生的相关争议。CAS 不仅通过仲裁方式解决争议，而且还引入调解机制，通过调解解决提交给它的争议。①

---

* 本章系重庆市英才计划创新领军人才项目"百年中国共产党人关于涉外法治重要论述研究"研究成果。

① See CAS CODE, Art. S 12.

第二、三、四类解纷程序是 CAS 受理最为广泛且标识度最高的体育专业类争议，但在其通过此类程序处理案件的过程中，CAS 仲裁的中立性、强制性也多次被纠纷当事人提出异议。此类仲裁机制相对于普通的商事仲裁机制而言，彰显出 CAS 体育仲裁诸多非常之处，对其深入探讨更有助于清晰把握竞技体育仲裁的独特制度安排，明确 CAS 竞技类体育仲裁的具体程序与规则，从而对未来中国竞技体育纠纷的多元化解纷机制，特别是竞技体育仲裁机制的构建，中国体育界相关主体的权益保障，尤其是借此推动中国体育治理的国际化、现代化和法治化，无疑具有切近和高远的意义。WADA v. Sun Yang &FINA 案(以下简称"孙杨案")无疑是庚子鼠年伊始引发全球关注的 CAS 仲裁案例①，在以 CAS 上诉程序为探讨对象，从 CAS 受理的备受关注的世界反兴奋剂机构(WADA)诉孙杨和国际泳联(FINA)案谈起，阐述其仲裁制度设计的"非常道"。

# 一、引言：案情与问题

## (一)案情介绍

孙杨案是一系列体育解纷程序的组合，截至 2020 年 12 月该案的 CAS 裁决已被瑞士联邦最高法庭(Swiss Federal Tribunal，以下简称 SFT)裁定撤销，发回 CAS 仲裁，因此其纠纷解决尚未终结。如果将孙杨案视为运动员为权利而斗争的历程，那么该案较好地凸显了世界竞技体育领域中法律救济体制的结构及运动员的维权路径。

该案案情梗概如下：2018 年 9 月 4 日晚上 10 时至 11 时，国际兴奋剂检测管理公司(International Doping Testing Management，以下简称 IDTM)的 3 名工作人员到中国著名游泳运动员孙杨位于中国杭州的住宅进行赛外样本收集。在样本收集过程中，主检官(Doping Control Officer，以下简称 DCO)向孙杨出示了一份国际游泳联合会(Federation of International National Association，以下简称 FINA)签发给 IDTM 的通用授权函、个人身份证以及

---

① See CAS 2019/A/6148 World Anti-Doping Agency v. Sun Yang &. Fédération Internationale de Natation.

IDTM 的兴奋剂检测卡；血检助理（Blood Collection Assistant，以下简称 BCA）出示其护士证；尿检助理（Doping Control Assistant，以下简称 DCA）出示了其身份证。血检助理成功收集血样，并将其置于冷藏箱内的保险容器中。在尿检取样时，孙杨发现尿检助理行为不规范，拍摄或正在拍摄与尿检工作无关的照片。孙杨遂要求重新审查 IDTM 样本检测人的身份及其授权，并对尿检助理仅提供身份证的行为提出异议，认为尿检助理不具有正当授权，并拒绝尿检助理参与这次检查工作。当晚 11:35 左右，孙杨方电话联系其个人医师、游泳队队医、中国国家游泳队领队寻求建议，孙杨的医生也来到现场，他们均认为检查人员必须获得 IDTM 的正当授权，而血检助理提供的护士资格证和尿检助理提供的身份证不具有正当授权的性质，因此已收集的血样无效，不应被带走，并试图取回血样。

当主检官向运动员表示不能留下任何 IDTM 材料时，孙杨和其保安用锤子砸碎血样容器，收回血样并保存在国家游泳队队医手中，因此该血样已无法送往实验室进行检测。主检官随后填写的纸质的反兴奋剂表格（DCF）也被孙杨撕毁。之后，IDTM 书面向国际泳联汇报事情经过，2018 年 9 月 6 日，孙杨向国际泳联致函报告此事并作出解释。2018 年 10 月 5 日，国际泳联纪律委员会正式作出决定，认定孙杨违反了《FINA 兴奋剂管制规则》（FINA DC）第 2.3 条和第 2.5 条。[①] 孙杨随即按国际泳联纠纷解决程序向 FINA 内部反兴奋剂专家组提起上诉，后者于 2019 年 1 月 3 日作出 FINA 的最终裁定，认定孙杨兴奋剂违纪行为不成立。

世界反兴奋剂机构（WADA）作为全球范围内监督和执行反兴奋剂运动的专业组织，对 FINA 的终局裁定不服，根据 CAS 规则 2019 年版（《体育仲裁规则》）第 48 条的规定，遂于 2019 年 2 月 14 日向 CAS 提起上诉，为本案运动员送来了一份别致的"情人节礼物"。CAS 在审理该案期间，适逢中国正在全民抗击新冠肺炎疫情的肆虐，也正因为如此，该案的审理成为全国民众隔离期间举国瞩目的重大事件，该案也成为举国上下首次接受体育仲裁的"普法"事件。历经艰难曲折的 FINA 内部两级程序及 CAS 仲裁程序之后，孙杨案仲裁庭最终作出了"U Turn"式的裁决[②]，其实质性的裁项包括：

---

[①]　See Article 2.3 (Refusing or Failing to Submit) and Article 2.5 (Tampering or Attempted Tampering with Any Part of Doping Control)，FINA DC.

[②]　See CAS 2019/A/6148.

1.维持 WADA 针对 FINA 反兴奋剂小组于 2019 年 1 月 3 日作出的决定在 2019 年 2 月 14 日提起的上诉申请。

2.撤销 FINA 反兴奋剂小组于 2019 年 1 月 3 日作出的决定。

3.孙杨禁赛 8 年。

仲裁奉行"一裁终局"原则,CAS 仲裁也不例外。[①] 因此,事已至此,似乎意味着孙杨"为权利而斗争"的程序的终结,也意味着孙杨在水中飞翔的泳姿将成为一代传说,在游泳领域的最高竞技场所再也无法让国人亲眼见证泳坛传奇的延续。然而,国际体育赛事纠纷解决机制仍然为 CAS 仲裁机制可能存在的瑕疵提供力所能及的救济,这就是 SFT 的司法审查程序。由于 CAS 独特的程序设计,其名义仲裁地位于瑞士洛桑,相应地,CAS 仲裁庭,包括其派驻奥运会赛场的临时仲裁庭,作出的仲裁裁决均被认定为瑞士国仲裁裁决。这在法律效果上表明,CAS 仲裁庭针对孙杨案作出的仲裁裁决属于瑞士国仲裁裁决,而《瑞士联邦国际私法》(*Private International Law Act*,以下简称为 PILA)已为此类裁决提供了 SFT 的司法审查程序,后者可就法定的瑞士国的国际仲裁裁决瑕疵提供救济。孙杨方在裁决后向 SFT 提交了撤裁申请书,一场运动员维权的"绝地反击"开始上演。国内外体育与法律界普遍悲观地认为 SFT 将驳回孙杨方的撤裁申请,但该案最终在 SFT 以首席仲裁员独立性问题完成了逆转,SFT 官方于 2020 年 12 月 24 日为孙杨方送来了"圣诞节礼物",官宣撤销 CAS 仲裁裁决,为本案程序上的"Z Turn"按下了启动键,为实体上可能的"柳暗花明"奠定了基础。接下来,CAS 将重组仲裁庭对案件进行仲裁。案件是否能够在裁决结果上实现最终的逆转仍然悬而未决,但本案集中呈现了 FINA 内部纪律处罚、内部纠纷解决、CAS 仲裁、SFT 司法审查,再到 CAS 重新仲裁等完整的竞技体育纠纷解决程序,成为法律分析的经典案例。需要明确的是,SFT 撤销 CAS 裁决只是意味着当前裁决因程序问题被撤销,并不等同于直接裁定孙杨违纪不成立,因此,在实体结果上孙杨案究竟如何,仍然有待 CAS 重新仲裁得出结论。前路依然漫漫,结果依然扑朔迷离。

为简化论述,可将该案迄今为止的关键信息列表显示,如表 1-1。

---

① 张春良、黄晖:《论生效体育仲裁裁决的瑕疵与补救——以 CAS 仲裁规则为中心的考察》,载《武汉体育学院学报》2017 年第 12 期。

表 1-1　案情概略

| 2018 年 9 月 4 日 | IDTM 授权对孙杨进行赛外采样,发生争议。尿样未采集;血样外包容器被破坏,内包完整,在巴震医生处;DCF 被撕毁。 |
| --- | --- |
| 2019 年 1 月 3 日 | FINA 内部反兴奋剂专家组作出裁决,孙杨无违规行为。 |
| 2019 年 2 月 14 日 | WADA 向 CAS 提起仲裁上诉,被申请人为孙杨。 |
| 2019 年 3 月 11 日 | 被申请人对 Beloff 先生提出回避申请。 |
| 2019 年 3 月 22 日 | 孙杨提出案件可受理性问题,要求 CAS 不予受理 WADA 申请。 |
| 2019 年 4 月 9 日 | CAS 办公室通知当事人:(1)本案的可受理性问题待仲裁庭组建后由其决定;(2)驳回被申请人提出的异议。 |
| 2019 年 4 月 16 日 | CAS 办公室通知当事人:驳回对 Beloff 先生的回避申请。 |
| 2019 年 5 月 1 日 | 根据 CAS 仲裁法典 R54 条,CAS 办公室通知当事人:仲裁庭由 Eranco Erattimi(首裁),Michael J. Beloff 和 Philippe Sands 组成。 |
| 2019 年 5 月 9 日 | 孙杨提请裁定:(1)上诉仲裁申请的可受理性和/或 CAS 管辖权;(2)禁止 WADA 当事人参与案件仲裁。 |
| 2019 年 5 月 16 日 | 孙杨就 WADA 代理人提出回避请求。 |
| 2019 年 5 月 19 日 | CAS 法院办公室特别通知各方:(1)驳回被申请人提出的上诉申请可受理异议;(2)驳回被申请人关于程序分阶进行的请求;(3)关于 WADA 代理人的回避问题,在听取该代理人和其他当事人意见后予以回复。 |
| 2019 年 5 月 27 日 | 孙杨根据最近注意到的新信息,对 Michael J. Beloff 提出了第二次回避申请。 |
| 2019 年 5 月 29 日 | 孙杨提交了一份《取消 WADA 代理人资格的请求》和一份《对上诉可受理性的和 CAS 管辖权的异议》。 |
| 2019 年 6 月 7 日 | 孙杨就其要求 Beloff 的回避提交书面意见,并要求中止此程序,直至回避委员会作出决定。 |
| 2019 年 6 月 11 日 | 孙杨告知 CAS,他已就 CAS 驳回其回避申请和驳回案件可受理性异议的两决定向瑞士联邦法院(SFT)提交裁决申请,并要求中止程序。 |

续表

| | |
|---|---|
| 2019 年 6 月 18 日 | CAS 办公室通知当事人:根据《与体育相关的仲裁法典》第 R32 条规定,仲裁庭决定:(1)驳回孙杨中止程序请求;(2)驳回孙杨要求本庭就本程序的中止作出决定;(3)对 Beloff 的第二次回避申请,等候回避委员会决定,不在仲裁庭职权范围内。 |
| 2019 年 6 月 24 日 | WADA 要求专家组下达一项命令,"禁止被申请人及其律师、家庭成员和代理人与本案中的重要证人样本采集人员进一步直接或间接接触"。 |
| 2019 年 6 月 28 日 | CAS 法院办公室通知各方,为了保持这一程序的有效运作并避免拖延手头的事项,Beloff 先生已决定从专家组辞职。他明确表示,他这样做完全是为了协助迅速进行审理,而不是因为这一异议有任何价值。 |
| 2019 年 7 月 5 日 | WADA 任命 Romano F. Subiotto 先生,皇室法律顾问、比利时布鲁塞尔律师、英国伦敦律师代替 Beloff 先生担任仲裁员。 |
| 2019 年 7 月 12 日 | 孙杨对 Subiotto 先生作为仲裁员的提名提出异议。 |
| 2019 年 7 月 19 日 | 孙杨根据《与体育相关的仲裁法典》第 R57 条要求举行公开听证会。 |
| 2019 年 7 月 26 日 | CAS 法院办公室驳回了孙杨对 Subiotto 的回避申请。 |
| 2019 年 7 月 26 日 | CAS 办公室通知当事人:鉴于无利益冲突,故驳回对 WADA 代理人的申请。 |
| 2019 年 10 月 28 日 | 在孙杨就专家组于 2019 年 7 月 26 日作出的对"WADA 法律顾问资格取消请求"不予支持的决定提起上诉后,SFT 决定宣布孙杨就此问题提起的上诉不予受理。 |
| 2019 年 10 月 30 日 | WADA 告知 CAS 法院办公室,又发生了针对血检助理的恐吓行为。 |
| 2019 年 11 月 12 日 | 孙杨概述其程序异议:(1)坚持对申请人指定的仲裁员提出回避申请;(2)坚持对 CAS 管辖权提出异议,一方面是期限问题,另一方面是 WADA 代理人存在利益冲突。 |
| 2019 年 11 月 13 日 | FINA 通知 CAS,尿检员提交了第三份书面声明,询问是否应该及何时作证,其表示愿意作证。孙杨坚持该尿检员出庭作证。 |

续表

| | |
|---|---|
| 2019 年 11 月 14 日 | 血检员视频参与了证词作证程序;专家组通知孙杨,其并没有拒绝听取尿检员证词,但鉴于其前后矛盾的态度,突然提出作证请求不合适。 |
| 2019 年 11 月 15 日 | CAS 公开听证。尿检员与 IDTM 法律顾问两人意见未被听取;他们的书面陈述记录在案。庭审结束时,各方明确表示,对程序没有异议。发表意见的权利得到尊重。 |
| 2019 年 12 月 5 日 | WADA 通知 CAS 法院办公室,存在违反专家组 2019 年 9 月 27 日发布的禁止在该等程序中恐吓或接触证人的命令的行为。 |
| 2019 年 12 月 9 日 | CAS 法院办公室通知各方,专家组对 WADA 于 2019 年 12 月 5 日发出的信函的内容感到担忧,如果被证明属实,这些行为不仅不尊重法律程序,而且与专家组于 2019 年 9 月 27 日作出的指令直接矛盾。各方再次被明确警告不得采取恐吓行为,不得披露本程序的机密内容。专家组可能从该等行为中作出不利推论。运动员及其律师表示,他们从未试图通过任何方式恐吓主检官、尿检助理、血检助理或任何其他证人。 |
| 2019 年 12 月 17 日 | 各方向专家组提供了一份经专业翻译的听证会期间孙杨证词。 |
| 2019 年 12 月 20 日 | WADA 指控孙杨在社交媒体上对主检官进行恐吓和报复,但孙杨否认了这一指控。 |
| 2020 年 2 月 28 日 | CAS 发布裁决。 |
| 2020 年 4 月 28 日 | 孙杨方向 SFT 提出撤裁申请。 |
| 2020 年 12 月 24 日 | SFT 官宣撤销 CAS 仲裁裁决。 |

## (二)进一步的问题

对本案需要进一步说明的问题有三:

其一,WADA 系属何方神圣?其如何介入本案仲裁?本案中 WADA 的角色地位受到众多关注,从仲裁制度安排看,WADA 并非属于本案当事人,其介入本案颇有"世界警察"的角色定位。这也体现了竞技体育仲裁的特殊性,特别是反兴奋剂体育仲裁的非常之处。WADA 虽非具体兴奋剂违纪案件中的当事人,但其设立之宗旨与使命即作为"世界警察"对奥运会范围内的兴奋剂违纪行使监督权,其作为兴奋剂违纪案件中的利益关系方,有权根据《世界反兴奋剂法典》(*World Anti-Doping Code*,以下简称 WADC)第 13 条的相关规定向 CAS 提起上诉仲裁:"WADA 无须等待反兴奋剂组织内部程序全部执行完毕,WADA 依据第 13 条的规定有权提起上诉。即使在某个反兴奋剂组织程序之内,其他相关方尚未对最后决定提起上诉的情况下,WADA 也无须等待反兴奋剂组织内部程序全部执行完毕,可直接向 CAS 对最终决定提起上诉";"涉及国际级运动员或对国际赛事中所发生案件的决定或涉及国际级运动员案件的决定,只能向 CAS 提出上诉"。这一规定直接赋予 WADA 在反兴奋剂违纪案件中的仲裁申请人地位,类似公益仲裁的法律地位。本案中运动员孙杨是国际级运动员,因此针对 FINA 就孙杨作出的决定,WADA 能够直接向 CAS 提起上诉。WADC 是由 WADA 组织制定并实施的,其中 CAS 的上诉受案依据体现出 CAS 上诉仲裁程序受理案件的广泛程度,在一定程度上排除了各国家设立的国内、涉外或国际仲裁机构以及法院等司法机关的管辖,表现出竞技体育领域争议解决的"垄断性",作为这种准垄断性的代偿价值就是,奥运会竞技体育领域争议解决的高度自治性、专业性和统一性。这无疑对于国际竞技体育的统一秩序的形成和成形发挥着重要乃至决定性的作用。[①]

其二,被申请人在 CAS 上诉仲裁中有哪些程序救济措施？通过对本案中 CAS 裁决书的梳理,我们可以发现在仲裁程序方面,本案的第一被申请人即孙杨启动了几乎所有可以适用的程序救济申请。其中主要的异议集中在两个关键点上:一是 CAS 仲裁管辖权异议。被申请人认为,WADA 没有及时提出上诉,因此 CAS 的上诉管辖权不成立,因而 CAS 不具有属时管辖权。另考虑到 Richard Young 和 Brent Rychener 与第一被申请人的利益冲突,WADA 提起的上诉不可受理,因此,CAS 不具有属时管辖权。二是仲裁庭组成不当异议。被申请人坚持对边裁 Romano F. Subiotto 的仲裁员资格提出异议,坚持认为仲裁庭组成不当。此两点异议很可能是被申请人的代理人有意采取的仲裁策略,其在法律效果上具有深远的意义,类似围棋中的"后手"布局。按照仲裁法理,如果当事人在仲裁过程中不提管辖权异议,不对仲裁庭组成可能存在的瑕疵提出异议,则在仲裁裁决作出之后,根据仲裁弃权规则,此类瑕疵将被认为因当事人的无异议而"自愈",从而不能在司法机关的审查程序中提出作

---

① 李智:《从德国佩希施泰因案看国际体育仲裁院管辖权》,载《武大国际法评论》2017 年第 1 期。

为挑战仲裁裁决的依据。特别是在许多仲裁机构的仲裁规则中,通常设计有程序瑕疵"自愈"规则,仲裁庭在开庭审理终结前也会明确要求当事人作出声明,其对已经进行的仲裁程序无异议,包括接受其中可能存在的任何瑕疵。根据《瑞士联邦国际私法》第 12 编国际仲裁第 190 条第 2 款的规定,SFT 可以基于下列五种理由撤销仲裁裁决:(1)仲裁员的指定或仲裁庭组成不当;(2)仲裁庭错误行使或拒绝行使管辖权;(3)仲裁庭裁决超出仲裁请求或遗漏仲裁请求;(4)当事人的平等权和听证权没有得到尊重;(5)裁决违反瑞士公共政策。鉴于此,本案仲裁被申请人及其代理人对 CAS 管辖权及仲裁庭组成提出异议,就具有对未来可能的仲裁裁决之失利及其司法救济的机会与权利进行"保全"的意义,为确保未来在需要时的救济埋下伏笔。

然而,被申请人频繁且广泛的程序救济行为具有双刃剑效果,其利弊辩证地表现为:一方面,对于未来在 SFT"保全"申请撤裁的机会是有所助益的,这是其"利";另一方面,值得注意的一个问题是,频繁的程序异议向仲裁机构和仲裁庭传递出的"吹毛求疵"的态度可能会对仲裁员的内心裁量带来消极影响,特别是在突出仲裁员仲裁地位和权利的 CAS 语境中,更是如此,这是其"弊"。

其三,CAS 有何特权垄断竞技体育争议的解决?当事人是否有权在 CAS 仲裁前、中、后另寻救济,途径为何? 具体到本案中,本案被申请人是否有权在 CAS 受理仲裁之前,先行向其他仲裁机构或国家司法机关,例如被申请人住所地国即中国的相关仲裁机构或人民法院寻求救济? 或者即便在 CAS 决定受理仲裁之后,由被申请人就 CAS 仲裁条款的存在与效力问题提请中国、瑞士或其他相关国家的司法机关予以(无效)确认,继而在根本上否定 CAS 的仲裁管辖权;或者即便 CAS 可以行使管辖权,也可以据此在其他国家司法机关启动平行的司法救济程序? 设若 CAS 最终作出的仲裁裁决对被申请人不利,被申请人是否有权向中国或瑞士国的司法机关请求撤销或不予执行? 此类救济路径之间的关系、依据和各自的条件、程序及法律效果为何? 显然,这些问题构成了本案最具开放性的议题。对这些议题的回应,必须回归法理与规则,并恰好逐一呈现 CAS 仲裁的"非常道"。

## 二、中国仲裁机构:为什么不

展开讨论之前的一个基本的格局性的前提是,CAS 仲裁是不是普通仲裁？对这一问题的明确回答是一切讨论的基础。

笔者认为，不论 CAS 仲裁如何别致、特殊，其仍然属于在仲裁这一谱系中的争端解决机制，因此，它当然应有仲裁所具有的基本属性。立足中国仲裁体制观之，一个争议如果具有涉外因素，则当事人不仅可以选择外国仲裁机构进行仲裁，而且还可以选择中国仲裁机构进行仲裁。① 以此观之，本案争议典型地属于涉外争议，因为孙杨作为一方当事人具有中国国籍，而本案中的另一方当事人，不论是 FINA 还是 WADA 都是登记注册地在国外的机构②，按照我国《最高人民法院关于适用〈中华人民共和国涉外民事关系法律适用法〉若干问题的解释（一）》（以下简称《法律适用法》司法解释一）第 1 条之规定，此争议的主体及法律事实具有国际因素，从而属于涉外法律关系的情形。③ 因此，立足中国法律治理机制看，孙杨有权将其争议提交中国或外国仲裁机构进行仲裁。即便当事人之间存在 CAS 仲裁条款，孙杨也有权就该仲裁条款的存在其效力向中国相关人民法院提起效力确认之诉④，并在该仲裁条款（如果）被司

---

① 中国司法机关对这一立场的确认建立在两类正相反对的、里程碑式的案例之上。其首先通过一个纯国内案件对争议当事人约定提交外国仲裁机构进行仲裁的仲裁条款的效力说不，参见（2013）二中民特字第 10670 号，北京朝来新生体育休闲有限公司申请承认和执行外国仲裁裁决案；其后通过一个涉外争议案件对争议当事人约定外国仲裁机构进行仲裁的仲裁条款的效力予以肯定，参见（2020）京 04 认港 5 号，大卫戴恩咨询有限公司、布拉姆利有限公司申请执行香港仲裁裁决案。

② WADA 和 FINA 均系登记注册地在瑞士洛桑的非政府间国际组织。至于其法律性质，究竟是属于法人还是非法人组织；如果是法人，是属于何种法人，这些问题均决定于其属人法即瑞士法。有文献对 IOC 进行过考证，认为其属于法国法上的机构。参见黄世席：《论国际奥委会的法律地位：一种国际法学的分析》，载《法学论坛》2008 年第 6 期。这对 WADA 及 FINA 均具有定性借鉴意义。

③ 《最高人民法院关于适用〈中华人民共和国涉外民事关系法律适用法〉若干问题的解释（一）》第 1 条规定："民事关系具有下列情形之一的，人民法院可以认定为涉外民事关系：（一）当事人一方或双方是外国公民、外国法人或者其他组织、无国籍人；（二）当事人一方或双方的经常居所地在中华人民共和国领域外；（三）标的物在中华人民共和国领域外；（四）产生、变更或者消灭民事关系的法律事实发生在中华人民共和国领域外；（五）可以认定为涉外民事关系的其他情形。"

④ 《中华人民共和国仲裁法》第 20 条规定："当事人对仲裁协议的效力有异议的，可以请求仲裁委员会作出决定或者请求人民法院作出裁定。一方请求仲裁委员会作出决定，另一方请求人民法院作出裁定的，由人民法院裁定。当事人对仲裁协议的效力有异议，应当在仲裁庭首次开庭前提出。"

法确认无效之后,向中国相关人民法院提起诉讼。道理果真如此吗?这些在普通仲裁领域当然是合理之举,在体育仲裁领域,特别是与奥运会赛事相关的仲裁领域是否仍然当然如此,则必须逐一检讨相关规则、机制与体制。这就首先需要明确国际体育仲裁制度的非常之处,明晰 CAS 的发展历程以及 CAS 仲裁条款在国际体育仲裁领域中所形成的影响力,从而探讨中国仲裁机构在这一制度中是否能够,以及如何能够发挥相应的作用。

### (一)为什么是 CAS:CAS 仲裁条款及其 Umbrella 化

根据国际仲裁的法理与普遍性规则,特定仲裁机构受理案件、组建仲裁庭展开仲裁的道义依据是当事人的意思自治;而其法定依据则是世俗化的国家或国际条约之赋权。后者一般肯认,当事人自愿签订的单独的仲裁协议或在合同中的仲裁条款具有碍诉抗辩权,即有效的仲裁协议是当事人排除世俗国家司法机关管辖的法定依据。不仅如此,有效的仲裁条款还是排除此仲裁机构、由彼仲裁机构进行受理管辖的法定依据。因此,有且唯有当事人约定了仲裁协议,其指向的特定仲裁机构才享有排他的,也是独占的管辖权。同理,在国际体育仲裁中,CAS 行使管辖权的依据也是当事人之间订立的 CAS 仲裁条款,此类国际体育仲裁协议是整个国际体育仲裁机制得以有效运转的基点,其效力广泛地于体育仲裁管辖的正当性、法律适用的合理性及裁决的可承认或执行性[①],构成整个仲裁、裁决及其法效射程的"基石"。这一基石同时也构成孙杨案"为什么由 CAS 行使管辖权"这一问题的答案。但 CAS 不仅能够行使管辖权,而且必须合法地行使管辖权,还必须就 CAS 仲裁条款这一基石问题作两个层面的分析:第一个层面是孙杨案中 CAS 仲裁条款是否存在?第二个层面是孙杨案中 CAS 仲裁条款是否有效?第一个问题主要是事实判断,要解决的是仲裁条款"存在与否";第二个问题则是价值判断,要解决的是仲裁条款"有效与否"。

1.CAS 仲裁条款的存在问题

关于 CAS 仲裁条款在孙杨案中存在与否的问题,需要深入到奥运会赛事争议解决体制和 CAS 仲裁机制的独一无二的关联性设计之中。一言以蔽之,此种关联性设计即 CAS 仲裁条款在奥运会和涉奥运会的体育组织、体育赛事

---

① 张春良:《论国际体育仲裁协议的自治性——特别述及国际体育仲裁院之规则与实践》,载《天津体育学院学报》2011 年第 6 期。

中的泛化，并纵横关联而形成伞形化(Umbrella)的管辖网络。①

　　CAS 仲裁条款的伞形化路径首先和首要的是通过 IOC(International Olympic Committee,以下简称 IOC)的独家指定,扩展到最具影响力的奥运会赛事及关联赛事之中。具体而言,IOC 首先将 CAS"钦定"为受理并裁决有关奥运会赛事争议的独占的解纷机构,并穿透体现到各 NOC 的代表团参赛资格表和奥运会报名表之中。奥运会特设仲裁分庭管辖的依据就主要来自运动员签署的奥运会报名表,其中相应地设置了 CAS 仲裁条款,例如 2000 年悉尼奥运会报名表中的仲裁条款规定:"本人同意将由本人 NOC、国际单项体育联合会、悉尼奥运会组织委员会以及 IOC 通过内部程序所没有解决的争议提交 CAS 专属管辖,并由其根据 CAS 体育仲裁规则作出最终的和有拘束力的裁决。"IOC 还通过奥运会参赛资格或参赛积分的方式,将 CAS 仲裁条款向奥运会赛事相关的各奥运类体育组织的积分赛、巡回赛、常规赛等赛事活动中进行延伸。

　　CAS 仲裁条款的伞形化路径还通过各体育组织的章程进行泛化。从 CAS 仲裁条款的分布情况来看,CAS 仲裁条款广泛地存在于各国际单项体育联合会(International Federation,以下简称 IF)、各国际或其他体育组织的章程或条例之中。此类章程在法律性质上属于决定这些机构或组织的法律地位及其能力的"宪法"性文件,具有最高的法律地位。因此,凡是作为成员加入该组织或机构,或者参与该组织或机构主办或承办的体育赛事或活动,即表示对 CAS 仲裁条款的接受。具体来看,例如本案中的 FINA 就在其章程第 26 条中规定:"国际泳联与其任何成员或成员的成员、个别成员或国际泳联成员之间的争端,如果不能通过主席团的决定加以解决,可由任何一方提交洛桑 CAS 进行仲裁。仲裁庭的裁决是终局的,对当事人有约束力。"中国足球协会章程中第 53 条的规定:"根据国际足联章程,任何对国际足联作出的最终的、具有约束力的裁决上诉,应当向位于瑞士洛桑的体育仲裁法庭提出,但下列情况除外……"

　　CAS 仲裁条款为何能够如此分布？这种安排背后的制度支撑又有何特殊之处？众所周知,CAS 上诉仲裁程序针对的对象主要是 NOC、国际单项体育联合会、国家体育协会等体育或与体育相关的组织或机构对其成员,或参与其组织的赛事活动的运动员作出的纪律性决定,他们与 IOC 一起共同促进奥

---

　　① 刘想树:《国际体育仲裁研究》,法律出版社 2005 年版,第 25 页。

林匹克运动的存在与发展。其中,NOCs 代替 IOC 在本国内开展的各种活动,推广奥林匹克运动并组织人员参与奥运会;IFs 被 IOC 任命为某一单项体育运动的唯一代表性组织,同时各国国内单项体育协会(National Federation,以下简称 NF)是其所属成员,从而对各个单项体育运动具有准垄断性的地位,促进该项运动的技术性事务的发展。在这样的组织结构之下,NOCs、IFs 以及 NFs 等体育组织与运动员共同遵守 IOC 制定的《奥林匹克宪章》(以下简称《宪章》),根据《宪章》的基本原则有关规定,参加奥林匹克运动需要遵守《宪章》并得到 IOC 的承认,同时《宪章》第 61 条第 2 款规定:"在奥林匹克运动会期间发生的或与之有关的任何争议均应根据《与体育相关的仲裁法典》专门提交 CAS。"因此,从体育领域中具有最高效力的《宪章》,到 IOC 各组织成员的章程,再到直接涉及运动员的 NOC 代表团参赛资格表与奥运会报名表,都规定了将争议提交 CAS 的 CAS 仲裁条款,这一安排在某种程度上是带有强制性仲裁的属性,即如果运动员不接受 CAS 仲裁条款,则无法参加 IOC 及相关体育组织安排的奥运会等体育赛事[①],从而迫使运动员接纳争议解决的规定。

综上所述,CAS 仲裁条款的分布呈现出一种伞形化(umbrella)特征,其得以成形并扩展的根由在于,IOC 这一全球最具影响力的综合性国际体育组织利用其在体育领域独一无二的支配力和影响力一开始就将 CAS 仲裁置于体育王国的制高点,并通过奥运会超出奥运会,将 CAS 仲裁条款推广到竞技体育的各层级、各类型之中,成为竞技体育纠纷解决的不二选择。

鉴于 CAS 仲裁条款在体育领域的广泛存在,具体到孙杨案中,当事人之所以无法选择中国仲裁机构进行仲裁,其缘由即 FINA《反兴奋剂法典》第 13.2 条明确约定将 FINA 相关赛事争议提交到 CAS 的仲裁条款。在签署 CAS 仲裁条款的情形下,中国仲裁机构在本案中就不再享有管辖权限。实际上,除了在本案中中国仲裁机构不具有管辖权,在此前及今后的大部分竞技体育争议中,特别是与奥运会相关的赛事争议中,除 CAS 之外的其他仲裁机构,包括中国仲裁机构仍然没有相应的管辖依据,它们对竞技体育争议的受理只存在理论上的可能性。当然,如果 CAS 仲裁条款只是客观存在,并不必然导致 CAS 的仲裁管辖,还需要进一步判断 CAS 仲裁条款是否有效存在。这就涉

---

① James A. R. Nafziger, Resolving Disputes over Financial Managements of Athletics:English and American Experiences, 3 *Vill. Sports & Ent.L.J.*1996,p.413、p.415.

及 CAS 仲裁条款的效力确认问题。

2.CAS 仲裁条款的效力问题

关于 CAS 仲裁条款"有效与否"，决定于两个递进的问题：一是仲裁条款的法律适用，也就是学界所谓的"准据法"；二是根据所确定的准据法，来明晰CAS 仲裁条款在实体上有效的法律标准。

（1）关于 CAS 仲裁条款的准据法问题。一个基本原理是，当相关争议属于纯粹国内争议时，只有唯一所涉国家的国内法予以适用；当相关争议属于涉外争议时，就需要援引特定国际私法规则即法律选择规范或冲突规范进行准据法的选择。在此一阶段，关于体育领域自治规范适用的空间是一个值得关注的问题。一般而言，如果是司法机关进行效力确认，其主要依赖的将是国家立法，体育自治规范将是参考因素，相关司法机构在解释和适用准据法，判断CAS 仲裁条款效力时则一般出于专业、自治和尊重之考虑，不会不顾及体育领域自治规范的宗旨与立场。如果是仲裁机构特别是 CAS 进行效力确认，则体育自治规范将是主要依赖的法律适用规则。

判断 CAS 仲裁条款的效力问题，首先要解决谁来判断即判断主体的归属问题。在现有制度安排中，仲裁条款的效力判断主要由司法机关和相关仲裁机构进行分工合作：一方面，相关仲裁机构，在本案中即 CAS，有权对 CAS 仲裁条款的效力问题进行判断，此即仲裁机构/庭的自裁管辖权；另一方面，相关司法机关也有权对 CAS 仲裁条款的效力问题进行判断，在本案中相关司法机关又主要涉及两国即中国与瑞士国的司法机关对其进行判断。因此，从仲裁法理看，如果被申请人认为 CAS 仲裁条款无效，可依据中国有关涉外仲裁条款效力确认的条款提请中国相关司法机关进行效力确认。但相比而言，瑞士国作为 CAS 仲裁机构所在地国，同时也被认为是仲裁条款签订地国，其司法机关更有适当的理由与法律依据（法条）来受理对 CAS 仲裁条款的效力确认之诉。另一方面，CAS 作为仲裁机构与相关司法机关还需要进行协调性合作，避免彼此对 CAS 仲裁条款的效力认定发生管辖冲突，并避免导致二者作出矛盾的裁定。如何规制这些分工与合作，决定于受案司法机关所在地国的法律规定。

在判定了管辖主体之后，才能进一步分析所需要援引的冲突规范及其择定的准据法。因此，只有在 CAS 仲裁机构、瑞士国司法机关、中国司法机关这三者之一行使管辖权之后，才能进一步讨论如何适用法律认定 CAS 仲裁条款的效力问题。这不仅涉及国家与国家之间的管辖权划分，也涉及司法机关与仲裁机构之间的管辖权划分。中国司法机关是否可以行使 CAS 仲裁条款的效力确认之诉,以及如何行使? 这一问题将在下文中专门探讨,此处仅简述 CAS 仲裁机构自裁管辖与瑞士国司法机关管辖的相关要点。

CAS 仲裁机构的管辖即所谓的自裁管辖,即仲裁机构——仲裁庭成立之后应当是仲裁庭——对构成自身管辖权正当性和合法性的仲裁条款的效力问题进行管辖并裁定。仲裁机构如何适用法律,这决定于 CAS 仲裁规则的规定。显然,在 CAS 仲裁机构自裁管辖的语境下,其法律适用的自治性将得到最大限度的体现。查 CAS《与体育相关的仲裁法典》之规定,其并无关于 CAS 仲裁条款法律适用的规定,但在其第 R52 条有关 CAS 仲裁的启动的规则中,显示出 CAS 自裁管辖的法律适用规则。该条规定:"除非自始显现出明显的缺乏提交 CAS 的仲裁协议,此类仲裁协议明显与争议问题无关或仲裁上诉申请人可供采取的内部法律救济明显未得穷尽,否则,CAS 应采取一切适当行动启动仲裁。CAS 仲裁院办公室应将上诉陈述通达被申请人,CAS 上诉仲裁分处应根据第 R53 条和第 R54 条的规定实施仲裁庭组庭程序……"从这一表述看,CAS 仲裁机构倾向于对 CAS 仲裁条款采取直接且自明的效力认可,除非存在规则所指向的三种情形。尽管存在这一规定,不过从 CAS 仲裁规则高度授权和信任仲裁庭的立场看,如果当事人就 CAS 仲裁条款的效力问题向随后成立的仲裁庭提出异议的,仲裁庭有权适用其认为适当的法律规则,包括法律选择规则。就涉外仲裁协议的法律选择规则看,通行的当事人意思自治将是 CAS 仲裁庭的首选规则,在当事人缺乏意思自治的情形下,CAS 仲裁庭拥有直接适用自认为适当的规则,或者根据特定连接点例如 CAS 仲裁机构所在地、仲裁地等指向的法律规则的自由裁量权。

如果是瑞士国司法机关行使 CAS 仲裁条款的效力确认之诉,则其应根据《瑞士联邦国际私法》或瑞士国其他有关涉外仲裁协议法律适用的规则进行选法,再根据所选择的准据法进行法律适用。①

(2)关于 CAS 仲裁条款效力认定的具体标准问题。通常而言,影响 CAS 仲裁条款效力确认的关键标准有二:一是上诉类竞技体育争议的可仲裁性;二

---

① 《瑞士联邦国际私法》第 178 条第 2 款:仲裁协议如符合当事人选择的法律,或条件调整纠纷,特别是主要合同的法律,或符合瑞士法,即为有效。

是 CAS 仲裁条款的强制性问题。竞技体育争议具有准行政性,乃至准刑罚性[①],体育组织或机构作出的纪律性决定,例如本案中禁赛问题、奖牌或积分的剥夺问题、参赛资格的剥夺问题等,不可避免地涉及公法问题,甚至从体育是一种人权的角度观之[②],此种纪律性决定还直指人权问题,将此类问题纳入 CAS 上诉仲裁并作为其主要甚至唯一的裁决主题,不无争议。但迄今为止的 CAS 仲裁实践,以及作为 CAS 仲裁裁决的司法审查和监督者的 SFT 的司法实践,均无一例外地支持了 CAS 上诉仲裁主题的可仲裁性,完全排除当事人就此问题提出的管辖权异议。因此,竞技体育争议涉及的纪律性问题是否具有可仲裁性,在普通仲裁中必然是一个问题,但在体育仲裁,特别是 CAS 仲裁体制中已经不再是一个问题。

关于 CAS 仲裁条款的强制性问题,学界对此多有论述。[③] 一方面,不可否认 CAS 仲裁条款具有形式上的格式化、指定上的单方性等特征,从被申请人的角度而言就具有不得不接受的强制性。另一方面,因 CAS 仲裁条款的强制性而向 SFT 提起 CAS 仲裁管辖权异议的案件并非不存在,但与上一问题类似,这一问题在普通仲裁中可能是致命性的管辖权瑕疵,但在 CAS 体育仲裁中经受住了 SFT 的司法审查。换言之,这一问题在 CAS 仲裁体制中不再是一个问题。

跨越了这两大障碍,伞形化存在的 CAS 仲裁条款的有效性在实体标准上就不再存在任何重大的、致命的瑕疵,从而能够承受住来自任何国家立法对其

---

① 有文献甚至直截了当地指出,CAS 仲裁庭并非一个刑事法庭,尽管它可能会适用一些准行政性、准刑罚性的原则或标准,例如"疑罪从无""举证责任倒置""排除合理怀疑标准"等,但它只是在体育领域内针对这些问题作出裁决。张春良:《国际体育仲裁院仲裁专题研究》,厦门大学出版社 2020 年版,第 72 页。

② 刘雪琴:《〈世界反兴奋剂条例〉的修改与运动员人权的保障》,载《天津体育学院学报》2014 年第 4 期。

③ 关于论述 CAS 仲裁条款强制性问题的主要文献包括:杨磊:《体育仲裁中强制性仲裁条款效力认定的法律冲突——兼谈对我国体育仲裁立法的启示》,载《上海体育学院学报》2019 年第 3 期;郭树理:《体育组织章程或规则中强制仲裁条款的法律效力辨析》,载《武汉体育学院学报》2018 年第 2 期;杨腾:《国际体育仲裁的强制性与运动员诉权的保障》,载《武汉体育学院学报》2013 年第 12 期;张春良:《强制性体育仲裁协议的合法性论证——CAS 仲裁条款的效力考察兼及对中国的启示》,载《体育与科学》2011 年第 2 期;李智:《国际体育仲裁中的第三方问题》,载《山东科技大学学报(社会科学版)》2007 年第 1 期。

有效性的法律筛查。这为 CAS 受理案件奠定了坚实的基础。具体到本案中，即便 FINA 章程中的 CAS 仲裁条款是以格式化的方式存在，即便被申请人可以就其强制性、非自愿性提出异议，这也不会影响 CAS 受理本案的合法性。此即本案中 CAS 为什么能够行使管辖权的理据与逻辑。

(二)CAS 是何方神圣:原罪・案例・妙招

CAS 是何方神圣，能够成为国际奥林匹克委员会(IOC)所创设的体育帝国中钦定的解决争端的独家机构，将其仲裁条款广泛分布在各种组织章程与条例之中。追溯 CAS 的发展历史不难发现，最初 CAS 是作为 IOC 的附属机构存在，属于 IOC 的"左臂右膀"，其接受 IOC 的财政赞助并且大多数仲裁员均由 IOC 选任，在组织、经济与人事等三个最重要的方面存在关联性，因此 CAS 的独立性受到许多当事人的质疑。这种既当运动员，又当裁判员的身份地位，构成 CAS 仲裁机构的非独立性"原罪"，最终为 CAS 带来了司法审查的危机，这就是 1993 年的 Gundel 案。① 该案成为挑战 CAS 仲裁独立性的第一个案件，并且也不会是最后一个案件。

该案的基本案情是，1992 年 2 月，一名叫 Elmar Gundel 的德国马术运动员因马匹服用兴奋剂而被国际马术联合会(International Equestrian Federation,以下简称 FEI)作出禁赛处罚，该运动员根据 FEI 规约中的仲裁条款向 CAS 提起上诉，CAS 作出的裁决部分地支持了运动员的请求(停赛时间从三个月减少为一个月)，其余部分维持原处罚决定。Gundel 不服 CAS 仲裁裁决，向 SFT 提起撤裁申请，主要的攻击点即 CAS 并非独立性和中立性的仲裁机构的问题。SFT 在经过审查之后虽然驳回了 Gundel 的撤裁申请，承认了 CAS 的中立性和独立性，但对其中立性和独立性的充分程度表达了关切。SFT 在 Gundel 案中的裁定触动了 IOC 决策机构，它决定启动 CAS 的机构改革，推动解除 CAS 与 IOC 之间过于直接和全面的关联。

IOC 推动 CAS 独立化运动的两大改良措施分别是修法和立托。首先，IOC 对《CAS 规章》进行了全面修订，以提高其工作效率;其次,IOC 设立了与其平行的独立机构作为托管 CAS 的组织机构，这就是国际体育仲裁委员会(the Internaitonal Council of Arbitration for Sport,以下简称 ICAS),CAS 作为 ICAS 的下属机构，从而在组织和财务上独立于 IOC。此外,CAS 还在当时

---

① See CAS 92/63 G. v / FEI.

分设了两个仲裁分处,分别是普通仲裁分处和上诉仲裁分处,从而更好地区分与体育相关的普通纠纷和针对体育组织或机构的纪律性决定提起上诉的竞技体育纠纷。ICAS 的设立将 IOC 解放出来成为与其独立存在的平行机构,但 IOC 仍然通过人事上的任免对 ICAS 实施事实上的影响。这一变革在当时的历史语境下无疑值得肯定,它极大地补足了 CAS 的中立性与独立性,至少在形式上切断了 IOC 与 CAS 之间的主从关系。但这一变革也在历史发展中逐步显露出其改良的消极性,并再次成为相关案件中的争议焦点。直击这一问题的案件是 2002 年盐湖城冬奥会的 Larissa Lazutina 案。[①] 该案涉及一名速滑运动员因兴奋剂问题被处罚,后向 CAS 提起上诉。CAS 特设分庭维持原处罚决定后,Lazutina 再次向 SFT 提起撤裁申请,理由是在以 IOC 为一方当事人的案件中,CAS 不是一个独立的仲裁机构。SFT 在其裁定中仍然认可 CAS 的中立性和独立性,其认为改革后的 CAS 仲裁员名单能够协调各方利益;其次,关于 CAS 与 IOC 之间的关系,法院认为没有更好的财政办法实现 CAS 的财政保持绝对的独立;最后,在反兴奋剂争议解决中,许多国家对 CAS 的独立性问题均予以认可。在 Lazutina 案之后,关于 CAS 的独立性的质疑暂时得到了平息。但这种平息只是一种充满张力、积蓄着能量的沉默,这种沉默的内部发酵在等待着一个临界点的到来,一经触发即再次指向 CAS 的独立性和中立性危机。这就是 2009 年的 Pechstein 案。[②] 该案再次挑战了 CAS 的独立性问题,CAS 被认为是具有"垄断地位"的裁判机构,该案也成为推动 CAS 改革的具有广泛影响力的案件。

2009 年,德国滑雪运动员 Pechstein 因血液指标不合格被确定为服用兴奋剂,因此受到禁赛两年的处罚。Pechstein 不服国际滑冰联合会(International Skating Union,以下简称 ISU)作出的处罚决定,因此根据其与德国冰联、ISU 分别签订的 CAS 仲裁条款,以 ISU 为被申请人向 CAS 提起上诉仲裁。后者维持了 ISU 的处罚决定,驳回申请人的上诉仲裁请求。ISU 的处罚决定被维持后,Pechstein 向 SFT 请求撤销 CAS 作出的仲裁裁决,但 SFT 也驳回了该撤裁申请。其后,Pechstein 再次以 IOC 和德国 NOC 为被告向 CAS 温哥华冬奥会特设分庭提起仲裁申请,后者以 CAS 裁决和 SFT 裁定

---

① See CAS 2002/A/370 Lazutina v. IOC.

② See SFT Case 4A_144/2010, Claudia Pechstein v. International Skating Union (ISU).

系奥运会特设分庭无法审查的决定,以无管辖权为由驳回了申请人的申请。Pechstein 在错过温哥华冬奥会后,锲而不舍地再次向 SFT 提出申请,其选择的路径是请求法院启动"裁决修正"(revision)程序撤销 CAS 原裁决,并将案件发回 CAS 重新仲裁。但 SFT 认为其请求不符合裁决修正所要求的新证据条件,从而再次驳回运动员的申请。但 Pechstein 并未就此止步,其以不屈的斗志再次以瑞士国为被告,向欧洲人权法院(European Court of Human Rights,以下简称 ECHR)起诉,依据是 ECHR 第 6.1 条的公正审判权未得到保障:(1)CAS 并非独立中立法庭,受 IOC 和 ISU 影响;(2)CAS 仲裁程序与 SFT 诉讼程序均没有公开审理;(3)SFT 对 CAS 仲裁只有程序审查,没有事实审和法律审。

　　Pechstein 采取的是双线作战策略:一方面在 ECHR 启动国际救济程序;另一方面在 ECHR 作出判决之前,还另行启动了国内司法救济程序。其于 2012 年以德国冰联和 ISU 为被告,向德国慕尼黑地方法院提起诉讼。慕尼黑地方法院认为仲裁条款违反运动员的自由选择权而无效,但是由于当事人向 CAS 上诉并未提出管辖权异议,因此由于 CAS 已经作出仲裁裁决,慕尼黑地方法院不应作出裁判,从而驳回起诉。慕尼黑地方法院虽然驳回了运动员的请求,但其明确了 CAS 仲裁条款的强制性本应导致其无效,只是基于运动员本人的异议弃权或类似禁反言的规则驳回了运动员的起诉。这一立场对运动员的具体请求而言是否定的,但对于运动员所主张的 CAS 仲裁条款因强制性而无效的观点则是肯定的。2014 年,Pechstein 继续向慕尼黑地方高等法院提起上诉,高等法院同样认为仲裁条款无效,因为其认为 ISU 与运动员之间的仲裁条款违背了德国的反垄断法,继而违反了德国的公共秩序,因此根据《纽约公约》第 5 条第 2 款第 2 项不予承认和执行 CAS 的裁决;同时高等法院认为 CAS 仲裁员的选任在很大程度上有利于 ISU,因此认为 CAS 是不中立的仲裁机构。这就不仅反转了 SFT 长期以来的司法立场,而且也反转了慕尼黑地方法院的裁定。针对慕尼黑高等法院的此项裁决,ISU 表示不接受,再次向德国联邦最高法院提起上诉,上诉结果出现了戏剧性的再反转,德国联邦最高法院最终判决支持 ISU。但该案可谓一波三折,案件处理并未就此结束,迄今该案运动员已将案件上诉至德国宪法法院,等待着最终的裁决。

　　在另一国际救济程序中,时隔近十年之后的 2018 年,ECHR 终于就案件作出裁定,其要点概括如下:(1)ISU 反兴奋剂规则中的 CAS 仲裁条款属于强制性条款,不是上诉人的真实意思表示,因此 Pechstein 并未明确放弃国家法院的救济,所有强制体育仲裁需受《欧洲人权公约》第 6.1 条审查。(2)关于 CAS 是否是独立仲裁机构,SFT 以 5:2 的多数裁决认为 CAS 系属独立且公正的仲裁机构,从而认可了 CAS 的中立性与公平性,但裁定 CAS 应公开听证程序及判决。

由上可见,围绕 CAS 仲裁的独立性和中立性问题,形成了"GUNDEL-LAZUTINA-PECHSTEIN"的演进线索,自 SFT 在 Gundel 案中确认了 CAS 的独立性地位以来,众多国家法院均通过承认和执行 CAS 裁决的方式肯定了 CAS 是具有最高权威的体育仲裁机构,然而在 Pechstein 案中,慕尼黑高等法院认为 CAS 不是中立的仲裁机构,再次掀起了对 CAS 中立性问题的激烈争议。尽管如此,德国联邦最高法院以及 ECHR 在后续的判决中承认了仲裁机构的中立性,赋予其独立的仲裁地位。因此,可以断言的是,虽然仍然会有国家或个人质疑,而且还将会继续质疑 CAS 的中立性与独立性,但是均几乎无法撼动 CAS 作为体育世界争端解决的独立机构这一基本定论。在 CAS 独立性得以确立的过程中,SFT 的加持无疑发挥着重大乃至决定性的作用,而 SFT 之所以能够站在 CAS 的背后为其独立地位定调,根源于 CAS 制度设计的一大"妙招",即 CAS 对仲裁地的特殊规定。仲裁地在国际仲裁中发挥着关键的作用[1],在某种意义上,仲裁地决定着仲裁裁决的"原产地",决定着仲裁裁决的国籍身份,并配套以相关的司法待遇。对于 CAS 的仲裁地,根据《与体育相关的仲裁法典》第 R28 条的规定,CAS 与每个仲裁庭的所在地均是瑞士洛桑,这就将 CAS 仲裁裁决的司法审查权归属于 SFT 之手。可见,不同的仲裁地对于仲裁协议的有效性认定、仲裁程序的高效进行以及对裁决的司法审查模式有着不同的制度安排,因此将仲裁地设置在瑞士,进而发挥 SFT 的作用并适用瑞士法律是 CAS 制度设计的非常之处。对国际仲裁的宽容与支持是瑞士立法的美德与特色,正是这些美德与特色,缓解乃至涤除了 CAS 仲裁非独立性的"原罪",使 CAS 仲裁得以有惊无险地持续运行下去。

(三)中国仲裁机构的作为:互补·方案

鉴于 CAS 仲裁条款的设立以及 CAS 仲裁地的特殊规定,在 CAS 的管辖范围内,中国仲裁机构并没有管辖的可能性。然而,在两个方面中国仲裁机构仍然大有作为:一方面,对体育协会、体育组织作出的纪律性决定引发的争议

---

[1] 姜秋菊:《仲裁地的确定及其法律意义》,载《商法》2019 年第 2 期。

之外的其他争议,并未被囊括入 CAS 仲裁之中;另一方面,即便针对纪律性决定引发的争议,各体育组织也并非概莫能外地提交 CAS 进行仲裁。当然,即便在这些存在 CAS 仲裁条款"真空"的领域,中国仲裁机构的介入也是困难的,这既基于体育争议的专业性和中国仲裁机构相对于体育而言的非专业性,也基于目前的基本体育争议解决格局是,但凡各体育组织未提交 CAS 仲裁的纪律性决定争议,也通常是各体育组织的"保留事项",由各体育组织内部解纷机制予以消化。① 事实尽管如此,在逻辑和理论上,这些 CAS 仲裁条款力所不逮的地方,的确存在中国仲裁机构介入作用的可能与空间,从而形成与CAS 仲裁的互补局面。

要与 CAS 形成管辖上的互补,还需要我国搞好"内功"建设。我国尚未建立起独立的专业的体育仲裁机构,对于与体育有关的争议,特别是竞技体育的纪律性决定相关的争议,是交由中国现有的仲裁机构管辖还是建立独立的体育仲裁机构,仍是我们亟须解决的问题。目前,国外关于体育仲裁机制的模式大多是建立统一独立的体育仲裁机构。典型的国家中,例如日本,自 2003 年起就建立了日本体育仲裁机构,作为全国统一的体育仲裁机构运行,其受案范围是负责仲裁运动员对日本奥委会(JOC)、日本业余体育协会(JASA)和日本残疾人体育协会(JASD)或者它们所属的体育协会提起的上诉。② 除了在国家层面建立统一的体育仲裁机构,还有一些国家建立统一的体育纠纷解决机构,例如加拿大体育纠纷解决中心(SDRCC)、英国体育纠纷解决委员会(SDRP)等,集仲裁、调解与提供咨询意见于一身。与之不同的做法有,比利时、德国等一些国家并未建立统一的体育仲裁机构,而是在其体育协会中建立仲裁机构用来解决各种体育纠纷。③

对于中国专业的体育仲裁机制建设而言,概观我国学者建议方案主要有三:一是在现有仲裁机构的基础上做增量,对普通仲裁机构的受案范围进行"扩容";二是从无到有地建立全国独立的专业的体育仲裁机构,建设中国版的体育仲裁院(China Court of Arbitration for Sport,以下简称 CCAS);三是中

---

① 如国际田联在其章程第 21 条中规定,只有与兴奋剂有关的争议才能向 CAS 提起上诉,接受 CAS 的管辖,包括参赛资格等问题在内的其他争议事项,国际田联仲裁庭作出的裁决是终局性的,当事人不得向 CAS 提起上诉。

② 郭树理:《日本体育仲裁制度初探》,载《浙江体育科学》2008 年第 1 期。

③ 刘想树主编:《国际体育仲裁研究》,法律出版社 2005 年版,第 62 页。

和性方案，即目前以现有仲裁机构为基础，兼容对体育争议的仲裁；待条件成熟时，成立 CCAS 实现全国范围的专业性体育争议的仲裁解决。笔者认为，在现有的体育产业高速发展、体育协会进行实体化改革的背景之下，对于中国的体育仲裁制度而言，治标方案是在体育协会内部改良司法职能的独立性；治本方略则是推动协会内部司法职能的彻底外化，设置统一的体育仲裁机制，实现体育行业总体上的司法职能独立化、专业化和权威化。[①]

在确立体育仲裁机构的设立形式之后，仍然有大量的问题需要解决。最主要的是明确体育仲裁应遵循的基本规范。这存在两种选择：或者在仲裁法中进行补充规定；或者在体育法中进行补充规定。当下，我国若是设立体育仲裁机构，其应遵循的规范自然是《仲裁法》中的一系列规定，但由于我国的《仲裁法》是对各种不同性质的仲裁所作的统一性规定，对体育仲裁事项的专门性规定较少，因此在后续实践中有必要设立专门针对体育性事项的法律法规。在规范载体的选择上，可考虑在体育法中作出原则性规定，具体性规范则载入仲裁法之中。毕竟仲裁法是规制一切仲裁的基本法律规范，而体育法则是规范体育关系的基本规范，体育仲裁在种属概念上更多地隶属于仲裁法的范畴，其只构成体育关系的局部内容。其他问题还包括体育仲裁机构的性质定位、体育纠纷的类型划分、与 CAS 仲裁之间的管辖协调等。这些问题涉及 CCAS 的具体建构，限于本文主旨，此处不展开。

## 三、中国法院之诉：是想得美，还是想得妙

从 Gundel 案到 Lazutina 案，再到 Pechstein 案，我们可以看出 SFT 对 CAS 仲裁及其裁决发挥着"独一无二"的司法审查作用，然而 Pechstein 系列案中，慕尼黑地方法院和地方高等法院的出现似乎打破了这一统一性的局面，运动员在不服 CAS 裁决时，转而向主权国家法院提起诉讼，其依据是：认为 CAS 仲裁条款作为具有强制性的条款是无效的，因此德国相关法院有权行使属人管辖权。这一路径是否可行，其他国家的法院是否有资格对 CAS 仲裁条款的效力加以认定，并对 CAS 的裁决作出审查，这无疑产生了潘多拉魔盒效应。Pechstein，这位久经"讼"场的运动员的诉讼策略对孙杨案无疑也具有借

---

① 张春良：《体育协会内部治理的法治度评估——以中国足协争端解决机制为样本的实证考察》，载《体育科学》2015 年第 7 期。

鉴意义。孙杨案中,一方是中国运动员,另一方是国际组织 WADA,当事人能否在 CAS 受理案件前后,或者 CAS 作出仲裁裁决后,向中国法院申请确认其与 FINA 等 IFs 签署的 CAS 仲裁条款无效? 或者请求中国法院不予承认和执行 CAS 业已作出的仲裁裁决? 甚至是撤销 CAS 的裁决? 换言之,孙杨能否学 Pechstein,转换战场,在 CAS 受案前后向中国法院提起诉讼,或直接请求中国法院确认 CAS 仲裁条款无效? 这种看似天马行空的思路究竟是"想得美",还是"想得妙",需要通过严谨的法理与规范证伪或证立。下文的论证将表明,此种构想是"想得美",因为 CAS 在其制度设计中巧妙地限制了仲裁地国之外的主权国家法院的介入,很大程度上排除了后者可以受理的案件类型,这正是 CAS 制度设计的非常之处。结论固然如此,但还需要"以理服人"的论证过程。让我们的思考从"中国法院能否管辖""依据何在"的原问出发。

(一)中国法院管辖:问题·依据·结论

管辖问题历来是讼家必争之地,在国际诉讼中"主场—客场"的不同诉讼处境导致的诉讼待遇之差更显悬殊。因此,如果孙杨案中被申请人在中国法院提起 CAS 仲裁条款无效的确认之诉,并进而由中国法院行使管辖权,从诉讼策略上无疑将让被申请人处于优势地位。但问题是,第一,中国法院能够管辖竞技体育纪律性决定引发的争议吗? 这是一个可诉性问题。第二,中国法院能否受理 CAS 仲裁条款效力确认之诉? 这是一个管辖权问题。第三,如果 CAS 已经作出仲裁裁决,中国法院能够采取的司法举措是什么?

1.关于孙杨案所涉争议的可诉性问题

对于 CAS 管辖范围之内的纠纷,未经过 CAS 的仲裁,当事人能否向包含中国法院在内的主权国家法院提起诉讼? 这一方面决定于诉的条件①,另一方面则决定于司法实践的倾向性立场。其他国家的司法实践表明,这种类型的案件对于主权国家的法院而言并不具有可诉性,因此,国家法院大概率会拒绝接收管辖。德国慕尼黑地方法院的做法显属殊异。更具代表性,也更为国家法院所接受的立场体现在 2010 年温哥华冬奥会期间发生的 15 名女子跳台

---

① 我国《民事诉讼法》第 119 条规定:"起诉必须符合下列条件:(一)原告是与本案有直接利害关系的公民、法人和其他组织;(二)有明确的被告;(三)有具体的诉讼请求和事实、理由;(四)属于人民法院受理民事诉讼的范围和受诉人民法院管辖。"

滑雪运动员诉温哥华冬奥会组委会案。[①] 在该案中,由于执委会未将女子跳台滑雪运动列入奥运会项目,于是 15 名女子以其行为违反《加拿大宪章》中的"性别平等"为由,向加拿大卑斯省国内法院提起诉讼。加拿大法院认为,该案属于执委会代为执行 IOC 与 IFs 的决议而产生的纠纷,属于 CAS 的管辖范围,因而加拿大国内法院不享有管辖权。由此,凡是依据《加拿大宪章》第 61 条规定的体育争议,国内法院均不享有管辖范围。

中国法院能否受理孙杨案涉争议呢? 如果不考虑程序法上的问题,只是从实体法角度认定该争议的可诉性问题,客观而言我国立法缺乏对此的明确规定。因此这决定于司法政策及其态度。笔者认为,我国法院应放弃管辖为宜,理由在于:其一,此类争议典型地属于体育协会内部治理的范畴,由其内部自治较为合理;其二,此类争议在世界范围内已经得到许多其他国家司法机关的明确放弃,遵循国际一般实践,符合国际社会的主流做法;其三,对于 IOC 范围内的竞技体育争议由 CAS 进行仲裁的制度安排与实践已经得到国际社会的广泛认可,出于尊重与礼让,中国法院采取放弃管辖的立场是可取的。因此,不论是从行业自治,还是国别实践或国际主流,又或者是尊重与礼让,中国法院对此类争议采取不可诉的立场更为稳健,合乎国际预期。

2.关于中国法院的管辖权问题

如果在孙杨案中,被申请人孙杨主动在中国法院提起诉讼,请求确认 CAS 仲裁条款无效,并进而主张中国法院行使管辖权,从程序法的角度观之,中国法院应如何处理? 仲裁程序中最为重要的一种司法审查类型是,对仲裁协议效力的确认之诉,孙杨案涉及的 CAS 仲裁条款属于涉外仲裁条款,因此,中国法院必须立足我国有关涉外仲裁条款效力确认的相关规范条款决定是否、如何管辖。这里需要分析四个关键问题:第一,中国法院能否对孙杨案中 CAS 仲裁条款行使效力确认之诉的管辖权? 第二,如果能够受理,如何进行法律适用,即冲突规范为何? 第三,根据冲突规范,准据法为何? 第四,根据准据法,CAS 仲裁条款的法律效力如何? 此处仅具体分析第一个问题,其余三个问题后文再述。

关于中国法院能否行使 CAS 仲裁条款效力确认之诉的管辖权问题,根据我国《仲裁法司法解释》第 12 条之规定:"申请确认涉外仲裁协议效力的案件,由仲裁协议约定的仲裁机构所在地、仲裁协议签订地、申请人或者被申请人住

---

① See Sagen v. VANOC〔2009〕BCCA 522.

所地的中级人民法院管辖。"《最高人民法院关于审理仲裁司法审查案件若干问题的规定》(以下简称《仲裁司法审查解释》)第 2 条第 1 款规定:"申请确认仲裁协议效力的案件,由仲裁协议约定的仲裁机构所在地、仲裁协议签订地、申请人住所地、被申请人住所地的中级人民法院或者专门人民法院管辖。"① 孙杨案中,仲裁机构所在地、仲裁协议签订地、一方当事人住所地均在瑞士洛桑,但由于孙杨住所地在中国,因此中国法院可据此行使管辖权。

3.关于后 CAS 裁决阶段中国法院有何作为的问题

如果 CAS 作出仲裁裁决之后,失利方可以在中国法院针对该裁决采取何种行为? 这决定于 CAS 仲裁裁决的国籍。从仲裁原则上分析,一国只能就本国仲裁裁决进行撤销或不予执行,对外国仲裁裁决只有承认与执行与否的问题。因此,如果 CAS 仲裁裁决根据其仲裁地为瑞士国仲裁裁决,则只有瑞士国法院才具有撤销的司法审查权,对于中国而言,当事人只能提出拒绝承认与执行的抗辩。当然,中国法院究竟是否拒绝承认与执行 CAS 仲裁裁决,还决定于中瑞之间共同适用的《纽约公约》。关于《纽约公约》能否适用于 CAS 仲裁裁决,不无争议,但主流观点对此持肯定态度。② 若如此,中国法院只能根据该公约确定的条件对 CAS 仲裁裁决进行司法审查,以定夺其可承认与执行性。

可见,在后 CAS 裁决阶段,中国法院已经不再针对案件实体问题享有管辖权了,只能行使司法审查权,并通过该权限间接审查案涉 CAS 仲裁条款的有效性问题。但不管是针对 CAS 仲裁条款效力的直接审查,还是间接审查,都绕不过瑞士联邦的 PILA。

**(二)CAS 条款的有效性保障:绕不过的 PILA**

CAS 仲裁条款属于涉外仲裁条款③,因此,需要通过冲突规范进行法律适用。中国法院应适用何种冲突规范,需要明确两个问题:第一个问题,我国涉外仲裁条款是否在法律适用上保持独立性,对此,我国针对涉外仲裁协议采取

---

①　参见法释[2017]22 号。该文件自 2018 年 1 月 1 日起施行。

②　石现明:《承认与执行国际体育仲裁裁决相关法律问题研究》,载《体育科学》2008 年第 6 期。

③　《仲裁司法审查解释》第 12 条:"仲裁协议或者仲裁裁决具有《最高人民法院关于适用〈中华人民共和国涉外民事关系法律适用法〉若干问题的解释(一)》第一条规定情形的,为涉外仲裁协议或者涉外仲裁裁决。"

的是单独的法律适用规则。① 第二个问题，我国关于涉外仲裁条款的法律适用规则为何，对此，我国相关规则历经《仲裁法司法解释》②、《法律适用法》③、《〈法律适用法〉司法解释（一）》④和《仲裁司法审查解释》第 14 条⑤的调整，最终形成了"有利于"结果导向下的三级选法阶梯：意思自治＞仲裁机构所在地法与仲裁地法中有利于有效的法律＞法院地法。落实到孙杨案中，孙杨、FINA 与 WADA 对于 CAS 仲裁条款的法律适用并未作出约定，仲裁机构 CAS 所在地与仲裁地均在瑞士国，因此瑞士国法律将作为 CAS 仲裁条款的准据法予以适用。

由此可见，即便应一方当事人之申请，中国法院有权针对 CAS 仲裁条款进行直接或间接的司法审查，但按照 CAS 仲裁条款的法律适用规则，最终仍然指向了同时作为仲裁机构所在地和仲裁地的瑞士国之法律，而瑞士国法律中规范涉外仲裁条款的立法即 PILA。至于 PILA 如何在实体上认定 CAS 仲裁条款的法律效力，需要从 PILA 的条文与 CAS 有关规则中探寻。查诸 PILA，其第 178 条规定："如果其形式为书面，且经过当事人签字的，或者在双方当事人来往的信函、电报、电传中对其内容作了规定的即为有效。一切仲裁协议，如果其内容符合当事人各方所选择的法律的，或符合调整纠纷的法律，尤其是符合调整主要合同的法律或瑞士法律的即为有效。"从中可以看出，CAS 仲裁条款在形式上只需要具有书面形式，并未明确要求当事人之间的合意；在有效性认定上，只要符合当事人选择的法律、调整主要合同的法律或瑞

---

① 《仲裁司法审查解释》第 13 条："当事人协议选择确认涉外仲裁协议效力适用的法律，应当作出明确的意思表示，仅约定合同适用的法律，不能作为确认合同中仲裁条款效力适用的法律。"

② 《仲裁法司法解释》第 16 条："对涉外仲裁协议的效力审查，适用当事人约定的法律；当事人没有约定适用的法律但约定了仲裁地的，适用仲裁地法律；没有约定适用的法律也没有约定仲裁地或者仲裁地约定不明的，适用法院地法律。"

③ 《法律适用法》第 18 条："当事人可以协议选择仲裁协议适用的法律。当事人没有选择的，适用仲裁机构所在地法律或者仲裁地法律。"

④ 《〈法律适用法〉司法解释（一）》第 14 条："当事人没有选择涉外仲裁协议适用的法律，也没有约定仲裁机构或者仲裁地，或者约定不明的，人民法院可以适用中华人民共和国法律认定该仲裁协议的效力。"

⑤ 《仲裁司法审查解释》第 14 条规定："人民法院……确定确认涉外仲裁协议效力适用的法律时，当事人没有选择适用的法律，适用仲裁机构所在地的法律与适用仲裁地的法律将对仲裁协议的效力作出不同认定的，人民法院应当适用确认仲裁协议有效的法律。"

士法律之一即为有效,可见 PILA 对仲裁条款有效性认定是相当宽容与宽松的。因此,适用 PILA 的事实和既往的实践表明,在 PILA 的支持下 CAS 仲裁条款将被认定存在且合法有效。换言之,不论对 CAS 仲裁条款的效力执行司法审查的管辖权是归属中国法院还是瑞士国法院,鉴于其准据法最终指向了瑞士国法,因此,CAS 仲裁条款的有效性将在 PILA 中得到"温柔以待"。

### (三)CAS 条款的效力认定:病态与治愈

提及 CAS 仲裁条款的效力问题,首先谈论的即它广受批判的强制性效力。它伞形化的分布在各 IFs、NFs、NOCs 的章程之中,运动员若要参加国际奥林匹克竞赛,先决条件是成为这些组织机构的成员,而会员资格的享有条件之一则是接受这些格式化的仲裁条款。如果运动员不接受这些仲裁条款,其唯一的选择便是不享有参加比赛的资格。鉴于此,CAS 仲裁条款表面上因违背体育自治精神与仲裁协议的自愿原则从而产生合法性危机,此即为 CAS 仲裁条款的"病态化"。

对此种病态要素进行聚焦检讨的是上述的 Pechstein 案,在该案中,慕尼黑地方法院全面否定仲裁条款的有效性。法院认为,体育组织之间是一种金字塔形的管理模式,运动员处于这种体系的最底层,结构上的不平衡使运动员不存在真正的选择权,体育组织的垄断地位迫使当事人放弃向法院提起诉讼的权利,因此这种强制性的体育条款是无效的。德国慕尼黑高等法院同样认为 CAS 仲裁条款无效,只是二者的理由不同。德国慕尼黑高等法院认为 CAS 仲裁条款的签署方式虽然具有强制性,但并不因为签订协议时运动员缺乏自主选择的能力而无效。真正使其无效的理由是,CAS 这一仲裁机构在中立性上存在问题。德国慕尼黑高等法院认为,ISU 的世界滑冰锦标赛是国际滑冰竞赛中最重要的赛事,并具有不可替代性,ISU 在这种赛事中具有垄断性地位;ISU 在其参赛规则中规定,运动员如果参加了没有得到其认可的比赛,则运动员可能终生无法参加其组织的任何赛事。在这种情况下,运动员别无选择,只能受 ISU 垄断性地位的支配,接受章程中所选择的不中立的仲裁机构,因而裁定 CAS 仲裁条款无效。德国联邦最高法院在其判决中又对慕尼黑高等法院的观点予以反驳。德国联邦最高法院认为虽然 ISU 在滑冰这项运动赛事举办上具有垄断地位,但 Pechstein 接受 CAS 的仲裁条款不构成德国反垄断法中的滥用垄断地位,强制性仲裁条款不构成德国反垄断法上的"不合理的交易条件"。

　　虽然德国联邦最高法院作为国家最高司法机关认可了 CAS 仲裁条款的有效性,但在实践中仍然存续着不断质疑仲裁条款强制性的声音。有观点认为强制性仲裁条款迫使当事人放弃向法院寻求帮助的诉权,从而违反了《欧洲人权公约》第 6 条第 1 款的规定(接受公平审判权)。然而欧洲人权法院在其司法实践中指出:"只要符合相应条件,法律规定的强制性仲裁条款不违反《欧洲人权公约》。"①究竟何种缘故使得 CAS 仲裁条款具有合法性,PILA 在第191 条中规定,对仲裁裁决的上诉只能向 SFT 提出,因此关于仲裁条款的效力问题,SFT 起着重要的作用,从 SFT 以往判例以及对瑞士法的解释可以得出 PILA 法上 CAS 仲裁条款的合法性。

　　首先,如上所述,根据 PILA 第 12 章第 178 条的规定,仲裁协议在形式上只要符合书面形式即可。因此,各种章程中、参赛报名表以及注册许可合同中包含的仲裁条款在形式上均为有效的,不论这些条款是主动规定还是在某种压力下规定。这一点在 SFT 的观点中有所体现,法院认为,不论运动员签署的 CAS 仲裁条款是体育组织主动制定的还是按照公法要求制定的,这对运动员来说没有任何区别,不影响运动员的自由意志,因为运动员意欲参加 IOC项下的各种体育赛事,只能签署并遵守这些规定。②

　　其次,从 SFT 的司法实践中,我们可以得出以下观点:CAS 是一个独立公正的仲裁机构,由它统一对案件进行管理能够保证案件法律适用、规则解释的统一以及案件处理的高效性,因此体育仲裁是最佳方式。对于 CAS 裁决的不服,可以向 SFT 寻求救济,从而对当事人的权利给予一定的保护③。

　　除了瑞士最高法院的司法实践以及 PILA 规定的有关解释能够治愈 CAS仲裁条款的强制性,笔者认为还可以从以下五个方面对其合法性进行加持④:

　　第一,附意合同理论。"附意合同"得到许多国家立法的承认,其中,美国法律就将强制性仲裁条款分类为"附意合同",即"同意,或者完全拒绝"。在其

---

　　① Ulrich Hass, Role and application of article 6 of the European Convention on Human Rights in CAS procedure, *International Sports Law Review*, 2012(3), p.53.

　　② See SFT Case 4A_428/2011, A and B v. World Anti-Doping Agency(WADA) & Flemish Tennis Federation.

　　③ Paolo Michele Patocchi, Matthias Scherer (ed.). Swiss International Arbitration Reports, Vol.1. *New York: Juris Net*, LLC, 2007, pp.88-89.

　　④ 张春良:《强制性体育仲裁协议的合法性论证——CAS 仲裁条款的效力考察兼及对中国的启示》,载《体育与科学》2011 年第 2 期。

立法体制下,附意合同只有同时满足"胁迫"和"违反公共政策"两个因素时,才能被撤销或者确认无效。因此,CAS 仲裁条款只有被证明是"强迫订立"和违背"一国基本的道德与正义理念",始得无效。

第二,正当性补充理论。仲裁协议的订立需要当事人之间做到"自愿订立"与"协商一致",具备这种合意的仲裁条款是符合正当性要求的,而在 CAS 仲裁条款的签署过程中,其合意多多少少会被限制,因此需要对其正当性予以补充。这种"正当性补充"便是对 CAS 仲裁的公正性由国家权力机关提供担保,即当事人对仲裁机关的整体形象以及对支撑这种形象的组织抱有一般信赖,从而增加仲裁合意的真实性使之具备有效性,并得到广泛的接受。

第三,预期利益赠与理论。在合同法的精神下,强迫订立的合同是可撤销的行为。同样地,在仲裁条款的订立中,如果是基于强迫而形成的,当事人对其享有撤销权。但是,如果条款向对方赋予利益增量,即预期利益赠与,则条款的强制性便具有正当化依据。在 CAS 的裁决中,"争议的裁决正变得越来越有利于运动员的利益",因而对于强制性仲裁条款签订的相对方来说,其被施加善的利益赠与,因而 CAS 仲裁条款具有有效性。

第四,"有效解释"和"严格解释排除"规则之支持。"有效解释"作为一种公认的解释准则,是指若某条款能以两种不同方式进行解释,则使该条款有效的解释应优先于使该条款无效的解释被采纳。"严格解释排除"是指应当排除那种认为"由于例外性法律规则应当严格解释,仲裁协议作为法院管辖权的例外,也应当遵守这种解释方法"的观点。在这两种规则的双重作用下,CAS 仲裁条款具有正当性的解释依据。

第五,"有利于有效"规则之支持。在 ICC 的仲裁实践中,"一个仲裁条款可能在其范围内有严格的解释,但是这个原则在理解仲裁条款的有效性时可能并不具备同样的效果。相反,当合同中存在仲裁条款时,我们应认为当事人乐意通过仲裁条款确立一个有效的机制来解决争议"。有资深国际仲裁员曾指出,在现代仲裁日趋宽容的形势下,只要出现"仲裁",合理的做法是承认其效力。此外,PILA 第 178 条第 2 款中,通过规定多种适用法律从而增加仲裁协议被认定为有效的可能,因此不论是仲裁实践,还是法律规定与推理,仲裁条款都被尽量地认定为有效,即便具有强制性。

综上,CAS 不论是在过去、现在还是未来,都对体育争议的解决有着不可替代的作用,即使它存在着病态性因素,通过 SFT 在内的众多国家国内法院的认可、承认与执行,CAS 已经成为最具权威的体育仲裁机构,单纯以仲裁条款具有强制性为由,已经无法撼动 CAS 管辖的正当性与合法性。

## 四、CAS 管辖之辨:为与不为的尺度

CAS 作为世界范围内最具权威性的体育仲裁机构,孙杨案由其行使管辖权已经确凿无疑。即便中国法院等可以行使有关的司法审查权,但最终结论将导向对 CAS 仲裁条款有效性的支持,从而支持 CAS 对相关案件的管辖。虽然 CAS 管辖权是宽泛且有效的,但其权力的行使应始终限定在一定的范围之内,这就涉及 CAS 管辖事项在范围上的有所为与有所不为,关键之处是如何辨析及厘定其尺度。正当的管辖权不仅是启动仲裁程序的开关,同时是仲裁裁决得以承认和执行的依据。正如《纽约公约》第 5 条所规定的:"裁决所处理之争议非为交付仲裁之标的或不在其条款之列,或裁决载有关于仲裁范围以外之决定者,可以拒绝承认或执行。"如果 CAS 不加限制地突破自己应为的尺度加以管辖,其仲裁裁决将会因超裁而被相关司法机关援引《纽约公约》第 5 条予以拒绝承认与执行;在瑞士联邦最高法庭司法审查下则可能被撤销。因此,明确 CAS 仲裁管辖的权限是必要且必然的。①

(一)有所为:事与时

1.CAS 可管辖的事项范围

CAS 受理的争议事项规定在《与体育相关的仲裁法典》第 R47 条:"对联合会、协会或体育相关机构的决定提出上诉的,可以向 CAS 提出,条件是该机构的章程或条例有此规定,或者当事方已经缔结了具体的仲裁协议,而且上诉申请人在上诉之前已经根据该机构的章程或条例穷尽了可以采取的法律补救。如有关的体育联合会或体育协会的规则明文规定,则 CAS 可作为一审法庭受理上诉申请。"由此条文可以得知,对于各体育联合会、体育组织的章程或规则中明文规定 CAS 仲裁条款的,根据该条款以及章程中规定的体育性争议事项,CAS 当然享有管辖权,例如,国际足球联合会(FIFA)在其章程第 57 条规定:"国际足联认可了总部设在瑞士洛桑的独立的 CAS,解决国际足联、成

---

① 此处仅指 CAS 上诉仲裁程序与各体育组织之间的管辖分工。此外,由于 CAS 临时仲裁程序主要受理对各体育组织的决定不服而提起的上诉,与 CAS 上诉仲裁程序具有一致性,因此此处所讨论的 CAS 上诉仲裁包括 CAS 临时仲裁的管辖范围。

员协会、联盟、联赛、俱乐部、球员、官员、中介和有执照的比赛代理人之间的争端。"FIFA 在规定将争议提交 CAS 进行仲裁的同时,对争议的具体事项作出规定,因此 CAS 只能在该范围之内受理与 FIFA 有关的纠纷,与之无关或超出其范围的纠纷则不属于 CAS 可受理并仲裁的争议。

在实践中,CAS 的这种管辖权还有逐渐扩大的趋势,主要表现为"概括式援引"①,是指当事人之间并没有订立仲裁协议,而是通过援引另一个合同中所订立的仲裁条款作为将争议提交仲裁的依据。例如 Baumann 案中,Baumann 因为涉嫌兴奋剂违规,被国际田联取消奥运会参赛资格,于是 Baumann 以国际田联为被申请人向 CAS 提起上诉,国际田联辩称自己并未在其组织章程或其他规定中签署 CAS 仲裁条款,因此仲裁协议不存在,CAS 无权管辖,其作出的决定为终局决定。然而,CAS 仲裁庭认为,国际田联作为 IOC 的成员就要遵守《宪章》的规定,《宪章》第 61 条第 2 款规定:"在奥林匹克运动会期间发生的或与之有关的任何争议,均应根据《与体育相关的仲裁法典》专门提交 CAS。"因此,IOC 与 CAS 之间的仲裁条款可以援引至 IOC 项下成员国的争议解决之中,CAS 因而享有对国际田联相关争议的管辖权。

除此之外,CAS 的管辖依据还包括当事人之间事前或事后在平等自愿、协商一致的情况下所缔结的单独的仲裁协议,此种管辖范围相较于前一种更为灵活和不确定,但是基于当事人的意思自治,CAS 的管辖权一般不受此限制,但前提是当事人已经用尽内部救济。②

2.CAS 可管辖的时限范围

与一般商事仲裁不同,CAS 除了在管辖事项的范围上有限定,而且在管辖时间上也应当遵守相关规定,特别是在涉及奥运会赛事争议的仲裁中,争议事项的时态是 CAS 仲裁庭必须考虑的特别因素,可称之为 CAS 的属时管辖权。根据《与体育相关的仲裁法典》第 R49 条的规定:"如果有关联合会、协会或体育相关机构的章程或条例或以前的协议没有规定时限,上诉时限应为收到被上诉的决定之日起 21 天。"未在此期间提起上诉的,CAS 仲裁庭不享有

①　Von Segesser Georg & George Anya. *Swiss Private International Law Act*,Chapter12:International Arbitration 1989. Loukas A. Mistelis(Ed.).*Concise International Arbitration*,2nd ed.The Hague:Kluwer Law International,2015,p.196,197.

②　张春良、张春燕:《论国际体育仲裁中的"接近正义"原则——接近 CAS 上诉仲裁救济的先决条件》,载《体育文化导刊》2007 年第 11 期。

对争议的管辖权。除了 CAS 自身的规定，国际机构、各 IFs、体育组织等的章程、条例中也会对上诉期限进行规定，例如 WADC 第 13.2.3 条规定："WADA 上诉的申请截止日期应为以下两日期中，以较晚者为准：(1)案件中的任何一方上诉期截止的 21 天后，或(2)WADA 收到与决定有关的完整文件 21 天后。"可见，仲裁协议与争议事项、时间的规定同时制约着 CAS 的管辖范围。

在孙杨案中也存在着 CAS 管辖范围的问题。在本案中，孙杨提出两项管辖异议：一是 WADA 不遵守提交上诉仲裁申请书的时限，二是 WADA 的律师与本案存在利益冲突。关于第二个异议，专家组认为属于可受理性问题(Admissibility)，而不是仲裁庭的管辖权问题，因而应在仲裁庭组成之后再行审理。涉及管辖争议的只有第一项，即是否享有合理的属时管辖权。需要指出的是，CAS 的属时管辖权与可受理性问题之间的区分具有不同的法律效果，属时管辖权属于管辖权的问题，因此其行使是否得当、合法，应受相关司法机关的司法审查，并可能构成被撤销或被拒绝承认与执行的法定依据；而可受理性问题则是后管辖权的事项，专属于仲裁庭的自由裁量，不受国家司法机关的司法审查，除非其与正当程序相关联而变形为程序违反的问题，否则豁免于司法机关的司法审查。

### (二)有所不为：马拉多纳的上帝之手

确定范围的体育争议事项，以及特定时限内的争议提交要求，是 CAS 行使管辖权的两个重要维度。这体现了 CAS 管辖的有所为之积极一面。但另一方面，CAS 也并不总是将其管辖手臂伸得很长，至少在两个方面，CAS 在管辖上就会有所不为：一是涉及体育仲裁中不可仲裁性的事项；二是未先行穷尽体育组织内部救济程序的可仲裁事项。

1.涉及不具可仲裁性的事项

(1)绝对不可仲裁事项。许多特定性质的体育争议不在 CAS 的仲裁管辖范围之内，对于这些不具有可仲裁性的争议事项 CAS 也展示出其明确的有所不为的态度。最著名的可举马拉多纳的上帝之手为例，以资说明。①

1986 年墨西哥世界杯足球赛 1/4 决赛中，阿根廷国家队队长马拉多纳攻

---

① 初稿写成时马拉多纳尚在人间；待稿件调整时，马拉多纳已于数日前即 2020 年 11 月 25 日因病去世。世事无常，上帝之手终被收回。本文信手拈来之范例，不经意间成为对马拉多纳离去后的缅怀。谨此向马拉多纳致敬！

入英格兰队一球,该球在攻入过程中马拉多纳有一个伸手动作,由于马拉多纳跃起攻球的动作过于快速,又由于裁判观察视角受到限制,特别是赛事举行时并未引入当前高科技鹰眼技术,其伸手动作是否触碰到足球,即便至今仍存争议。当时的裁判并未发现,也未认定其犯规,阿根廷队也因此球成为此届世界杯的冠军。随后,英格兰人对这一行为提出抗议,但是通过对录像与照片的反复观看,在当时还是不能确定马拉多纳到底是用手还是头将球攻入球门,这就是著名的"上帝之手"(Hand of God)事件。这一极富争议的"上帝之手",一方面也正因其充满争议性而极具传奇性;另一方面也不得不承认马拉多纳极其精湛的足球技术,如果换为任何其他球员可能就无法完成如此真假难辨的进球。虽然英格兰队并没有向 CAS 提起上诉,事实上也不能够提起上诉,但是假设英格兰足球队就此向 CAS 提起上诉仲裁申请,主张裁判漏裁、错裁,有意义的问题就将浮现出来:CAS 能否对裁判无视上帝之手的裁判结果进行管辖? 理由为何? 答案是否定的,这是因为不论马拉多纳是否存在上帝之手,不论裁判是判该球有效抑或无效,CAS 对此类性质的事项均无管辖权,这是因为体育仲裁中竞技体育的"竞技规则"(rules of game)是豁免于仲裁审查的,CAS 仲裁庭在多次案件审理中均强调,应区分体育赛事中的竞技规则与法律规则(rules of law),如果涉及法律规则的解释是适用的,则属于仲裁庭可仲裁审查的事项范围;如果涉及的是竞技规则的理解与适用,此事项应专属于赛场裁判的职权范围,CAS 仲裁庭不会介入,避免成为后知后觉的"第二裁判"。[①]这体现了 CAS 管辖中的有所不为。

何谓因竞技规则产生的争议,它是指与具体运动项目的规则相关,依据现场比赛中出现的特殊情形,由裁判或赛场官员等专业人士作出的即时性判断,包括裁判判罚、比赛器械调整、计时打分等环节所引发的争议。[②] 设立竞技规则例外,有其合理性,这是因为相较于竞技体育中的裁判、赛场官员等专业人士而言,仲裁员一般不具有专业的体育知识,并且许多案件的争议发生在体育比赛过程中,仲裁员缺乏第一视角,在此情况下对其事后的评判难免有失公允。而且,一些组织在其章程中也会对此类争议作出仲裁保留,例如国际田联

---

① 张春良:《论竞技体育争议之可仲裁性——立足 CAS 仲裁规则及其实践之考察》,载《武汉体育学院学报》2011 年第 10 期。

② 熊瑛子:《国际体育仲裁中"体育性争议不予审查"原则探讨》,载《体育科学》2014年第 6 期。

《争议和纪律程序规则》第 1.2.5 条规定了与比赛结果和行为有关的争议不得上诉。[①] 其中关于赛场裁决的例子如朝鲜 NOC 诉国际滑联[②]，CAS 仲裁庭在此案件中明确认为：CAS 仲裁庭对于公断人、裁判员，或其他官员在竞技场上作出的"赛场"裁决不予审查。这些公断人、裁判员或官员有权力适用特定的比赛规范或规则。[③] 可以看出赛场裁决原则侧重于对竞技过程中第三方裁判作出的有关决定予以尊重，坚守 CAS 仲裁与行业协会自治之间的界限。又如 CAS 受理的 WCM-GP Limited/Federation Internationale Motorcycliste (FIM)案[④]，仲裁庭指出"竞技规则"是指那些确保比赛和竞争过程正确的规则，除了极其例外的情况，此种规则的适用不得提请上诉仲裁。

马拉多纳的"上帝之手"是否导致进球有效，这属于裁判理解和适用竞技规则而非法律规则的范畴，因此即便 CAS 仲裁庭的仲裁员明确知悉马拉多纳是违规地用手攻入的，即便赛场裁判作出的判罚结果是不正确的，CAS 仲裁庭也不能通过仲裁裁决对裁判的判罚结果予以改判。这不是仲裁庭的使命，而是赛场裁判的职责。当然，必须强调的是，对于竞技规则不审查，这并不构成 CAS 仲裁庭审的绝对豁免内容，在特定条件下 CAS 仲裁仍然可以对其进行审查。这个特定条件就是，有关判罚结果是裁判通过腐败、受贿等而滥用职权的结果。此时，CAS 仲裁庭即可介入审查。关于这一内容，下文将进一步展开，此处从略。

在体育领域中不可仲裁的事项还包括专属于体育组织内部事务的事项。行业协会自治原则从理论上限制了 CAS 的管辖范围，是指体育协会对内部行为的控制与管理，不受外界的干预。根据这一原则，协会对运动员、俱乐部等

---

① 国际田径联合会《争议和纪律程序规则》第 1.2.5 规定："Any protests or other disputes arising out of the field of play, including, without limitation, protests concerning the result or conduct of an event. Pursuant to Rule 8.3 of the Technical Rules, the decision of the Referee in such cases shall be subject to a right of appeal to the Jury of Appeal. The decision of the Jury of Appeal (or of the Referee in the absence of a Jury of Appeal or if no appeal to the Jury is made) shall be final and there shall be no further right of appeal, including to CAS."

② CAS OG 02/007.

③ 张春良：《论竞技体育争议之可仲裁性——立足 CAS 仲裁规则及其实践之考察》，载《武汉体育学院学报》2011 年第 10 期。

④ CAS 2003/A/461&471&473.

作出的处罚决定,CAS 本无权管辖,只是在实践中对协会的这一部分行为进行例外规定,赋予 CAS 审查权,但协会其他内部行为不属于 CAS 的管辖范围。例如,特定体育组织的建章立制的内部规定,有关其内部机构的设置与分工的规定等,此等事务即专属于体育自治的范畴,无 CAS 介入仲裁管辖的空间。

(2)相对不可仲裁事项。还有一些事项即便具有体育上的可仲裁性,但为相关体育组织明确列为"保留事项",不愿通过 CAS 仲裁条款提交 CAS 仲裁。在一些案例中,关于参赛资格发生的纠纷,也会被排除在 CAS 的管辖范围之外,其更多的被认为是协会、组织自由裁量的范畴,例如国际田联在其章程第21 条中规定,只有与兴奋剂有关的争议才能向 CAS 提起上诉,接受 CAS 的管辖,包括参赛资格等问题在内的其他争议事项,国际田联仲裁庭作出的裁决是终局性的,当事人不得向 CAS 提起上诉。

2.涉及未穷尽内部救济的可仲裁性事项

CAS 依据当事人之间自愿订立的仲裁协议以及规定在各种组织章程中的仲裁条款而当然地享有管辖权,然而这种权利不是无限制的,行业协会自治原则、穷尽内部救济原则等从另一方面划定了 CAS 管辖的边界,从而保证 CAS 只能在特定的范围内发挥其功能,既有所为又有所不为,在为与不为之间实现行业协会的自治原则与有关当事人利益的平衡保护。

穷尽内部救济原则是对 CAS 管辖加以启动限制的要求,该原则是指在当事人不服体育组织的处罚决定而向 CAS 提起上诉之前,应当首先用尽体育组织内部的救济措施。其目的在于最大限度地保护体育协会或联合会的自治权,维护其管理权限与秩序,同时也是对司法或仲裁资源的一种节约,避免通过内部机制就能解决的问题一步跨入稀缺的司法救济程序。通过尊重内部救济原则,也可以由 CAS 仲裁庭向体育组织传递尊重之意,实现体育组织内部救济机制与 CAS 仲裁机制之间和谐的分工与合作。

落实到孙杨案中,WADA 在就本案向 CAS 提起上诉仲裁之前,该争议业已穷尽了 FINA 的内部二级解纷程序[①]:第一级解纷程序是 FINA 的纪律处罚程序;第二级解纷程序是 FINA 内部上诉性质的兴奋剂专家小组(Doping Panel)程序。以此,WADA 可根据其 CAS 仲裁条款就 FINA 内部兴奋剂专家小组的裁定向 CAS 提起上诉仲裁。显然,如果 FINA 内部专家小组程序

---

① See FINA Doping Panel 01/2019,3 January 2019.

尚未启动,或者程序尚未完成的,CAS 将不会受理 WADA 的上诉仲裁申请。

### (三)例外与条件:本体与方式之转换

在管辖事项上,CAS 仲裁庭虽然有所为,也有所不为,但是在不为(不管辖)当中,可能会因为相关人士的恶意(bad faith)、腐败(corruption)、歧视(bias),以及专断或违法(arbitrary or illegal)等而变成可为(接受管辖)。例如在上引朝鲜 NOC 诉国际滑联案中,CAS 专家小组就认为,只有当申请复审的人确认某一赛场裁判的决定是受到欺诈、恶意、歧视、专断或腐败的影响而作出的,CAS 才可能进行介入审查。① 在另一案件中②,CAS 仲裁庭也指出,对于赛场官员、裁判员等依据"竞技规则"作出的裁决不予审查,除非适用此类规则是存在不法行为,例如受贿等。关于 CAS 管辖的例外在一些 NOCs 或国际体育组织的章程与规则中也有明文规定。例如美国 NOC 在其章程中规定:"比赛中裁判的最后裁决视为赛场裁决(由裁判适用竞赛规则,自行独立作出的决断),赛场裁决不受审查,除非裁决是:(1)裁判越权作出的;(2)裁判基于舞弊、受贿、偏袒或其他不当行为作出的。"

然而关于 CAS 管辖的例外情形,当前 CAS 有关规则例如《与体育相关的仲裁法典》中并未对这一原则作出明文的规定,在实践中也远未形成统一的标准,上述案例中所提到的"歧视""专断""不法行为"等表述均较为笼统,因而仲裁员对此类争议的判断享有较大的自由裁量权,在缺乏统一适用标准的情况下难免会降低当事人的可预期性。笔者认为,CAS 管辖例外体现了其不为之为,即在本不应行使管辖权的领域再次例外地行使管辖权,导致此种辩证转化的规律是,绝对不可仲裁事项本身与其适用方式的区分。换言之,如果某一问题涉及的是绝对不可仲裁事项的本体,例如竞技规则的解释与适用、赛场裁判,此为绝对不可仲裁事项;但如果某一问题涉及的是这一不可仲裁事项的适用方式上的严重瑕疵,如欺诈性适用、腐败性适用,则该问题就从绝对不可仲裁事项转向可仲裁事项。因此,可用本体与适用方式这一"二维框架"对所涉

---

① CAS OG 02/007,para 16,the Panel held that rather,CAS might interfere only if the person requesting the review established that a field of play decision was tainted by fraud,bad faith,bias,arbitrariness or corruption.

② See CAS arbitration NCA SOG 00/013.

问题进行定性和区分：如果是本体问题，则不可仲裁；如果涉及本体问题的适用方式之严重瑕疵，则可仲裁。

## 五、CAS 审理之道：谁主沉浮

### （一）庭审模式

CAS 庭审范围适用的是重新审查原则（de novo），由于 CAS 仲裁庭审模式高度决定于仲裁庭的风格，而 CAS 仲裁员来自全球各大法系和法域，因此不同仲裁员组成的仲裁庭在风格上显然存在较大的差异。CAS 仲裁法典又高度授权仲裁庭按其认为适当的方式行事。因此，仲裁员的法学训练背景、法学实践和法系烙印，再加上仲裁员的个性特征，这些不确定因素共同铸就了特定仲裁庭的特定仲裁风格，并影响着 CAS 仲裁的庭审模式。就仲裁庭审模式的主要类型看，CAS 在实践中逐渐呈现出四种类型，并在四对范畴之间存在不同的重心微调：一是事实审与法律审，二是合法审与合理审，三是书面审与口头审，四是职权式与辩论式。

#### 1.事实审与法律审

按照审理对象分类，庭审模式可以分为事实审与法律审。在普通诉讼中，一审法院具有全面的审查权，既审事实，也审法律；上诉法院则因法系不同而有不同的审理模式，有的坚持全面审，例如我国的二审法院即如此；有的仅限于法律审，不审事实，英美法系国家法院通常如此。可见，在审查对象上究竟是事实审还是法律审，一般是与上诉或二审机制相关联。

CAS 上诉仲裁是否是上诉审，这需要区分界定。如果从纠纷解决机制的独立与否这个标准看，CAS 上诉仲裁相对于体育组织内部非独立的解纷机制看，其属于首次独立的争议处理，因此以独立性为标准，CAS 上诉仲裁实为一级仲裁。如果从纠纷解决的处理程序角度看，CAS 上诉仲裁审理的争议至少经过了案涉体育组织的内部一级，甚至内部二级上诉机制的处理，因此 CAS 上诉仲裁确属上诉性质的二级或多级仲裁。可能是基于纠纷解决程序独立性的考量，CAS 上诉仲裁虽然名为"上诉"，但在审理对象上采取了既审事实，又审法律的全面审模式。它不仅可以重新审查包括 IOC、NOCs 在内的国际与NOC 作出的相关纪律性决定，还可以重新完全审查 FINA、FIFA 等各种国际单项体育联合会、协会等认定的事实，而且还可以重新选择并适用与体育组织内部解纷程序所适用的不同的法律。从仲裁庭的仲裁权内容看，CAS 可谓是体育世界最高法庭，享有全面的审查权力。这一审查权限在《与体育相关的仲裁法典》第 R57 条加以条文化，即"仲裁庭有完全的权力（full power）审查事实与法律"。

2.合法审与合理审

按照审理要求的不同，仲裁庭审模式可以分为合法审和合理审。合法审主要是对裁判依据是否合法进行审查；合理审则不仅审查裁判依据的合法性，而且还要审查裁判依据适用的合理性。由此可见，合法审与合理审的主要差别在于，上诉审法院或仲裁庭对一审判决或裁决的复审程度。CAS 上诉仲裁采取的是既审查一审裁决的合法性，又审查一审裁决的合理性的深度审查模式。

鉴于竞技体育纠纷的特殊性，竞技体育仲裁的双方当事人尽管在法律地位上是平等的，但在纪律性处罚决定关系中通常具有地位上的命令与服从的非对称性。这种关系及其产生的纪律性处罚决定折射出准行政色彩[①]，而参照行政诉讼法理论，合法性审查是行政诉讼的基本原则，而合理性审查作为对行政机关自由裁量的具体行政行为是否公正的审查判断，是行政诉讼的补充原则。[②] 但在实践中，二者的界限相对模糊。与行政诉讼严格区分审查的合理性与合法性不同的是，在 CAS 仲裁的庭审模式中，合法性审查与合理性审查是合并行使的，CAS 上诉仲裁庭既针对下级程序在事实认定、法律适用、程序合法化以及管理权限上是否滥用的问题，又针对下级程序中管理性组织行为的正当性、利益平衡性问题进行重新审理，在二者之间寻求对各方当事人最大的利益保护。

3.书面审与口头审

按照审理方式的不同，仲裁庭审模式可以分为书面审与口头审。书面审是指仲裁庭仅立足当事人提交的书面材料进行审理；口头审则是指仲裁庭通过开庭、对质方式，对当事人之间的口头阐述、攻击与辩护进行审理。口头审是庭审的主流方式，争议双方当事人通过言辞辩论表达自己的主张、立场、异

---

① 张春燕、张春良：《CAS 奥运会特设仲裁庭审模式研究》，载《天津体育学院学报》2008 年第 1 期。

② 卜晓虹：《行政合理性原则在行政诉讼中之实然状况与应然构造——论司法审查对行政自由裁量的有限监控》，载《法律适用》2006 年第 1 期。

议和反对,通过两造对立、兼听则明的方式,不仅给予双方当事人以充分陈述的机会,而且更有助于仲裁庭把握争点,辨明分歧,作出更全面和正确的判断。书面审则通常适用于案情较为清楚、简单的情形,或者作为立足口头审之上、之后的二审模式予以适用。

《与体育相关的仲裁法典》第 R44.1 条规定:仲裁庭采取的法律程序包括书面材料提交,以及原则上的口头审理。可见,CAS 仲裁庭原则上以口头审为主,以书面审为辅。第 R44.2 条规定:双方当事人在提交相关资料后,首席仲裁员应尽快签发开庭指令并设定庭审日期。一般情况下应进行开庭审理,仲裁庭可询问当事人、证人以及专家,并听取当事人的最后陈述。此外,鉴于书面审具有提高程序效率、降低当事人成本与减轻诉累等优势,因此上述法典第 R44.2 条最后一段特别声明:"经商当事人后,如果仲裁庭认为其已充分知悉案件情况,可决定不开庭审理。"这就使得仲裁庭的庭审方式更加方便灵活,给当事人提供较大选择权。

由上可见,CAS 仲裁庭审模式可以概括为,兼采书面审与口头审,原则上以口头审为主要的开庭方式,但以当事人合意为条件的口头审作为例外的庭审方式。

4.职权审与辩论审

按照庭审主导力量的不同,庭审模式可以分为职权审与辩论审。这种庭审模式一般出现在民商事诉讼与仲裁程序之中,以审判主体为主导开展审判或仲裁程序的称为职权审;以当事人为主导,强调当事人之间对抗和法官、仲裁员的中立听证为裁判结构的称为辩论审。仲裁程序中注重意思自治原则,因此其本质上应注重以当事人为中心的辩论审;同时,考虑到程序的高效性,在一定程度上应当平抑当事人的自由意志,发挥裁判人士的职权能力。

庭审模式究竟采取职权审还是辩论审,在当前趋势中仍然显示出高度的融合性。在发展历史中,基于对庭审的功能与目标的不同程度的认识,曾经的庭审模式经历了从职权审到辩论审的转变,但基于两种庭审模式所具有的各自不可替代的优势,例如职权审体现了效率与专业,辩论审体现了自主与选择,因此将二者结合在一起是历史发展的主流趋势。考虑到 CAS 上诉仲裁所需要的专业性和效率,特别是赛事语境中,赛事争议的处理尤其需要特别高的乃至极限的裁决效率[①]，这就使职权审成为契合 CAS 上诉仲裁需求的主要庭审模式。职权审对仲裁庭提出了更高的专业要求和处理案件的综合能力，它要求仲裁庭能凭借其专业能力和法律素养，快速解析案情，锁定争点，限定行动时限，掌控庭审节奏，并在认定事实的基础上尽快依法、公正、合理地作出裁决。当然，由于仲裁时限的特别限制，职权审固然成为 CAS 的主要庭审模式，但这并不排斥或者否定在必要和可能的情形下，辩证结合辩论审的优势，特别是在一般的上诉仲裁而非赛事背景下的上诉仲裁情形下，仲裁庭应根据具体案件情况将二者具体结合起来，更大限度地同时实现案件裁决的效率与当事人合法合理利益的公正二者中和起来。正如《中庸》所言：中也者，天下之大本也；和也者，天下之达道也。致中和，天地位焉，万物育焉。此亦为 CAS 仲裁庭审模式的中庸之道。

综上，CAS 仲裁庭审模式很难用上述范畴中的某一或某些概念进行界定，在仲裁实践中它越来越走向一种混合仲裁庭审模式，CAS 实际上一方面通过职权审、书面审、合法审等满足了仲裁程序的效率性要求；另一方面通过辩论审、口头审、合理审满足了仲裁程序的衡平利益要求，这使 CAS 庭审呈现出问题导向、目标导向的风格，而不是刻意拘泥于呆板、固定的庭审程式，这共同铸就了成熟完善并特立独行的 CAS 仲裁庭审模式。

### (二)法律适用

在阐明了 CAS 独特的审理模式之后，庭审过程中影响仲裁裁决作出最为重要的因素之一即对案件法律适用的选择。仲裁的法律适用相对于诉讼而言本具有独特性，例如一国司法机关作出的、旨在统一规则解释与适用的司法解释等规范，在仲裁中就并不具有当然的可适用性。换言之，司法解释等专门约束司法机关的规范并不是仲裁中的当然法源。[②] CAS 仲裁相对于一般商事仲裁的独特性，进一步导致了其法律适用的非常之处。简言之，关于 CAS 上诉仲裁所适用的法律，是特别兼及体育领域存在的某些规范的规则，这主要是指

---

① 正如有文献所言：奥运会仲裁中所讨论的不是快速仲裁问题，而是尽可能地快速仲裁的问题。参见张春良：《论奥运会体育仲裁程序》，载《西安体育学院学报》2007 年第 5 期。

② 有文献专门分析了国内仲裁中的法律适用，对司法解释在仲裁中的适用作了特别的分析，主张对司法解释采取类型化的适用态度。参见田有赫：《国内仲裁的法律适用》，法律出版社 2018 年版。

体育组织赖以作出纪律性处罚决定的章程、条例、规范等。[①] 当然,CAS 上诉仲裁作为国际仲裁,它同时还可在经授权或在仲裁庭认为适当和必要的时候,仅根据公平、公正原则采取友好仲裁。[②]

CAS 上诉仲裁的法律适用在完整意义上包括三类法律的适用:实体问题的法律适用,程序问题的法律适用,以及兼具实体与程序性质的仲裁协议的法律适用。[③] 关于 CAS 仲裁协议的法律适用,上文业已提及,此处从略。关于程序问题的法律适用,一般适用仲裁地所在国的法律,以及 CAS 自身制定的与体育相关的仲裁法典。基于前文所述,CAS 仲裁庭的仲裁地均在瑞士,因此在程序法律适用上统一为瑞士法。此外,CAS 还分别针对不同仲裁类型制定了不同的仲裁规则,这些仲裁规则也是仲裁庭所适用的广义的"程序法"。而在实体法律适用上,CAS 关于实体法律选择有具体规定,体现在《与体育相关的仲裁法典》第 R58 条。依据该条之规定,CAS 仲裁所适用的实体性规则包括:首先,应适用相关条例(regulations);其次,应辅(subsidiarily)之以当事人选择的法律,或者在当事人没有选择的情况下,补充适用作出被上诉决定的体育协会、联合会或体育相关组织住所地国的法律,或仲裁庭认为适当的法律规则,但仲裁庭应说明其理由。

CAS 上诉仲裁关于法律适用的规定相对于一般商事仲裁而言具有较突出的个性:第一,它并没有将意思自治作为首要的选法规则,而是直接将相关体育组织的条例作为首要的法律适用规则。第二,它并没有建立法律选择的顺位阶梯,而是形成了主辅结合的法律适用模式。在奥运会仲裁中,其法律适用又另有特别安排,在《奥林匹克宪章》第 17 条中就作出明确规定:"仲裁庭应根据《奥林匹克宪章》、适用条例、一般法律原则和专家组认为适当的法律规则对争端作出裁决。"这就在规则层面将普通商事仲裁中的首选规则即当事人意思自治选法排除在外了。考究其因由,一是 CAS 上诉仲裁适用的争议一般具有体育组织参与的语境,争议是在相关运动员或其他的体育组织的成员与特定体育组织之间"有组织"地发生的,这种组织性决定了争议立足的土壤有其特定的规范基础,特别是相关体育组织的内部章程、条例、法规等规则的存在

---

① 刘畅:《论国际体育仲裁适用的"法律"》,载《仲裁研究》2011 年第 1 期。

② 刘畅:《一般法律原则与国际体育仲裁的法律适用》,载《社会科学家》2011 年第 5 期。

③ 刘想树主编:《国际体育仲裁研究》,法律出版社 2010 年版,第 268~291 页。

与环绕；二是这些争议经过了此类体育组织的内部管理条例的处理后被提交给 CAS 上诉仲裁庭，上诉仲裁庭需要解决的问题不是完全推倒此前程序的法律适用和事实认定，而是在其基础之上对事实认定和法律适用的正确性、合理性进行重新审理，这种审理的上诉性和"重新性"也限定了 CAS 上诉仲裁法律适用的框架，这就是在相关争议所已经适用的法律基础上进行法律适用的考量；三是 CAS 上诉仲裁的强制性或在体育组织内部的"章程化"已经间接限制了运动员或其他组织成员的意思自治之自由，或者说通过这种特别的方式变通地体现了当事人之间的意思自治，所以既可以说体育组织的内部治理的规范或条例是不容当事人意思自治而应予适用的上诉仲裁之法律，也可以说这些规范或条例是以特别形式呈现的当事人在法律适用上的意思自治的结果。

在明确仲裁庭能够适用的不同法律类型之后，在具体适用的过程中常常涉及对所选法律的解释以及 CAS 先例的适用问题，二者均体现了 CAS 在庭审制度中的非常之处。

1.法律适用中的解释

荷兰著名体育法学家 Robert.C.Seikmann 将仲裁庭的规则解释称为"CAS 的法官造法"①。根据《维也纳条约法公约》第 31 条的规定："条约应依其用语按其上下文并参照条约之目的及宗旨所具有之通常意义，善意解释之。"因此，对于法律的解释，首先是善意地进行文义解释，其次是进行目的解释。这一解释理据同样适用于 CAS 上诉仲裁中的法律适用之解释。在 CAS 仲裁实践中，文义解释的适用自不待言，"目的解释"也是其常用的解释方法②，在孙杨案中也体现了对目的解释的应用。

孙杨案中，争议焦点之一是主检测官是否对孙杨进行了"适当通知"。解决这一问题的前提是如何理解和解释"适当通知"。这主要涉及对《国际检测和调查标准》（以下简称 ISTI）第 5.3.3 条中对采样人员携带官方授权文件的要求。由于各方当事人对于采样人员是否具有合格的授权证书问题态度不一，便涉及对 WADA 制定的 ISTI 有关规则的解释以及《ISTI 血样取样指南》的效力性认定的解释问题。ISTI 第 5.3.3 条规定如下："采样人员须持有由采

---

① Robert. C. R. Seikmann, *Lex sportiva：What is sport law?*. The Hague：T. M. C. Asser Press，2012，pp.14-16.

② 郭树理：《国际体育仲裁的理论与实践》，武汉大学出版社 2009 年版，第 333～339 页。

样机构提供的正式文件（official documentation），例如检测机构签发的授权信函，以证明他们有权向运动员采集样本。主检测官还应携带完整的身份证明，包括其姓名和照片（即采样机构签发的身份证、驾驶证、健康卡、护照或类似的有效身份证明），以及此类证明的有效期。"①针对这一条款中的"official documentation"的含义，各方的解释不一：首先，WADA 方认为这是统一的整体，采样人员只需具备一份授权证书的概括授权即可。其次，第一被申请人则提出新的解释，认为应当根据《ISTI 血样取样指南》第 2.5 条中的规定来认定，即"每一位采样人员需受培训并被授权以实施其各自分配的职能"②。换言之，采样应按照"一人一授权"的方式进行理解和执行。

在此情况下，案件的判断难点转移为对《ISTI 血样取样指南》是否具有强制性的判断。CAS 仲裁庭转而依赖上述规范的主要制定者和参与者，这就是 WADA 方主要证人 Stuart Kemp 的解释。该证人是 WADA 标准统一处副处长，曾参与编纂 ISTI，他根据 ISTI 制定时的目的即按照目的解释，指出孙杨方所依赖的《ISTI 血样取样指南》实际上是对"最佳实践"的建议，并不具有与 ISTI 相同等的强制性效力。换言之，"一人一授权"是最佳的做法，但不是上述规范的基本要求。而具体适用中只要满足"一次一授权"的做法，尽管其不是最佳的实践，但却是满足相关规则要求的实践。仲裁庭在判决中完全采纳了 Stuart Kemp 的解释，从而认定《ISTI 血校取样指南》不具有强制性效力。

由此可见，左右案件的裁决、主导双方当事人沉浮的关键之一，是法律适用中涉及规则的解释，对规则的不同解释，直接影响乃至决定着案件最终的判决结果。在目的解释过程中，还会涉及不同的价值取向，例如对于"立法者"方的不利解释取向，对于弱势方的善意解释取向，对反兴奋剂规则中兴奋剂违纪的严格责任标准的解释取向，等等。可以说，有何种价值取向，就会有何种解释导向；有何种解释导向，就会有何种裁决结果。因此，仲裁员在面对不同的

---

① ISTI 5.3.3 Sample Collection Personnel shall have official documentation, provided by the Sample Collection Authority, evidencing their authority to collect a Sample from the Athlete, such as an authorisation letter from the Testing Authority. DCOs shall also carry complementary identification which includes their name and photograph (i.e., identification card from the Sample Collection Authority, driver's licence, health card, passport or similar valid identification) and the expiry date of the identification.

② See Art. 2.5, Blood Sample Collection Guidelines.

价值冲突时,应充分衡量案件所涉利益,在不同的利益之间找寻平衡点,最终求得合理的裁判。

2.法律适用中的先例

"遵循先例原则"并不是 CAS 仲裁的一项基本原则,CAS 也并未对这一原则进行明文规定,但是在实践过程中 CAS 逐渐将其作为准"普通法"加以援引,从而保证法律适用的一致性,增加当事人的可预见性与确定性。①

实践中,对于先例的援引实际上呈现出两种态度。第一种是坚持对先例的援引,CAS 在越来越多的判决中选择援用了先例,并且在这些案例中大多与先例的观点相一致,没有出现明显背离的情况。在那些没有涉及先例的案件中,仲裁庭一般都具有裁决案件的充分的条文性依据。② 反之,当审理争议问题时的条文性依据不足时,CAS 仲裁庭对先例的依赖程度会明显增强。③例如在孙杨案中,在判断运动员是否有任何其他正当理由不遵守样本收集程序的问题时,仲裁庭指出,CAS 有一系列一致的判例,例如,在 Azevedo 案中,仲裁庭的理由是,反兴奋剂检测的逻辑和反兴奋剂规则要求并期望,只要在身体、卫生和道德上可行,运动员即便反对也应当提供样本。④同时仲裁庭根据在 Troicki 案中的推理过程⑤,将其适用在本案中,最终判断主检官已经警告运动员可能产生的法律后果,符合适当通知的条件,因此运动员没有正当理由拒绝提交样本。

第二种是不遵循先例原则,但同时表明 CAS 先前的裁决仍然具有重大价值。典型案例有 Gremio Football Porto Alegrense v. Maximiliano Gaston Lopez 案⑥,在该案中,CAS 仲裁庭虽然认为先前的美国 NOC 诉 IOC 案与本

---

① 黄晖:《体育仲裁先例论——CAS 仲裁经验的中国化》,载《武汉体育学院学报》2014 年第 2 期。

② Annie Bersagel. Is there a stare decisis doctrine in the court of arbitration for sport? An analysis of published awards for Anti-Doping disputes in Track and Field. *Pepperdine Dispute Resolution Law Journal*,2012,12(2), pp.189-214.

③ 杨秀清:《先例在国际体育仲裁法律适用中的指引作用探析》,载《体育科学》2014 年第 1 期。

④ See par.75,CAS 2005/A/925;also see CAS 2012/A/2791, CAS 2013/A/3077, CAS 2013/A/3342 and CAS 2016/A/4631.

⑤ See CAS 2013 / A / 3279.

⑥ See CAS 2013/A/3260.

案相似,都是团队成员服用兴奋剂是否应取消团队参赛资格的问题,但是判决指出仲裁庭中不存在遵循先例原则,因此本案的裁决与先例无关。

综上,尽管先例在 CAS 仲裁程序中不具有强制约束力,但是越来越多的证据表明,坚决反对遵循先例的仲裁裁决是例外,更多的仲裁裁决选择完全或主要遵循 CAS 仲裁先例,保证裁决的一致性,这在一定程度上弥补了 CAS 仲裁法律适用的空白,并协调了各裁决之间的一致性。当然,究竟何种情况下适用先例需要由仲裁员根据具体情况具体行使自由裁量权,我们也期待和欢迎 CAS 在未来的仲裁中能够对这一"准普通法"的适用形成统一的准则。[①]

### (三)事实认定

在 CAS 的庭审程序中,除了对庭审模式的确定、法律适用的选择,还包括对案件事实的认定,仲裁程序与诉讼程序在事实认定方面具有一定的相似性,即通过当事人的举证、相互质证,最终由法官、陪审团或仲裁员予以认证后或采证,或否证,以此确定案件事实的过程。为控制行文篇幅,本部分将聚焦孙杨案中有关事实认定这一环节的两个核心问题,即当事人的举证责任与证明标准。

孙杨案主要涉及兴奋剂检测采样程序合法与否的问题,这一问题归属于兴奋剂违规与否的认定问题,因此对于 CAS 的事实认定也必须以《世界反兴奋剂条例》为基础进行探讨。WADC 第 3.1 条同时对举证责任与证明标准作出规定,根据该条规定:第一,关于举证责任的分配问题,反兴奋剂组织而非相对方对发生的兴奋剂违规负首先和首要的举证责任;但同时,一旦反兴奋剂组织完成了上述举证责任,被指控兴奋剂违纪方也有相应的举证责任。简言之,CAS 仲裁庭审中裁决类似"谁主张、谁举证"的举证责任模式,并存在举证责任的转移制度安排。具体到孙杨案中,WADA 必须承担举证责任,证明被申请人存在兴奋剂违纪的事实;一旦 WADA 完成了举证责任,不论其所举证据是否被采证,被申请人既有权利也有义务进行质证,并可提出相反的证据。

第二,关于证明标准问题,因举证责任主体的不同,存在两种悬殊的证明标准。对于反兴奋剂组织而言,其必须举出清楚而有说服力的证据,达到

---

① 黄晖、张春良:《国际体育仲裁专题研究》,中国社会科学出版社 2017 年版,第 221 页。

让仲裁庭舒服、满意的程度，即充分满意标准（comfortable satisfaction）。该项证明标准高于优势证据的标准（balance of probability），但低于排除合理怀疑的标准（beyond a reasonable doubt）。反过来，WADC 对被指控兴奋剂违纪者设置的证明标准则要低得多，受到兴奋剂违规指控的运动员或其他当事人就其抗辩或提供的具体事实或情况进行举证时，其证明标准为优势证据的标准。由上可知，关于孙杨案中的举证责任，由 WADA 负责，主要针对孙杨是否拒检以及是否违反 WADC 等规定来进行。关于证明标准，WADA 方的证明标准为充分满意标准，而被申请人即受到兴奋剂违纪指控方的证明标准则为优势证据标准，这体现了对兴奋剂违纪者严格责任的某种平衡。按照严格责任的要求，一旦运动员或参赛动物例如马匹等被检测出兴奋剂存在于身体的事实，就应认定兴奋剂违纪从而适用严格责任，至于运动员是否存在主观故意或过错，则是定性之后的"量刑"问题，而不会影响兴奋剂违纪这一"定性"问题。因此，如果说证明标准上的两造悬殊，体现了对兴奋剂违纪涉嫌者的体恤怜悯，那么严格责任的设定则彰显了对兴奋剂违纪确认者的雷霆之怒。

有必要进一步略作展开的是，充分满意标准是由体育仲裁院独创的一种证明标准，区别于民事、刑事案件中的证明标准而单独适用，这一点在 CAS 的众多案例中被确认，例如 CAS 在有关案例中强调，兴奋剂违纪指控方应举证达到"令法院感到满意，并牢记所提指控的严重性"的程度。[①] 在 SivassporKulübü v. UEFA 案中，CAS 裁决强调指出：充分满意标准是一种动态标准，随着案件中行为性质及结果的严重程度而变动。[②] 因此，这一标准实际上可以在传统的民事证明标准之间转换为与刑事标准持平的证明标准，具化到 CAS 的程序中而言，即在排除合理怀疑标准与优势证据标准之间波动。优势证据标准下，举证责任由原告承担，原告必须证明在事实上他/她的指控是正确的。这意味着仲裁庭必须确信，根据证据，事件发生的可能性更大。

孙杨案也涉及事实认定，但事实认定并非本案争议的焦点，事实上双方对案件基本事实有一致的接受，即孙杨方有拒绝提交样本行为这一事实的存在。有争议的是法律适用，即针对这一拒绝提交样本的行为是否应当认定为 WADC 下应受处罚的"拒检"行为。当然，孙杨方坚持认为未经合法程序收集

---

① See CAS 2005/A/908，CAS 2009/A/1920(FK Pobeda et vs. UEFA)．

② See CAS 2014/A/3625．

的尿样等,并不属于 WADC 规范中的"样本",因此也就不存在拒交样本的行为。这一立场是混合了事实判断和价值判断的主张。就基本事实而言,孙杨方的血液和尿液未提交给案涉"采样"人员,这是双方都并不否认的事实。至于相关人员是否属于经合法授权的、合格的"采样"人员,所搜集的尿液、血液是否属于合格的"样本"这些价值判断问题,则另当别论。也因此,CAS 仲裁庭在本案中并未对事实认定问题中的证明责任、证明标准作过多的阐述与论证。

### (四)裁决"量刑"

关于 CAS 上诉仲裁程序中的处罚性决定,有研究表明,在所有的上诉案件中,出现频率最高的是兴奋剂违纪案件,此处仍然以反兴奋剂规则为主要探讨对象,阐释 CAS 针对此类竞技体育争议的裁决制度。根据 WADC 第 10 条的有关规定,当事人受到处罚的客观要件是存在违禁物质或使用违禁方法,且主观要件是故意。免责事由是,如果当事人能够证明自己主观上是无过错或疏忽,则当事人不应受到处罚;如果当事人主观上无重大过错或疏忽,可根据其过错程度进行"量刑"的酌减;但如果当事人有重大过错或疏忽,则不具备免责事由,仍然认定为"故意"。

CAS 仲裁庭通过仲裁裁决也需要对兴奋剂违纪行为进行处罚,其与刑法上的刑罚具有一定的相似性,都是对当事人的某些权利施加限制,其"量刑"幅度也具有法定和酌情增减之处。例如,当事人出现立功情节的,可以考虑减轻或从轻处罚;当事人在处罚过程中,出现多次违纪(类似"累犯""惯犯"),或者有共谋等恶劣情节的,则需要考虑加重或从重处罚。可见,仲裁员的处罚过程与法官的量刑过程具有相通性。[①]

此外,仲裁员在裁决中对兴奋剂违纪者进行"量刑"时,也广泛适用比例原则。比例原则最初出现在 19 世纪的德国警察法学,用来规制警察权力,随着这一原则的扩大发展,在各部门法中得以适用。其主要功能是规制国家权力,审查国家权力行使的合理性问题从而保障人权。[②] 比例原则的内容包括对国家权力行为的适当性、必要性与均衡性加以审查,从而达到限制公权力滥用、

---

① 宋彬龄:《〈世界反兴奋剂条例〉的最新修改和完善》,载《武汉体育学院学报》2014年第 3 期。

② 梅扬:《比例原则的适用范围与限度》,载《法学研究》2020 年第 2 期。

保障相对方正当权利的功能。在体育领域中,关于比例原则的适用依据规定在各体育协会以及国际体育机构的章程、规则之中,例如 WADC 导言中所声明的"本条例的制定充分权衡了比例原则和人权原则",并在第 10.10 条作出具体性规定:"经济处罚须在满足比例原则的前提下才能实施。"因此,比例原则的引入、确立与适用,旨在能够更好地实现对运动员权利的保护以及对规则的遵守,同时充分考虑到案件的事实与各方利益,在对行为合理性的追求之中实现真实的公正。

在国际体育仲裁程序中,比例原则也发展成为一项传统的审查做法,具体做法是仲裁庭认为,只有当被控诉的纪律性处罚与违规行为相比是显著的不合比例时,仲裁庭才会认定该纪律处罚是体育组织滥用自由裁量权的行为。[①]以终身禁赛为例,作为 CAS 裁决"量刑"中的"极刑",其只有在"极其极端"(most extraordinary)的情况下才会被 CAS 仲裁庭采用。[②] 这也彰显了 CAS 仲裁的"慎刑"立场。

为更加精准地"量刑",CAS 仲裁庭在某些案件中甚至出现了对兴奋剂违纪行为裁决处罚的"量化"倾向。例如,以兴奋剂违纪中是否存在重大过失为标准,有的仲裁庭将兴奋剂违纪分为"存在重大过失"(significant fault)和"无重大过失"(no significant fault)。针对后者,又进一步区分为较大程度过失(greater degree of fault)、正常程度过失(normal degree of fault)和轻微程度过失(light degree of fault),在此基础上相应地分别施加下述幅度的"量刑":禁赛 20～24 个月、禁赛 16～20 个月、禁赛 12～16 个月。[③] 这种定量分析后的更为精确化的"量刑"裁决有效控制了仲裁庭的自由裁量权,为统一规则适用与裁决处罚,提升行为者的预期,调控行为者的行为,无疑具有积极的作用。但这种定量化的裁决目前还只是在非常有限的个案中得到体现,是否能够通过先例形式扩展,乃至提升为 CAS 仲裁指南,则有待观察。

---

① 张鹏:《国际体育仲裁中比例原则适用研究》,载《武汉体育学院学报》2019 年第 1 期。

② See Emil Hoch v. Fédération Internationale de Ski (FIS) & International Olympic Committee (IOC),终身禁赛适用的"最极端情形"most extraordinary。

③ See CAS 2017/A/5015 International Ski Federation (FIS) v. Therese Johaug & Norwegian Olympic and Paralympic Committee and Confederation of Sports (NIF);CAS 2017/A/5110 Therese Johaug v. NIF;CAS 2014/A/3685 Evi Sachenbacher-Stehle v. International Biathlon Union. (IBU)

孙杨案也涉及"量刑"及比例原则的适用。仲裁庭通过裁决对孙杨处以 8 年禁赛的处罚,乍看起来是明显有违处罚的比例原则,8 年禁赛不仅是因为让孙杨错过两届奥运会的机会,更因为这一禁赛时限对孙杨的游泳竞技生涯处以事实上的"极刑",对于游泳这一对年龄与体力均有非常要求的竞技体育项目而言,期待 8 年之后的孙杨再次复出、获奖无疑是让人难以乐观的。不过,CAS 仲裁庭在裁决中给出了量刑严苛的依据和理由,这就是仲裁庭认为孙杨的兴奋剂违纪属于特定时限内的二次违纪,因此不得不触发适用应予处罚的 2 倍禁赛期。简言之,摆在 CAS 仲裁庭面前的只有两种选项:或者认定孙杨在本次案件中不存在兴奋剂违纪;或者认定其兴奋剂违纪成立。一旦认定兴奋剂违纪成立,就应处以 4 年禁赛。同时,由于存在二次违纪情形,所以根据应予适用的 FINA DC 第 2.5 条、第 10.3.1 条及第 10.7.1(c)条,仲裁庭无法不适用 4 年禁赛期的 2 倍即 8 年禁赛的处罚。所以,除非仲裁庭认定孙杨不存在兴奋剂违纪,否则,其裁决将必然导致 8 年禁赛的结果。

在仲裁庭看来,这体现了对特定时限内的"二犯"或"累犯"处罚的比例原则。当然,仲裁庭也体现了其"仁慈"的有温度的一面,这就是该裁决并未剥夺孙杨参与的 FINA 赛事中的竞赛成绩和奖牌。这也是思考仲裁庭适用比例原则进行裁决的一个不容忽视的方面。这是因为,CAS 仲裁庭并未认定孙杨存在服食兴奋剂的违纪行为,而只是认定孙杨存在拒绝提交检测样本的违规行为,因此对于其参赛获得的成绩和奖牌也就有了保留下来的理由。

# 六、后裁决时代路在何方:外国版秋菊打官司的启示

CAS 仲裁虽然呈现出诸多不同于商事仲裁的"非常道",但其也有许多归于"常道"的制度安排,例如关于仲裁裁决一裁终局的原则。由于 CAS 仲裁也采取一裁终局原则,因此,CAS 在本案中的仲裁裁决自作出之日即发生法律效力,而不论被申请人是否同意或签收。在法律救济程序设计上,被申请人也没有再次就 CAS 仲裁裁决向其他仲裁机构或法院提起上诉的机会与路径。可供救济的措施就是启动 SFT 司法审查。司法审查不同于上诉,有非常严格的条件限制。但不论条件如何苛刻,对于渴望正义的被申请人而言,这条路虽千万里也会毅然决然地"吾往也"。不过,在裁决阶段对于被申请人而言需要

考虑两个极限问题:第一,除了 CAS 仲裁裁决司法审查的路径之外,是否还有其他"接近正义"的机会? 第二,进一步透彻言之,如果司法审查程序未被成功启动,或者虽然成功启动但请求被驳回或未予支持,被申请人是否还有其他可供替代的救济措施?① 回答这两个问题之前,可以先参鉴一个外国版本的"秋菊打官司"的漫漫维权路。

(一)外国版"秋菊打官司"的启示

在孙杨案中,裁决失利的孙杨方还能够通过哪些途径对其权利进行救济? 外国版的秋菊打官司——佩希施泰因(Pechstein)锲而不舍的维权之路对孙杨案具有一定的启示。佩希施泰系德国运动员,因不服 CAS 仲裁裁决,先后向 SFT、ECUR、德国慕尼黑地区法院、德国慕尼黑高等法院、德国联邦最高法院、德国联邦宪法法院等机构提起 10 次救济程序。在其经历的 10 次救济程序中,我们可以发现,对于孙杨案而言,目前有可能的救济路径主要有:向 SFT 申请撤销裁决或请求程序修正、向 SFT 申请中止执行裁决、向欧盟人权法院起诉。在结合孙杨案展开具体分析之前,可将佩希施泰因的维权过程概括列示如表 1-2。

表 1-2　佩希施泰因维权之路

| 时点 | 当事人及主要事由 | 受理机构 | 时点/裁判结论 |
|---|---|---|---|
| 2009 年 7 月 21 日 | Pechstein 诉国际滑联 | CAS | 2009 年 11 月 25 日,CAS 作出裁定,维持国际滑联作出的被上诉决定 |
| 2009 年 12 月 7 日 | Pechstein 申请撤裁 | SFT | 2010 年 2 月 10 日,SFT 裁定,维持 CAS 裁决,驳回撤裁申请 |
| 2010 年 2 月 15 月 | Pechstein 诉德国 NOC/IOC | 温哥华冬奥会 CAS-ADH | CAS-ADH 裁定,不予受理 |
| 2010 年 3 月 4 日 | Pechstein 申请裁决修正程序 | SFT | SFT 裁定,证据不足,驳回申请 |

① 在本书初稿写成后,调整过程中,SFT 官宣撤销孙杨案 CAS 仲裁裁决。即便如此,探讨这里的程序救济问题仍具有理论与实践意义。

续表

| 时点 | 当事人及主要事由 | 受理机构 | 时点/裁判结论 |
|---|---|---|---|
| 2010 年 11 月 11 日 | Pechstein 诉瑞士：① CAS 并非独立中立法庭；② 未公开审理，有违 ECHR 第 6.1 条规定；③ SFT 司法审查不当，其仅审查仲裁程序问题 | ECHR | 2018 年 10 月 2 日作出判决，认定：①CAS 为中立审判机构；②CAS 应公开审理案件 |
| | | 向 ECHR 大审法庭申请复审 | 2019 年 2 月 4 日，ECHR 裁定，驳回申请 |
| 2012 年 12 月 30 日及其后 | Pechstein 诉德国滑联/国际滑联（禁赛违法，赔偿损失）；国际滑联提起上诉；Pechstein 提起上诉 | 德国慕尼黑地区法院 | 2014 年 2 月 26 日，CAS 仲裁条款无效，但未提异议，故驳回起诉 |
| | | 德国慕尼黑高等法院 | 2015 年 1 月 14 日判决：①CAS 仲裁条款违反德国反垄断法，无效；非公正独立仲裁机构。②反垄断法为公共政策，背之无效 |
| | | 德国联邦最高法院 | 2016 年 6 月 7 日作出判决，支持国际滑联 |
| | | 德国联邦宪法法院 | 未决 |

由表 1-2 可见，佩希施泰因几乎穷尽了所有可能寻求救济的路径，从仲裁到司法审查，从司法审查到法院诉讼，从私法诉讼到公法诉讼，从国家法院到国际性法院。无疑，这些救济路径为孙杨的维权之路提供了积极的启示。

(二)后裁决时代本案救济路径分析

类似地，如果参考佩希施泰因的维权路径，并结合本案当事人可能采取的其他救济程序之后，可将本案当事人孙杨可能综合采取的维权路径总结为表 1-3。

表 1-3　孙杨可能的维权路径

| 救济程序 | 当事人及主要事由 | 受理机构 | 可行度评析 |
|---|---|---|---|
| 司法审查程序 | 被申请人申请撤裁 | SFT | 已进行 |
| 奥运会特设仲裁 | 被申请人诉 IOC,及承办国 NOC | 奥运会 CAS-ADH | 不可行 |
| 裁决修正程序 | 被申请人申请裁决修正程序 | SFT | 决定于是否符合条件 |
| ECHR 国际诉讼程序 | 被申请人诉瑞士：①CAS 并非独立中立法庭；②未公开审理,有违 ECHR 第6.1条规定；③SFT 司法审查不当,其仅审查仲裁程序问题 | ECHR | 决定于 ECHR 的上诉条件 |
| | 被申请人申请复审 | ECHR 大审法庭 | |
| 国内救济程序 | CAS 仲裁条款无效确认 | 中国法院 | 可行、不可能 |
| | 国内撤裁程序 | | 不可能、不可行 |
| | 拒绝承认与执行 CAS 裁决程序 | | 可能、可行 |

### 1.司法审查程序

这一程序是由被申请人向 SFT 提出仲裁裁决撤销的申请。这一程序属于对 CAS 仲裁裁决的普遍、常态和一般的救济,与中国法院就境内仲裁机构作出的仲裁裁决进行司法审查的程序和性质是一致的。因此这一救济程序当然也是本案被申请人孙杨方可以采取,也是必须采取的救济程序。这一救济程序甚至构成其他救济程序的前置、必经程序。孙杨方已经向 SFT 提出撤裁申请,后者也于 2020 年 12 月 24 日官宣了撤销本案仲裁裁决的裁定。

对于撤销 CAS 仲裁裁决的主张,在程序上需要把握几个关键环节:第一,应明确撤销主体唯一属于 SFT。据上文分析,撤销仲裁裁决的唯一适格司法机关是裁决国籍国司法机关。国际社会确定仲裁裁决国籍国的基本标准是仲裁地①,我国关于仲裁裁决国籍的确定标准,目前已越来越明朗,也就是按照

---

① 高晓力:《司法应依仲裁地而非仲裁机构所在地确定仲裁裁决籍属》,载《人民司法（案例）》2017 年第 20 期。

仲裁地标准而非仲裁机构标准进行确定。① 本案中的仲裁地及仲裁机构所在地均位于瑞士,因此根据瑞士相关法律的规定,CAS 仲裁裁决作为瑞士国仲裁裁决,只能够向 SFT 提起撤裁申请,对于中国仲裁机构、中国法院而言,均不享有撤销 CAS 仲裁裁决的适格管辖权。

第二,申请撤裁的依据是绕不过的 PILA。根据 PILA 第 190 条第 2 款规定,SFT 可依据 5 种理由申请撤销仲裁裁决:(1)仲裁员的选任或仲裁庭组建不当;(2)仲裁庭错误宣告其具有管辖权或不具有管辖权;(3)仲裁庭裁决时逾越仲裁请求或遗漏仲裁请求;(4)当事人在对抗性程序中的平等权和听证权没有得到尊重;(5)该裁决与公共秩序不符。

第三,SFT 只会采取程序审查,不会进行实体审查。对于申请撤裁的理由,SFT 审查模式与 CAS 的全面审查原则不同,其只审查程序事项。申请人需要在仲裁程序中有效明确地主张程序异议,孙杨已经在 CAS 仲裁程序中提起四次程序异议,因而应当在此基础上,以程序异议为主,全面检索并筛查 SFT 历来的司法审查 CAS 仲裁裁决、司法审查其他国际仲裁裁决的案例,从中找到对己有利的先例,作为佐证向 SFT 提出,为自身的撤裁申请补强依据、增强说服力。

第四,对于申请撤裁的结果,对于确实存在程序瑕疵的,SFT 可能会裁定撤销 CAS 仲裁裁决,并将案件发回 CAS 仲裁庭,要求其作出新的裁决。这种做法有些类似我国的通知重裁。但不同之处在于:我国人民法院的通知重裁是在撤裁程序进行之中,由人民法院裁定中止撤裁程序;而 SFT 的通知重裁则是在撤裁程序之后,SFT 业已作出撤销仲裁裁决后才能发回重裁。目前,本案正在进入发回 CAS 重裁的阶段。

从程序救济的机会上,孙杨也可以在撤裁程序中申请对 CAS 仲裁裁决中止执行,但最关键的仍然是寻找中止执行的依据。从 SFT 的先例中可以得出四项依据②:(1)裁决会造成严重且无法弥补的损害;(2)权衡利害关系方利益之后,结果倒向申请人;(3)对上诉进行表面上的(prima facie)审查,申请人可

---

① 高晓力:《司法应依仲裁地而非仲裁机构所在地确定仲裁裁决籍属》,载《人民司法(案例)》2017 年第 20 期。

② See 4A_204/2007, Antonio Rigozzi v. CAS；4A_248/2019, Caster Semenya V. IAAF.

能有充分的依据;(4)CAS 案例也表明[1],由于被申请人(申请撤裁方的相对方)未明示或默示反对裁决的中止执行,也成为法院批准中止执行的理由。

在 SFT 对本案仲裁裁决撤裁的情形下,CAS 将重建仲裁庭对本案进行重新仲裁。由于 SFT 仅进行程序审查,而且本案中主要是以仲裁员不独立为由撤销 CAS 仲裁裁决的,因此 CAS 将另行组建仲裁庭对孙杨案进行仲裁。预期 CAS 仲裁裁决在结果上会有两种情形:一是作出与被撤裁决相同或类似的裁决;二是作出违纪不成立的裁决,从而维持 FINA 内部专家小组裁定。但不论何种结果,双方当事人仍然有机会再次就 CAS 重新仲裁裁决向 SFT 提出撤裁申请,并视 SFT 裁定采取不同的行动。

2. 奥运会赛事特设仲裁程序

由于奥运会特设仲裁仅受理特定时空、特定主题的争议事项,也就是仅受理奥运会赛事期间与奥运会赛事相关的争议[2],因此本案被申请人如果希望启动本救济程序,就必须将其相关争议实现"双特定"。可能的做法是,被申请人要求 FINA、奥运会承办国 NOC 及 IOC 将其列入参赛名单,在被后者拒绝后,即转化成参赛资格问题向奥运会特设仲裁庭提起仲裁。但这一救济路径仅具有理论上的探讨性,实践中 FINA、奥运会承办国 NOC 及 IOC 根据 CAS 的禁赛裁决可直接不接受被申请人的参赛申请,因此也就不可能再由这些体育组织作出拒绝参赛的决定,没有这样的决定,被申请人也就没有启动仲裁程序的"仲裁标的"。

不仅如此,按照仲裁中的"一裁终局"原则,被申请人所涉争议是关于其参赛资格的问题,这一问题业已经过 CAS 仲裁庭的终局裁决,即便假设奥运会特设仲裁庭愿意接受这一仲裁申请,但必然出现重复仲裁的现象,其作出的仲裁裁决也将被 SFT 予以撤销。更何况,奥运会特设仲裁庭作为 CAS 的特设仲裁庭,也不可能希望其不顾及 CAS 的此前仲裁而接受仲裁申请,甚至作出矛盾的仲裁裁决。这也是佩希施泰因曾经走过,但最终此路不通的历史经验。

事实上,被申请人的禁赛裁决不只是针对奥运会有效,而且是在 IOC 所涉及的赛事范围内均有效。这表明,只要是在 IOC 所涉及的赛事范围内,本

---

① See 4A_506/2007, Ralph Oswald Isenegger v. CAS; 4A_318/2018, JoséPaolo Guerrero Gonzales v. FIFA ℰ WADA.

② 黄世席:《奥林匹克争议与仲裁》,法律出版社 2005 年版,第 11 页。

案被申请人均不可能就参赛资格问题重启任何救济程序。

　　3.裁决修正与 ECHR 诉讼程序

　　裁决修正与 ECHR 诉讼程序属于特别的救济程序,需要符合非常严苛的条件设定。尤其是 ECHR 程序,对于受理的案件性质和当事人均有特别的要求,主要诉求可能在以下情形中产生,分别是当事人的公开审判权、隐私权与证人出庭作证下证言认定的问题。因此,本案被申请人是否能够提出这样的程序,决定于相关条件。但从佩希施泰因的前车之鉴看,即便能够启动这样的程序,但要达到撤销 CAS 仲裁裁决,或者使其无效后重启救济程序之目的,几无可能。

　　4.国内救济程序

　　被申请人能否回归国内,通过国内相关救济程序进行维权,从而将维权的"战场"从"客场"变为"主场",这看起来是一条富有想象力、值得尝试的路径。进一步分析可发现,国内救济程序无外乎三:一是提请法院确认 CAS 仲裁条款无效,并在无效后向法院提起诉讼程序;二是直接提请法院撤销 CAS 仲裁裁决;三是提请法院拒绝承认与执行 CAS 仲裁裁决。结合各救济程序的条件要求即本案实际,第一种救济程序是可行但不可能的;第二种救济程序是不可能也不可行;第三种救济途径是可行但不可能的。具体分析如下:

　　(1)CAS 仲裁条款无效确认程序,属于釜底抽薪式的救济,从法律效果上看它兼具攻防性质。如果 CAS 仲裁条款无效,则一方面直接的法律效果是,CAS 仲裁裁决成为无源之水、无本之木,既可以被撤销,也可以被拒绝承认和执行。这是其消极之"守"。另一方面间接的法律效果是,CAS 仲裁条款因无效而失去碍诉抗辩力,从而中国法院在满足其受理条件的情况下可启动诉讼程序,这是其积极之"攻"。然而,这一"攻守道"虽然是可能的,但正如上文所分析的那样,其并不可行。由于该仲裁条款是否有效最终决定于所适用的法律,即有意思自治的,从其选择;无意思自治的,适用仲裁机构或仲裁地的法律。最终,PILA 成为必须适用的 CAS 仲裁协议准据法,而其一贯支持 CAS 仲裁协议的有效性。即便假定适用中国法,开放的中国法院也很难如同佩希施泰因案中的德国法院那样,认定 CAS 仲裁条款具有垄断性而裁定其无效。事实上,尽管行业垄断与行业自治之间的区分是微妙和艰难的,但其间的区分也是可能的。CAS 仲裁只要确保其必要的独立性和裁案的公正性,以反垄断法的立场认定 CAS 仲裁条款无效的做法,在中国司法实践中是不能成立的。

　　(2)CAS 仲裁裁决撤裁程序,属于直接否定式的救济,但其决定于一个关键的前提,即只有案涉 CAS 仲裁裁决在籍属上属于国内仲裁裁决,被申请人才能提出仲裁裁决的撤销或不予执行的申请。上文已述,不论是按照我国传统上以仲裁机构为准,还是以当前趋势下以仲裁地为准,CAS 仲裁裁决均属于瑞士国仲裁裁决,相对于我国而言也就是外国仲裁裁决,因此我国司法机关可以对 CAS 仲裁裁决采取的司法审查程序就不包括撤销或不予执行的程序。因此,这一救济程序对于本案被申请人而言既不可能,更不可行。

(3)拒绝承认与执行 CAS 仲裁裁决程序,属于事后的地域性补救,其可行、可能,但实践难度极大。CAS 仲裁裁决作为瑞士国仲裁裁决,因此,对于中国司法机关而言,只有承认和执行与否的问题,如果仲裁裁决一方当事人如本案中的 WADA 在中国法院提出承认和执行的请求,被申请人孙杨方可提起拒绝承认与执行请求。但这一语境能否成立还决定于两个问题:一是 CAS 仲裁裁决通常只需要承认,而不需要执行,因为执行问题一般是由作为相关赛事活动的主办者、承办者的体育组织予以执行,司法机关的执行主要是针对财产或金钱性问题。二是鉴于体育行业的特殊性,CAS 仲裁裁决一般透过体育行业进行自治性的承认与执行,因此也往往并不需要借助中国法院完成承认与执行之举。果如是,被申请人也就没有向中国法院提出拒绝承认和执行的机会了。简言之,涉及金钱或金钱性质给付的 CAS 仲裁裁决尚可通过传统承认与执行程序进行救济;但涉及参赛资格等性质的问题,司法机关的承认与执行程序中的救济就可能失去现实救济效果。

再进一步言,即便本案 CAS 仲裁裁决可以通过承认与执行程序进行救济,但中国与瑞士作为《纽约公约》成员国,中国司法机关只能按照该公约设定的条件对 CAS 仲裁裁决进行审查。查该公约之规定,只有当根据所适用的法律,仲裁协议的当事人无能力,仲裁协议无效,或者争议不具有可仲裁性,或者仲裁违背正当程序,又或者仲裁裁决的承认与执行违背被请求国的公共秩序的,此类裁决才能被拒绝承认与执行。[①] 结合本案实际,这些条件即便可以被援引,也很难说服中国司法机关接受。职是之故,本救济程序即便是可行和可

---

① 参见《纽约公约》第 5 条:"基于下列情形,一国法院可拒绝承认和执行仲裁裁决:(1)提交仲裁之原始协议无效或当事人依据裁决地法律无法订立仲裁协议;(2)当事人抗辩权利受到损害;(3)仲裁员超裁;(4)仲裁庭组成或程序不符合仲裁协议之约定;(5)裁决对当事人无拘束力,或者裁决在作出国被撤销或中止;(6)争议事项不能按照寻求承认和执行国法律予以解决;(7)执行裁决将违反寻求承认和执行国公共秩序。"

能的,但可能的另一辩证含义是,它也是存在不可能的。以笔者专业判断,这一救济程序在实践中是很难走通的。

## 七、小结:人间正道是沧桑

### (一)此案可思:多因一果之析

孙杨案虽然并未到盖棺论定的时刻,但该案历经 FINA 内部纪律处罚程序、FINA 内部反兴奋剂专家组程序、CAS 仲裁程序,再到 SFT 司法审查程序,从结果上看,也相应地形成了"不利—有利—不利—有利"的三次反转,可谓"一波三折"。CAS 仲裁结果对后续最终定论具有极大的影响,要实现最终定论的反转,成就经典的转折是极难的,目前 SFT 作出撤裁裁定,这已经将本案载入了国际竞技体育领域纠纷解决经典案例的历史。不论最终定论如何,CAS 仲裁过程和结果都在一定程度上揭示了我国运动员和代理人在竞技体育运动方面法律救济的意识、观念、知识、准备和技艺上的不足,也在相应程度上显现了我国当前在体育法治方面的诸多问题。"言前定则不跲,事前定则不困,行前定则不疚,道前定则不穷"①,因此,从多因一果的角度有必要就本案的"多因"进行一些反思,为孙杨后续的维权救济之路、为国人可能遭遇的类似的维权困境的突围,以及特别是为中国体育法治化水平的提升提供应有的镜鉴。概括而言,笔者认为,本案值得反思或借鉴之处包括:

第一,对程序与实体问题的反思。从 CAS 别出心裁地将仲裁地设置在其机构所在地瑞士洛桑,到 CAS 将其仲裁条款伞形化地分布在 IOC《宪章》、NOCs、IFs、其他体育组织等体育机构的章程或规则之中,使 CAS 仲裁庭的管辖权几乎覆盖了所有竞技体育争议。不仅如此,此种制度安排,还保证其程序问题的法律适用均为瑞士法,实体问题的法律适用则赋予仲裁庭更大的自由裁量权来援用瑞士法。在 CAS 此类制度的设计下,有效地排除了其他国家司法机关与仲裁机构对其裁决的审查管辖权。CAS 的"非常道"对中国体育仲裁制度(CCAS)的建设,尤其是上诉仲裁程序的设置提供了最佳的范本。

第二,对规则与裁量问题的反思。孙杨案最触动中国观察者的地方之一即规则意识问题。由于中国有关反兴奋剂规则与世界反兴奋剂规则存在不协

---

① 《中庸·礼记》第二十一。

调之处，中国运动员及其相关人士对反兴奋剂规则中的 ISTI 以及《ISTI 血样取样指南》的有关规则的性质在理解与掌握上的不明晰、不到位，导致在庭审过程中处于较为明显的被动地位。不仅如此，CAS 仲裁庭较大的自由裁量权也是值得中国当事人及其代理人关注的、对案件结果有举足轻重作用的关键因素。CAS 仲裁规则授予仲裁庭极大的自由裁量权，从规则的适用到规则的解释，但凡规则没有明确限定之处，仲裁庭的自由裁量权就起着重要乃至决定性作用。对仲裁庭展示必要的尊重，通过规则和逻辑展示庭审技巧和礼仪，都是影响仲裁庭自由裁量权行使的"润物细无声"的力量。客观而言，CAS 仲裁中被申请人方的表现有很大的提升空间。然则，往事不谏、成事不说，在涉及后续即将展开的 CAS 重新仲裁程序中，撤裁申请人应前车可鉴，充分把握并善用规则与裁量之间的关系，实现仲裁庭在裁量权行使过程中发生有利于我的偏转。在 SFT 的庭审过程中毫无疑问将会适用到瑞士法，因此对于瑞士程序法、实体法、冲突法、国际条约，以及仲裁有关规定的研究同样重要。撤裁申请人应当在娴熟掌握相关规则及其解释的基础上，深入研究 CAS 仲裁过程中对争议问题的裁量，了解先例的援引实践、比例原则等的裁量方法，实现自身的权益保护。

第三，对战术与战略的反思。仲裁被认为是较为"温情"和"温暖"的解纷之道，但在 CAS 仲裁庭审中见识到的更多的是残酷的"刀光剑影"和静水流深，因为裁决结果——事实上的确如此——关系到被申请人的毕生荣誉乃至整个运动生涯。[①] CAS 仲裁庭审也就是"战场"，这需要统筹协调并运用好相应的战术与战略。具体到本案中，孙杨方在战略与战术的把握上存在一定的失衡，在某种意义上可以概括为：重战术，失战略。换言之，被申请人方对 CAS 仲裁技术细节的利用非常到位，但过于强调战术却在宏观战略上有所斟酌。突出的例子是，被申请人方在整个庭审过程中提出了四次程序异议，几乎是动用了一切可以提出的程序意义。从战术角度看，只要是规则许可，就应利用之，且这种程序意义还为后续救济埋下因果伏笔。然而，过多地频繁动用程序异议，给人以吹毛求疵之感，这些过度采取的举措产生了适得其反的负面影响，导致仲裁庭认为被申请方是故意甚至是恶意拖延程序进行，这可能会引导仲裁庭在自由裁量权的行使上对被申请方作不利适用。反观之，WADA 方在本案战略的部署上可谓是占领道德制高点，虽然 WADA 在规则解释问题上

---

① 这可以从霍顿等外国运动员对被申请人进行无端侮辱的事件中得到相应的印证。

存在一定的主观性与倾向性,其检测程序存在一定的瑕疵,对孙杨处以 8 年的禁赛期确实有些苛刻,然而 WADA 代理人利用悬殊的对比战略,成功地将被申请人刻画为"世界的对立面",将 CAS 仲裁庭置于"赢得天下,就应输了他"的二选一的抉择之中:如果裁定孙杨"拒检"不成立,则此前成百上千次的类似检测均是不合法的;如果要维持以前成百上千次的类似检测均是合法的,则必须裁定孙杨"拒检"成立。必须承认,这是 WADA 代理人极其高明的"天平",在"为了天下而负孙杨",与"为了孙杨而负天下"之间,CAS 仲裁庭基本上没有其他可以选择的路径。

由此可见,战术问题固然重要,但作为制约战术的"上善之道"则是战略问题。WADA 代理人为孙杨方,或者说为 CAS 仲裁庭不经意间挖的"坑"胜过了一切尽善尽美的战术应用。寻找并创设这样的对比,凸显双方当事人的悬殊地位,这种"二两拨千斤"的妙手才是孙杨方在后续程序中反转制胜的战略关键。这一"魔鬼天平"仍然是孙杨方在 CAS 重新仲裁过程中必须正面攻坚和破解的问题。

第四,对东方与西方的反思。这一反思指向的是文化背景差异所导致的对相同行为或事件的不同解读。任何国家立法都是一种地方性知识,有其民族的、历史的和地域的认知与价值取向。超出一国领域、进入国际范围之内,就可能遭遇东方的中国与西方的欧洲国家的文化冲突和法律冲突。这在孙杨案的庭审过程中,也已得到突出的体现。在庭审期间,WADA 至少向 CAS 提出 5 次提醒,主张被申请方存在恐吓证人的事实。这些提醒很难说不存在某种技术性的运用,但不容忽视的事实是,在仲裁庭向被申请人方作出行为指示后,被申请方仍有直接或间接地与相关证人进行沟通的情形。这就体现出中西文化之间在这一点上的认知鸿沟:就传统的中式思维看,与相关证人进行交流和沟通,可能是为了澄清事实;但就传统的西式思维看,这可能涉嫌胁迫、恐吓证人,以诱导其作出于己有利的陈述。在西方法律中,恐吓证人是相当严肃和严重的事情,并且关于恐吓的理解较为宽泛,其涉及当仲裁庭或法庭作出命令后仍然与证人进行接触的情形,不论是否客观上真正存在恐吓与胁迫。这就可以看出国内与国际在"软文化"或交流方式上的不一致,同时提醒我们在仲裁中、在司法审查过程中应当摒弃固有思维与做法,更好地适应国际规则与程序,严格服从 CAS 仲裁庭的命令或安排,从而避免在审理过程中发生误解,乃至法律上的严重不利。这一经验在 SFT 程序中尤其值得汲取和遵循。

第五,对历史与未来的反思。历史昭示着未来,未来在很大程度上是历史的持续。这同样体现在包括本案在内的 CAS 仲裁庭审中。作为历史沉淀物，且塑造着 CAS 仲裁裁决的重要因素就是 CAS 的既往仲裁裁决，或曰"先例"。尽管仲裁先例并不是 CAS 仲裁必须遵循的基本原则，但的确构成客观上的不成文"规范"。[①] 这导致在各种 CAS 仲裁庭中，都有当事人及其代理人对过往先例的援引和倚重。这在孙杨案中同样如此。后续 CAS 重新仲裁中，孙杨方亟须整理出 CAS 仲裁先例，遴选于己有利的仲裁裁决，并在庭审中予以策略性援引，增强己方的说服力，说服 CAS 仲裁庭接受己方立场。对于未来可能会发生的争议，我国体育界、法律界和运动员需要不断提高在国际体育领域的话语权，还应当不断提高规则意识与法律意识，善用规则从而更好地保护本国及运动员的利益。

第六，对被动与主动的反思。CAS 仲裁规则展现出的是国际仲裁文化与智慧的折中，但无疑更偏向欧美国家的法律与文化。特别是如上文所述，CAS 仲裁规则有诸多留白之处，明确授权仲裁庭裁量之。如此一来，仲裁庭的成员组成将很大程度上决定仲裁庭审的模式，不同程度地影响案件处理的结果。孙杨案仲裁庭成员均来自欧洲国家，首席仲裁员来自意大利，他们的历史、文化与法律背景与第一被申请人不同，这是促致双方关于案件的某些事实和规则问题的认定与理解存在不同认知差异的重要因素，在庭审过程中也程度不同地可以见证到不同文化差异产生的言行误解的现象，例如，关于翻译人员的更换，被申请人方某些证人的陈述方式，甚至被申请人的某些被误解的微表情与姿态，导致被申请人方在庭审中一定程度的被动。这些被动情境具有以点带面的问题特征，其根源是基于文化与规则背景的差异所产生的认知差异，进而引发了庭审中的言行不适。简言之，在某些问题，甚至是关键问题的理解与表述上，双方之间的对话与交流"不搭调"。撇去一些偶然的、个案和个性化的因素，这种因不搭调而产生的被动境况需要在后孙杨案时代得到改变，改变的核心乃是推动中国在 CAS 仲裁中获得规则与价值立场的话语主导权，谁掌握了话语主导权，谁就掌握了主动。话语主导权是一个综合指标，它既表现在仲裁规则的设计与设定等"硬件"上，也表现在仲裁庭审的价值取向与行动领导力等"软件"上。显然，冰冻三尺非一日之寒，如何从被动"破局"到主动，掌握 CAS 仲裁话语权，这既是对中国从体育大国向体育强国转型的"考题"，也是

---

① 杨秀清：《先例在国际体育仲裁法律适用中的指引作用探析》，载《体育科学》2014年第 1 期。

中国从体育大国向体育强国转型成功的"指标"。如何破局,如何掌握主动权,如何提升中国体育治理由大转强,这是孙杨案给予中国体育界的一个值得反思之处。

**(二)此愿可待:体育强国之梦**

建设体育强国,是党的十九届五中全会的一个基本要求,也是中国梦不可或缺的重要组成部分。作为体育强国的关键内涵之一则是体育法治强国。"体育是大众的修行,体育法却是小众的实践"①,姑且不论体育界人士的法治思维和法律修养,即便是在法律界人士看来,体育法也是非常边缘的极少数人士的选择,尽管其中问题丛生。如何建设体育强国,谋士千万,法门万千。限于篇幅,本文仅从最宏观的两个角度提出笔者的管见,以赤子之诚愿中华体育强国之梦指日可待。

1.软硬兼施,型构中国体育法治的软文化和硬实力

纵览我国体育治理发展的历史沿革,在当今依法治国的大环境下,意欲开辟中国体育治理的新路,实现中国体育治理的法治化、现代化和国际化,就要从信念层面烙下具有中国印记的法治理念,在实践中保持法治为本的软文化,此为内功;同时还要在制度层面建设以宪法为依据的体育法治体系,此为硬实力,也是外功。

体育法治理念的树立需要两个既渐进又相互影响的氛围,一方面是整个国家法治理念的树立,另一方面则是体育法治理念的树立。中国历史文化不乏法治的闪光之处,但缺乏系统的法治训练与氛围,直至晚近二三十年以降,依法治国的法治理念确立为国家治国之本后,法治的认知与宣传才建成国人行动之习俗。体育法治理念的树立更需长时间的意识与实践。正如先贤所言,"君子之德风,小人之德草,草上之风必偃"。因此,体育法治理念的树立与蔚然成风,需要国家顶层设计与整体推进。只有真正树立了体育法治的理念,才能推动国内体育法治与涉外体育法治的对接,实现中国体育治理的现代化、国际化。

体育法治制度的构建则应形成以宪法为基础的体育治理制度体系,依宪为本,将宪法作为体育法治的基石和依据。宪法是国家之根本大法,体育法治

---

① 参见西南政法大学比较与国际体育法研究中心推出的"比较与国际体育法系列"丛书总序,载张春良、黄晖:《国际体育仲裁院仲裁专题研究》,厦门大学出版社 2020 年版。

也应践行宪法的规定,遵循宪法传达的精神,通过在宪法中更加明晰地对体育进行最高指示,打造体育法治的基石与洪范。作为比较法的经验,在宪法中且常见于成文宪法中定义体育法治的相关规定是比较成熟的做法。有文献进行了较为系统的梳理,自 2011 年开始就约有 70 个国家在其宪法中直接或间接地规定了体育行业领域的有关内容,在具体规定方式上,不同国家也有所异同,常见于以独立条款的设定直接定义以及与其他条款相融合,隐性地规定体育法治的方向。就我国宪法实践而言,新中国成立后具有宪法性质的《中国人民政治协商会议共同纲领》(以下简称《共同纲领》)①、1954 年《宪法》②、1975年《宪法》③、1982 年《宪法》都涉及体育主题,特别是 1982 年《宪法》中关于"国家发展体育事业,开展群众性的体育活动,增强人民体质"的规定在 1988 年、1993 年、1999 年、2004 年、2018 年 5 次《宪法》的修订中一直得到保留。④ "体育强则中国强  国运兴则体育兴",十九届五中全会通过的《中共中央关于制定国民经济和社会发展第十四个五年规划和二〇三五年远景目标的建议》提出,到 2035 年建设成为体育强国,与《宪法》相辅相成,进一步强调了体育在国民生活中的地位。

体育法治的制度化除了立足宪法,从根源处发力,还应顺循我国法律体系实现体育法治制度的体系化建构。宪法之下承接体育法治理念的首先和首要的法律是《体育法》,再其下则是各单行的体育特别法或条例等,包括 CCAS法典或仲裁规则,以及各体育组织、协会,各体育俱乐部的内部治理规则。由此形成全覆盖的体育法治制度体系,才能通过(法治理念的)内引和(法治制度的)外培的方式塑造出足以支撑体育强国的体育法治软硬实力。

2.法体融贯,构建法/体双修的体育人才培养体制

一切再生产,人才再生产是根本;将中国体育强国的修成置于生产的视角,体育法治人才的再生产也就成为中国体育强国能否生成的关键。就笔者看来,推进法、体融贯的人才培养体制,是这一关键中的关键。

毋庸讳言,置身于中国法治建设高歌猛进的大环境下,近 10 年来我国体

---

① 《中国人民政治协商会议共同纲领》第 48 条涉及新中国体育的发展,明确规定国家"提倡国民体育"。

② 其第 94 条规定:"国家特别关怀青年的体力发展。"

③ 该部宪法将体育与文化、教育、文学、艺术、卫生、科学相并列。

④ 姜熙:《依法治国背景下的中国体育法治——基于十八届四中全会〈决定〉的法学思考》,载《体育学刊》2015 年第 4 期。

育法治的研究也建树良多,就学术形式上而言,体育法律规范的制定渐成规模,体育法学研究日趋繁荣,依法治体的观念广为接受,似乎一片欣欣向荣,但这都是有其表,未触及根本所在。就实质层面而言中国体育法治进程业已步入了瓶颈期,这一瓶颈可以描述为"法如涂脂而天下仍乱"。中国体育人缺失对法治的根本信仰,这从根本的意义上制约了体育法治的深层次效用发挥,使得再趋近完美的法治机制也不过是有其表而无其实,有其形而无其神,有其用而无其体。"体育法治信念的建构实为中国体育法治化工程中画龙点睛之笔"①,这深刻彰显了中国体育法治的深度建设问题是体育法治信念的建构而非简单的法制建设问题。总的来说,体育界中的从业人士具有两种相互割裂的身份:一是体育人,二是社会人。体育人的身份使得他们仅关注体育行业内成文章程或是心照不宣的潜规则,而作为社会人又只关注体育之外的法律适用,这就导致了二者之间的交叠缺失,行业内规则和法律准则在他们的认知中被割裂开来。

毋庸置疑,中国在成为体育大国后所取得的成就举世瞩目,配套硬实力有目共睹,但与之相对应的体育软实力输出却未见其长。作为体育软实力的体育治理模式的核心的法治信念不同于可用物质堆砌而成的硬件,不可能数日乃至数年速成,只能通过润物无声的方式由量变积累而致质变。同样,对其衡量也无约定俗成的标准可言,而是见之于举手投足皆入法的自觉与自然之间。法治信念的这些核心特征决定了其发展必须由内到外,达到自我认知的升华与自我行为的服从。

解决这种"外强中干""软硬极化"的主要方案,甚至可能唯一有效的方案就是,从头至尾、由始至终地贯彻法、体融贯,法、体双修的培养方案,形成相应的培养体制。相应地作为一个培养体制中的关键配套改革举措是:调整体育行政、体育协会、体育俱乐部、体育从业人士,特别是体育竞技人员的遴选、任职、考核的标准,必须强化和融入法治的知识与理念。只有树立了有法必依、执法必严、违法必究、虽强必除的多元化、全链条的体制机制,才有可能从根本上扭转上述问题,实现法体融贯、内外双修、软硬结合的体育法治人才培养和体制机制形成的目标。

中国体育法治任重道远。孙杨是不幸的,CAS 作出的 8 年顶格禁赛的裁决事实上宣布了其职业运动生涯的结束;孙杨也是庆幸的,正是因为他的天纵

---

①　张春良:《建构体育法治信念的中国攻略》,载《武汉体育学院学报》2012 年第 4 期。

其才,以一己之力让世人,特别是让国人将体育仲裁、体育法治这个边缘存在的领域带入世人和国人的视野。这个案件无论如何都将载入中国体育界、法律界和体育法治进程中的史册,迄今孙杨案还能在 SFT 完成从"U Trun"到"Z Turn"的转折,已经成为 CAS 仲裁史上的经典案例。若干次反转,验证的是真知,证伪的是直觉。我们进一步期待孙杨在 CAS 重新仲裁中完成最终的实体转折,期待经典的成就。但作为一个法律人,一个心系中国体育法治的自谓的冷静观察者,一个自我定位为对体育法是真爱的探索者,笔者更呼吁:让我们像需要空气一样认真对待体育法治!

　　行文至此,脑海中回响着一位 CAS 仲裁员不经意间表述的经典之言:Rough justice may be all that sort can tolerate! [1]人间正道是沧桑,愿经历沧桑之正道者皆能修成正果,终获正义。

---

[1]　See CAS 2010/A/2090 Aino-Kaisa Saarinen & Finnish Ski Association v. Fédération Internationale de Ski (FIS).

# 第二章

# 世界反兴奋剂治理机制专题研究

——WADA、FINA 与 CAS 之间的分工与合作<sup>*</sup>

　　人类社会从未像今天这样关注兴奋剂问题,如今这一问题已经上升到国际层面。WADC 作为目前全球最具影响的兴奋剂监管规则,已塑造了一个全球性的兴奋剂监管体制。在这个体制中,相关主体构成组织体系,相关规则构成规则体系,两者分别发挥执行和依据的功能。WADA、FINA、CAS 共同在这一体制下实现对国际游泳竞技领域的兴奋剂监管。

## 一、兴奋剂监管的历史源起

　　人类很早开始服用一些物质增强自身的能力。在公元前 3 世纪,古希腊人认为葡萄酒或蘑菇可以提高运动能力,运动员通过饮用葡萄酒和食用蘑菇希望获得好成绩。古罗马角斗士则会食用富含士的宁等生物碱的食物来提高其在竞技场内生存的机会。一个多世纪以来,已有多种具有提高运动机能的人工合成物出现,如苯丙胺、合成代谢类固醇、咖啡因、可卡因、乙醚、促红细胞生长素、生长激素、海洛因、硝酸甘油、士的宁等。

　　体育界起初并未对使用兴奋剂行为施以足够的关注,使用兴奋剂行为甚

---

　　*　本章系 2020 年度教育部后期资助重大项目"国际体育赛事法律问题研究"
(20JHQ013)研究成果。

至在相当长一段时间内都同奥林匹克运动随行。1900 年,美国密苏里州圣路易斯奥林匹克运动会期间,当时的马拉松冠军就在医生指导下,在比赛中服用了白兰地与士的宁。相当长的一段时间内运动员使用兴奋剂的行为被视为理所当然。直到 1960 年罗马奥运会期间,丹麦自行车选手在比赛中因使用血管扩张剂导致死亡,才使人们开始关注使用兴奋剂的行为。对于罗马奥运会上发生的自行车选手因服用兴奋剂导致身亡事件,奥林匹克运动主管机构 IOC 并没有在第一时间对运动员使用兴奋剂的行为采取遏制措施,直到 1967 年国际奥委会才成立了负责兴奋剂监管的医学委员会,并发布了第一份明确禁止运动员在比赛中使用兴奋剂物质的文件——禁用物质清单;1968 年墨西哥奥运会上,国际奥委会才组织实施尿液药物检测。而早在 1966 年国际田联、国际自行车联合会、国际足联就已在其组织的锦标赛中实施了尿液药物检测,到了 20 世纪 70 年代大多数国际单项体育联合会已开始主动在比赛中对运动员采取兴奋剂检测措施,以遏制愈演愈烈的兴奋剂使用行为。

1988 年汉城奥运会上加拿大运动员本·约翰逊(Ben Johson)在 100 米短跑比赛中成功击败了美国名将卡尔·刘易斯(Carl Lewis),并创造了新的世界纪录。但赛后约翰逊的兴奋剂检测结果呈现类固醇阳性,因此国际奥委会收回了颁发给约翰逊的金牌。对此事深感震惊的加拿大政府事后着手组建调查组调查运动员使用兴奋剂问题,并任命安大略省法官杜宾先生(Charles Leonard Dubin)为调查组负责人。杜宾先生随后向加拿大政府提交了著名的"杜宾报告"(Commission of Inquiry into the Use of Drugs and Banned Practices Intented to Increase Athletic Performance),报告显示体育运动中兴奋剂使用行为严重,国际体育组织应加强对兴奋剂行为的监管。[①] 1999 年 2 月国际奥委会在瑞士洛桑举行了第一届"世界反兴奋剂大会",并通过了《洛桑宣言》(Lausanne Declaration on Doping in Sport),提出要成立一个独立、专门的国际反兴奋剂机构,该机构在 2000 年悉尼第 27 届奥运会时正式运行使用。同年 11 月,WADA 成立,这标志着国际体育领域反兴奋剂监管活动进入新篇章,从此体育领域兴奋剂监管活动从各自为政进入协调一致的阶段。

---

① Commission of Inquiry into the Use of Drugs and Banned Practices Intented to Increase Athletic Performance，https://www.canada.ca/en/privy-council/services/commissions-inquiry.html,访问日期:2020 年 6 月 22 日。

## 二、兴奋剂监管的现有体系

WADA 是当今世界范围内最具影响力和权威性的反兴奋剂机构,它通过 WADC,塑造了一个协调全球大多数体育组织和反兴奋剂组织的并在兴奋剂监管方面统一行动的兴奋剂监管体制。目前除奥林匹克运动体系下所有体育组织都已接受 WADC 外,还有 218 个体育组织和 145 个国家或地区的官方反兴奋剂机构将 WADC 作为实施兴奋剂监管的依据。[①] WADC 被接受的广泛性程度使得一个全球性的兴奋剂监管体制成为可能。WADC 对相关主体设定监管义务建立了兴奋剂监管组织体系;而规定的兴奋剂监管措施规则和监管决定上诉规则确立了兴奋剂监管的规则体系。

### (一)兴奋剂监管的组织体系

作为被广泛接受的兴奋剂监管准则,它并不影响接受 WADC 的相关组织或机构之间存在的联系。WADC 除被强调自治的体育组织接受外,还有 145 个国家和地区的官方反兴奋剂机构承认遵守 WADC。这样接受 WADC 的组织或机构可以被分为两个群体,一个是自治的体育组织,另一个是国家或地区反兴奋剂机构。又由于体育组织对自治性的强调,导致了这两个群体存在天然的隔离。

为此,WADC 在不破坏这两个群体相互独立的情况下,构造了一个确保 WADC 被有效实施的组织体系,该体系以世界反兴奋剂机构为监督者,而各体育组织和官方反兴奋剂机构作为兴奋剂监管主体各司其职地对被监管主体实施兴奋剂监管行为。在这一组织体系中,WADA 居于核心地位,它通过对体育组织和官方反兴奋剂机构的监管行为进行监督以保证 WADC 被有效执行。

#### 1.WADA 的地位与功能

WADA 作为世界性的反兴奋剂组织承担了 WADC 相关规则细化的职责,它将 WADC 中的内容具体化、清晰化,使其能够被正确地执行。例如 WADA 承担制定《禁用清单》和颁布各类国际标准的职责。WADC 第 4.1 条

---

① 参见该文件的签字国,http://www.wada-ama.org/en/code-signatories.,访问日期:2020 年 5 月 5 日。

规定 WADA 应根据需要经常至少每年一次公布用作国际标准的禁用清单；第 20.7.3 条指出 WADA 有权批准适用于执行 WADC 的国际标准；第 20.7.5 条规定 WADA 制定和出版指导其他反兴奋剂组织行动的指南和最佳实施模式。

WADA 最为重要的角色是作为 WADC 具体实施的监督者，负责保证 WADC 被其他反兴奋剂组织有效地执行。WADC 第 20.7.2 条指出 WADA 应监督签约各方遵守本条例。WADA 的监督职能具体表现在它有权对体育组织或反兴奋剂机构作出的兴奋剂违纪处罚决定提起上诉，且这一上诉权不受任何限制。WADC 第 13.1.3 条规定 WADA 即无须等待反兴奋剂组织内部关于处罚决定的程序全部完成，也无须等待兴奋剂违纪处罚涉及的当事人是否对处罚决定提起上诉，就可根据自己对事实的判断直接向 CAS 提起上诉仲裁。

2.体育组织和反兴奋剂机构的司职

WADC 并不对接受 WADC 作为实施兴奋剂监管准则的体育组织和反兴奋剂机构施加任何新的隶属关系，尊重它们原有的联系。因此它们分别在各自管辖范围内根据 WADC 规定开展兴奋剂监管活动。

对此，WADC 第 20.1 条至第 20.6 条要求各体育组织和反兴奋剂机构应充分利用其职权有效地实施兴奋剂监管活动。例如国际奥委会被要求将遵守 WADC 作为国际单项体育联合会进入奥林匹克运动体系的前提条件，以及仅考虑遵守 WADC 的国家奥委会、国家残奥委会、国家反兴奋剂组织所在国家申办奥运会；国际单项体育联合会应将遵守 WADC 作为考虑国家单项体育协会成为其会员的一项资格条件。虽然各主体独立自主地进行监管活动，作出兴奋剂违纪处罚决定，但因监管活动和形成兴奋剂违纪处罚决定的基础具有同一性，皆是以 WADC 为基础作出的，这为兴奋剂违纪处罚决定在它们之间获得相互承认奠定了基础。WADC 第 15.1 条规定任何签约方在其权限范围内作出的符合 WADC 要求的决定，都应被其他签约方承认。所以这些接受了 WADC 的体育组织和反兴奋剂机构之间保持一种独立但相互认可的联系。

此外，WADC 还对负责具有广泛影响力的重大赛事的组织机构的兴奋剂监管职责进行了规定。这些组织机构通常具有非常设特征，但又在赛事中负组织、领导责任。为保证一系列国际性比赛不受兴奋剂"污染"，因此有必要对这些带有临时性的运动组织机构设定兴奋剂监管职责。WADC 第 20.6 条规定重大赛事组织机构应制定同 WADC 要求相一致的反兴奋剂规则义务,对参赛人员兴奋剂审查义务,对兴奋剂违纪行为追责义务。

3.被监管主体

有监管主体必有被监管主体。WADC 在对监管主体职责进行明确规定的同时,也对被监管主体作出了规定。监管主体同被监管主体之间呈现对应关系,监管主体是监管行为的发出者,而被监管主体是监管行为的承受者。因此被监管主体是兴奋剂监管关系中必不可少的一方。

由于运动员是兴奋剂违纪行为的主要行为主体,因此兴奋剂监管行为应以避免发生运动员使用兴奋剂行为作为目标展开。WADC 以运动员为中心规定了兴奋剂监管主体实施监管行为所针对的对象。相关对象可以从兴奋剂违纪行为认定规则中确认,兴奋剂监管行为的被监管主体主要包括两类,其一是运动员,其二是运动员辅助人员。WADC 第 2.1 条指出运动员有责任确保没有兴奋剂物质进入体内,如果在其样本中发现兴奋剂物质或其代谢物、标记物则运动员构成兴奋剂违纪。WADC 第 2.6 条在规定持有型兴奋剂违纪行为时,指出除运动员持有兴奋剂物质或方法可以构成兴奋剂违纪行为外,运动员辅助人员持有兴奋剂物质或兴奋剂方法也可以构成兴奋剂违纪行为。WADC 第 2.10 条是专门针对被认定存在兴奋剂违纪行为的运动员辅助人员施加的处罚措施规定,要求运动员在其职业与体育相关范围内禁止同存在兴奋剂违纪行为的运动员辅助人员展开合作。所以作为兴奋剂监管行为针对的被监管主体,应包括运动员和运动员辅助人员在内的两类人员。

对于运动员辅助人员具体范围,WADC 也作出了明确的规定。WADC 第 20.1.6 条规定,国际奥委会应当对参加奥运会的所有运动员和包括教练、体能教练、领队、运动队工作人员、官员、医疗或医护人员在内的运动员辅助人员实施与 WADC 规定相符的兴奋剂监管措施。第 20.3.3 条要求,国际体育联合会应对参加其组织的或其成员机构组织的比赛的所有运动员,和以教练、体能教练、领队、运动员工作人员、官员、医疗或医护人员身份参加比赛或活动的运动员辅助人员设定同意接受与 WADC 规定一致的兴奋剂监管规则作为其参赛条件。可见,所谓运动员辅助人员是指以运动员辅助人员身份参加比赛或相关体育活动的教练、体能教练、领队、运动员工作人员、官员、医疗或医护人员,他们同运动员具有极强的人身联系。

(二)兴奋剂监管的规则体系

WADC 作为一份用以约束位于世界各地的签约主体的基础性规则文件,构造了一个世界性的兴奋剂监管规则体系。这一规则体系以 WADC 的规则为基础,相关国际标准文件为行为准则、最佳实施模式及指南为指导,形成了适用于全球各签约主体的兴奋剂监管行动的规则依据。WADC 作为基础性文件规定了兴奋剂监管活动的基本监管措施,相关国际标准文件是对 WADC 所规定基本监管措施的具体化,而最佳实施模式及指南是 WADA 为各签约主体自行设置与 WADC 要求相一致的兴奋剂监管规则提供的参考范本。因此这一规则体系中最为关键的内容就是 WADC 所规定的兴奋剂监管规则,国际标准文件和最佳实施模式及指南是对 WADC 相关内容的展开与细化。

WADC 共有四部分:第一部分为兴奋剂监管规则;第二部分是反兴奋剂教育与研究规则;第三部分是各签约主体的责任与义务规则;最后一部分涉及对 WADC 承认、遵守、修改和解释。而第一部分内容又以监管处罚决定为分界点,可分为兴奋监管的措施规则和监管违纪处罚决定的上诉规则。

1.兴奋剂监管的措施规则

兴奋剂监管的措施规则是指兴奋剂监管主体实施兴奋剂监管行为并作出兴奋剂违纪处罚决定的依据,主要涉及兴奋剂物质与方法的范围、兴奋剂违纪行为的种类、兴奋剂监管的检查和调查措施、兴奋剂违纪处罚程序与处罚类别,涵盖 WADC 第 1 条至第 12 条。

(1)兴奋剂物质与方法的范围

WADA 每年都会发布一份用以明确兴奋剂物质与方法类别的文件,这份文件被称为禁用清单。禁用清单适用于发布年度全年,即从当年 1 月 1 日至12 月 31 日。禁用清单除了对物质和方法进行明确外,还根据场所不同而指出相关类别是始终禁止还是仅在比赛中被禁止。WADC 第 4.1 条至第 4.3 条对禁用清单的主要内容、评定标准和修订方式作出了指导性规定,这些条款既是 WADA 制定禁用清单时应遵循的规则,也是其他兴奋剂监管主体参与禁用清单制定和提出异议的依据。

根据 WADC 第 4.2 条规定,禁用清单需要标明可被视为兴奋剂的禁用物质和禁用方法是仅被禁止在赛内使用,还是在任何时候都必须被禁止使用;而且两者应被分别进行明确。针对特定项目的实际情况,WADA 还可以在禁用清单中扩大禁止范围。目前,禁用清单中所称禁用物质类别仅限于禁用清单上列出的蛋白同化制剂、激素、刺激剂、激素拮抗剂与调节剂,除此之外的禁用物质都是指特定、单一的物质。世界反兴奋剂机构在禁用清单中新增加一类新的禁用物质时,需要对这一类别的所有物质进行甄别,以确定是其中某些特定物质还是此类别涉及物质都应被认定为禁用物质。禁用清单对禁用物质和禁用方法的罗列应清晰、明确、具体,避免产生模糊规定和让人产生歧义的理解。

根据WADC第4.3条,WADA将某种物质或方法列入禁用清单有两种原因。一种原因是指某种物质满足下述3项理由中至少2项标准:第一,经医学、其他科学证据、药理学作用、经验证明,该物质或方法,在单独使用或与其他物质、方法一同使用时,能够提高运动能力;第二,经医学、其他科学证据、药理学作用、经验证明,使用该物质或方法可能会对运动员健康造成伤害;第三,该物质或方法的使用违背了WADC所主张的体育精神。而另一种原因是指经医学、其他科学证据、药理学作用、经验证明,该物质或方法具有可能帮助掩盖被禁用清单所禁止的物质或方法,例如能够加快体内兴奋剂物质排泄的利尿剂。

(2)兴奋剂违纪行为的种类

兴奋剂监管目的在于遏制使用兴奋剂行为,因此明确兴奋剂违纪行为是兴奋剂监管活动得以展开的根据。WADC作为统一世界范围内的兴奋剂监管行为规范的规则,必须对兴奋剂违纪行为的种类进行一致明确,否则将导致各兴奋剂违纪监管主体在兴奋剂违纪行为认定上的差异,如此一来何谈统一世界兴奋剂监管活动。WADC第1条指出兴奋剂违纪行为是指在第2条通过列举的方式所明确规定的违纪行为,目前通行的2015年版WADC第2条列明了10种违纪行为:第一,在运动员的样本中,发现禁用物质或其代谢物或标记物;第二,运动员使用或企图使用某种禁用物质或禁用方法;第三,逃避、拒绝或未完成样本采集的行为;第四,违反行踪信息管理规定;第五,篡改或企图篡改兴奋剂管制过程中的任何环节;第六,持有某种禁用物质或禁用方法;第七,从事或企图从事任何禁用物质或禁用方法的交易;第八,赛内对运动员施用或企图施用任何禁用物质或禁用方法,或赛外对运动员施用或企图施用任何赛外禁用物质或禁用方法;第九,共谋;第十,禁止合作。当前2015年版10种行为是在2009年版8种行为的基础上增加而来,即将于2021年实施的新版WADC又在原来10种违纪行为的基础上,为实现对检举兴奋剂违纪行为人员的保护,将运动员或其他人员针对检举人员的阻止或报复行为也认定为兴奋剂违纪行为。

由此可见，为有效遏制兴奋剂违纪行为，WADC 并非单纯从运动员使用禁用物质及禁用方法的角度进行规制，而是将被监管主体延伸到运动员辅助人员，并从禁用物质及禁用方法的使用与持有、逃避检测、共谋、规避制裁、合作等多方面进行约束，力图通过严格的规定无死角遏止体育运动中使用兴奋剂及方法的违纪行为。

（3）兴奋剂监管的检查和调查规则

兴奋剂监管的检查和调查措施规则是为了指导兴奋剂监管主体采取有效的检查措施发现兴奋剂违纪行为。WADC 第 5.1 条指出实施兴奋剂检查活动的目的是为判断运动员是否使用禁用物质或禁用方法提供判断依据；而调查则是为了收集运动员存在违反 WADC 所规定的行为的证据。调查行动的进行需要以检查行动为基础，只有当检查行动发现运动员存在兴奋剂违纪行为的线索时，如样本兴奋剂检测呈阳性，兴奋剂监管主体才需启动调查程序。为此 WADA 制定了《检查和调查国际标准》(The International Standard for Testing and Investigations，简称"ISTI"）以满足 WADC 要求。《检查和调查国际标准》包含两个目标，一是为在比赛期间和非比赛期间对运动员进行有规划和有效的兴奋剂测试，并对从运动员收到检测通知到保证样品收集再到实验室进行分析的全部流程中适用统一的规则；二是建立有效的收集评估和使用反兴奋剂情报机制，以及对可能存在的兴奋剂违纪行为采取的调查活动应适用的强制性标准。[①] 根据 WADC 第 5.5 条和第 5.8 条的规定，兴奋剂违纪监管主体所进行的所有检查和调查活动都必须遵照《检查和调查国际标准》所确定的规则行事。

为保证兴奋剂检查活动顺利开展。WADC 第 5.2 条要求兴奋剂监管主体应要求其所管辖的运动员能够随时随地提供检测样本。第 5.3 条对赛事期间检查权力作出了规定，避免赛事机构行使的检查权同参加赛事的运动员所属兴奋剂监管主体的检查权发生冲突。

（4）兴奋剂违纪监管处罚程序规则

一旦兴奋剂监管主体根据检查和调查行动的结果指控运动员存在兴奋剂违纪行为，应当为其举行听证会，给运动员提供辩解的机会，即使是在赛事期间也应保证运动员的听证的权利。WADC 第 8.1 条规定对检查结果负有管

---

① ISTI(2015)1.0 Introduction and scope.

理责任的兴奋剂监管主体应当为涉及兴奋剂违纪行为的当事人提供至少一次的公平、公正的听证会。这一规定体现了对当事人正当程序权利的保障。

（5）兴奋剂违纪处罚类别规则

WADC 第 9 条至第 12 条规定了兴奋剂监管主体可以对存在兴奋剂违纪行为的当事人采取处罚的种类和程度。

运动员在参加赛事的过程中被兴奋剂监管主体认定存在兴奋剂违纪行为时，根据 WADC 第 9 条的规定，运动员在此次比赛中所获得的成绩全部取消，包括获得的奖牌、积分和奖金。如果运动员能够证明自己对出现兴奋剂违纪行为没有过错或没有疏忽，则根据第 10.1 条运动员可以保留除被指控发生兴奋剂违纪行为的场次之外的场次比赛的成绩，否则将导致运动员在此次赛事中的所有场次成绩都被取消。对于作为集体项目而言，根据 WADC 第 11 条，一旦有运动员出现兴奋剂违纪行为将导致全队接受有针对性的兴奋剂检查；如果存在两名以上运动员有兴奋剂违纪行为时，兴奋剂监管主体除对运动员本人实施处罚外，还将对团队实施兴奋剂违纪处罚，根据第 11.2 条、第 11.3 条兴奋剂监管主体可以实施比扣除积分、取消参赛资格更为严厉的措施。

而 WADC 第 10.2 条和第 10.13 条对于其他情况下运动员的兴奋剂违纪行为的处罚作出了规定，根据运动员兴奋剂违纪行为的类型、有无过错或过错程度、是否存在可以减轻处罚的情况、是否构成多次违纪等因素而规定了不同的禁赛期限。

2.兴奋剂违纪处罚决定的上诉规则

兴奋剂违纪处罚决定的上诉规则是用以规定在兴奋剂监管主体对被监管主体作出兴奋剂违纪处罚决定后，谁对决定享有上诉权以及向谁上诉的规则。WADC 第 13.1 条指出根据 WADC 或按照 WADC 制定的规则所作出的决定，可以依第 13.2 条至第 13.4 条的规定提起上诉。而第 13.2 条涉及兴奋剂违纪处罚决定的上诉；第 13.3 条是当兴奋剂监管主体未能及时作出决定时，默认兴奋剂监管主体未能发现兴奋剂违纪行为，WADA 如有异议则有权直接向 CAS 提起上诉的规定；第 13.4 条指出对于授予药物豁免（TUE）是否正确争议的上诉，合格的上诉主体只能是作出药物豁免的决定方。

对于兴奋剂违纪处罚决定的上诉而言，根据当事人身份的不同可分为：国际级运动员或国际赛事的上诉、其他运动员或当事人的上诉。在这两类区分下，除受理上诉的机构有差异外，有权提起上诉的当事人、可上诉的事由都相同。前者的上诉机构只能是 CAS，而后者则根据所在国的国家反兴奋剂组织的规则向相关机构提起上诉。根据 WADC 第 13.2.3 条能够提起上诉的当事人包括：处罚决定涉及的当事人、决定涉及的另一方、当事人居住国的国家反兴奋剂组织、IOC 或国际残奥委员会、WADA。根据 WADC 第 13.2 条可以上诉的事由基本涵盖了同运动员权利有关的决定，包括是否构成兴奋剂违纪行为、是否对违纪行为给予处罚及处罚程度、是否对运动员实施临时停赛、形成的兴奋剂违纪处罚决定是否符合 WADC 规定、关于是否暂缓禁赛期或恢复禁赛期的决定是否正确、兴奋剂监管主体对另一个兴奋剂监管主体作出的决定的承认。

此外为有效保证第二类情况下 WADC 被正确执行、当事人的权利获得充分保障，WADA、IOC、国际残奥委员会和相关国际体育单项联合会还可就国家上诉机构作出的裁决向 CAS 提起上诉。

## 三、国际游泳竞技领域中的兴奋剂监管

FINA 是管理水上运动的国际非政府组织。截至 2018 年，国际泳联共有来自五大洲的 209 个国家或地区会员联合会。[①] FINA 也是国际奥委会认可的负责奥运会游泳、跳水、水球和花样游泳项目的国际体育组织，是世界范围内被广泛承认的水上运动国际组织。FINA 的 209 个会员联合会均为所在国家或地区唯一的水上运动管理组织。[②]

FINA 除要求各会员联合会在其所在地具有权威性外，还要求会员联合会严格遵守国际泳联的规章制度。国际泳联和各会员联合会都是独立、自治的体育组织，会员联合会是由所在地国家或地区自发形成的水上运动的体育联合会。为避免会员联合会自治规则同国际泳联规则产生冲突，FINA 还要求成为会员的国家或地区体育联合会必须在其章程中规定：当其章程或规则与国际泳联规则不一致时，以国际泳联规则为准。[③] 这样国际泳联通过设定入会条件，成功地建立了一套通行全球的水上运动规则。

为有效地实施兴奋剂监管，《国际泳联章程》（FINA Constitution）规定国际泳联设有兴奋剂检查审查委员会和反兴奋剂小组。兴奋剂检查审查委员会

---

① http://www.fina.org/content/overview-and-history，访问日期：2020 年 5 月 7 日。

② FINA constitution-Vaild from 19.07.2019，C7.2，C8.1.3.

③ FINA constitution-Vaild from 19.07.2019，C8.2.4.

由专业的医学专家和化学专家组成,其职责主要是审议国际泳联的兴奋剂检查计划、对国际泳联的兴奋剂检查规则提出建议,并根据国际泳联和世界反兴奋剂机构的反兴奋剂规则批准治疗性药物豁免申请。① 而反兴奋剂小组则负责对指控涉嫌存在兴奋剂违纪行为的事实予以确认,并作出相应的兴奋剂违纪处罚决定。②

除设置专门的兴奋剂违纪监管机构外,国际泳联还通过了专门性的兴奋剂监管规则——《国际泳联兴奋剂管制规则》(FINA Doping Control Rules,简称"FINA DC")。FINA DC 是国际泳联开展兴奋剂监管活动的根据,也是反兴奋剂小组对兴奋剂违纪行为当事人实施处罚的依据③。FINA DC 在引言中指出本规则是国际泳联为遵守 WADC 相关规定而在水上运动中实施兴奋剂监管活动的依据;本规则要求作为国际泳联会员的体育联合会应在其规则中纳入本规则的要求并有效地予以执行。④ 也就是说该规则适用于国际泳联所有成员,包括国际泳联的会员及其成员。国际体育组织的会员一旦加入国际体育组织,运动员、教练员和比赛官员等参与到国际体育组织所辖的运动项目中,就意味着接受了组织章程和其他规则的约束,对国际体育组织具有强制力的自治权表示了接受,成为国际体育组织处罚的相对人。⑤

虽然 FINA DC 规定了广泛的适用范围,但由于各会员在实施兴奋剂违纪监管方面具有自主性,国际泳联不方便也不可能对全世界所有水上运动的运动员实施兴奋剂监管。因此 FINA DC 规定国际泳联只对运动员中在国际泳联注册库里注册的国际级运动员,或在其组织的比赛中但未在国际泳联注册库里注册的参赛运动员实施兴奋剂违纪监管。⑥ 因此国际泳联不仅是国际游泳竞技领域的兴奋剂监管规则的制定者,也是承担兴奋剂监管职责的主体。

---

① FINA constitution-Vaild from 19.07.2019,C21.3.

② FINA constitution-Vaild from 19.07.2019,C22.

③ FINA constitution-Vaild from 19.07.2019,C12.6.

④ FINA Doping Control Rules Approved by FINA Congress on 19 July 2019,DC16.

⑤ 张文闻、吴义华:《程序正义与权利保障:国际体育组织处罚权行使的原则及实现机制》,载《上海体育学院学报》2018 年第 2 期。

⑥ FINA Doping Control Rules Approved by FINA Congress on 19 July 2019,Scope.

# 四、WADA、FINA 与 CAS 在反兴奋剂监管中的分工

依据 WADC 规定，WADA 在世界体育领域的兴奋剂监管活动中发挥监督的职能，CAS 发挥对兴奋剂违纪处罚上诉争议予以解决的职能。根据 WADC 与 FINA DC 的规定，FINA 是国际游泳竞技领域兴奋剂监管规则的执行者。WADA、FINA、CAS 三者在国际游泳竞技领域的兴奋剂监管活动中有着明确的角色，各自发挥自己的功能以实现对兴奋剂违纪行为的有效遏制。

## （一）FINA 是 WADC 适用的执行者

FINA 通过出台相关规则保证了游泳竞技领域实施的兴奋剂监管活动符合 WADC 的要求。FINA 实施兴奋剂违纪监管的根据是 FINA DC，《国际泳联章程》第 12.6 条规定在存在违反 FINA DC 的情况下，反兴奋剂小组需要考虑对兴奋剂违纪行为实施处罚，第 22.8 条反兴奋剂小组就兴奋剂违纪行为举行听证并实施处罚的依据也是 FINA DC。而 FINA DC 是以 WADC 相关要求为蓝本制定的，例如 FINA DC 兴奋剂违纪行为种类同目前 WADC 所规定的十种情况保持一致；同样地将兴奋剂违纪举证责任分配给兴奋剂监管主体——国际泳联或会员联合会，在证明标准上采取相一致的标准，即：对于国际泳联或会员联合会，若想主张兴奋剂违纪事实成立必须达到高于优势证据而低于排除合理怀疑的标准，而被控违纪的当事人仅需达到优势证据标准即可洗脱兴奋剂违纪指控。除制定与 WADC 内容相一致的 FINA DC 外，FINA 要求其会员联合会将 FINA DC 作为其指导规则，不得存在与之不符的规则，保证会员联合会的兴奋剂监管规则通过与 FINA DC 保持一致而符合 WADC 的要求。[①] 通过这一系列的规定，FINA 履行了 WADC 第 20.3.2 条要求把成员执行 WADC 作为认可其会员资格条件的规定。

作为兴奋剂监管主体的 FINA 还承担直接实施 FINA DC 的任务。在国内产生了巨大影响的孙杨兴奋剂违纪事件就是 FINA 在履行监管职责时发生的。2018 年 9 月 4 日受 FINA 委托执行国际泳联兴奋剂检测任务的国际兴奋剂检测和管理组织（International Doping Tests and Management，简称"IDTM"）根据事前同孙杨约定，派遣兴奋检测工作小组对孙杨进行采样工

---

① FINA constitution-Vaild from 19.07.2019. C8.2.2，C8.2.4.

作,因双方在检测人员资质上产生纠纷以及检测人员不适当行为导致采样工作未能顺利进行。对此 FINA 反兴奋剂小组对运动员展开调查并于 2018 年 11 月 19 日在瑞士洛桑举行听证会。最终反兴奋剂小组认定裁定 IDTM 于 2018 年 9 月 4 日实施的样本采集活动无效,孙杨并未构成对 FINA DC 第 2.3 条和第 2.5 条的违反。此外,由于 FINA 实施兴奋剂监管针对的国际级运动员同时也是会员联合会的成员,为保障兴奋剂检查过程的顺利进行和相关决定被有效遵守,FINA 要求会员联合会在作为 FINA 会员期间必须遵守并执行国际泳联发布的决定,并确保其运动员也遵守和执行相关规则与决定。[①] 如此一来,FINA 实现了对其兴奋剂监管职责的有效履行。

因此 FINA 通过行使规则制定权、入会资格审查权和实际履行相关兴奋剂监管规则,实现了 WADC 具体内容在国际游泳竞技领域的有效适用。

### (二)WADA 是 WADC 适用的监督者

由于 WADC 第 20.7.2 条明确了 WADA 监督各签约方遵守 WADC 的职能。对此,FINA DC 规定 WADA 有权参加听证会旁听。[②] 这使得 WADA 能够参与到 FINA 兴奋剂违纪处罚程序中,保障了 WADA 能够在 FINA 没有及时对兴奋剂违纪行为作出处罚决定时,能够根据参加听证会形成的认识,决定是否根据 WADC 第 13.3 条对 FINA 认为兴奋剂违纪行为不存在的情况向 CAS 直接提起上诉。而一般情况下 FINA 在及时作出兴奋剂违纪处罚决定之后,除应当向当事人及其所在会员联合会送达决定之外,还应向 WADA 送交处理决定。[③] 孙杨案中,WADA 在收到 FINA 认定孙杨不存兴奋违纪行为的决定后,并不认同这一决定,因此向 CAS 提出上诉最后导致结果大反转,2020 年 2 月 28 日 CAS 认定孙杨存在兴奋剂违纪行为并处以 8 年禁赛期。此外,FINA DC 规定 WADA 有权复查 FINA 作出的所有药物豁免许可[④],还可根据 WADC 第 23.5.2 条的规定要求 FINA 向 WADA 提交 FINA 遵守 WADC 的报告。[⑤] 因此 WADA 从对兴奋剂违纪案件的处罚结果和审议

---

① FINA constitution-Vaild from 19.07.2019. C8.2.5，C8.2.6.

② FINA Doping Control Rules Approved by FINA Congress on 19 July 2019，DC8.

③ FINA Doping Control Rules Approved by FINA Congress on 19 July 2019，DC14.1.

④ FINA Doping Control Rules Approved by FINA Congress on 19 July 2019，DC4.4.8.

⑤ FINA Doping Control Rules Approved by FINA Congress on 19 July 2019，DC18.

FINA 执行措施两个方面履行监督者的角色。

### (三)CAS 的上诉争议仲裁角色

作为世界范围内专业性的体育争端解决机构——CAS 在国际游泳竞技领域的兴奋违纪处罚争议中被赋予了绝对的权威。《国际泳联章程》中明确指出 CAS 对上诉案件作出的裁决对 FINA 管理的国际水上运动体系而言是最终决定,对上诉案件的各方当事人都有约束力。[①] 同时 FINA DC 指出对于 FINA 对国际级运动员和参与国际比赛的运动员作出的兴奋剂违纪处罚决定的上诉机构只能是 CAS。[②] 除此之外,FINA 也鼓励水上运动领域的其他主体之间就兴奋剂违纪处罚争议提交给 CAS 处理,即使争议已经由一国境内的上诉仲裁机构作出了裁决,但并不影响向 CAS 就此决定提起上诉,因为只有 CAS 对上诉争议作出的仲裁裁决才是最终的裁决。[③] 所以 CAS 的争议解决角色体现在它能够广泛接受水上运动的不同主体提起的上诉案件,并且只有它作出的裁决才是终审裁决。

## 五、WADA、FINA 与 CAS 在反兴奋剂监管中的合作

三者在兴奋剂违纪监管中既有明确的分工也有为更有效地实施兴奋剂监管而采取的合作。具体表现在以下两个方面:

### (一)WADA 为 FINA 实施兴奋剂监管提供依据

1.WADA 制定的《禁用清单》是 FINA 判断相关行为是否构成兴奋剂违纪事实的重要依据。FINA DC 规定《禁用清单》内列明的禁用物质与禁用方法是不容任何被质疑的内容。[④] 如此规定,一方面体现了 FINA DC 对 WADC 要求的充分履行,另一方面也体现了 FINA 对 WADA 提供权威性和专业性依据的依赖。

2.WADA 认可的兴奋剂检测实验室是 FINA 及其会员实施兴奋剂监管

---

① FINA constitution-Vaild from 19.07.2019,C26.
② FINA Doping Control Rules Approved by FINA Congress on 19 July 2019. DC13.2.1.
③ FINA Doping Control Rules Approved by FINA Congress on 19 July 2019. DC13.2.3.
④ FINA Doping Control Rules Approved by FINA Congress on 19 July 2019. DC4.3.

活动的重要依靠。禁用物质的判断往往需要依靠科学手段从生物样本中将其
检测出来,实验室在确定兴奋剂违纪行为是否存在的过程中起重要的辅助作
用。为保证实验室人员专业技术合格、操作程序规范、具备检测应有的软硬件
条件,WADC 第 6.1 条规定认定存在第 2.1 条所规定的兴奋剂违纪行为的样
本,只能在已获得 WADA 认可的实验室,或 WADA 批准的实验室进行检测。
FINA DC 也指出 FINA 及其会员获得的生物样本只能在 WADA 认可的实验
室进行检测分析。WADA 依据《实验室国际标准》对能够正确实施禁用物质
检测的实验室进行确认,保证了 FINA 及其会员能够通过合格的实验室获得
正确的样本分析报告。

3. WADA 运营"反兴奋剂运行管理系统"（The Anti-Doping
Administration & Management System,简称"ADMS"）实现了各兴奋剂监
管主体之间对运动员相关情况的共享。因此 FINA DC 要求 FINA 及其会员
联合会应通过 ADMS 交流兴奋剂检测计划,避免各主体对运动员进行不必要
的重复检查,[①]以达到在检查计划上的协调一致,促进检查活动更为高效地
实施。

### (二)FINA 同 CAS 之间的协调

WADC 规定了特殊的上诉听证机制,原则上 CAS 审理上诉案件不受原
来兴奋剂违纪处罚决定的限制,对案件实行全面审查,即 CAS 审理上诉案件
并不受原决定所认定事实的限制,因此 CAS 在审理案件时需要重新举行听证
会进而对案件事实进行认定,但 WADC 第 8.5 条规定在获得所有对具体案件
的初审结果拥有上诉权的主体同意后,运动员涉嫌的兴奋剂违纪案件的听证会
可以直接在 CAS 召开。这一规定虽然并未改变 CAS 上诉争端解决机构的地
位,但是将初审听证会和 CAS 主持的上诉听证会合并在一起。这样一来,一旦
当事人或有权上诉的主体对初审决定持有异议,而向 CAS 提起上诉时,CAS 根
据之前在 CAS 举行的听证会形成的认识就可以对事实进行认定,而不需要再举
行一场听证会,让当事人花费额外的资金。对于此规定 FINA DC 也一概继
受[②],因此 FINA 和 CAS 能在兴奋剂违纪案件的听证会的召开机制上形成合
作,尽管各自独立形成对案件事实的认定,但可以一起参与同一个听证会。

---

① FINA Doping Control Rules Approved by FINA Congress on 19 July 2019,DC14.5.

② FINA Doping Control Rules Approved by FINA Congress on 19 July 2019,DC8.3.

WADC 构造了一个世界性兴奋剂监管体制，作为这一体制的一部分——国际游泳竞技领域的兴奋剂监管活动无处不体现着 WADC 的要求。FINA 作为管理世界水上运动的国际单项体育联合会，发挥着在国际游泳竞技领域实际执行 WADC 监管要求的作用；WADA 除起到监督 WADC 在国际游泳竞技领域中被正确执行的角色外，还为各兴奋剂监管主体提供执行保障；CAS 虽是独立、权威的裁决机构，但也能同兴奋剂监管主体一同便利当事人。三者在 WADC 所构建的体系下既各司其职也相互配合，一道实现国际游泳竞技领域无兴奋剂目标。

# 第三章

# WADA v. Sun Yang & FINA 案庭审程序专题研究

　　关于庭审程序的含义,我国司法实践中普遍的理解就是开庭程序,也即法官、仲裁庭、当事人各方均到场,在法官和仲裁庭主持下,核对当事人身份、查看确认当事人和/或代理人授权文件、说明法庭和仲裁庭组成人员、询问当事人及代理人对于法庭/仲裁庭组成有无异议、宣布法庭、开庭纪律、当事人双方分别陈述己方主张和意见、举证、质证、证人作证、接受质询、法庭或者仲裁庭在开庭的任何环节可以就某些事实或者法律问题对双方当事人或者代理人进行发问、双方代理人就焦点问题辩论、最后陈述、法庭或者仲裁庭宣布对于庭后程序的安排等一系列程序安排。

　　在我国的诉讼程序以及商事仲裁、劳动仲裁等审理程序中,当事人双方在"开庭"这个阶段的表现极为重要,因为在开庭之前,双方当事人往往希望"不披露底牌,有所保留并希望开庭时进行突袭",虽然近年来法院和仲裁庭都在力图改变这种局面,但是现实中严格恪守举证时限和程序要求仍存在诸多困难。这导致案件的实体性审理以及双方实体性提交意见、证据交换、进行答辩等在开庭之前,都没有真正展开,当事人双方往往策略性地把案件真实完整的相关证据和主张、意见、答辩等留到开庭时提交和发表,由此也产生了不少问题,使得审理程序未能全面发挥其作用。双方当事人一方面拖延披露相关资料的时间,试图令对方无从提前准备,措手不及,但也使得法院或者仲裁庭无法在开庭时当场作出适时反应,进行恰当的判断,对方当事人也因此无法在猝不及防的前提下，提出问题或者质疑，进行有效答辩。这不利于法官和仲裁庭提前充分了解案件事实和证据，影响案件的公正高效审理。

国际商事仲裁、国际体育仲裁以及一些发达国家的诉讼程序中对于相关上述问题的立法和司法实践则完全不同。其宗旨就是完全平等、透明地要求和保护各方的诉讼程序权利，禁止"突袭"，严格规定各方提交意见、答辩、回复和证据的期限，各方必须无比慎重地确保恪守相关时间期限，逾期（除非有合理的被法庭或者仲裁庭认可的理由，当然即使如此，也要经得住对方的可能挑战）则要承担严重后果，即不再具有可受理性，并因此导致裁决结果的不利。所以，在一种严格遵照事先确定的时间期限和审理程序的情况下，无论是商事还是体育领域，在案件组庭之后，仲裁庭即获得了案件的管辖权。在这种法律体系和法治文化之下的争议解决系统，包括体育仲裁制度，对比我们一般认为的所谓"庭审"，也就是各方当事人到庭在仲裁庭主持下参与"开庭"的环节，已经不再是唯一重要的环节。原因就是各方当事人及其代理人，远在"开庭"之前就已经实质性地开始了大量的工作，就实体性和程序性的焦点问题，提交了至少两轮的意见和相关证据，并且各方提交的所有资料、意见和证据，都进行了充分交换，也就是说双方都彼此完全掌握和了解对方的证据和观点，基本摸清了彼此的"底牌"，知己知彼。我们国内一般理解的所谓"开庭"，其实在英美法系司法体系下，其作用并没有我们理解的那样至关紧要。我们的法律制度下，"开庭"是最重要的环节，在很多案件中也是真正程序实质性启动的开始，所以我们理解的"庭审"程序，主要是指"开庭"当日或者期间的程序，这与英美法下的做法或者制度有着很大的区别。

有鉴于上述理解，本文所讨论的孙杨案庭审程序，并不局限于本案"开庭"当天，即 2019 年 11 月 15 日当庭所涉及的庭审程序问题，而是延展至仲裁庭组成之日至裁决作出之日，包含了整个案件的审理期间。

# 一、前置问题和程序性问题

## （一）关于 WADA 上诉文件的可受理性

### 1.程序简介

2019 年 2 月 14 日，WADA 启动了向 CAS 的上诉程序，2 月 18 日，WADA 修正了上诉简状，除了运动员之外，也将 FINA 列为被申请人。

3月22日,运动员一方代表向 CAS 发函提出,申请人错过时间期限的要求,应被视为撤回,或者仲裁庭应该因此宣布不受理上诉全状。

4月3日,WADA 根据国际体育仲裁法庭规则第 R51 条提交了上诉全状。

4月9日,CAS 行政办公室代表 CAS 上诉仲裁院院长向各方当事人发出如下通知:"(1)关于被申请人对可受理性提出异议的决定将转交给未来组成的仲裁庭,由其作出裁决。各方当事人对于该事项的意见和提交的材料将会被转交给仲裁庭,关于该事项进一步决定,稍后作出;(2)被申请人提出的关于先期裁决的异议请求被驳回。"

5月9日,运动员一方提出仲裁庭需要对于两个初步事项(preliminary matter 或者叫"前置事项")首先进行裁决:(1)"鉴于 WADA 未能遵守上诉期限,导致该案上诉的可受理性和/或 CAS 对于该案上诉的管辖权";及(2)"鉴于 WADA 一方(其代理律师)存在利益冲突,其代理律师应该退出代理本案/该案上诉的可受理性和/或 CAS 对于该案上诉的管辖权"。

5月19日,CAS 行政办公室通知本案当事人各方如下:"上诉全状的可受理性:孙杨先生和 FINA 提出的对 WADA 上诉可受理性的异议被驳回。仲裁庭认为,WADA 的上诉简状和上诉全状已根据 CAS 体育仲裁法典第49条和第51条及时提交。作出该裁决的理由将在最终裁决中做详细阐述⋯⋯"

6月11日,运动员一方通知 CAS 其已经向 SFT 提出如下撤销申请,并同时向 CAS 提出申请要求本案中止在 CAS 的审理程序,等待 SFT 作出最终裁判:"⋯⋯运动员于6月11日正式向 SFT 提起请求撤销裁定的程序,其请求事项是就本案的仲裁庭于5月19日作出的关于 WADA 在本案中所提交上诉全状的可受理性问题的裁定申请 SFT 予以撤销。"

6月18日,CAS 行政办公室通知各方,根据 CAS 体育仲裁法典第32条规定,本案仲裁庭作出如下决定:"(1)驳回运动员一方要求中止本案审理程序的请求(对此 FINA 附和运动员一方的请求,而 WADA 则明确反对),理由是任何其他 CAS 案件的裁决结果对于本案仲裁庭不具有约束力,此外,本案仲裁庭的职责仅仅是审查本案个案的事实和背景情况。此外,本案仲裁庭并不知悉其他案件的裁决何时公布,且无法控制其他案件的进展或者裁决结果的公布时间。本仲裁庭基于一个不可控制因素而裁定中止案件的审理程序,于法无据。(2)驳回运动员要求在就其向 SFT 提出的上诉 SFT 作出裁决之前中止 CAS 审理程序的申请,对此 FINA 附和运动员一方的请求,而 WADA

反对该请求。本案仲裁庭仅会在 SFT 判决要求其改正相关裁决时，才会重新审议其决定……"

直到 11 月 12 日，也即公开开庭审理前 3 天，运动员一方仍然在向 CAS 行政办公室表达其对于本案程序方面的异议，并继续坚持对 CAS 的管辖权提出异议。

CAS 体育仲裁法典第 49 条规定："如果相关体育联合会、协会或者其他体育相关组织在其章程、规章中没有明确规定期限，相关各方也没有约定时间期限，那么针对相关决定的上诉期限是自收到之日起 21 天。"

FINA DC 第 13.7.1 规定了各方上诉的期限："向 CAS 提起上诉的最后期限应为上诉方收到裁决之日起的 21 日。"尽管有上述规定，下列规定应适用于有权上诉但并非致使对相关决定提起上诉程序的任何一方当事方所提出的上诉：(1) 在收到裁决后 15 天内，有权上诉的一方可向作出裁决的机构索取一份完整的案件卷宗资料/文件，包括裁决的理由，如果审理程序是以另一种语言进行的，还可索取一份裁决和理由的 FINA 官方语言（英文或法文）之一的译文，以及理解裁决内容所需的任何其他文件。(2) 如果在十五天期限内提出该等请求，则提出该等请求的一方应在收到完整案件卷宗资料（包括翻译件）后的 21 天内向 CAS 提交上诉。

尽管有上述规定，WADA 提起上诉的提交期限应为以下较晚的日期：(1) 案件的任何其他相关当事方本可上诉的最后一日后的 21 日；(2) 在 WADA 收到与决定相关的全部卷宗文件后的 21 日内。

同样地，无论如何，FINA 提出上诉的最后期限应为以下较晚的日期：(1) 任何其他方（WADA 除外）本可向 CAS 提起上诉的最后一日后的 21 日；(2) 自收到与该决定相关的完整卷宗文件之日起 21 日内。

被上诉的 FINA 的裁决已于 2019 年 1 月 3 日作出，于同日已通知运动员并于 2019 年 1 月 7 日通知了 WADA 和中国反兴奋剂中心。

WADA 于 2019 年 2 月 14 日提交其上诉简状，即运动员一方有权上诉的最后一日之后正好 21 天；WADA 于 2019 年 2 月 18 日提交其经修订的上诉简状，即中国反兴奋剂中心（另一个有权上诉方）有权上诉的最后一日之后正好 21 天。

从上述时间来看，WADA 提交其上诉简状的时间点完全符合 FINA DC 第 13.7.1 规定。产生较大争议的是 WADA 所提交上诉全状的时间。WADA 是于 2019 年 4 月 3 日提交的上诉全状，各方就这个时间点是否超出了规定期限,进行了激烈辩论。

2.双方论点

(1)WADA 的观点

WADA 认为,其于 2 月 14 日提交了上诉简状,是基于格外的慎重而决定的谨慎做法。而实际上其在当时还没有收到完整的案卷资料,所以 FINA DC 第 13.7.1 规定的 21 天时间期限还不应开始计算。3 月 20 日,WADA 给 CAS 行政办公室发函,并称其最终于 2019 年 2 月 21 日(即 FINA 向 WADA 提供 FINA 兴奋剂专家组 2018 年 11 月 19 日进行的庭审录音之日)收到了被上诉裁决的全部案卷材料。因而 WADA 认为根据 FINA DC 第 13.7.1 条,其提起上诉的最后期限应该是 2019 年 3 月 14 日(收到完整案卷文件后 21 天)。进而,上诉全状的提交时限应相应地延迟至 2019 年 3 月 24 日。鉴于 CAS 已经批准了额外的 20 天延期,WADA 的上诉全状的提交时限应为 2019 年 4 月 13 日。

在同一封信中,WADA 还提供了另一种计算方法,认为中国反兴奋剂中心也有权对该裁决提出上诉。由于其在 2019 年 1 月 7 日方获得被上诉裁决,其上诉期限应于 2019 年 1 月 28 日到期。根据 FINA DC 第 13.7.1 条第 3 款,FINA 同样可以对被上诉裁决提出上诉,FINA 可上诉的最后一天是中国反兴奋剂中心本可提出上诉的最后一天后的 21 天。因此,FINA 的上诉的最后期限是 2019 年 2 月 18 日。故此,WADA 的上诉简状提交的最后期限应该是在 FINA 上诉期后 21 天届满,即 2019 年 3 月 11 日。因此,上诉全状原则上于 2019 年 3 月 21 日到期,但考虑到 CAS 额外给予的 20 天延期,WADA 提交上诉全状的最后期限为 2019 年 4 月 10 日。

针对运动员一方和 FINA 的反驳,WADA 认为 FINA 兴奋剂专家组在 2018 年 11 月 19 日主持的听证会的庭审录音包含了有关证人的作证证词以及各方当事人的观点、辩论意见、立场等等,这些都是 FINA 兴奋剂专家组作出裁决的重要依据,毫无疑问构成"完整案卷资料"的一部分。另外 FINA 在 1 月 7 日提供给 WADA 的资料中并不包括运动员一方提交的录像,该录像在 FINA 的听证程序中也是重要的资料,FINA 在 WADA 提出索要之后,直到 2 月 11 日才最终提供给了 WADA。WADA 进一步主张,所谓"15 天内索取案卷资料"的时间限制并不适用于 WADA。FINA DC 第 13.7.1 条中涉及 WADA 的规定部分,一开头就明确"尽管有上述规定",其作用就是说明 WADA 不受上述约束的限制。从 WADC 的相关规定也可以推论出完全相同的结论。WADC 在关于 WADA 索取完整案卷资料方面的权利,没有附加任何时间限制,而且该内容属于任何 IF 都"不得做任何实质性改动"而必须完整纳入该单项联合会有关反兴奋剂规则之中。WADA 在这方面所享有的特别的程序性权利,是由其独特的宗旨和使命所合法赋予的,WADA 肩负了确保在全世界各个相关机构内统一地适用和执行 WADC 的职责。关于滥用权利的指控,WADA 认为本案中并不存在,WADA 一直都在及时合理地遵守相关时间规定。

对于 FINA 和运动员一方主张的 WADA 与 FINA 应该拥有完全相同的上诉期限,WADA 答复的意见是,FINA DC 第 13.7.1 条中第二段与 WADC 第 13.2.3 条有着一样的规定,那就是"在案件的任何其他相关方本可上诉的最后一日后"再赋予 WADA 额外的 21 天时间,这其中所指的"任何其他相关方"无疑包括 FINA。WADA 作为 WADC 的监督实施者,应该享有必要的权利,确保能够在得知其他各方是否决定向 CAS 提起上诉之后,再做自己的决定,从而最佳地使用自己有限的资源。

(2)被申请人的观点

2019 年 3 月 22 日,运动员一方对 WADA 的观点提出异议,认为 WADA 提交上诉全状后延长的期限已于 2019 年 3 月 20 日到期[①],由于 WADA 未能遵守这一时限,其上诉应该被视为已经撤回。运动员一方认为 FINA DC 第 13.7.1 规定的"案卷文件"并不应该包括庭审录音,不适用 FINA DC 第 13.7.1 条的相关规定。另外 WADA 是在 2019 年 2 月 19 日,也即在 WADA 提交了其上诉简状(2 月 14 日)和其经修订的上诉简状(2 月 18 日)之后,才向 FINA 索要 FINA 兴奋剂专家组在 2018 年 11 月 19 日主持的听证会的庭审录音,随后 FINA 在 2019 年 2 月 21 日向 WADA 提供了该等资料。运动员一方强调 WADA 提出该请求的时间已经超过了 FINA DC 第 13.7.1 规定的 15 天的期限,构成违规。如果 WADA 的做法被认为合法,那么就会助长滥用的风险,即 WADA 可以借此理由,通过恶意地迟延提出请求,不断要求 FINA 和运动员进一步提供额外资料文件,从而得以无限期地推迟其提交上诉全状的时间界限。

FINA 完全同意和附和了运动员一方在该问题上的所有前述观点,并特别指出 FINA DC 第 13.7.1 规定的"索取完整的案件卷宗资料/文件"权利是

---

① 计算方式为:2019 年 1 月 7 日+21 天+21 天+10 天+CAS 批准的延期 20 天。

为了确保该方得以充分评估是否对特定案件上诉至 CAS,在本案中,WADA 是在提起上诉之后,也即在提交完上诉简状(2 月 14 日)和其经修订的上诉简状(2 月 18 日)之后才向 FINA 提出索要资料的,因此不能适用 FINA DC 第 13.7.1 规定。

运动员一方提出质疑认为 WADA 无法合理解释在收到案卷资料 28 天之后才向 FINA 索要录像资料,索要 FINA 听证会录音则是 43 天之后,这有违诚信原则。另外 CAS 所批准的 20 天延期是基于 WADA 的失实陈述,该延期本来是为了给予一段时间用以翻译庭审录音,而当时 WADA 还未向 FINA 索要录音资料。

运动员一方认为 FINA DC 第 13.7.1 条中涉及 WADA 的规定确实有"尽管有上述规定"的字句,但是其仅仅是指"递交最后期限"。该最后期限的要求不能说不适用于 WADA,FINA DC 中没有任何类似表述。FINA DC 第 13.7. 1 条的内在逻辑绝不是允许 WADA 通过不断索要资料而无限期延长提交上诉全状的时间界限。这将违背瑞士法下的公共政策。

运动员一方还主张 FINA DC 第 13.7.1 条中第三段开头所用的词"同样地",其含义是指 FINA 应该与 WADA 拥有完全一样的时间期限去提起对于相关裁决的挑战。如果 WADA 的解释成立的话,那么 FINA DC 第 13.7.1 条中第三段应该在顺序上重新安排在第二段之前,否则逻辑无法通顺。另外根据瑞士法律,针对任何一个裁决的上诉时间不可能长达 63 天,超过两个月时间。

2019 年 3 月 28 日,FINA 对于 WADA 在此事项上的观点进行了反驳。FINA 认为 FINA DC 第 13.7.1 条中所说的 15 天索要全部案卷资料的期限适用于所有各方,包括 WADA,WADA 必须同样遵守。FINA DC 第 13.7.1 条第二段所规定的内容仅仅是明确了"递交最后期限"而已。对于 WADA 提出的另外一种计算时间期限的方式,FINA 请出了 FINA DC 的制定者进行释法,后者认为 FINA 与 WADA 关于向 CAS 提起上诉的时间期限应该是完全一样的。FINA DC 第 13.7.1 条中第三段开头所用的词"同样地"已经清晰无误地表明了这一点。

3.仲裁庭的立场

本案仲裁庭认为,根据 FINA DC 第 13.2.3 条有关"有权上诉的当事方"的规定,运动员所在国或者所属国家的反兴奋剂机构也是有权利向 CAS 提起上诉的一方。在本案中,中国反兴奋剂机构上诉的最后期限是 2019 年 1 月

28 日。根据 FINA DC 第 13.7.1 条中第三段的规定，FINA 应该在该期限之后再有 21 天时间，即 2019 年 2 月 18 日。那么 FINA 与运动员一方同 WADA 在关于提交上诉全状的期限问题上，最为核心的争议就是 FINA 和 WADA 是否拥有相同的期限？还是 WADA 应该享有比 FINA 更多的 21 天？

仲裁庭的结论是 FINA DC 第 13.7.1 条第二段的措辞清晰明确。WADC 也有内容类似的规定。该条款所说的"在案件的任何其他相关方本可上诉的最后一日后"，其中所指的"任何其他相关方"当然应该包括 FINA。所以，仲裁庭认为在 FINA 的上诉期限到期后应该再赋予 WADA 额外的 21 天时间，这样 FINA 和运动员一方在这个问题上的观点被驳回，WADA 的观点和对于 FINA DC 的理解被采纳，因此 WADA 在 2019 年 4 月 3 日提交了上诉全状，而它应该提交该文件的最后期限是 4 月 10 日，并不构成逾期。这样 FINA 和运动员一方关于 WADA 的上诉可受理性问题的主张也就不成立了。

仲裁庭的逻辑是 WADA 的特殊使命和宗旨决定了它肩负杜绝和打击体育运动中兴奋剂相关违规行为的重要职责，这种履职行为正是捍卫奥林匹克宪章所弘扬的体育精神的具体表现。

但是，关于这个问题，仲裁庭的结论是值得探讨的。

诚然，FINA DC 第 13.7.1 条第二款第(1)项的规定中没有在"案件的任何其他相关当事方"之后加上"FINA 除外"的限定，这给了 WADA 和 CAS 进行对于 WADA 有利的解释空间。但是，FINA DC 第 13.7.1 条第二款第(1)项（关于 WADA 上诉期限的规定），在文字表述顺序上是写在 FINA DC 第 13.7.1 条第 3 款第(1)项（关于 FINA 上诉期限的规定）之前的。值得格外注意的是，FINA DC 第 13.7.1 条第三款第(1)项的段落之初就明确地注明"同样地"，该用词让人倾向于认为其立法本意是将 FINA 和 WADA 的上诉期设置为同等期限。

同时还有一个值得考究的问题，该条注明"WADA 除外"的措辞，可以有两种不同的解读。一方面，可以理解为 WADA 的上诉期限与 FINA 不同，比后者更长，另外一个合理的解释就是 FINA 与 WADA 的期限相同。从上下文的立法本意推测，现有的文意似乎也是为了达到使得 FINA 和 WADA 上诉期设置等同的目的。对此，FINA 提交了 FINA DC 规则制定者的意见，表示 FINA 的上诉期和 WADA 本应该是完全一致的。

很遗憾的是，本案仲裁庭在解读 ISTI 和《ISTI 血样取样指南》二者关系、ISTI 有关人员资质规定的时候，采信了 WADA 工作人员 Mr. Stuart Kemp

的证词,得出了对于 WADA 有利的结论。但却在解读 FINA DC 第 13.7.1 条规则的时候却无视 FINA 规则制定者的意见,而是选择依赖仲裁庭自己的单方理解,猜测 FINA DC 的立法本义。同时,本案仲裁庭也回避了如何合理正确地分析"同样地"这个表述的含义。

运动员一方和 FINA 的观点在前期程序中是否进行了充分展开暂未可知,但是从裁决结果上来看,仲裁庭未予以采信。

### (二)仲裁员回避程序

运动员对于 WADA 先后指定的两名仲裁员 Michael J. Beloff 和 Romano F. Subiotto 均提出过回避请求。2019 年 2 月 14 日,WADA 根据 CAS 体育仲裁法典向 CAS 提交了上诉简状,其中 WADA 同时提名英国伦敦出庭大律师 Michael J. Beloff 为本案仲裁员。3 月 11 日,运动员一方对 WADA 提名 Beloff 先生作为本案仲裁员提出异议,申请其回避。4 月 16 日,CAS 行政办公室代表异议委员会通知各方当事人,有关指定 Michael J. Beloff 的回避申请被驳回。

5 月 27 日,运动员一方根据 CAS 体育仲裁法典第 32 条规定,主张其得到了申请仲裁员回避的新理由,因此对 Michael J. Beloff 作为本案仲裁员提出了第二次异议。6 月 7 日,运动员就回避事宜再次提交了答复意见,并请求在 CAS 异议委员会作出决定前且 CAS 在一场据称涉及类似法律问题的未决仲裁中作出裁决之前,中止 CAS 审理程序。

6 月 11 日,运动员一方通知 CAS 其已经向 SFT 提起如下撤销申请,并同时向 CAS 提出申请要求本案中止在 CAS 的审理程序,等待 SFT 作出最终裁判。

6 月 28 日,CAS 行政办公室通知各方当事人,为了保证本案审理程序的高效推进并避免造成时间拖延,Beloff 先生已决定辞任本案仲裁庭的仲裁员。他明确表示,他这样做完全是为了协助仲裁庭得以迅速推动案件审理程序,而不是因为运动员一方的回避申请有任何合法性事由。

7 月 5 日,WADA 向仲裁庭指定 Romano F. Subiotto 先生,皇家御用大律师、比利时布鲁塞尔律师、英国伦敦律师代替 Beloff 先生担任本案仲裁员。7 月 12 日,运动员一方对 Subiotto 先生作为仲裁员的提名提出回避异议。7 月 21 日,FINA 表示其同意将针对 Subiotto 先生的异议事宜提交 CAS 异议委员会加以解决。

7月17日，WADA 和 Romano F.Subiotto 先生请求驳回运动员一方对 Subiotto 先生担任本案仲裁员的回避异议。

7月26日，CAS 行政办公室代表 CAS 异议委员会驳回了运动员一方针对 WADA 一方指定的 Romano F.Subiotto 先生作为本案仲裁员的回避申请。

直到11月12日，也即公开开庭审理前3天，运动员一方仍然在向 CAS 行政办公室表达其对于本案程序方面的异议，坚持对 Romano Subiotto 先生提出异议，认为仲裁庭的组成不合法。

根据 CAS 体育仲裁法典的规定，有关仲裁员回避和挑战仲裁员的审查和决定是由 ICAS 下设的"异议委员会"来负责。异议委员会依据 CAS 体育仲裁法典第34和第35条的相关条款履行其职责。

CAS 体育仲裁法典第34条规定，如果出现某种情形使得某个仲裁员的独立性和公正性足以令人产生合理怀疑，那么案件当事人可以要求仲裁员回避。回避申请应该在知悉该种情形后7日内提出。异议委员会可以在邀请被挑战的仲裁员、案件的其他当事人以及仲裁庭其他仲裁员表达意见、提交资料，并审阅相关材料后自己作出决定，也可以选择将异议转交 ICAS 来处理和作出决定。无论是异议委员会还是 ICAS 都需要简要说明所作出决定的理由，并有权选择公开发布相关内容。

关于仲裁员的义务或职业操守，CAS 仲裁规则第33条进行了极为简短的规定："每一个仲裁员都必须保持公正并独立于当事人各方，一旦出现涉及任何一方当事人的影响该仲裁员独立性的情形，应该立刻予以披露"。

CAS 的程序是受瑞士法律管辖的。PILA 第180条规定："1.可以针对仲裁员提起异议，如果：（1）该仲裁员不具备双方所约定的仲裁员资质；（2）存在双方所约定的仲裁规则所规定的可以要求回避的情形；（3）存在合理怀疑仲裁员独立性的情形。2.一方当事人在指定后得知相关利益冲突信息的，可以对于其指定或者参与指定的仲裁员提出回避申请，但需要通知仲裁庭和对方当事人申请回避的理由。3.如果双方当事人并没有约定关于仲裁员回避的程序，仲裁庭所在的仲裁地的法官有权做最终裁决"。

在 CAS 的一个判例中①，也涉及被申请人对于申请人提名的仲裁员提出挑战。被挑战的仲裁员曾经在一个与该案类似的案件中代理一方，而该方与

---

① See CAS 2010/A/2090, Finnish Ski Association & Aino-Kaisa Saarinen v. Federation Internationale de Ski (FIS).

当前案件的被申请人属于同一类组织,性质类似。ICAS 认为该事实并不一定会影响该仲裁员的独立性,或者产生利益冲突。ICAS 同时认为一个仲裁员的独立性需要结合具体案件的具体情况来评判,任何一般性的、主观性的想象,如果缺乏可以客观证实的根据,都不能认定为构成申请回避的合法理由。该标准在下述案例中也有所体现[①]:

案例一:针对 CAS 裁决不服上诉至瑞士联邦最高法院的案件[②]中,同样涉及当事人对于仲裁员的挑战。该案件中一方当事人在 CAS 裁决作出数个月后发现一名仲裁员与对方当事人的律师同属于一个体育俱乐部,因此以此挑战仲裁员的独立性,但是被瑞士联邦最高法院驳回。

案例二:针对 CAS 裁决不服上诉至 SFT 的案件[③],该案件涉及运动员 A-drian Muth 与切尔西足球俱乐部的纠纷。Muth 认为该案件中的一个仲裁员曾经在双方当事人在 CAS 的另外一个案件中担任首席仲裁员,且作出了俱乐部胜诉的裁决,故认为该仲裁员存在偏见,因此该仲裁员本应该回避。该上诉理由被 SFT 驳回。另外 Muth 还挑战仲裁庭的首席仲裁员,声称首席所在的律师事务所很可能曾经被聘为某个俄罗斯企业家的律师,而该企业家是切尔西俱乐部的老板,由于 Muth 并没有提供更多证据,该上诉理由同样被瑞士联邦最高法院驳回。

运动员一方选择挑战仲裁员,也即申请 WADA 一方所任命的仲裁员回避,从程序上来说完全没有问题,是当事人合理合法的程序性权利。挑战 CAS 仲裁员应该说是非常难以成功的,体育仲裁的特殊性使得它与商事仲裁的情形差异较大,构成规则承认的利益冲突情形较少,CAS 的认定标准也更严格。另外,体育仲裁领域的专家是个很小的圈子,CAS 如果像商事仲裁那样放松标准,其后果是几乎所有知名的或者有影响力的体育仲裁员都难免或多或少存在所谓利益冲突的事由。孙杨一方在本案中穷尽规则的回避申请,本来仅仅是程序性的技巧,可以加以利用,期望为本方能赢得一些时间(当然,本案中,该目的并未真正实现),但是如果结合本案审理的全部程序过程,会发

---

① See CAS 2008/A/1644.

② 4A_528/2007,http://www.swissarbitrationdecisions.com/arbitrators-independ-ence-not-affected-by-his-membership-of-a-spe? search=％22Fumagalli＋Luigi％22.

③ 4A_458/2009,http://www.swissarbitrationdecisions.com/challenge-of-arbitrators-sitting-on-cas-panel-rejected-claim-of-? search=％22Fumagalli＋Luigi％22.

现运动员一方启动了全方位的程序性异议,几乎在所有可以启动的异议领域,都提出了申请,在规则允许的范围内,这种方式为后续的救济起到一定的积极作用;然而,过于频繁地提起程序异议,也给仲裁庭留下拖延程序等负面印象,导致事与愿违的效果。

### (三)申请 WADA 代理律师回避程序

2019 年 5 月 9 日,运动员一方提出仲裁庭需要对于两个初步事项首先进行裁决(无论如何,对于该等前置事项的裁决,应在运动员一方提交答辩书之前作出):(1)"鉴于 WADA 未能遵守上诉期限,导致该案上诉的可受理性和/或 CAS 对于该案上诉的管辖权";(2)"鉴于 WADA 一方(其代理律师)存在利益冲突,其代理律师应该退出代理本案/该案上诉的可受理性和/或 CAS 对于该案上诉的管辖权"。

FINA 支持运动员一方提出的请求,而 WADA 就运动员第二项初步异议,即要求 Richard Young 先生退出代理该案件,进行了实体性的反驳。

5 月 29 日,运动员一方提交了一份"取消 WADA 律师本案代理资格的请求"和一份"对 WADA 上诉可受理性和 CAS 管辖权的异议"。

7 月 26 日,CAS 行政办公室告知各方仲裁庭已决定驳回第一被申请人和第二被申请人前述全部请求。

1.驳回回避申请的理由

(1)仲裁庭认为,在国际仲裁案件中仲裁庭在关于是否认定一方当事人的代理律师存在利益冲突从而排除其代理仲裁案件的资格方面必须采取十分审慎的态度。仲裁庭仅应在极端例外情况下选择干预一方选择代理人的权利,且仅应在该异议的埋由确实充分时方可干预。相应的,剥夺一方当事人所选择律师代理资格的证明标准很高。证明存在具体利益冲突的举证责任在于提出异议的一方当事人。(2)仲裁庭认为,本案中该标准并没有得到满足,原因是第一被申请人和/或第二被申请人未能证明并确立任何具体事实或情况,表明 Young 先生过去在 FINA 法律委员会(第二被申请人内部的一个非决策咨询机构)担任会员的经历,为其当前仲裁程序中赢得任何程序性或实体性利益。第二被申请人的执行董事 Cornel Marculescu 先生特别指出,"FINA 法律委员会通常不参与反兴奋剂案件的相关调查和处罚程序",且据其所知,Young 先生"未从 FINA 收到关于孙杨先生案件的任何信息"。据此,仲裁庭认定,并不能证明本案所涉各方当事人的平等抗辩权利①因此受到损害。
(3)仲裁庭认为 Young 先生由于参与这些 FINA 相关规则的起草过程而获得
的关于 FINA 反兴奋剂条例的任何一般知识都与本案不相关。在成为 FINA
法律委员会成员之前和任职期间,Young 先生参与了《世界反兴奋剂条例》的
起草工作。第一和/或第二被申请人均未能证明与本案有关的《FINA 反兴奋
剂条例》的相关条款与 WADC 的强制性规定相背离,这些强制性条款必须完
整地纳入《FINA 反兴奋剂条例》。另外两个被申请人也没有证明即使存在背
离,也未能由此得出关于 Young 先生存在利益冲突的结论,或者 Young 先生
对相关规则起草过程的了解使他能够将相关经验应用于本案件的审理程序从
而使得 FINA 处于不利的地位。(4)最后,尽管 Young 先生与 FINA 执行董
事于 2019 年 2 月 4 日之间的电话内容存在争议,FINA 执行董事先前曾反对
Young 先生在任何案件中作为律师代理 FINA 的相对方,但仲裁庭认为,
FINA 执行董事在 2019 年 2 月 7 日的电子邮件("感谢您周一确认 FINA 认
为本人代表 WADA 就 SY 案的潜在上诉不存在任何利益冲突")中没有反驳
Young 先生对该电话内容的解释,同时于 2019 年 2 月 8 日做了答复("……我
认为现在很清楚:您不想再为 FINA 工作了,这与独立性无关!!")。(5)仲裁
庭基于以上事实判断 Young 先生在本案中没有利益冲突,Rychener 先生也
不存在利益冲突。

根据上述调查结果,仲裁庭得出结论认为,WADA 的代理律师不应被排
除在本案件程序之外,他们作为申请人的代理人参与本案件既不会影响 CAS
对本争议作出裁决和裁定的管辖权,也不会影响申请人上诉简状或上诉全状
(经修订)的可受理性。

在 CAS 行政办公室告知各方本案仲裁庭就上述事宜的决定后,运动员一
方针对该决定向 SFT 提起了撤销申请。2019 年 10 月 28 日,瑞士联邦法院作
出裁定,宣布驳回运动员一方就此问题提起的上诉,不予受理。

但是直到 11 月 12 日,也即公开开庭审理前 3 天,运动员一方仍然在向
CAS 行政办公室表达其对于本案程序方面的异议,并继续坚持主张鉴于
Richard Young 先生和 Brent Rychener 先生与本案存在的利益冲突,WADA
提起的上诉不具有可受理性,因此,CAS 无法获得对本案的管辖权。

---

① "equality of arms",也有的翻译为"平等武器"。

### 2.平等抗辩权利

关于前述当事人的平等抗辩权利，有必要在此简单论述一下，从而可以更好地理解仲裁庭的内在逻辑。

ECHR 是 1948 年联合国《人权宣言》订立后为遵行该《宣言》而由欧洲理事会制订的欧洲理事会成员国范围内的国际条约，以期保障人权和基本自由，于 1953 年生效。基于 ECHR 而建立的欧洲人权法院就是确保该《公约》的正确和全面实施和执行，它于 1959 年开始运转。欧洲人权法院的管辖范围是个人针对涉嫌违反 ECHR 的由成员国国家、政府机构、司法机关等所实施的行为提出的异议，这其中主要包括民事和政治性方面的权利。

ECHR 第 6 条重点强调了个体公民无论在民事案件或者刑事案件中所应该享有的"公平审判"的权利和基本原则。ECHR 第 6 条第 2 款的规定如下："当一个人面临刑事责任指控时或者需要裁定某个人的民事权利或义务时，每个人都有权要求获得一个由依法组成的独立、公正的审判机构，并在一个合理审限内所进行的公平、公开的审理……"根据多年来 ECHR 所衍生出的司法实践和理论，ECHR 第 6 条所包含的范围已经远远超出了一般意义上任何国内法所界定的民事和刑事案件。它可以辐射到任何涉及惩戒性的行业组织的处罚。

虽然一般来说，仲裁制度包括体育仲裁都事先排除了法院对有关争议的管辖权，但是在司法审查，也即申请撤销裁决阶段和申请执行阶段，仍然需要借助和寻求某个国家或者司法管辖区的国内司法机构的参与和介入。正是在这个意义上，任何 ECHR 成员国法院的最终裁决（穷尽所有国内司法上诉程序后的生效裁决）都受欧洲人权法院的管辖，也就是说任何不服国内法院最终判决的个人都还可以前往欧洲人权法院提起进一步挑战。这当然也包括 SFT 针对 CAS 裁决所作出的最终判决。

CAS 对于孙杨案的裁决结果可以进一步上诉到 SFT，后者的最终判决结果，根据 ECHR 可以再次向欧洲人权法院提起最后的挑战。这是运动员一方程序性的权利，任何人都不可剥夺。但是本文不再对本案未来程序性救济延伸探讨，此处讨论的重点是 ECHR 第 6 条所确立的基本原则以及欧洲人权法院有关该条款原则的判例法在体育仲裁制度中的适用，尤其是本案中的对该原则的引用。

如果详细地分解一下 ECHR 第 6 条所确立的"公平审判"的权利和基本原则，依据过去多年来累积下来的欧洲人权法院有关该原则的判例法，可以发现该原则可以涵盖多层面的内容①:(1)平等抗辩权利原则;(2)对抗式审理原则;(3)裁判机构的独立和公正;(4)寻求司法公正的有效机制;(5)合理期限内作出的清晰陈述事由和逻辑的裁决;(6)公开审理。

上诉有关原则毫无疑问也是适用于 CAS 的有关审理程序的,CAS 所有案件的仲裁庭仲裁员都有义务遵守这些原则。此处我们要讨论的与本案有关系的是平等抗辩权利原则,CAS 的仲裁庭在 2019 年 7 月 26 日发给各方当事人的通知中提到了该原则。

平等抗辩权利原则,是指仲裁或者诉讼的"当事人之间,任何一方都应当得到合理的机会进行事实陈述、举证、表达观点和提出主张,并且确保相对于案件的对方,其不会被置于实质上的不利地位"②。

该原则常常与对抗式审理原则存在交叉,在实践中边界相对模糊。后者的宗旨是保障任何一方当事人对于对方所陈述的事实、提交的证据、提出的主张确有机会可以完全知悉,并且有机会发表己方的回应、评论和观点。

本案中,仲裁庭经过双方当事人各方充分表达意见、交换资料后,得出的结论是关于 Richard Young 先生不应该被排除在本案程序之外,不应该剥夺其代理 WADA 参与案件审理的决定,并未违反平等抗辩权利原则,也就是说运动员一方或者 FINA 并不会由于 Richard Young 先生代理 WADA 参与本案而影响该方进行事实陈述、举证、表达观点和提出主张的合理机会,也不会基于该情形而使得其被置于实质上的不利地位。

(四)禁止接触证人和保护证人禁令

2019 年 6 月 24 日,WADA 要求仲裁庭发出一项禁止令,"禁止被申请人及其律师、家庭成员和代理人与本案中的重要证人——样本采集人员进行任何进一步的直接或间接接触"。WADA 提供了主检官和血检助理的证人证词,表明运动员的随行人员与他们取得了联系,他们对于自己的"人身安全及经济利益、他们家人的经济利益感到担忧"。他们表示"担心如果同意在本案

---

①　同样的规定也体现在众多法律体系的法律制度中,也出现在了《公民权利及政治权利国际公约》《贸易法委员会国际商事仲裁示范法》以及 CAS 的有关程序性规则之中。Wilhelmina Thomassen, *Arbitration and the European Convention on Human Rights, General principles*, CAS Bulletin 2015/2.

②　*European Court of Justice :Dombo Beheer judg.* 2710 1993 Series A, no. 274.

件的审理程序中作证,将受到运动员和/或其随行人员和支持者的某种形式的重大报复"。WADA 还表示,如果没有这样的禁止令,IDTM 的样本采集人员将很难或根本不可能同意作证。

之前,针对 WADA 关于威胁证人的指控(如其上诉全状中所述),运动员一方否认其曾经对本案中相关证人实施任何形式的恐吓或者威胁。尽管如此,运动员确认其母亲曾与血检助理和尿检助理接触,以便"收集案件有关情况并向他们寻求帮助"。9 月 5 日,主检官(DCO)的口头取证在瑞典斯德哥尔摩举行。本案当事各方的律师出席了作证程序,经当事各方同意,仲裁庭主席主持了作证程序。

9 月 19 日,WADA 表示,"针对血检助理(BCA)再次发生了另一项恐吓行为,WADA 相信此举是由与本案有着密切关联的人采取的,旨在影响血检助理是否或如何作证"。WADA 表示,这些行为解释了血检助理不愿作证的原因,并要求 CAS 重新发出禁止令,杜绝进一步恐吓或披露主检官(DCO)或血检助理的个人信息的任何行为,并给予合理有效的任何其他保护措施,以阻止未来发生类似行为。

9 月 27 日,CAS 行政办公室代表仲裁庭通知各方如下:"仲裁庭已经密切注意到 WADA 2019 年 9 月 19 日的信函,并对其中提出的问题表示关切。特此重申,严禁当事人各方、法律顾问/代理律师及任何与前述各方当事人有关的人恐吓或接触(除事务性安排的事项外)血检助理(BCA)的任何行为,严禁泄露其个人资料和证词。任何涉嫌违反本命令的行为应立即向仲裁庭报告……"

仲裁庭还希望强调,它完全有自主权利基于对血检助理(或任何其他证人)的任何恐吓行为,从而作出不利于一方的推断,该推断将会影响仲裁庭对于各方所提交证据效力的判断和评估。仲裁庭希望明确任何参与、纵容或以其他方式导致对任何证人的恐吓,都将有损于该一方的利益。

10 月 21 日,FINA 告知 CAS 行政办公室,尿检助理(DCA)已于 2019 年 10 月 18 日通过两封电子邮件与 FINA 取得联系,表达了其对本案中与其相关事件的书面立场(并翻译成英文)。尿检助理表示,他不愿意出席开庭或者接受口头取证。

10 月 30 日,WADA 正式通知 CAS 行政办公室,认为再次发生了针对血检助理(BCA)的恐吓行为,它认为该行为是由与本案件存在密切关联的人采取的,其目的是影响血检助理和尿检助理(DCA)如何作证。

11月14日,血检助理(BCA)以视频的方式参加了在瑞士洛桑举行的取证质询程序。各方的代理人和仲裁庭出席了该取证活动。

同样是11月14日,仲裁庭通知运动员一方,仲裁庭并没有拒绝听取尿检助理(DCO)的证词。仲裁庭提醒运动员,在过去几个月中,仲裁庭一直在邀请尿检助理出庭作证,并请各方协助促使他能够出庭作证。但是出于莫名原因,尿检助理直到开庭日期的前几天才突然表示可以在某些条件下出庭。仲裁庭告知当事各方,仲裁庭认为尿检助理在开庭日前一天晚上才要求参加开庭的行为,有失恰当,仲裁庭不能接受。

2019年12月5日,也即开庭后,WADA通知CAS行政办公室,称再次发生了违反仲裁庭2019年9月27日发布的禁止令的行为,也即再次发现恐吓或接触证人的行为。更具体地说,WADA指出,一段由运动员母亲录制的其中含有主检官(DCO)和血检助理(BCA)的视频已经被人公开在互联网上发布,而这显然只可能由运动员或代表他的人来完成。

2019年12月9日,CAS行政办公室通知各方,仲裁庭对WADA于2019年12月5日发出的信函的内容感到担忧,如果被证明属实,这些行为不仅亵渎了司法程序的尊严,而且构成违背仲裁庭于2019年9月27日发出的禁止令。仲裁庭再次明确警告各方当事人,不得采取恐吓行为,不得披露与本案相关的保密内容。否则仲裁庭将会从该等行为中作出不利于某一方的推定。

2019年12月20日,WADA指控运动员本人在社交媒体上对主检官(DCO)进行恐吓和报复,但运动员否认了这一指控。

基于上述的事实过程,反思本案中有关于禁止接触证人和保护证人方面的事宜,客观地说,运动员一方无论是否参与或者实施了WADA所指控的行为,是否违反了CAS所发出的禁止令,综合看来,仲裁庭很可能对于运动员一方产生了不利的怀疑,因为除非WADA编造、捏造此类情况,否则运动员一方在这类指控上只能处于下风,无法进行任何还击。也正因为这样,孙杨一方应该高度克制其行为,意识到任何涉及证人的行为或者事件,都要格外小心,甚至一旦发现有可能被怀疑接触或者威胁证人的任何事件,都必须及时采取措施,避免反被其害,难以收拾,最后百口莫辩。但遗憾的是,运动员一方有关人员的行为,并非最佳的理性行为,确实有授人以柄的嫌疑。

(五)公开庭审程序

2019年7月19日,运动员一方根据CAS体育仲裁法典第R57条的规定要求举行公开开庭审理本案。2019 年 11 月 15 日，在瑞士蒙特勒举行了公开开庭审理。开庭实况也在互联网上进行了现场直播。

根据最新修改后的《与体育相关仲裁法典》第 57 条："当仲裁程序当事人一方是自然人，该方提出申请要求公开开庭审理时，如果该案是纪律处罚类的案件，应当进行公开审理。在如下情况下，可以拒绝该申请：涉及道德问题、公共秩序、国家安全、未成年人保护或者当事人隐私保护、公开审理有悖于公正和正义、审理程序仅仅涉及法律问题或者之前的一审程序已经公开审理过了。"本案正是依据该条规定向 CAS 申请公开审理，并获得批准的。

CAS 的第一个公开审理的案件是 1999 年的 Michelle Smith De Bruin v. FINA 案件。[①] 2018 年 10 月，CAS 发表了一个声明，对于欧洲人权法院（"ECHR"）当时刚刚公布的一个裁决表示了欢迎。ECHR 早在 2010 年受理了德国速滑运动员 Claudia Pechstein 和罗马尼亚足球运动员 Adrian Mutu 针对瑞士联邦法院裁决而提起的诉讼案件，并在 2018 年最终作出了裁决。ECHR 在该裁决中肯定了 CAS 在体育争端解决方面的管辖权，确认了 CAS 的独立性和公正性，确认了瑞士联邦法院的上诉管辖权的合法性，并驳回了两位运动员的所有其他诉求事项，但是唯一支持了他们关于要求公开开庭的请求。该裁决指出司法程序的公开性是欧洲人权公约所要求的基本原则，同样应该适用于非国家性裁判机构在纪律、惩戒或者职业操守方面的裁决，CAS 不应该拒绝运动员要求公开审理的请求。CAS 作出承诺未来在搬入新的地址位于瑞士洛桑的 Palais de Beaulieu（百丽宫）后，将会考虑更多地开始接受公开审理案件。CAS 随后修改了程序规则，扩大了公开审理的范围。

FINA 和 WADA 对于运动员的申请都没有反对。本案媒体关注度极高，且本案是 WADA 不服 FINA 的裁定直接提起上诉，所以案件的影响深远，意义重大，这也是 CAS 同意公开审理的重要原因。

申请公开开庭审理，对于国内的粉丝团和体育界人士，在国内的舆论氛围下，是一个令人振奋的举动，可是我们必须清醒，对于 CAS 和国际舆论来说，公开与否没有本质的区别，对于运动员方和 FINA 不会有任何实体和程序上的额外价值，或者说，至少我们不能期待太多。原因大概如下：

（1）西方的媒体往往对于争议中的名人和杰出、成功人士格外关注，但多是负面的"鸡蛋里挑骨头"，而不是习惯性地肯定或支持，这是中西文化和新闻

---

① See Michelle Smith De Bruin v. FINA.

职业差异导致的,所以创造机会主动给媒体"喂料",效果不一定如我们所愿。

(2)国内运动员和来自中国的事实证人、专家证人往往缺少参与发达国家庭审的经验,在西方律师咄咄逼人而且尖锐的盘问下,容易出现不应有的失误和纰漏。如果再同时处于举世关注的庭审中,表现很容易失常。中国国企多年来海外陷入的商事诉讼和仲裁多有败绩,相关证人低估困难,临场表现令人失望,是不可忽视的原因之一。

(3)商事或者体育仲裁案件,与刑事案件不同,相关证人并没有法定义务作证或者出庭接受仲裁庭和对方律师的盘问。有些证人基于某些原因,不希望面对媒体和公众,可能犹豫是否出庭作证,如果公开审理,那么这类证人也许拒绝出庭。另外,有两种情况要尽力避免:一种是由于公开审理,某些证人压力大,过于紧张,陈词前后矛盾,或者闪烁其词,使得对方律师或者仲裁庭作出不利于本方的推断,怀疑证词的可信度;另一种则是个别证人误解证人的角色,过于表现自己,期望表达自己的观点而不是配合仲裁庭和律师的提问。两种情况都可能对案件产生不利影响。

(4)某些证人基于保护自己隐私、不希望未来被干扰等原因,并不愿意出庭作证或者不希望公开审理。那么公开审理的案件,是否应该在程序上进行区分?哪些部分公开或不公开审理,从而尊重某些证人的隐私和合理顾虑,使得证人在有足够安全感、无后顾之忧的情形下出庭作证,这是需要认真考量的。根据 CAS 现有的规则,仲裁庭对于涉及隐私保护或者纯法律问题的案件,可以拒绝公开审理的申请,这无疑也应该包括证人的隐私保护。如果公开审理的申请和批准是在忽略相关证人的合理担忧和意愿的情况下作出,那么案件的审理和效果必然会打折扣。

(六)关于翻译问题

2019 年 10 月 18 日,CAS 行政办公室通知各方当事人,鉴于一些证人将不会使用英语作证,他们应讨论并商定一家翻译公司提供英语同声翻译。10 月 21 日,运动员一方确认各方将确保安排翻译公司提供服务,并将在适当的时候向 CAS 行政办公室汇报相关安排情况。

其实早在 10 月 29 日就暴露了翻译作为国际仲裁中的一个重要因素,可能带来的麻烦,当天 CAS 行政办公室代表仲裁庭特别通知各方:"……仲裁庭注意到日期为 2019 年 10 月 16 日的尿检助理信函(声明)以及双方所提供的互相矛盾(有限部分)的对该声明的英文翻译版本。……仲裁庭如果最终认为有必要，将保留寻求第三方翻译服务公司协助制作有争议段落的经核证译本的权利。"

该文本翻译的相互矛盾事件发生在开庭之前近一个月，突显了在国际仲裁案件中翻译问题的重要性，本应该引起各方当事人尤其是运动员一方的充分重视。在开庭即将临近的关头，当事人各方本应借此机会合理预期到开庭当天所需要的口头翻译，无论交互式翻译还是同声传译，都需要当事人各方提前做好选择，布置好前期对接，务必万无一失，并确保翻译质量、工作方式、工作安排与当事人实际需求以及开庭现场的程序要求相匹配。但开庭时的翻译情况，却难称满意。

根据 CAS 仲裁规则第 29 条规定，以及本案各方在程序之初的约定，本案使用的工作语言为英语。根据 CAS 仲裁规则第 44.2 条规定，各方可以传唤事先所提交书面陈述中指定的证人和专家，要求传唤该证人或专家的一方负责安排一名独立的、无利害关系的译员到场，费用由该方承担。经仲裁庭要求，各方在 2019 年 10 月 18 日的信函中共同约定了开庭审理时将使用的翻译公司。据了解，运动员一方的团队在选择翻译公司和口译员的过程中起了主导作用，WADA 和 FINA 则仅仅是最后同意了运动员一方的选择。

同年 11 月 15 日开庭时，庭审所用的口译的质量令仲裁庭和运动员一方很快感到极为失望，特别是在初始阶段。当时仲裁庭意识到明显问题之后，当即指示各方立即采取适当措施纠正翻译问题。基于当时的紧急情况，仲裁庭和各方当事人都注意到运动员一方和 WADA 一方都有以中文为母语的律师或翻译员在场，显然一个可行的方案就是各方商定使用一名当事人一方的律师或翻译员为剩余部分的开庭审理提供口译。于是，在仲裁庭许可下，各方商定了一名新的口译员，为其余的证人提供了口译服务。

开庭审理结束后，经各方同意，将仲裁庭和双方当事人律师对于运动员交叉盘问的有关证词内容（有录音）委托一个独立翻译机构进行翻译并制作成书面文字版本。

唯一使仲裁庭感到宽慰的是，运动员在 11 月 15 日开庭审理时的陈词和发言实际上与在 FINA 兴奋剂专家组面前的证词几乎是完全相同的。尽管在 11 月 15 日公开开庭审理时的口译质量令人失望，仲裁庭可以参考之前在 FI-NA 听证会上运动员的有关发言和证词，运动员在 11 月 15 日开庭时的发言和证词最终都得以被正确地翻译，并得到了仲裁庭的充分考虑和理解。

本案中所发生的翻译事件揭示出当事人各方，尤其是运动员一方在前期准备和工作安排方面存在较大的问题,未能认真应对和提前做好预案,导致开庭现场较为混乱,也耗费了有限的庭审时间,挤占了本方律师、运动员本人以及仲裁庭的珍贵而不可弥补的发言时间。这也可能揭示了运动员一方战略战术之外的态度和观念的问题,例如对于开庭相关衔接工作安排的不到位和主观认知,应充分展示对仲裁庭和他人的尊敬,尤其是未经仲裁庭同意擅自更换翻译问题,不论其是否处于误解,均值得反思。

### (七)关于队医、领队等的责任问题

队医与领队在 CAS 既往仲裁裁决中并不是裁决直接针对者,因此谈论其责任可能并不适当。然而,从事实上的因果引发法律上的因果这个角度进行思考,探讨队医、领队的责任问题就有了必要性。

在 CAS 的判例中,有多个案件都明确了即使运动员把兴奋剂合规的责任外包给任何第三方,都不能免除运动员本人的义务和责任,包括教练和队医。例如,在 Al Nahyan v. FEI 案件中,马术运动员将马匹的管理委托给了一个专业第三方机构,可是马匹的兴奋剂问题,最后运动员必须承担责任。[①] 著名的网球运动员莎拉波娃一案中[②],莎拉波娃委托一个业界非常有名的运动管理公司负责其药物的兴奋剂合规问题,但是她 2016 年被检测查出兴奋剂阳性,CAS 仲裁庭虽然综合考量案件情节,减轻了国际网球联合会对她的处罚,却不能接受第三方负责兴奋剂合规可以免除其本人责任的理由。因此,在孙杨案中,运动员的医生和相关领导虽然在事件过程中,在关键节点上可能起到了重要作用,为运动员提供了重要建议,但无法免除运动员本人的责任。运动员在庭审中过多强调这个事实,一方面于事无补,另一方面可能令仲裁庭怀疑运动员企图推卸责任。

## 二、CAS 开庭庭审注意事项

案件在开庭之前,仲裁庭一般会提前与案件当事人各方讨论并确认开庭的程序安排,这包括发言的顺序和时间安排,双方证人的发言顺序安排、时间、

---

① See CAS 2014/A/3591, Al Nahyan v. FEI. 类似的案件还包括 CAS2013/A/3124, Alabbar v. FEI; CAS 2013/A/3318, Stroman v. FEI.

② See CAS 2016/A/4643, Sharapova v. ITF.

双方各自盘问各个证人所需时间预估、中间休息的次数和时间安排、午餐时间安排，要求各方确认并提供各方出席开庭的所有人员的名单、身份、工作机构、证人名单、身份、联系方式、翻译、专家证人名单。另外也要确定是否有证人需要远程视频作证或者接受质询，这些都要考虑翻译员把所有人的发言翻译成仲裁庭的工作语言以及把工作语言或其他语言翻译给相关其他人所需要的时间等等。仲裁庭要确保当事各方有充分的机会陈述案情、提交本方观点并回答仲裁庭成员提出的问题。在庭审结束时，仲裁庭一般都会向各方确认，各方当事人对仲裁庭所安排的审理和开庭程序没有任何异议，其陈述观点和本方意见的权利已得到充分尊重。仲裁庭也要强调并确认，其在审理、开庭和随后的合议中认真听取并考虑了各方提交的所有陈述、证据和论点，无论是否在本裁决中对相关内容进行具体总结或提及。

2019 年 11 月 12 日和 11 月 13 日，WADA、运动员和 FINA 分别向 CAS 行政办公室递交了正式签署 CAS 要求各方确认的程序令。运动员和 FINA 在程序令上通过手写方式书面记载和表达了本方对于仲裁庭的程序性问题的保留意见。

（一）开庭应该注意的基本事项

作为案件当事人，需要特别意识到下列问题。

1.内心敬畏法律、尊重司法程序、敬重和恪守诚信守规的品德。

2.尊敬仲裁庭、对方当事人和律师以及相关证人。

3.理解角色和规则，不可错位和误读。

4.中西文化和价值观念的差异不可小觑。当事人要充分意识到西方法律体系对于"诚实"的近乎苛刻的敏感，一旦在任何细微的小事上被认为不诚实、撒谎，甚至仅仅是在某一个或者几个陈述上的前后矛盾，就会即刻产生"千里之堤、毁于一穴"的后果，该一方当事人的所有抗辩或者证据、证词也许瞬间毁于一旦，这种看似"小题大作"的问题，显现出中西方文化和价值观念的差异。这些内在的判断标准是仲裁员自由心证的一部分，往往是中国当事人忽略的环节，因为它是发生在仲裁员内心建立逻辑判断的过程之中，没有外化的表现和痕迹，中国当事人几乎不可能捕捉到此种微妙细小的变化。可是很遗憾，这种印象和判断一旦形成，就留下深刻的烙印，几乎很难再行逆转。而这种判断却是决定案件走向的关键时点，也可能是案件裁判方向发生转变的重要因素。

5.发言要注意前后一致,注重事实,尽量避免掺杂个人感情色彩。

仲裁庭在开庭前都会认真研究各方当事人事先提交的所有相关书面材料,一般来说是很熟悉的相关材料,另外仲裁庭在开庭后也会有机会仔细研究所有各方的发言和提交的文件。

鉴于仲裁案件持续时间至少也有数月,本案前后两个程序也延续了近一年半,这使得有关当事人、证人等对于某些事实的细节和时间可能出现印象模糊、记忆差错等等,这的确很自然也很正常,可是在司法程序中,尤其在开庭中,却无法成为合法免责的理由,相反可能造成灾难性影响。因此当事人本人以及相关出庭作证的证人务必要格外谨慎,头脑清醒,意识到任何随意或者无心的发言、口误或者疏忽都会导致难以想象的法律后果,毕竟司法程序不允许、也不会容忍无关紧要的信口开河,开庭是极其严肃的司法程序的一部分。另外一种情况是,当事人和有关证人虽然内心重视,但是事先缺乏准备或者没有做够功课,尤其是没有认真核对或者审阅自己或者当事人之前所提交的事实陈述和观点,导致忘记自己之前的陈述,进而当庭发言与自己之前的描述或者发言矛盾或不一致,这样的失误会大大降低了自己证词的可信度,其后果是仲裁庭不能采信相关的陈述,不认可相关事实描述的真实性。

本案中仲裁庭就指出了运动员发言和陈述与之前提交书面材料不一致的问题。运动员在CAS审理程序中提出的为其行为辩护的观点和论据与被申请人的医生在2018年9月4日、5日晚上起草的书面文件中的说法存在很大不同。仲裁庭认为运动员现在提出的论点实际上是后来补充的,而并非当时的情况。

关于对于DCO的资质和授权的质疑,仲裁庭认为运动员在2018年9月4日当晚并没有提出过,被申请人的医生当晚所起草的文件上,也没有提及,是事后才提出的。这种逻辑看似有点不公平,但是作为裁决者,此乃合理的推论,推翻不易。这就使得运动员的发言和观点可信性打折扣,所以运动员要查阅和特别研究自己一方之前的发言或者文字记录。确保前后一致,维护自己陈述的可信性、真实性最为重要。

(二)CAS仲裁庭审的第二预案

1.第二方案具备可行性

本案中,运动员一方对于第二方案的准备较为不充分。WADA的首要观点或者指控是,运动员违反了FINA DC第2.5条(干扰或试图干扰兴奋剂检查的任何一个部分）。其次的指控是运动员违反了 FINA DC 第 2.3 条（逃避、拒绝或未能接受兴奋剂样品收集）。

WADA 的指控分为这两个层面，这是因为 FINA DC 第 10.3.1 条规定，违反第 2.5 条的行为（还有 FINA DC 第 2.3 条中的拒绝检测行为）将导致禁赛 4 年，且不存在任何减轻处罚期限的可能性。但是如果构成违反 FINA DC 第 2.3 条的，原则上，相应的禁赛处罚时限为 4 年。除非，"在未能接受兴奋剂样品收集的情形下，若本人能证明反兴奋剂违规行为并非故意，禁赛的期限为 2 年"。也就是说，根据 FINA DC 的惩戒规则，违反第 2.5 条被视为比违反第 2.3 条更为恶劣，性质更严重，故而惩处力度更严厉。所以，从仲裁庭审理案件的程序角度来分析，应该首先评判运动员是否违反了 FINA DC 第 2.5 条的规定，只有在该等违反未被证实时，方可考虑是否构成违反 FINA 第 2.3 条规定。

关于举证责任和证明标准，FINA DC 第 3.1 条规定："举证责任和证明标准，FINA 及其会员协会有责任证明违反反兴奋剂规则的行为已实际发生。其证明标准应当是：根据所指控事项的严重性，FINA 和会员协会能否令听证组足够信服地认定确已构成反兴奋剂违规。在任何情况下，这一证明标准都大于优势证据原则，但小于排除合理怀疑标准。若反兴奋剂规则要求运动员或其他涉嫌反兴奋剂违规的当事人对有关指控进行反驳或者证明特定的事实或情况，应当适用优势证据原则的证明标准。"

从 FINA DC 第 3.1 条关于举证责任和证明标准来看，运动员一方的举证责任和证明标准相比较 FINA 要轻简不少。这也是合理考虑了保护运动员利益之后的平衡，出于公平分配举证责任和证明标准的考量。本案中，很遗憾运动员一方和 FINA 没有能够充分利用上这些有利的规则，建立强有力的证据说服力，形成案件局面的突破。

实际上仲裁庭作出运动员构成违反 FINA DC 第 2.5 条规定的判断，也只是"原则上"认定，而且仲裁庭在裁决中特别强调了这一点。仲裁庭特别明确了两"原则上"，即"原则上"明显阻碍了兴奋剂样品的收集；"原则上"破坏了兴奋剂管制程序，所以构成违反 FINA DC 第 2.5 条。并同时作为补充论证，仲裁庭指出运动员一方未能证明存在 FINA DC 第 2.3 条所指的"强有力的合理理由"，使得运动员一方有权采取行动迫使兴奋剂检测程序停止。因为仲裁庭认为，如果运动员一方证明了该种情形的存在，那么就不可能构成违反 FINA DC 第 2.5 条规定，也就无法对于运动员实施相应的处罚。

仲裁庭引用了之前 CAS 在这个领域的判例法,并特别提到了 2005 年的一个案件"Azevedo 案"①。该案件确立了一个原则,该原则被后来的多个案件在类似兴奋剂检测案件中援引。"反兴奋剂检测和程序控制的监管规则的逻辑,要求并期望,只要在身体、卫生和道德方面允许的条件下,无论何时都应提供样本,即使运动员有异议。如果不能做到这一点,运动员就会系统性地以任何理由拒绝提供样本,那样兴奋剂检测就将根本无法开展"②。

在 FINA 反兴奋剂专家小组的认定与 CAS 仲裁庭的认定之间,应该还存在一个中间区间,就是运动员构成 FINA DC 第 2.3 条所指的"强有力的合理理由"使得运动员一方有权采取行动迫使兴奋剂检测程序停止。同时也符合第 10.3.1 条规定"在未能接受兴奋剂样品收集的情形下,若本人能证明反兴奋剂违规行为并非故意,禁赛的期限为 2 年"。

从庭审表现看,本案被申请人一方似并未关注到这个预案,对于仲裁结果预期相对乐观,相信 WADA 的主张会被推翻。换言之,是否可能仲裁失利,以及如何面对仲裁被动情形,被申请人一方至少缺乏充分的预案准备。事后回顾本案的处罚结果,我们在此所讨论的第二种方案如果得到仲裁庭支持,对于运动员将是一个在现有条件下最好的结果或者说是各方最容易、最有可能接受的妥协方案。不无遗憾的是,被申请人一方自始至终都没有向仲裁庭提出过,所以也无法为仲裁庭和 WADA 所论证和辩论,更谈不上被仲裁庭采纳。

2.WADA 指南的适用性

仲裁庭的逻辑是,无论 IDTM 的样本采集人员是否已获得适当授权和资质,并且已适当表明其身份,如果该运动员拒绝允许主检官将采集的血液样本交至相关实验室,则该运动员在任何情况下都将构成干扰兴奋剂检测程序。在本案中,绝不能允许运动员通过阻止主检官完成样本收集过程来进行私力救济,而运动员必须始终允许采集样本,可以提出抗议并书面提出任何反对以保留运动员权利。

即使如此,仲裁庭也承认不能排除在通知程序或兴奋剂管制程序的任何部分有时候可能存在严重缺陷,这可能意味着要求运动员接受或继续进行样

---

① See CAS 2005/A/925,para.75.

② 类似的原则也在下列多个案件中有所体现 CAS 2012/A/2791,CAS 2013/A/3077,CAS 2013/A/3342 and CAS 2016/A/4631。

本收集可能是不适当的。相反，它们可以使兴奋剂取样过程从整体上不合法从而失效，这样运动员就不会被视为干扰了兴奋剂检查，或不遵守取样过程的程序规则。但仲裁庭认为，只有在极其特殊的情况下才能这样做。所以，仲裁庭确实承认了存在一种可能，即运动员可以合理合法地要求终止兴奋剂样品取样程序，同时不承担任何不利的法律后果。客观地说，运动员一方的抗辩确有其合理性。运动员一方辩称，运动员被认定违规的前提条件是只有在WADA 首先证明 IDTM，包括 IDTM 的样品收集人员，严格遵守相关反兴奋剂法规中的正当通知要求，特别是 ISTI 第 5.4 条和第 5.3.3 条的情况下，才能判定运动员违反了第 2.5 条或第 2.3 条的规定。运动员坚称他没有得到适当的通知。在这方面，运动员提出了 IDTM 三个主要的违规之处：(1)IDTM 收样人员未向运动员本人出具(具体针对本次检测和被授权个人)授权委托书；(2)委托授权书中应当载明 DCO、BCA 和 DCA 的姓名；(3)DCO、BCA 和DCA 未能适当地向运动员表明自己的身份。

从 ISTI 第 5.4.1 条、第 5.4.2 条、第 5.3.3 条的规定来看，其实相关兴奋剂检测人员的授权和认证的规定都是原则性的，很难说 WADA 所主张的观点就是绝对正确、不容置疑的。相反，运动员一方所辩称的兴奋剂检测人员授权明显存在缺陷、进而未能严格遵守相关反兴奋剂法规中的正当通知要求的观点，存在合理性，这也是 FINA 反兴奋剂专家小组的观点。仲裁庭以及KEMP 先生对于 ISTI 第 5.3.3 条中"their"一词的解读颇有牵强附会的感觉。尤其令人诧异的是，仲裁庭居然站在立法者角度，把自己假设为 ISTI 制定者，来分析为什么立法没有如此措辞的本意，而且猜测现有立法的含义如果有利于运动员一方，本来可以如何措辞。这应该说不同寻常。

WADA 指南的有关规定显然非常有利于运动员一方的立场，虽然WADA 辩称并非强制性，WADC 也确实有明确规定这些 WADA 指南仅仅是推荐的最佳实践，不是强制性规定，但肯定不能理解为是永远不能适用，更不能理解为违背现有的反兴奋剂规则体系，或者认定这些 WADA 指南是无效的。考虑到为平衡运动员一方的合法权益而制定的关于运动员隐私以及个人合法权益的保护的规则，这种非强制性为什么不能理解为运动员一方要求适用时，在具备适当条件时，WADA 一方有义务实施呢？或者说把举证义务分配给 WADA，WADA 有义务证明在特定案件中，不具备相应的条件实施该WADA 指南所建议的最佳实践？如果说 WADA 公布一个看似尊重运动员权益而且防止检测人员不当实施检测程序的兴奋剂检测的 WADA 指南，但是可以永远辩称该标准不需要强制遵循,那这种WADA指南价值在哪里体现呢?中国反兴奋剂中心的兴奋剂检测的标准就完全采纳了WADA指南的做法,也证明在中国实施WADA指南的标准,完全没有任何障碍,相反,运动员已经习惯了而且期待这种WADA所倡导的标准。按照WADA所主张的立场(不幸也被仲裁庭所认可),必然会导致一种情况,就是一个狂热的粉丝可以滥用这种程序的漏洞,没有任何障碍的轻易扮装成一个DCA,混入一个体育明星家里或者接近运动员,得以因此获得运动员的隐私。为避免此类情形,只有WADA所建议的,中国反兴奋剂中心实施的兴奋剂检测的标准才能杜绝这种可能,更好地保护运动员隐私和合法权益。

## 三、CAS仲裁庭的自由裁量权

CAS所受理的案件中,仲裁庭拥有重要而宽泛的自由裁量权。CAS本身所适用的程序法是《CAS仲裁规则》。鉴于CAS仲裁地位于瑞士,CAS的仲裁受到PILA第12章的管辖。

该法第12章关于证据规则的部分是第184条,该条款规定"仲裁庭有权就案件证据方面的事项作出自己的决定"。PILA第12章第182条是有关仲裁程序的规定,其中明确"无论选择任何程序规则,仲裁庭都应该确保平等对待双方当事人以及双方当事人在对抗式的审理程序中的听审请求权"。本条规定的含义是,关于案件审理中的证据问题,应该首先参照CAS仲裁法典的相关规定,如果CAS体育仲裁法典没有针对特定问题的规定,那么该案件的仲裁庭则有权决定该案件所应该适用的程序和证据规则。

因此,在很多CAS的案件中,除非某个体育相关条例中明确规定了具体的证据规则,否则实践中CAS仲裁庭所采纳的程序规则就会成为决定证据问题的法律依据。CAS仲裁庭在关于证据事项方面,并不受瑞士法院所适用的程序规范的约束。仲裁庭仅是有义务遵照瑞士国际私法典第182(3)条的规定,确保当事人各方得到平等待遇以及保障当事人的听审请求权。

(一)关于要求证人出庭

根据CAS体育仲裁法典第51(2)条和第55(1)条规定,案件当事人可以依据PILA第184(2)条规定向仲裁庭申请特定国家法院的司法协助,从而要求某些当事各方无法控制的某个证人出庭作证。例如在 CAS 的一个案件中[①],被申请人一方向仲裁庭提出申请,要求有关国家的法院传唤多个证人出庭作证。虽然最后仲裁庭认为该申请所涉及的文件与案件无关,驳回了当事人的申请,但是这显示 CAS 仲裁庭在具体案件中,有自己的自由裁量权决定是否启动司法协助,请求相关国家的司法机构协助传唤证人。

(二)关于证明标准

PILA 和 CAS 体育仲裁法典中都没有明确规定 CAS 所受理案件在审理过程中,应该适用何种证明标准。CAS 的案件所适用的法律和法规,存在两种情形,第一种是相关的体育联合会规定了具体的证明标准,另外一种就是没有规定具体的证明标准。根据 CAS 的判例,如果相关体育组织明确要求适用自己的证明标准,那么 CAS 则会尊重该规定。但是当相关的规则没有明确应该适用的证明标准时,那么 CAS 仲裁庭则有权决定应该适用何种证明标准。

(三)关于证据的可采性

CAS 仲裁法典并没有界定证据的可采性标准。同时,PILA 第 184 条第 1款以及《IBA 国际仲裁证据规则》第 9 条第 1 款都授权仲裁庭具体评判某个证据是否具备可采性。其中《IBA 国际仲裁证据规则》第 9 条第 1 款更是明文规定:"仲裁庭有权决定证据的可采性。"

从上述规定可以看出,仲裁庭在证据是否具备可采性方面有宽泛的自由裁量权,而且仲裁庭不受瑞士国内法有关民事或者刑事案件所适用的有关证据规则的约束[②]。CAS 仲裁庭甚至不需要考虑把这些瑞士国内法的有关证据规则作为参考指南,因为 CAS 的仲裁程序"从本质上说,不像刑事案件审理程序那样的正式和严苛"[③]。当然仲裁庭在行使自由裁量权时,需要遵守应该适用的相关体育法规(如果有),或者在不存在此类法规的情况下,基于自由裁量权决定相关证据的可采性。但是,无论在何种情形下,仲裁庭都不得违背有关公共政策领域的原则[④]。

---

① See CAS 2011/O/2574,UEFA v. Olympique des Alpes SA / FC Sion.

② See CAS 2011/A/2425,Ahongalu Fusimalohi v. FIFA,para.79.

③ See CAS 2011/A/2426,Amos Adamu v FIFA,para.90.

④ See CAS 2011/A/2426,Amos Adamu v FIFA,para.68.

(四)关于证据的评估

根据瑞士法律规定,仲裁庭除了前述的自由裁量权之外,还被赋予重要权利来决定案件相关证据的评估,除非案件当事人之间明确约定了具体规则。这意味着仲裁庭可以自主决定如何评估相关证据。

根据瑞士联邦最高法院的判例,仲裁庭对于证据领域的认定结论,瑞士联邦最高法院在审理关于申请撤销裁决的程序中将不会予以审查[①]。

《IBA 国际仲裁证据规则》第 9 条第 1 款也有类似的规定,该条款指出仲裁庭不仅有权裁定证据的可采性而且有权裁定相关证据的关联性、重要性以及证据的证明力。

CAS 体育仲裁法典第 45 条的规定,仲裁庭可以在当事人授权的情况下,依据"公平正义"原则[②]进行审理和裁决。这种情况下仲裁庭不需要再遵照特定管辖法律的规定进行裁判或者审理,而是仅仅考虑针对该案件而言仲裁庭所笃信的有关于什么是公平公正的标准进行判断。这种情况下,仲裁庭的自由裁量权将更加全面和宽泛,可以根据自己理解的自然正义进行审理和裁决。

有统计数据证明,国际仲裁案件中,有 60%～70% 的案件的审理重点是有关于案件核心事实方面的,而不是关于如何适用法律。[③] 这更加凸显了仲裁庭自由裁量权的关键作用,因为对于事实和证据的认定,在证据缺失或不足,或者双方各执一词而双方的证据又恰恰相反的情况下,排除哪些证据或证词,采信哪些证据,相信哪一方证词,如何分配举证责任,如何确立和衡量证明标准,如何评估不同证据的证明价值等等,都会从根本上决定案件的裁决结果。

# 四、CAS 裁决的逆转

## (一)仲裁庭跨出关键一步

CAS 的法律制度赋予了仲裁庭一锤定音的自由裁量权,在相关仲裁制度

---

① 参见 SFT 裁决,4A_584/2009 of 18 March 2010,*ASA Bulletin* 2011,426,at 431 and 4A_539/2008 of 19 February 2009 consid. 4.2.2.

② 即"ex aequo et bono",该拉丁语法谚的含义是"正当和善意"或者"公平和良心"。

③ Blackaby et al.,*Redfern and Hunter on International Arbitration*,Fifth Edition,p.384.

并无明确清晰规定的领域，仲裁庭拥有左右裁判走向的"尚方宝剑"。仲裁庭对案件和当事人各方的印象分就变得尤其重要，而这个打分的标准和思考并作出结论的过程有时候是不易捕捉的，是一个仲裁员自由心证的过程。所以，在案件的审理程序中，存在一个隐形的审判，是在仲裁员自己内心深处进行的。而且一旦仲裁员内心的评判和逻辑形成结论，往往就大局已定，很难逆转。

在很多中国人看来，一个残酷且难以接受的事实是，FINA 内设反兴奋剂专家小组的裁决完全合理合法，为什么 CAS 仲裁庭的裁决却突然 180 度彻底反转，这中间发生了什么天翻地覆的变化了吗？

其实根本没有，案件的事实仍然还是原来事实，客观情况已经都是过去式，双方对于案件事实的陈述在任何重要环节没有根本性的改变，无论在 FINA 的听证程序中还是 CAS 的审理程序中，面对的当事人都是同样的人，证人也没有大的变动。那到底什么发生变化以至于造成如此戏剧性反差呢？事后反思，结论只能是 CAS 仲裁庭考虑了 FINA 内设反兴奋剂专家小组没有考虑的因素，而且这些因素产生了重大影响，成为左右仲裁庭判断的关键依据。

如果仔细分析研读上述相关规则，一个简单的发现就是，仲裁庭需要弥补现有规则存在的明显的空隙，才能合理地推论出其所得出的结论，令当事人理清其逻辑。

前述这些原则性、模糊性的规定，无法令人信服、确凿无疑地证明 WADA 的立场是正确的，可是最后却被 CAS 仲裁庭解释并引申，进而作出完全不利于运动员一方的结论，很明显，仲裁庭自己需要在关于相关规则如何解读问题上，跨出一步，延伸规则，才能得出相关结论，也就是说仲裁庭最大限度地行使了自己的自由裁量权，不得不说这样做仲裁庭冒了一定风险。但值得思考的是，仲裁庭为什么愿意承担这种风险？无论如何，我们可以感受到的是仲裁庭对于运动员一方的本案程序推进以及开庭时的各种表现和做法，显示出了少见的惊诧，这实属罕见。

仲裁庭特别提到了几个问题：

1.被申请人的医生声称他参加了运动员的许多反兴奋剂检测，但无法回忆是否有任何此类检测是由 IDTM 进行的。然而事实是 2012 年至 2019 年，孙杨接受了 180 次反兴奋剂检测，其中有 60 次是由 IDTM 进行的，这一点是没有争议的，相关记录可以验证。同时仲裁庭认为，被申请人的医生在作证时闪烁其词。其证词远远不能证实运动员关于 2018 年 9 月 4 日 IDTM 样品收集人员出示的文件与此前 IDTM 反兴奋剂控制期间出示的材料有实质性差异的说法。被申请人的医生作为多年来陪伴运动员的专业人员,其表现在很大程度上降低了其证词和本人的可信性。

2.Popa 先生和 Soderstrom 先生的证词也消弱了运动员有关证词可信度。仲裁庭认为,运动员可能混淆了 IDTM 过去向他提供的文件和 CHINADA 等其他检测机构出示的文件。孙杨作为兴奋剂检测经验丰富的资深顶级运动员,应该意识到这种混淆的可能性,而不应该坚持表达这种对自己有利的说法,实际效果是反作用。

3.仲裁庭注意到了孙杨坚持认为 IDTM 必须有针对特定检测任务并针对具体检测人员的授权文件,但这一主张遭到了 Kemp 先生的有力反驳。

4.DCA 的证词前后矛盾。其在 2018 年 1 月 26 日签署的"保密声明"(运动员一方质疑该文件真实性)中陈述其已经得到了 DCO 的培训并同意担任 DCA 的职务根据 DCO 要求履行相关职责,承担保密义务。然而 2019 年 10 月 21 日该 DCA 居然签署了另外一份申明,并声称其是 DCO 中学同学,并非真正的 DCA,仅仅是事发当晚的司机,开车送 DCO 前往该地点,同时其从来未接受过任何培训,其只不过是一个普通建筑工人而已。后面的证词显然对于运动员一方有利,驳斥了 WADA 有关 DCA 资质和授权的基础。但是仲裁庭的认定是早期的"保密声明",是在 9 月 4 日之前大约 7 个月签署的,显然更具可信性,从而否定了 2019 年 10 月申明的证据效力。DCA 的做法,其实也是违反了证据规则的一个重大禁忌。DCA 无论基于任何原因,是主动还是被动,作出一个前后严重不一致的陈述,对被申请人而言不但无益,反而有害。

5.仲裁庭在裁决中特别提到运动员的母亲所起的作用(most unhelpful)。这是一种比较少见的评论,同时也暗示了仲裁庭对于运动员母亲出庭作证和相关发言、证词的消极印象和评估。

6.对于本案中的一个证人,Cheng Hao 在开庭前提交的书面证词和当庭的发言,仲裁庭认为明显矛盾,该证人当庭否认了书面证词中所提到的内容。书面证词提到了曾经有一次一个 DCO 向某个被检测运动员确认:"你是否是要拒检?"之后该检测人员被中国反兴奋剂中心辞退。但该证人在开庭时,又否认了证词中的部分内容。

7.对于运动员和其母亲关于 2018 年 9 月 4 日晚上的事实的陈述,仲裁庭认为"远远无法证实"。同时,仲裁庭还特别评价了运动员的性格,"仲裁庭注意到,该运动员似乎个性强势,且似乎期望自己的观点应该占上风。这一点在听证会上表现的显而易见"。仲裁庭的上述评论,很大程度上揭示了仲裁庭各位仲裁员对于运动员和证人的有关陈述和证词的负面性印象,因而可以在一定程度上预料仲裁庭对于相关证据、证词和证言的认定和评价。

8.在本案的相关程序中,运动员多次强调其有关检测当晚的行为都是在咨询其医生之后作出的。而后者则无论是书面证词还是当庭陈述都反复说其是在征求相关方意见才给出运动员该建议,也即是说两人最后都完全依赖了请示意见。这种说法或者逻辑对于运动员的现有国际兴奋剂法律制度下所应该承担的责任,或者说摆脱、减轻或者免除相关可能的处罚毫无益处,甚至起着相反的消极作用。运动员及其辅助人员有可能对于兴奋剂规则在责任承担主体问题上有误解或者不清楚,这即便是事实,但是在之后的 FINA 和 CAS 的程序中,在有了强大的律师团队支持下,运动员一方的相关人员仍然反复强调和突出这样一个逻辑,力图借此减轻或者免除运动员可能的责任,这就多少令人惊奇,可能导致事与愿违的被动局面。运动员而非辅助人员作为反兴奋剂的责任主体,其责任不可转让,更不可推卸。这是中国当事人在很多国际仲裁中特别应当注意的"法治信念"与法治意识的问题。[①]

(二)对于本案相关程序的冷思考

综上,运动员一方以及辅助人员的种种行为表现,使得仲裁庭对于其所提供的有关证词、证据和当庭的陈述或主张,难以建立足够的信任。运动员一方鉴于 DCA 严重违反操作规范的偷拍行为,本来可以合理地怀疑并挑战该次检测的合法性和有效性,但是最终没有得到仲裁庭的认可,仲裁庭综合考虑论证了案件其他相关的事实后,认定运动员的主张"不可信,也不能成立"。

也正是基于运动员一方有关证据、证人证词、当庭证言的可信度被怀疑,仲裁庭进而抛开运动员一方的相关证据和证词,把尿检和血检分开来作为独立的两个检测程序进行考量和评估。这就使得运动员一方处于极度的劣势,无法有效抗辩。仲裁庭如此认定,就把一次兴奋剂检测分成了两个部分,前一部分违法,构成无效检测,而后一部分合法有效。运动员拒绝尿检具有"强有力的理由",但在同一次检测的血检中,却被认为不具备此种"强有力的理由",这种裁判应该属于罕见,其中逻辑显然非常独特,但是仲裁庭敢于迈出这扭转

---

① 张春良:《建构体育法治信念的中国攻略》,载《武汉体育学院学报》2012 年第 4 期。

裁判走向的关键一步,却很大程度上是运动员一方的种种错招、误判和误解所必然导致的。

　　同时,如上文所提及的,运动员一方在程序进行过程中,不遗余力地展开了针对仲裁庭诸多决定的挑战,包括多次申请 WADA 先后指定两个仲裁员的回避、对于 WADA 代理律师的利益冲突异议、对于 WADA 提交上诉文件的逾期的异议以及由此延伸出来的 CAS 管辖权异议和上诉可受理性的异议、对于前述所有异议决定的不服,进而启动 SFT 的进一步异议程序,以及运动员一方对于证人作证问题也展开了几乎全方位的异议战术,对于证人的取证和证词提出多方面挑战,这些举措在战术上可能是成功的,但在战略上则不无值得商榷之处,事后看这些异乎寻常的策略往往是弊大于利,难免使得仲裁庭怀疑被申请人是否在真正善意利用程序,体育仲裁与商事仲裁的区别决定了此类行动和程序性权力的运用务必要慎重。如果本案是普通国际商事仲裁,那么动用程序性策略将案件拖延至 2020 年 7 月(原定东京奥运会举办的时间),不是没有可能,但国际体育仲裁的核心价值之一就是其高效性,仲裁庭对于任何其怀疑的一方当事人的拖延手段,都甚为敏感,成功率极低。

　　另外,在国际体育仲裁程序进行的过程中,当事人一方必须谨记克制己方的言语和行为,不可擅自采取莽撞举动,授人以柄,招致不必要的负面影响,左右仲裁庭的评判,还有开庭过程中的中国法治文化下的"技巧"和策略在国际体育仲裁案件中可能适得其反,要意识到中西法治文化的根本差异,切忌过分自信。当事人与证人必须充分、正确了解仲裁规则,不可错位或误判。案件当事人积极应对、全面认真的庭前准备和熟悉案卷材料,至关重要,不可大意,避免失误,同样不可小觑。

　　当然,真正需要反思本案逆转缘由的是中国运动员群体、中国体育界专业人士和各级管理者以及未来中国的国际仲裁的当事人,如果我们不能从中汲取经验,深刻反思,历史仍然会再次重演。

# 第四章

# WADA v. Sun Yang & FINA 案公开听证专题研究*

　　2019 年版 CAS 仲裁法典第 57 条赋予纪律处罚纠纷案中当事人公开听证权,有助于当事人陈述事实,表达观点,同时提高了案件的审理透明度,实现对仲裁审理程序的广泛监督,是保障当事人辩护权、实现程序正义的一大进步。本文结合孙杨案对公开听证问题予以研析:厘析公开听证权的发展历程;解释听证程序相关内容的公开"度"与"界";总结孙杨公开听证案件的经验,从当事人的角度,就如何申请、组织和安排公开听证提出建议。在公开听证程序中当事人首先应当明确申请公开听证的目标,并对可能产生的效果进行预估;及时申请并经仲裁庭同意后,邀请有利证人出庭作证,庭前对证人进行培训和辅导;选定独立、公正且优质的第三方翻译机构承担翻译工作,并督促其做好庭前准备工作;当事人最后陈述应当简单明了,既传递出真诚,又展示出谦逊,还能明确表达自己的观点和立场,以实现自身权益的最大化。

　　国际体育纠纷所特有的专业性、时效性、国际性等特点,使得体育仲裁成为当前国际体育纠纷解决的最重要途径,CAS 自 1984 年成立至今,经过 40 余年的积累和发展,已成为国际体育纠纷解决最权威的机构。近年来,随着 CAS 审理的案件数量大幅增多,其在全球范围内的影响力日益增加,与此同

---

　　* 本章系北京市社会科学基金重大项目"冬奥会反兴奋剂法律体系及防控机制研究"(课题号:19ZDA01)研究成果。

时,人们对于 CAS 仲裁程序之公正性与透明性要求亦日益增强。运动员和体育组织等正在以一种新型的方式表达着对程序正义的渴望,这种方式便是公开听证。

2019 年 11 月 15 日,CAS 就 WADA 诉孙杨和 FINA 兴奋剂纠纷案在瑞士蒙特勒举行了一场全球关注的公开听证会。此次听证会是 CAS 自设立以来举行的第二次公开听证会,不仅吸引了国内外媒体、体育界以及学术界的普遍关注,也引发了一场关于体育仲裁中公开听证问题的广泛讨论。

## 一、公开听证权的法律依据

### (一)听证规则修改之缘起

自 1984 年 CAS 成立之初至 2018 年,CAS 仲裁法典并没有对当事人的公开听证权进行明确规定。在以往的版本中,CAS 对听证方式的举行具有更大的决定权,如"在征询当事人意见后可以决定不举行听证,一般情况下,听证应当不公开举行"。[①]　虽然这些规定没有将公开听证绝对排除,但是公开听证的举行不仅需要取得对方当事人的同意,而且还需获得仲裁庭的批准,换言之,公开听证的举行存在较大障碍。

2009 年,CAS 审理了德国滑雪运动员佩希施泰因兴奋剂纠纷一案。[②]　运动员向 CAS 提出了公开听证的申请,然而这一要求遭到了 CAS 的拒绝。后来,佩希施泰因上诉至 SFT,并提出其有获得 ECHR 规定的进行公开听证的权利。而 SFT 认为,根据当时的 CAS 仲裁法典,并没有明确赋予运动员公开听证的权利,一方当事人不能根据 ECHR 第 6(1)条、《瑞士联邦宪法》第 30(3)条和《公民权利和政治权利国际公约》第 14(1)条主张公开听证的权利,因为这些规定不适用于自愿仲裁程序。但是,SFT 向 CAS 提出了警示性建议:"鉴于 CAS 在体育领域的地位,当运动员提出公开听证要求时,最好能举行一

---

①　See Procedural Rules R44.2.

②　The European Court of Human Rights (ECHR) rejects the request of Claudia Pechstein to refer her case to the grand chamber of the ECHR, https://www.tas-cas.org/fileadmin/user_upload/Media_Release_Pechstein_ECHR_GC.pdf,访问日期:2020 年 11 月 11 日。

场公开听证会,以增强公众对 CAS 决策过程的独立性和公平性的信任。"①

### (二)听证程序之新规

SFT 的建议在 2018 年 CAS 仲裁法典的修订过程中得到了积极回应,ICAS 将第 57 条有关听证举行的问题进行了修改,指出:"如果仲裁当事人要求举行公开听证,且案件涉及纪律性质,则 CAS 应举行公开听证会。但为了道德、公共秩序、国家安全、未成年人的利益或者保护当事人的私生活,或者如果公开可能有损司法利益、仲裁程序仅与法律问题相关、首次举行的听证会已经被公开,那么这种要求可能会被拒绝。"②由此可见,根据新版的 CAS 仲裁法典,只要案件属于纪律纠纷性质且不涉及公共利益或他人的合法权益,运动员的公开听证权的实现不需要取得对方当事人的协商同意,也无须经仲裁院批准,一旦当事人发起申请,CAS 就应当满足这一要求。孙杨公开听证会的要求是由孙杨方面提出的,成为 CAS 有史以来第二次举行的公开听证会。

## 二、举行公开听证的目的

### (一)呈现案件事实与表达己方观点

通过将听证程序公开,让公众了解案件事实以及相关法律问题,传达己方观点并获得公众的支持,通常是申请人申请公开听证的主要原因。如果当事人不对外说明案情,公众一般无法了解案件发生的背景与细节,而且,案件各方当事人的法律主张往往存在分歧。因此,无论是运动员或者体育组织,其作为公开听证的申请方,通常希望通过举行公开听证,使得案件事实得到普遍知晓,相关法律问题受到广泛讨论,以达到使公众支持其观点的目的。

在孙杨案件中,运动员在最后陈述环节中指出,他之所以要求公开举行听证会,是因为他没有任何欺骗与隐瞒,他希望通过公开听证让人们清楚地了解案件事实,清楚地知晓 2018 年 9 月 4 日晚上兴奋剂检查人员和他之间到底发

---

① ECHR decision on Mutu and Pechstein case—final and binding since 5 February 2019, https://www.sportslaw.world/pechstein-and-mutu-case-update/,访问日期:2020 年 11 月 11 日。

② See Code of Sports-related Arbitration R57.

生了什么。此外,他还提到,其在参加 FINA 举办的 2019 年光州世锦赛前夕,许多不怀善意的媒体将 FINA 反兴奋剂小组作出的裁决进行歪曲报道,让外界产生了误解和质疑,他希望借助公开听证发声,通过媒体广泛报道,澄清误解,恢复名誉。

## (二)实现监督与保障公平听证权

公开的听证程序,使得与听证相关的信息透明化,听证举行的日期、案件审理的过程、裁决公布的时间等都通过 CAS 发布的新闻公告广而告之。① 此外,主持听证的仲裁员、双方律师以及证人信息也都将在听证程序中公之于众。这种信息的透明化能够使得仲裁程序受到更广泛的监督,从而更好地实现程序正义。尤其在案件听证过程中,双方律师将对证人进行询问及交叉询问,对于案件的争议焦点发表辩论意见,仲裁员对于关切的问题进行询问。在这个最重要的环节中,如果一方当事人的听证权没有受到公平对待,可能对案件结果产生直接的不利后果。因此,通过公开听证将听证程序公之于众,有助于实现对听证环节的广泛监督,保障当事人的公平听证权。

在孙杨案件中,听证会仲裁庭名单、听证的时间以及裁决的公布时间都由 CAS 提前发布了媒体公告,CAS 秘书长出席听证并全程监督听证进程,执行了对听证程序的监督。

## (三)提升宣传与增加影响

体育组织申请公开听证的原因,更多是出于对某些政策和理念宣传和推广的考虑。公开听证一般都会受到媒体和公众的密切关注,因此,举行公开听证有助于体育组织的政策和理念得到最好的宣传。尤其当今,国际体育组织大力倡导反兴奋剂计划,世界反兴奋剂机构希望通过全球范围内广泛宣传反兴奋剂政策以达到全面打击兴奋剂的目的。从当前已经举行的两次公开听证来看,提出公开听证的主体都是运动员,但是 2020 年 2 月,WADA 在其诉俄

---

① https://www.tas-cas.org/en/media/media-releases.html,访问日期:2020 年 11 月 11 日。

罗斯集体兴奋剂案件中，同样向 CAS 申请了公开听证①。这一举动的主要原因在于宣传世界反兴奋剂的相关法律法规或政策，通过对兴奋剂违规行为的指控，了解使用兴奋剂的危害，并向全世界表明兴奋剂违规行为将受到严厉的处罚。

无论运动员或体育组织申请公开听证，都存在其主观原因。对于 CAS 而言，虽然举行公开听证带来诸多不便，如需要租赁听证场地，布置听证会场，维护好媒体记者以及观众的旁听秩序，但一场成功的公开听证会可以帮助扩大其在全球范围内的影响力。从孙杨案件来看，此次公开听证对 CAS 起到了一个非常好的宣传作用，一方面让更多人了解 CAS 在全球体育纠纷解决中扮演的角色，同时也进一步扩大了 CAS 作为体育仲裁机构在全球的影响力。

## 三、公开听证之"度"与"界"

### (一)证人之"度"与"界"

证人能否在庭外提供书面证言？

广义上，书面证言一词可以简单地理解为证人在庭外提供证言的书面文件②。尽管有此一般定义，但在美国，书面证言一词与庭前的证据发现紧密相关。美国司法实践中的书面证言一般是指由律师对当事方进行的口头询问，在庭审前由法院书记员以书面形式记录下来(可能还录制在视频上)以备将来使用。书面证言的获取通常在庭外获取，只有在询问过程中产生争议时，法官才有必要在后续程序中介入。询问产生的笔录可以用于质疑证人、引用不能出庭的证人证言或者适用程序规则规定的其他理由。③ 美国司法实践中，大部分案件都通过获得书面证言来进行诉讼或仲裁，书面证言也是美国事实发

---

① WADA asks for RUSADA dispute hearing to be held in public，https://www.wada-ama.org/en/search？k = public + hearing & search-category = all & op = Search，访问日期：2020 年 11 月 11 日。

② Bryan A. Gardner (ed.)，*Black's Law Dictionary* (*8th edition*)，Thomson/West，2004，p.472.

③ See，for example，the summary of the use of depositions provided in John Fellas，*Transatlantic Commercial Litigation and Arbitration*，Oceana Publications, Inc. 2004，pp.20-243.

现中最常使用的方法之一。[①]

从孙杨案的公开听证来看,WADA方向仲裁庭提交了大量的书面证言,其中两名检查人员接受了仲裁庭以及双方律师的询问,然而这一程序并没有呈现在公开听证过程中,因而公众无法得知。

1.在指定的时间和地点提供书面证言。从FINA反兴奋剂小组作出的决定可以发现,主检官申请对个人信息予以保密。在CAS听证阶段,主检官申请不出庭作证的原因,是希望避免因公开指证孙杨兴奋剂违规而可能遭受到孙杨支持者的攻击。这一申请获得了仲裁庭的批准,并最终根据证人的要求同意将证据听证会的地点定在了瑞典的斯德哥尔摩。主检官接受了来自WADA、孙杨以及FINA三方律师以及仲裁庭主席的询问。整个询问过程持续了大约3个小时,但由于翻译占用了大量的时间,WADA及孙杨方律师对主检官的有效提问时间约为30分钟,FINA方律师的询问时间更短。询问结束后,书记员整理了笔录,以供仲裁庭查阅参考。

2.通过视频提供证人证言。仲裁庭同样可以在庭外通过视频的方式收集证人证言。孙杨案件中,血检官同意仲裁庭在对自己身份进行保密的前提下通过视频提供证人证言。此次视频听证的时间是公开听证会举行的前一天,证据听证会的地点则是在瑞士洛桑的反兴奋剂仲裁庭,血检官在自己家中通过视频接受了仲裁员、三方律师的询问。但是从视频听证当天的情况来看,由于国际信号传送、翻译质量等原因,整体效果并不理想。由于有视频对听证的情况予以记录,书记员不再将证据听证过程整理成书面的询问笔录。

3.通过书信的方式提供证人证言。孙杨案件中,尿检官以书信的方式向仲裁庭提供了书面证词,但并没有接受仲裁庭以及三方律师的询问。本案中,与其他两位检查人员不同的是,尿检官曾于2019年年初接受了新华社记者的采访,从其接受采访的内容来看,此名证人的证词与主检官和尿检官的证词有多处不一致的地方。[②] 在后来提供的书信证词中,尿检官承认自己偷拍了孙杨,承认自己没有接受任何有关兴奋剂检查的培训,并认为自己与接受委托执

---

① 根据美国《联邦民事诉讼规则》第26条第1款之规定,当事人可运用于发现和收集证据的方法有五种:一是书面证言;二是质询书;三是要求提供书证和物证;四是要求自认;五是检查身体和精神状态。

② 《临时"尿检官"谈违规为孙杨检测兴奋剂:一头雾水卷入该事件》,https://m.sohu.com/a/291817771_123753,访问日期:2020年11月11日。

行兴奋剂检查任务的国际反兴奋剂检测公司之间不存在任何关系。然而WADA方提供的证据显示,尿检官曾在国际反兴奋剂检测公司内部的一个文件上签署有自己的名字,而这一证据与尿检官提供的书面证词存在冲突,由于尿检官没有接受三方律师及仲裁庭的询问,因此当其证言与其他证据发生矛盾时,仲裁庭采信的是接受过质证的书面证据。[①]

从孙杨案件中三名检查人员的作证方式来看,国际体育仲裁中有关书面证言的主要规则是,除特殊情况外,为了使书面证词能够被接受,证人一般要参加口头听证,由当事方律师和仲裁庭进行审查。尽管该规则为接受书面证人证言的问题建立了广泛遵循的方法,但一些仲裁员已允许使用书面证词作为解决证人不出席听证会的第三种方式。在这种情况下,可以参照位于瑞士苏黎世的联合国国际贸易法委员会仲裁委员会的作法:经双方同意,不能出席听证会的证人可以在听证会以外的时间和地点提供证人证言,并在法律程序中使用该证词,其前提是听证时双方的律师都在场并且有足够的机会质询证人。[②] 在这种情况下,书面证言的使用不仅没有为程序增加不必要的复杂性,还可以作为一种有效的手段方便提取本可能在程序中遗失的证据。

CAS 仲裁法典对不希望出庭作证的证人作证形式并没有作详细规定,且PILA 中的"国际仲裁"篇同样对于这一相关内容的规定极为有限。然而《IBA证据规则》第 4.7 条至第 4.10 条都涉及证人出庭作证的形式。涉及不愿意出庭作证的证人证言取证方式,主要包含在第 4.10 条中,它规定:"如果一方当事人希望一个经其请求却不愿出席听证会的人作证,则该当事人在仲裁庭规定的期限内,可以请求仲裁庭采取任何法律允许的方式获取该人的证言。该当事人应当指明他希望作证的证人,说明其所寻求的证人陈述涉及的事项,以及该事项因何对案件结果具有关联性和重要性。仲裁庭应当就这一请求作出决定,一旦仲裁庭决定该证人陈述对案件具有关联性和重要性,则仲裁庭应当采取必要的措施。"由此可见,即便证人不愿意出席听证会作证,仲裁庭可以决定采取任何合法的方式来获取该名证人的证言。这种合法的方式包括在指定的时间和地点单独召开庭前证据听证会,也包括以视频方式单独召开庭前证据听证会。虽然《IBA 证据规则》是建立在具有保密特性的非公开仲裁的前提

---

① See CAS 2019/A/6148 World Anti-Doping Agency v. Sun Yang &· Fédération Internationale de.

② Documents in ASA Bulletin (1993), vol. 11, No. 2, p.316.

下,但是公开听证会并不影响证人以其他方式作证。值得注意的是,《IBA 证据规则》第 8 条授予仲裁庭对证据听证会很大的控制权[①]。对于仲裁庭认为具有关联性和重要性的问题,仲裁庭可要求任何人提供口头或书面证据。仲裁庭认为书面笔录已经足够其进行裁判并认为此时再次举行听证多余,那么可以决定不予以传唤证人。

如果仲裁庭决定下令收集书面证词,前提通常是双方当事人都可获得允许参加该书面证词的收集。大多数情况下,只要在合理期限内通知对方就可以视为满足此要求。国际商会仲裁院的规则为:“只要另一方当事人得到通知,有机会在取证时对证人进行询问使证词得以永久保存,那么其在听证时就无权对相关证人进行询问。”[②]因此,只要告知了书面证言的取证时间和地点,对方律师未出席参与取证的,一般不应被视为不接受书面证言的理由。

(二)证据之“度”与“界”

公开听证中的证据能否公开?

在国际商事仲裁和体育仲裁中,保密性被认为是基本原则之一。保密的客体是指从当事人提起仲裁到所有的仲裁程序结束乃至结束后相当长一段时间内所有仲裁活动的内容和仲裁活动涉及的所有内容。保守仲裁秘密的主体,不仅在于仲裁员、仲裁庭相关工作人员,而且包含双方当事人以及与案件相关联的其他人员。然而,公开听证中公开与保密的界限如何划分,CAS 仲裁法典并没有给出明确的答案。申请公开听证的一方当事人往往容易产生这样一种理解:既然听证公开举行,那么公开的内容不应仅仅局限于仲裁程序,而应为全部实质内容的公开,如应当包含相关证据的证明内容。只有这样,才能更广泛地接受媒体和公众的监督,否则只会让公众断章取义,以偏概全。

关于证据材料的保密性问题,《IBA 证据规则》第 3 条第 12 款规定,对于一方当事人依据《IBA 证据规则》出示的所有文件材料,仲裁庭和其他当事人应予以保密,并且该等文件材料只能用于仲裁。仲裁庭可以向当事人发出指令以规定此保密义务的具体条款。此项要求不应影响仲裁中所有其他的保密义务。然而,主要适用于国际商事仲裁的《IBA 证据规则》本来就有着保密性

---

① See：comments to art. 8.2.

② ICC Case No. 12279，Procedural Order of 31 July 2003，ICC Bulletin，2010 Special Supplement：Decisions on ICC Arbitration Procedure，p.43.

的重要原则,对证据材料的保密是否适用于公开听证的体育仲裁呢?

孙杨案件中,仲裁庭对于证据材料的公开性问题划出了一条比较清晰的界限。关注案件的人们可能会发现,听证过程中除了三方律师对证人进行的询问和交叉询问过程公开外,本案中的其他证据并没有向公众展示,尤其是孙杨多次在其社交媒体中提到的照片以及视频。在这个问题上,仲裁庭在听证前表达了其观点,鉴于运动员方提交的视频中 WADA 方证人多次正脸出现,为了保护证人起见,如果要播放视频,必须将证人形象模糊淡化。但后来又考虑到视频播放对听证现场设备的考验,以及对各方工作量的增加以及当天听证议程之紧凑,建议不予播放视频。正是因为视频最终没能在听证会上公开播放。听证会结束后的一段时间里,网络上先后出现过几段与案件相关的视频,它们通过剪辑被公布。如大家所见,这些视频中有关 WADA 方证人的面部已经经过计算机模糊化处理,但是仲裁庭多次对这种行为进行了谴责,并表示如果继续公布未经仲裁庭批准的案件信息,行为方将承担不利的仲裁结果。由此可见,在仲裁庭看来,证据材料的公开应当遵循不损害公共利益或其他个人利益的原则,如果证据材料涉及他人的隐私,则该材料不得予以披露。在不涉及公共利益和他人隐私问题时,证据材料的公开应当先经仲裁庭的同意,由仲裁庭采用适当的方式予以公开。另外,如果当事方擅自披露案件信息,轻则受到仲裁庭的谴责,重则承担案件的不利后果。

(三)公开听证的效果

如前所述,当事人向仲裁庭申请公开听证的主要目的在于通过让公众了解案件事实、充分讨论案件、广泛监督听证程序,保障自己获得公平审判的权利。然而就孙杨案来看,这一期望效果的实现似乎有待进一步努力。首先,从保障案件的公平审理角度而言,仲裁员尤其是首席仲裁员的选任具有至关重要的作用。然而除了双方当事人可以各自选任一名仲裁员外,对于首席仲裁员的选任,当事人并没有话语权,通常由上诉仲裁庭主席任命。在孙杨案件中,首席仲裁员就被曝存在严重的种族主义倾向,他在自己个人社交网站上曾发表过很多针对黄色人种尤其是中国人的偏激言论[①]。而这一原因最终成为

① 《重大转机!孙杨案裁判官被曝有多次辱华言论,能否就此逆转?》,https://baijiahao.baidu.com/s? id=16669250459440073972&wfr=spider&for=pc&from=singlemessage&isappinstalled=0,访问日期:2020 年 11 月 11 日。

SFT 撤销 CAS 裁决的理由。其次,孙杨案件虽然进行了公开听证,但公开内容多为程序性内容,然而,公众通过听证会上呈现的内容并不能完全了解案情,相反由于无法了解某些重要证据呈现的内容,可能使得公众对某些问题产生误解,甚至对一方当事人产生偏见。这就使得我们不得不质疑,一个仅在听证流程上公开的听证到底能在多大程度上帮助运动员实现其公平听证权。然而,不可否认的是,孙杨的公开听证为 CAS 做了一次最好的宣传,不仅让公众充分意识到 CAS 在全球体育纠纷解决领域的权威,同时意识到尊重体育行业规则、尊重国际规则是维持运动员生命线的重要前提。

## 四、公开听证的申请与应对——经验与反思

### (一)明确目标、预估效果、依法申请

如果当事人申请举行公开听证会,首先应当树立明确的目标,之所以要举行公开听证,想达到什么样的结果,只有树立了明确的目标,后续的行为对策才有明确的指引方向。听证的形式固然无法改变听证结果,但可以在一定程度上减小因结果失利带来的负面影响。目标树立之后,需要对案件进行整体预评估,申请公开听证能否达到既定效果,如果可以,则依法向 CAS 提出申请。

在孙杨案件中,申请公开听证的最初动因来源于 2019 年其参加 FINA 光州世锦赛中遭遇的困境与质疑。由于 FINA 作出的裁决被泄露出来,世锦赛前,一些国外媒体对案件进行了大量报道,并对孙杨多年来获得的成绩和荣誉提出质疑。正是这些带有误导性的报道让外国部分运动员对孙杨产生了误解和不满,其中澳大利亚游泳运动员霍顿是最典型的代表。在男子 400 米自由泳决赛中,孙杨和霍顿分别以冠亚军的身份登上领奖台,然而霍顿却当着全世界的面拒绝与孙杨合影,并多次在公众场合说孙杨是通过服用兴奋剂而获得冠军。[①] 为了证明自己的清白,孙杨在与家人商量后,于 2019 年 7 月向 CAS 提出了公开听证的申请,不久这一申请得到了 CAS 的肯定性回复。

---

① 《霍顿拒绝与孙杨合影! 有谁注意到:颁奖嘉宾怒了,吉祥物都不给他》,https://baijiahao.baidu.com/s? id=16396708365835126078&wfr=spider&for=pc,访问日期:2020年 11 月 11 日。

（二）为听证举行积极准备

1.邀请有利证人出庭作证

听证会前夕，仲裁庭与案件当事人进行沟通，询问各方是否邀请证人出庭作证，如果有，则应当提供一份详细的证人名单。提交之后，仲裁庭将邀请对方律师对证人名单发表评论。因此，在这一阶段，有两方面的事情需要准备：一方面，对于对方提出的不合理申请发表反对意见，另一方面则是列出最有利的己方证人名单。

孙杨案中，WADA 和孙杨方的证人名单都经过一番调整。其中 WADA 方最初提供的证人名单比公开听证日实际出庭的证人数量要多，甚至有些证人没有提供过任何书面的证人证言。针对这一名单，孙杨方发表了反对意见，要求对方只能邀请提供过书面证词的证人出庭。最后由于双方意见并没有达成一致，最终由仲裁庭确定了证人名单。孙杨方提供的证人名单同样经过调整，但与 WADA 不同的是，证人名单的修改意见完全来源于证人本人。在准备提交的初份名单中，孙杨的母亲并没有被列入到证人名单，但是考虑到委托人的意见以及证人本人的出庭作证意愿强度，孙杨律师团最终修改了证人名单。

2.证人的培训

证人培训，从广义上讲，包括针对待听证案件证人培训和辅导以及证人适应性训练。英美对抗式刑事审判制度至今仍然保留着对证人进行审前培训的传统。在美国，对证人的培训被认为是非常必要的。在重要的刑事案件中，控辩双方都会对主要证人的作证进行排练，经常是反复排练。相比之下，英国对证人培训一直保持着高度的警惕[①]。

体育仲裁中，证人培训被认为是可以接受的。孙杨案件的听证会现场通过网络直播后，一些学者对于孙杨方证人的出庭效果提出过质疑，认为律师应当对即将出庭的证人做好庭前培训。事实上，孙杨方所有的出庭证人都接受了为期两天的庭前培训，在听证过程中证人被问到的许多问题都被律师预测到。但是观众的批评意见自然有其合理性，对证人的培训不应仅限于庭前的培训，而是在决定成为证人提供证词之前就应当有充分的沟通。在孙杨案件

---

① 《英国：证人培训与适应性训练的界限》，http://newspaper.jcrb.com/2020/20200408/20200408_003/20200408_003_5.htm，访问日期：2020 年 11 月 11 日。

中,一个典型的事故在于,对方律师多次询问孙杨以及孙杨的队医,尿检官从密封箱里面把血拿出来之后给了谁,然后是谁递给了保安,孙杨和队医的答案是不一致的,于是对方律师借此指责孙杨推诿责任。在庭审前,律师培训的重点一方面应突出问题的随机灵活性,另一方面则强调证人陈述的内容与其之前提供的证人证言的一致性。本案中,孙杨律师团在证人证言准备及证人培训中有两点是值得反思的:其一,2018年在FINA决定对孙杨提起指控时,律师应当把握全局,确保证人相互之间的证词不存在矛盾,同时确保证人证言与录像视频等其他证据证明的事实不存在冲突。证人的记忆有时候可能发生混淆,但是同一方证人的证言,以及证言与视频发生冲突则应当绝对避免。其二,在上诉审时,律师团过分强调证词与一审(实质为FINA纪律处罚程序)证人证言的一致性,而不对证词进行任何修改,这一做法最终被证实是不可取的。在CAS仲裁阶段,孙杨方提交的证人证言与FINA阶段的起草的证言完全一样,在内容陈述上没有作出任何修改。然而,WADA提交的证人证言则经过大量的修改。负责孙杨赛外检测的主检官在FINA阶段同样提供了证人证言,但是从其证言与孙杨后来提交的视频来对比看,主检官的证言存在多处不实,而且这些不实的陈述对孙杨极为不利。但是在2019年9月5日的庭外取证过程中,对方律师以最快的速度帮助主检官修改了二十来处证人证言。而这些陈述最终并没有因证词的不一致而导致仲裁庭不予以采信,相反仲裁庭采信了其最关键的内容。

　　3.聘请翻译等辅助工作的安排

　　一场成功的听证会不能忽视听证程序的任何一个环节,它可能使得听证效果大打折扣,甚至适得其反。2020年实施版CAS仲裁法典第R29条①规定,法语、英语和西班牙语构成CAS的工作语言。如当事人未对此能达成协议,首席仲裁员,或在尚没有指定他(她)时的相关分院主席,应当在程序开始时考虑所有相关情形后选择其中的一种语言作为仲裁工作语言。此时,除非当事人和仲裁庭另有约定,本案程序应完全使用该种语言。第R29条第2款还规定,经仲裁庭以及CAS的院办公室同意,当事人可以主张选用英语、法语和西班牙语之外的其他语言。如经同意,CAS的院办公室与仲裁庭共同决定选择语言的条件;仲裁庭可以要求当事人承担全部或部分翻译和解释的费用。如果将要举行庭审,仲裁庭可以允许一方当事人使用官方语言以外的一门语

---

①　See Code of Sports-related Arbitration R29.

言进行仲裁，条件是该当事人自己承担仲裁官方语言的解释费用。由此可见，在仲裁规则允许通过聘请翻译人员来选择听证过程中当事人及其证人等选用的语言，条件是由当事人自己承担翻译费用。实践中，仲裁庭对于翻译的聘请往往有更加严格的约束。

孙杨案件中，翻译人员的翻译水平是公众批判较为严厉的，也成为一个值得总结的经验。事件的缘由还得从 2019 年 9 月 5 日主检官的庭外取证说起。在主检官的取证过程中，双方聘请的翻译人员并不是本案中公开听证会上的翻译人员。由于笔者并没有参与 9 月 5 日庭外取证的过程，所以无从知晓当天翻译人员的翻译质量，但在后来的证词检查与校正环节中，当事人提出有个别词汇翻译不精准，而且不利于孙杨，于是要求更换翻译。关于翻译的聘请，仲裁庭要求当事人聘请公正、独立的第三方翻译机构来承担翻译工作，与任何一方有利益关系的第三人都不适宜承担此项工作，因此三方律师或者工作人员都不宜成为翻译人员。由于 WADA 方律师主要来自美国，而孙杨方律师是瑞士人，出于对瑞士地域人文的熟悉以及孙杨方要求更换翻译这一缘由的考虑，孙杨方瑞士律师主动承担了联系位于瑞士的翻译机构的任务，并且就翻译公司的资质等相关问题提供给其他各方当事人以供他们参考决定。后来三方就翻译人员的选定达成一致意见后，瑞士律师呈报了 CAS 办公室并获得批准，并要求翻译公司于听证会举行之前一个星期联系好 CAS 工作人员，提前熟悉翻译内容并做好相关准备工作。11 月 14 日，在尿检官的庭外取证中，翻译公司首先派出了一名翻译人员进行翻译，但是由于该名翻译人员来自中国台湾，对于中国大陆的一些法律术语表述并不熟悉，而且对于反兴奋剂案件的专有名词缺乏相关知识，无法准确翻译。于是孙杨方在庭外取证后立即与翻译公司进行了沟通，发现翻译公司在听证会前一天才收到 CAS 办公室提供的案卷，由于工作量巨大，因此没能提前准备好。经取得 CAS 办公室以及 WADA 方律师的同意，孙杨方律师与 11 月 14 日晚上对翻译人员进行了短暂的培训，翻译公司也承诺于听证会当日增加人手，就是后来的翻译团队，三人中一人来自广州，一人来自中国的台湾地区，还有一位来自瑞士。听证过程中由于翻译效果差，频频出错，后来经各方当事人的协商并经过仲裁庭允许，最终由 WADA 工作人员接替之前翻译公司的翻译工作。

在翻译工作的准备过程中，孙杨案件是值得深刻反思的：在听证准备前夕，律师团队与翻译公司应当保持紧密沟通和联系，以确保听证工作的顺利进行。本案中，孙杨律师团队如果能及时并反复监督翻译公司尽早获得案卷，或者翻译公司能及时向律师反映并反复督促仲裁院办公室提供案卷,现场翻译效果应当会更好。此外,以下两点也是值得注意的:其一,翻译人员应当具有中立性。在听证准备过程中,仲裁庭不会接受一方单独聘请的翻译人员。虽然本案后来 WADA 工作人员接替了翻译工作,但是这仅仅为特殊情况下采取的一种补救措施。其二,翻译人员的确认必须征得仲裁庭的批准。任何翻译人员的充当翻译角色都必须获得仲裁庭的批准。在孙杨的最后陈述阶段,由于孙杨对接替翻译工作人员的翻译水平再次提出质疑,擅自邀请观众席上的一名观众来提供翻译,不仅没有获得仲裁庭的同意,而且对案件产生了负面的效果,以至于仲裁庭在裁决书上都表达了对这种行为的反感。

4.当事人最后陈述环节的准备

被指控构成兴奋剂违规的运动员在调查事实和辩论阶段享有的最后发言的权利,是被告人享有的诉讼权利之一,也是保障运动员辩护权的一种重要手段。作为听证过程的一个有机组成部分,被告人的最后陈述有助于仲裁庭发现案件真实。在兴奋剂案件中,被指控兴奋剂违规的运动员往往是最了解案情的人,因此当事人陈述对案件的审理有着举足轻重的价值。而运动员的最后陈述,又常常能够最集中、最明显地表现出主观个性特点。不管被告人的最后陈述对最终裁判结果有无实质的影响,它都可以让被告人内心压抑已久的情感得到一定的释放。但是,在最后陈述阶段运动员并非可以毫无边际、言无不尽,应当受到一定的限制。

在孙杨案公开听证议程安排中,仲裁庭允许被申请人作 10 分钟的最后陈述。为此,被申请人团队进行了反复的修改与充分准备。然而在最后阶段,除了事先准备好的陈述内容,孙杨本人增加了一些临时感想,陈述时间由原本计划的 10 分钟延长至 20 多分钟。公开听证播出来以后,最后陈述得到了褒贬不一的评价。

笔者认为,最后陈述应当简单明了,一方面既表达出自己的真实感受,同时对相关行为更为谦逊地表明自己的立场和态度。从 CAS 对本案的裁决书来看,仲裁庭希望运动员在最后陈述阶段能对自己的行为有所反思,并对自己的无意行为表达歉意。然而,仲裁庭并没有从孙杨的陈述中感受到反思的态度。虽然不能确定孙杨的最后陈述对其裁决结果有多大程度的负面影响,但 CAS 办公室在听证结束后向被申请人的律师团队表达了相关意见。

虽然仲裁程序涉及方方面面,但笔者认为,这所有的方面实际最终贯穿并集中体现的是两个原则,第一个是双方自愿原则,第二个是尊重仲裁庭的管理与控制原则。无论公开听证与否，证人证言的采集、听证流程的安排、翻译人员的聘请等等，只要各方当事人同意，仲裁庭可以接受灵活的变通与安排。然而如果一方的主张得不到对方的同意，那么双方需要听从仲裁庭的决定。仲裁庭对案件的主导与控制权不仅体现在对证据的收集、证据的呈现、听证流程的安排等仲裁程序中，还最终反映到对案件的裁决结果中。如果当事人对仲裁庭任一方面的管理与控制权发起挑战，那么其付出的代价都可能是承担案件的不利后果。

# 第五章

# WADA v. Sun Yang & FINA 案证据
# 规则专题研究*

　　证据规则概念在学理上存在广义和狭义之分。狭义的证据规则是指在庭审中或审理中对证据的可采性问题起支配作用的规则,只要某种确定的标准、指南和规范是用于支配、影响和调整证据可采性的,均应以证据规则视之;广义的证据规则,则不仅包括有关证据可采性或资格的规则,还包括有关证据运用的其他规则。① 证据活动之目的是帮助裁判者查清各方当事人主张事实的真实情况,而证据的可采性决定了裁判者如何建立对事实的理解,因此证据的可采性毫无疑问是证据规则的核心内容。2019 年第 11 版本的《布莱克法律大词典》就将证据规则解释为,规范达到法律诉讼活动记录要求的证据可采性的法律体系。但狭义的证据规则仅仅关注证据的可采性问题而忽略了证据的运用过程;广义的证据规则不仅关注证据的可采性并且还关注证据的使用过程,如此广义的证据规则不仅涉及实质正义而且还通过程序正义实现结果公正。规范证据之提交、查实和接纳的制度即为证据规则,因其内容而主要地概括表现为举证规则、查证规则和采证规则。②

---

　　*　本章系 2018 年度国家社科项目"冬奥会赛事争议仲裁研究"(18BTY069)研究成果。

　　①　何家弘:《证据法学研究》,中国人民大学出版社 2007 年版,第 65～66 页。

　　②　张春良:《论 CAS(国际体育仲裁院)庭审证据规则》,载《武汉体育学院学报》2010年第 7 期。

CAS 目前并未就兴奋剂上诉争议案件所适用证据规则进行专门规定，而可以适用的相关证据规则散见于《世界反兴奋剂条例》(The World Anti-Doping Code，简称"WADC")、《CAS 反兴奋剂仲裁规则》。尽管《CAS 反兴奋剂仲裁规则》是适用于 CAS 审理兴奋剂违纪争端一审程序，但由于审理对象都是兴奋剂违纪争端，而且 CAS 一审同上诉仲裁在审限上的不同，这种并不影响证据规则的运用，因此《CAS 反兴奋剂仲裁规则》中的证据规则条款可以成为研究 CAS 审理兴奋剂上诉仲裁案件活动的依据。为研究孙杨事件中 CAS 上诉机构在兴奋剂违纪争议中的证据审查活动，本文采广义证据规则概念，旨在通过对 WADC、《CAS 反兴奋剂仲裁规则》的考察，对仲裁程序中涉及的证据举证规则、质证规则、采证规则进行探讨，以实现对 CAS 上诉仲裁机构在孙杨事件中所使用的证据规则形成较为全面理解。

# 一、兴奋剂违纪仲裁的证据类型

证据是指用以证实或反驳主张事实存在的事物，以及展现给感觉官能证实事实存在或不存在的任何事物。[①] 而事物之间既有区别又有共性，根据事物之间的区别能够将不同事物分为不同类型，依事物的共性又可将具有同一共性的事物归为同一类型。对此《CAS 反兴奋剂仲裁规则》第 A19.1 条、第 A19.2 条指出当事人在仲裁庭审开始前向仲裁庭提交的书面材料中可包含物证、书证、证人证言、专家证言及任何其他证据在内的五种证据形式。

## (一)物证

物证是指以其存在形式、外部特征、物质属性证明案件待证事实的物品、痕迹等物质。[②] 物证是通过客观存在的物质存在方式实现对争议事实的证明，保存完好的物证不受人主观意识的影响，能够真实地还原事实情况。因此物证具有极高的可靠性，物证以其客观属性对当事人主张事实予以证实。

在兴奋剂违纪仲裁中最为常见的物证乃是生物样本。生物样本通过其成

---

[①] Black's Law Dictionary (11th ed. 2019), evidence. https://1. next. westlaw. com/Browse/Home/SecondarySources/BlacksLawDictionary? transitionType = Default&·contextData =(sc.Default)，访问日期：2020 年 6 月 25 日。

[②] 潘金贵主编：《证据法学》，法律出版社 2013 年版，第 120 页。

分特征对事实予以证明。生物样本不仅包括从运动员身体内采集的尿液样本、血液样本,还包括运动员的毛发。这些来自运动员身体的生物样本以其所含物质的成分、比例对案件事实进行证明。WADC 第 2.1 条明确规定只要对运动员的尿液样本、血液样本进行 AB 样本检测后,发现含有禁用物质或其代谢物或标记物即可作为认定存在使用兴奋剂行为。这表明 WADC 认为在兴奋剂违纪仲裁中尿液样本、血液样本是确定运动员是否构成违纪行为最为有力的证据之一。此规定充分考虑到了生物样本的客观属性,因为兴奋剂物质进入人体后,随着血液的循环而存在于人体各处,进而发挥使用者意图实现的功效。由于人体新陈代谢,这些物质要么保持原状态,要么被分解为对应代谢物质以汗液、尿液的方式排出体外。当运动员的尿液、血液样本检测出相关物质之后,因这些生物样本直接来源于运动员身体即可证实其体内曾存在相关物质。同样的,虽然 WADC 并未直接将运动员毛发作为查清违纪事实的证据,但由于兴奋剂物质或其代谢产物能够被毛发吸收并随着毛发生长而被固定下来,因此在实践中仲裁庭也认可毛发是证明是否存在违纪事实的物证。

生物样本通过其化学成分这一物质属性实现其证明功能,此证明功能的实现有赖于对其化学成分进行分析。而物证还有更为直观的证明形式,即直接用于兴奋剂违纪行为的物质或工具,它们以其客观存在的外部形式对事实进行证明,如未被服用的兴奋剂物质、实施兴奋剂作弊的工具。当发现这些直接用于兴奋剂违纪行为的物质和工具时,根据其外部特征和所存在的时空环境能够对是否存在兴奋剂违纪事实进行证明。

(二)书证

书证是以一定的物质作为载体,以载体上记载的内容如文字、符号、图形、表格、数据等来证明案件的真实情况。[①] 书证通过其在事情发生当时记载的内容和表达的意思对事实进行证明。在兴奋剂违纪仲裁中书证一般有两种形式,一种是运动员因逃避兴奋剂检测而被如实记载形成的书证,另一种是运动员进行篡改行为而形成的书证。WADC 第 2.3 条、第 2.4 条规定运动员逃避样本采集和在 12 个月内累计三次违反行踪信息管理规定的行为构成兴奋剂违纪行为;WADC 第 2.5 条及其释义指出运动员向反兴奋剂机构提供虚假信

---

① 唐力:《论书证的认证规则——书证认证规则之比较研究》,载《证据学论坛》(2002年第 1 辑),中国人民大学法学院证据学研究所主办,第 106 页。

息，或在接受兴奋剂检测时涂改兴奋剂检测单的识别号码构成兴奋剂违纪行为。这两种违纪行为的认定需要依靠相关文件的详细记载作为证据，而记载相关实际情况的文件就构成兴奋剂违纪仲裁中的书面证据。

作为书证的事物也可能是物证，如运动员撕毁记录以逃避兴奋剂检测，被撕毁的记录以其内容证实了运动员存在逃避检测行为，而被毁坏的物质状态也证实了运动员逃避行为。因此书证与物证的区别在于：书证是通过其记载内容所表达的意思对事实进行证明，而物证则是通过其物质状态、属性对事实进行证实。两者在证明根据上存在明显差异。

（三）当事人陈述

当事人陈述是指在争端中当事人就自己所知道的实际情况向裁判者进行的叙述。当事人作为兴奋剂违纪仲裁纠纷的亲历者对于违纪事实有着最为直接的经历，通过其相关描述与辩论，仲裁庭对违纪事实能够作出较为客观的判断。因此当事人本人是权利主张的主体，同时又是证据的客体。[①] 由于当事人全面参与了兴奋剂违纪争议事件全过程，所以当事人对违纪事实能够作出最为全面、具体的描述。从理论上看，当事人陈述应当比其他任何证据形式都更加能够全面真实地反映案件事实。[②] 从这个角度来看，当事人陈述对于查清事实有着重要的价值。

当事人作为仲裁裁决的承受者，其利己心态促使其在陈述时表达对自己有利的情况并刻意回避对自己不利的事实，甚至还会掺杂虚假信息达到利己目的。此外，当事人在兴奋剂违纪仲裁活动中既会对相关事实进行陈述，也会表达自己的意见、观点等主观看法，这种个人主观意见同事实陈述相互交织的情况也成为当事人陈述这一证据形式的突出特点。就证据提交或呈示的方式而言，与其他证据如证人证言等都不同，当事人关于案件事实的陈述在大多数"自然而然"的状态下总是与主张或反驳、意见立场以至情绪性的表达纠缠混合在一起。[③] 因此虽然当事人是最了解兴奋剂违纪争议事件真实情况的人，但对于作为证据的当事人陈述不应具备超越其他证据类型证明力的效果，应

---

① 段文波：《〈民事诉讼法〉修改应当关注作为证据的当事人》，载《西南政法大学学报》2012 年第 3 期。

② 叶青主编：《诉讼证据法学》，北京大学出版社 2013 年第 2 版，第 83 页。

③ 王亚新、陈杭平：《论作为证据的当事人陈述》，载《政法论坛》2006 年第 6 期。

当接受其他证据的佐证以保证其真实性。

(四)证人证言

在国内诉讼活动中,证人证言是指证人就自己所知道的案件事实情况向司法机关所作的陈述。[①] 因此,证人证言是证人在兴奋剂违纪仲裁活动中向仲裁庭就争议有关情况作出的陈述。证人证言不同于其他证据之处在于它是由证人形成的。对案件事实有所了解的证人包括直接经历或目睹案件主要事实经过的证人和对案件发生前后的事实或案件局部情况有所了解的证人。[②] 对于证人是否应当具备必要的资格这一问题,《CAS 反兴奋剂仲裁规则》并未就此进行规定,依据"法无禁止即自由"之原则,则兴奋剂违纪仲裁中除当事人之外的任何人都可以因其亲身经历和直观感受成为证人。

证人证言的形成来源导致了它有如下特征:(1)证人证言是对争议事实有关情况亲身了解的证人提供的;(2)证人证言是证人对其所见所感的情况进行的叙述,叙述内容是同争议事实发生而同步形成的并非之后生成;(3)证人证言依然需要"去伪存真",除去当事人之外任何曾亲身经历了争议事实发生的人都可以成为证人,虽然扩大了证人证言来源范围,但是由于人的记忆无法像数据硬盘一样全面、无误差复刻亲身经历,而且人的主观能动性导致人无法保证其叙述内容都是对客观情况无误的表达,因此在兴奋剂违纪仲裁中证人证言依然需要仲裁员对其真实性进行判断。

尽管证人证言存在不完美之处,但证人证言依然对于违纪争议事实的查清有着重要的价值。首先,证人证言能够直接或者间接证明案件有关事实;其次,证人证言丰富、生动、具体,更易于通过它了解案件事实的经过和全貌;再次,证人证言客观性强于当事人所做的陈述,证明力较强;最后,证人证言可以与其他证据相互印证,用以甄别其他证据。[③] 证人证言的这些特征源于证人在争议事件发生过程中的亲身经历,虽然证人可能亲身经历了事件的全过程也可能只是经历了部分过程,但证人知晓的全部或部分事实能够为仲裁庭发现真实情况提供依据或线索;人脑虽然不如数据存储系统般能够全面客观、完

---

① 何家弘、刘品新:《证据法学》,法律出版社 2008 年第 3 版,第 163 页。

② 强卉:《刑事证人证言的可信性问题研究——以美国证据法中的证人弹劾制度为视角》,载《法律科学》2016 年第 3 期。

③ 陈光中主编:《证据法学》,法律出版社 2011 年版,第 167~168 页。

整无误地记录下亲身经历,但其依然能够相较于物证、书证表达出事件的某些细节,而这些细节又能帮助仲裁庭查清事实、分辨真伪;而且证人并非当事人,能够比当事人叙述出更为客观的事实情况,因此证人证言的客观性、真实性又要高于当事人陈述;仲裁庭面对来源各异的证据,需要对各种证据的真实性进行判断,而证人证言则向仲裁庭在判断证据真实性时提供了对比的材料。

### (五)专家证言

专家证言即我国证据法学所称之鉴定意见,专家证言是由具有专门知识的专业人员在庭审中依据自己的专业知识对待证事实发表的个人意见。专家证言是指具有专门知识的人在专业领域就专门问题提供的专业性意见。[①] 由此可见,专家证言必须是专业人员以其专业知识对事实情况发表的个人意见,当某一领域的专业人员发表的内容是建立在常人理解的基础上时,则不能成为专家证言,因为叙述并非同专业知识具有任何关系。

专家证言并非建立在专家亲身经历了争议事实发生的基础之上,而是建立在专家的专业知识之上,因此专家证言形成条件乃是要求相关专家证言是由具有相关专业知识、技能的人作出的。专家证言是一种主观意见,这种主观意见之所以被采纳是因为其能够帮助仲裁庭查清事实、还原真相。这也是专家证言不像其他主观意见被排除的原因所在。主观意见是人的遐想并非客观事实,因此对于目的在于发现客观真实的证据而言主观意见是不符合要求的。但专家证言既是主观意见但又区别于没有事实依据的主观意见。它是人主观上对客观事实的推断,这种推断以客观事实、资料为基础,并根据可靠的原理或方法作出。专家证言弥补了裁判者在认知知识上的不足,帮助裁判者更好地理解客观事实。正因为如此,《仲裁规定》第 A19.1 条要求当事人在向仲裁庭提交的书面材料中,若包含专家证言时应当说明其擅长的专业领域。在 International Olympic Committee (IOC) v. Xinyi Chen 案中,针对 IOC 提交样本兴奋剂物质氢氯噻嗪阳性的结论,运动员陈欣怡向 CAS 仲裁庭提交了中国反兴奋剂中心前副主任、兴奋剂检测实验室主任吴侔天的专家证言,质疑阳性检测结果是由样本存储时间过长导致样本内物质发生变化所致,和不同实验室对氢氯噻嗪实施不同的检测标准;对此 IOC 在 CAS 仲裁庭听证会上派出了加拿大蒙特利尔反兴奋剂实验室的负责人 Christiane Ayotte 以支持自己

---

① 易延友:《证据法学:原则 规则 案例》,法律出版社 2017 年版,第 223 页。

所主张的兴奋剂违纪事实。[①]

## (六)其他证据

上述证据种类是《CAS 反兴奋剂仲裁规则》从形式上对证据的分类,由于证据学依然处在不断发展的过程中,因此证据类型也在不断丰富。例如美国证据法学界在实物证据、书面证据、证人证言、司法认知、专家证言之外,提出了科学证据的概念,将指纹鉴定、DNA 鉴定等结论归纳为科学证据。[②] 上述 5 种证据类型无法全面应对证据学的发展,因此需要《CAS 反兴奋剂仲裁规则》第 A19 条对予以证明兴奋剂违纪行为的证据划分采取开放式的规定,虽然条文中区分了物证、书证、当事人陈述、证人证言、专家证言五种类型,但最后采用开放式的兜底用语——其他用以概括在当前情况下由于规则制定主体受认识局限而忽视的证据类型。

证据类型是依据证据的不同表现形式对证据进行的划分、归纳,但证据之所以成为证据的原因在于它具有发现真实的功能。类型的划分并不影响具有发现真实功能的事物成为庭审证据。所以只要是能对当事人主张事实进行证实的事物,都具有成为证据的资格。

因此《CAS 反兴奋剂仲裁规则》通过规定"其他证据"类型允许当事人自由提出任何能够证实违纪行为的事物,只要这些事物具有证实违纪行为功能即可成为兴奋剂违纪仲裁的证据,不受是否能够被划归为具体证据类型的影响。如此可以发现在 CAS 兴奋剂违纪仲裁活动中并不存在非法证据排除规则之类对证据合法性进行约束的规则,允许当事人在仲裁庭审中自由主张对己方有利的任何证据。究其原因乃是 CAS 兴奋剂违纪仲裁这一争端解决方式仍然是一种民事争端解决方式,同在商事活动中被广泛接受的商事仲裁的区别仅是其处理的争议属性方面。

此外其他证据这一规定昭示了《CAS 反兴奋剂仲裁规则》并未设置法定证据,而不设置法定证据的意义在于《CAS 反兴奋剂仲裁规则》中不存在证据的证明力规则。证据的证明力规则最早来源于中世纪的法定证据规则,法定证据规则认为基于人的理性使人可以对证据证明力大小进行判断,而立法者

---

① Arbitration CAS anti-doping Division (OG Rio) AD 16/005 International Olympic Committee (IOC) v. Xinyi Chen, award of 18 August 2016.

② 陈卫东、谢佑平主编:《证据法学》,复旦大学出版社 2016 年第 2 版,第 72 页。

的理性又高于司法者,因此人为预先对证据证明力大小进行设置,在司法实践中,司法者只需按照既有规则进行判断即可。自由心证制度的出现导致这一规则已走向没落,大陆法系法律已经没有了关于证明力大小的规定;英美法系虽然仍存在少数关于证明力规则但正在逐步走向消亡。《CAS 反兴奋剂仲裁规则》设置其他证据这一规定不仅保证了仲裁庭在兴奋剂违纪争议中能够最为全面的查清事实,而且还体现了《CAS 反兴奋剂仲裁规则》在立规技术上对现代证据法学研究成果的吸收。

## 二、兴奋剂违纪仲裁的举证规则

举证具有特殊性,它是双方在审判或者证据交换过程中向法庭提供证据证明其主张之案件事实的活动。[①] 举证规则是对双方当事人举证责任进行明确的规则。举证责任作为证据开示机制,强迫一方或另一方提供证据,否则,便要承担败诉后果。[②] 作为采取"对抗式辩论原则"(Adversary System)的兴奋剂违纪仲裁庭审,仲裁庭在证据获取方面采取消极态度,任由双方当事人提交证明自己主张的证据。若一方当事人未能充分履行其举证义务则将承担败诉的后果,正如法谚曰"举证责任之所在,败诉之所在"。虽然《CAS 反兴奋剂仲裁规则》并未对举证责任这一重要问题作出明确规定,但 WADC 与 CAS 仲裁庭在不断发展的兴奋剂违纪仲裁实践中,逐步形成了相关的举证责任规则。

### (一)举证责任的分配

兴奋剂违纪仲裁作为一种解决兴奋剂违纪争端的民事纠纷解决机制,其仍然秉持"谁主张,谁举证"的基本原则。现代证明责任理论认为,任何要件事实在诉讼中均可能出现被证明、被驳回和真伪不明三种情形;而证明责任规范以分配该法律风险为规范内容。[③] 兴奋剂违纪仲裁中的举证责任分配的后果就是对兴奋剂违纪仲裁裁决结果中的风险进行了安排。任何一方当事人应当对其主张的事实承担举证责任,否则将承担因未能充分履行其举证责任而导

---

① 何家弘、刘品新:《证据法学》,法律出版社 2008 年第 3 版,第 228 页。

② 〔美〕罗纳德·J.艾伦:《艾伦教授论证据法(上)》,张保生、王进喜、汪诸豪等译,中国人民大学出版社 2014 年版,第 153 页。

③ 胡东海:《"谁主张谁举证"规则的法律适用》,载《法学》2019 年第 3 期。

致仲裁庭无法对其主张事实进行认定的结果。

　　在英美证据法上将举证责任又称为提证责任,提证责任在于规定当事人提出证据证明使法庭相信该事实存在。[①] 对于反兴奋剂机构而言,WADC 第 3.1 条指出反兴奋剂机构对发生的兴奋剂违纪负举证责任。因此反兴奋剂机构负担向仲裁庭提交证明存在兴奋剂违纪事实的证据。在运动员对反兴奋剂机构的兴奋剂违纪处罚不服而提交 CAS 仲裁庭时,反兴奋剂机构作出的违纪处罚决定所依据事实就是反兴奋剂机构向 CAS 仲裁庭提交的兴奋剂违纪事实,但反兴奋剂机构作为提起 CAS 仲裁的主体,反兴奋剂机构则应当在仲裁申请书中写明其所主张的反兴奋剂违纪事实。反之,被声称存在兴奋剂违纪行为的当事人应当向仲裁庭提交用以反驳反兴奋剂机构观点的证据。如果反兴奋剂机构无法履行其主张兴奋剂违纪事实存在的举证责任,那么反兴奋剂机构将承担因仲裁庭无法准确判断兴奋剂违纪事实是否存在而导致 CAS 仲裁庭不支持其主张的后果;即使被控告存在兴奋剂违纪事实的主体也无法充分提供反驳证据时,仲裁庭也不能支持反兴奋剂机构的主张,因为反兴奋剂机构的举证责任并不因对方当事人未充分履行举证责任而免除。

　　若当事人一方的举证责任因相关证据在对方手中而无法充分履行时,《CAS 反兴奋剂仲裁规则》第 Λ19.4 条允许负有举证责任的当事人向仲裁庭提出由仲裁庭向另一方当事人下达交出相关证据命令的请求。这一规定保证举证责任分配的合理性,因为负有举证责任的当事人应承担不提供证据而导致的不利后果,如果相关证据是由另一方当事人掌握,当事人虽然有举证责任但无力提供,若还依照"谁主张谁举证"的责任分配模式极有可能导致当事人非因懈于履行责任而败诉,这不仅不能够查清事实而且将造成仲裁裁决不公。所以《CAS 反兴奋剂仲裁规则》第 Λ19.4 条的规定既保证了当事人在"谁主张谁举证"原则下积极履行举证责任,因为当事人需要对请求的原因进行说明,也保证了事实的查清,这是因为通过发布相关命令仲裁庭能够获得更为充分的证据。

---

　　① 易延友:《证据法的体系与精神——以英美法为特别参照》,北京大学出版社 2010 年版,第 293 页。

### (二)举证责任的关联性要求

证据的作用在于对争议事实进行重现,而 CAS 兴奋剂违纪仲裁是解决是否构成兴奋剂违纪争议的一种纠纷解决方式。只有能够对兴奋剂违纪事实是否成立予以证明的证据,才能够称得上 CAS 兴奋剂违纪仲裁的证据。因此当事人履行举证责任时向仲裁庭提交的证据必须能够同兴奋剂违纪争议具有关联性。证据规则实际上都离不开相关性这个概念,它将证据与主张结合起来,要求所有的主张都必须以证据为基础,同时所有的证据的提出都必须以一定的主张为前提,避免无关信息进入庭审。[①] 当事人只有向仲裁庭提交同兴奋剂违纪行为有关的事实材料才可被认为是履行了举证责任。否则无论当事人提交多少与争议无关的事实材料都无法被认为是履行了举证责任,因为这些材料对于查清兴奋剂违纪争议事实没任何作用。关联性具有重要连接价值,它是事实材料转变为裁判证据的关键环节。作为英美证据法的基本概念[②],虽然《CAS 反兴奋剂仲裁规则》并未对证据的关联性进行专门规定,但是在第A19.4 条关于当事人请求仲裁庭命令另一方当事人提供证据的规定中对关联性进行了关注,此规则要求提出请求的当事人应当对请求之证据同案件的关联性进行说明。规定这一命令作出的前提必须是请求方已经对相关证据存在的可能和同案件事实之间可能的关联性进行了说明。这表明在兴奋剂违纪仲裁中,当事人在举证过程中不能仅仅只是关注提交证据这一任务,而且还应关注证据是否同争议事实有关联,即使并不需要当事人充分论证证据与事实之间的关联性。

关联性要求证据有助于查清兴奋剂违纪事实,而是否构成兴奋剂违纪事实是由相关兴奋剂违纪规则所确定的,因此证据应能够对兴奋剂违纪规则所规定的实质性构成要素进行证明。兴奋剂违纪仲裁所遵循的实体规则——WADC 对相关兴奋剂违纪规则的实质性内容进行了明确的规定。将于 2021年生效的新版 WADC 在第 2 条规定了 11 种兴奋剂违纪行为,分别是:(1)在运动员的样本中,发现禁用物质或其代谢物或标记物;(2)运动员使用或企图使用某种禁用物质或禁用方法;(3)逃避、拒绝或未完成样本采集的行为;(4)

---

① 陈卫东、谢佑平:《证据法学》,复旦大学出版社 2016 年版,第 49 页。

② 易延友:《证据法的体系与精神——以英美法为特别参照》,北京大学出版社 2010年版,第 99 页。

违反行踪信息管理规定;(5)篡改或企图篡改兴奋剂管制过程中的任何环节;(6)持有某种禁用物质或禁用方法;(7)从事或企图从事任何禁用物质或禁用方法的交易;(8)赛内对运动员施用或企图施用任何禁用物质或禁用方法,或赛外对运动员施用或企图施用任何赛外禁用物质或禁用方法;(9)共谋;(10)禁止合作;(11)运动员或其他当事人对向监管当局告发违纪行为采取阻挠和报复的行为。

当事人提交的证据应当与兴奋剂违纪行为有关,CAS 兴奋剂违纪仲裁中当事人只有提交能够涉及兴奋剂违纪行为的证据时,兴奋剂违纪监管主体方才正确地履行了举证责任。在 International Olympic Committee (IOC) v. Gabriel Sincraian 案中 IOC 向 CAS 仲裁庭提交了从运动员生物样本中检测出外源性兴奋剂的检测报告,仲裁庭因此认定 IOC 履行了符合 WADC 第 2.1 条要求的举证责任①;由于证据关联性的判断是仲裁庭的职责,当事人不能代替仲裁庭在证据关联性问题上作出判断,因此举证责任的关联性要求并非要求当事人准确无误地保证证据的关联性。《CAS 反兴奋剂仲裁规则》第 A19.4 条对当事人请求仲裁庭收集证据的规定中所使用的 likely 一词就解释了此处关联性要求的标准。布莱克法律英语词典将 likely 解释为似乎(apparently)或可能的(probable)真实性②,因此举证责任中的相关性是一种可能性的相关,而非证据采证中仲裁庭对相关性作出的确定性判断。

(三)举证时限要求

任何责任的履行都有时限上的要求,举证责任也不例外。在诉讼程序中,举证时限制度,是指负有举证责任的当事人应当在法律规定和法院指定的期限内提供证明其主张的相应证据,逾期不举证则承担证据失效法律后果的民事诉讼期间制度。③ 举证期限由两部分构成。其一是一定的期限,在该期限内,当事人可以向法院提交证明其诉讼主张的证据。其二是法律后果,即指逾

① Arbitration CAS anti-doping Division (OG Rio) AD 16/010 International Olympic Committee (IOC) v. Gabriel Sincraian, award of 8 December 2016.

② Black's Law Dictionary (11th ed. 2019), likely. https://1.next.westlaw.com/Browse/Home/SecondarySources/BlacksLawDictionary? transitionType = Default&context Data=(sc. Default),访问日期:2020 年 7 月 3 日。

③ 陈桂明、张峰:《民事举证时限制度初探》,载《政法论坛》1998 年第 3 期。

期举证所产生的法律后果。① 仲裁对效率的要求，使得仲裁规则需要要求仲裁庭不断地推进仲裁活动、及时作出裁决。因而举证时限在仲裁中起着同诉讼中一样的功能，即当事人应当在仲裁规则或仲裁庭指定的期限内提交支持其主张的相关证据，否则将承担因逾期不举证而导致证据失效的后果。举证是双方当事人向仲裁庭提交证据，为仲裁庭查清事实以正确作出裁决所进行辩论活动。因而在仲裁程序中，当事人是否能够及时举证、正确举证将影响仲裁庭对事实的判断。而举证时限要求有助于程序公正的实现、有利于效益的提高。②

《CAS 反兴奋剂仲裁规则》第 A19 条通过对仲裁程序中证据的提交而规定了当事人举证时限的要求。第 A19.3 条肯定了仲裁庭在自己认为已经充分了解事实真相的情况可以不举行听证会，直接作出裁决。第 A19.3 条规定"仲裁庭在充分地查阅了双方当事人提交的书面陈述之后，如果确信自己已经充分了解了事实，仲裁庭可以不举行听证会"。对于需要举行听证会的仲裁活动而言，听证会上的当事人辩驳的内容只能限于当事人之前提交给仲裁庭的书面陈述的内容，当事人在听证会上辩驳的内容在听证会召开之前提交给仲裁庭。听证会的召开只是当仲裁庭无法根据当事人提交的证据对事实作出判断时，由双方当事人相互间就这些证据进行辩论，仲裁庭通过听取双方当事人的辩论对证据的真伪、事实的真相作出判断。第 A19.3 条要求仲裁庭举行听证会的内容仅限于双方当事人提交的书面材料的内容；虽然允许相关证人和专家证人出席作证，但仅限于当事人之前在提交的书面材料中所确定的证人和专家证人。

因此，当事人举证责任的履行截止时间是当事人向仲裁庭提交载有自己主张及支持材料的书面材料时为止。虽然《CAS 反兴奋剂仲裁规则》第 A19.1 条允许仲裁庭在当事人提交相关书面材料后，根据审核书面材料内容的情况决定是否指示当事人进行补充。但这种补充是由仲裁庭主导的存在极大的不确定性，且仲裁活动并不受当事人是否及时履行这一指示的影响，因为《CAS 反兴奋剂仲裁规则》第 A19.3 条允许仲裁庭依一方当事人提交的详细证据认为已经对事实真相充分了解后可直接作出裁决。而第 A19.4 条请求仲裁庭收集证据的申请构成了例外，因为此类证据并非可由当事人提供，但当事人应

---

① 李浩：《举证时限制度的困境与出路》，载《中国法学》2005 年第 3 期。

② 陈桂明、张峰：《民事举证时限制度初探》，载《政法论坛》1998 年第 3 期。

当在提交仲裁庭的书面材料中写明相关请求。如此一来,既可以保证当事人积极履行举证义务,也可以保证当事人相互之间充分知悉对方的主张与依据,进而避免庭审中出现证据突袭情况。

## 三、兴奋剂违纪仲裁的质证规则

质证在整个证明环节中处于承上启下的中间位置,它是举证的后续,是采证的基础。质证是相对于举证而言,是对举证内容的质疑和甄别;质证是认证的前提和基础,其目的是影响认证的结果。[①] 因此质证目的在于帮助 CAS 仲裁庭查明案件事实,建立正确的内心确信方面具有重要的价值。在 CAS 兴奋剂违纪仲裁中质证以听证会的形式进行,仲裁庭举行听证会是原则,不举行是例外。《CAS 反兴奋剂仲裁规则》第 A19.3 条规定仅当仲裁庭充分地对案件了解的情况下才可不举行听证会,且当事人应当积极参加仲裁庭举行的听证会,尤其是被认为存在兴奋剂违纪行为的当事人,WADC 第 3.2.5 条规定如果被认为存在兴奋剂违纪行为的当事人拒绝出席听证会,或在听证会上拒绝回答相关提问,将会遭受不利推论。

### (一)CAS 兴奋剂违纪仲裁中质证的模式

质证有两种模式:其一,当事人主导模式,这一模式下当事人对质证活动进行控制,在质证过程中裁判者居于消极地位,其职能仅是质证活动的组织者;其二,职权调查模式,这一模式中裁判者主导并指挥质证活动的进行,当事人只需服从裁判者指示活动即可。CAS 兴奋剂违纪仲裁的质证模式采取了第一种当事人主导模式,当事人对质证活动进行掌控,仲裁庭的作用仅是倾听当事人的辩论,不主动为调查证据而责问当事人。《CAS 反兴奋剂仲裁规则》第 A19.3 条要求仲裁庭充分听取当事人、证人、专家证人的辩论,首席仲裁员主持听证会时其职能仅是保证双方当事人就书面材料的内容进行辩论。在 CAS 兴奋剂违纪仲裁的质证采用当事人主导模式,有助于仲裁庭以中立的姿态位于当事人双方中间,保证仲裁活动在形式上的公平公正。

CAS 主导的国际体育仲裁脱胎于商事仲裁。商事仲裁信奉私法自治理

---

① 　尚华:《论质证》,中国政法大学出版社 2013 年版,第 94 页。

念,在程序上具备私密性特点。私密性指庭审不对案外人公开。[①] 因此过往
CAS 仲裁庭在审理兴奋剂违纪争议案件时,举行的听证活动基本遵循私密性
要求,不对案外人公开。直到 2018 年 10 月欧洲人权法院就佩希斯泰因案作
出裁决,认为 CAS 应保证佩希斯泰因获得公开听证的权利。为此在 2019 年
首次颁布的、专门针对兴奋剂违纪争议案件适用的《CAS 反兴奋剂仲裁规则》
规定当事人有权申请听证程序公开。第 A19.3 条虽依然肯定了基于仲裁程
序私密性的要求而不对案外人公开听证活动,但同时也规定一旦作为仲裁当
事人的自然人申请听证活动公开,仲裁庭则必须公开听证活动。除非当公开
听证活动将会损坏公序良俗、国家安全、对未成年人的保护、当事人隐私的保
护,公开报道有损司法体制、相关争议同其他法律问题相关时,仲裁庭才可以
拒绝当事人要求听证公开的申请。正是因为有了这条新规,孙杨的律师方才
有效地申请听证程序公开。这一规定的意义在于保障了审理过程的透明性,
主动接受公众监督。[②] CAS 兴奋剂违纪仲裁涉及的运动员一般都是国际级运
动员,裁决结果具有较大的影响,因此公开听证活动有助于案外人对仲裁裁决
的理解,增强了案外人对 CAS 仲裁庭公正性的信仰。

(二)CAS 兴奋剂违纪仲裁中质证的功能

质证在 CAS 兴奋剂违纪仲裁中具有重要的功能,主要体现在三个方面:
(1)质证具有审查证据的作用。证据是仲裁庭认定事实的基础,合理适用相关
兴奋剂规则的前提条件。兴奋剂违纪争议涉及证据的真伪、取舍问题,决定了
仲裁裁决的结果。在听证会上,当事人对仲裁庭所获得的证据材料提出质疑、
发表意见,其目的在于对任何不利于自己的证据提出异议以达到影响仲裁员
内心对事实的确信;(2)质证是当事人所拥有的一项重要庭审权利。由于仲裁
庭对证据的取舍关涉最终的裁决结果,因此质证关系当事人权利的保障,是避
免仲裁程序中出现瑕疵,保障程序公正的重要措施。如果当事人无法正确行
使这些权利将无法保证仲裁裁决基于客观事实形成,裁决公正性亦将受到严
重的质疑;(3)质证能够帮助仲裁庭查明事实。仲裁庭并非兴奋剂违纪争议事
件的亲历者,因此仲裁庭对兴奋剂违纪事实的认定都有赖于当事人提交的证
据。趋利避害是人的本性,因此当事人会提交于己有利的证据,尽可能回避对

① 丁丁、刘璐:《论国际投资仲裁的公开》,载《国际法研究》2019 年第 1 期。
② 周青山:《CAS 兴奋剂仲裁机制评析》,载《武汉体育学院学报》2019 年第 5 期。

自己不利的信息,甚至会使用各种手段误导仲裁庭。仲裁庭为避免形成错误的事实认定,有必要通过质证对证据进行审查建立正确的事实认识。

## 四、兴奋剂违纪仲裁的采证规则

在司法程序中,采证是指法官在诉讼过程中,尤其是在庭审时,就当事人举证、质证、法庭辩论过程中所涉及的与待证事实有关联的证据材料进行审查和认定,确认其可采性以及证明力的大小与强弱,并决定是否予以采信以及如何采信的诉讼行为和职能活动。① 因此,采证规则关注证据的可采性与证明力的强弱。

### (一)关于可采性的规则

诉讼程序中,可采性又可称为证据资格、证据能力,也就是一项材料、物品、言论能否在法庭上提交和作为证据使用。可采性与关联性不同,关联性主要关注的是材料物品等于案件事实在客观上、逻辑上的联系。② 关联性是可采性的前提,关联性解决的是逻辑问题,可采性解决的是法律认可问题。③ 也就是说证据的可采性是在证据具有关联性的基础上,根据相关规则对具有关联性的证据是否具有不能使用的瑕疵的判断。因此证据可采性可以被理解为是否被相关证据排除规则所约束。因此,在 CAS 兴奋剂违纪仲裁程序中对证据可采性的关注应聚焦在 CAS 兴奋剂违纪仲裁是否存在相关证据排除规则。

对此,《CAS 反兴奋剂仲裁规则》并未规定任何有关证据排除规则,而 WADC 就证据可采性上持有关联性就有可采性的观点。有关联性就有可采性,是关联性与可采性之间关系的一个基本原则。④ WADC 第 3.2 条规定任何可靠的理由都可以用于证实与兴奋剂违规行为相关的事实(Facts related to anti-doping rule violations may be established by any reliable means.),而

---

① 叶青:《诉讼证据法学》,北京大学出版社 2013 年版,第 170 页。

② 房保国:《证据的可采性与非法证据排除》,载《证据学论坛》(2006 年第 1 辑),中国人民大学法学院证据学研究所,第 136 页。

③ 房保国:《证据的可采性与非法证据排除》,载《证据学论坛》(2006 年第 1 辑),中国人民大学法学院证据学研究所,第 137 页。

④ 易延友:《证据法的体系与精神——以英美法为特别参照》,北京大学出版社 2010 年版,第 103 页。

在《布莱克法律英语大词典》中 means 一个解释为:有助于事件结束的理由。因此,WADC 第 3.2 条内容的实质就是认可任何同兴奋剂争议有关联性的证据都具有可采性。因此,在 CAS 兴奋剂违纪仲裁中仲裁庭对证据是否具有可采性应只需考虑证据的关联性。

上述规则之所以在证据可采性问题上不设置过多规则的原因可能在于:(1)CAS 兴奋剂违纪仲裁程序中事实认定和裁决作出都是由仲裁庭完成,而组成仲裁庭的仲裁员都是具有良好法学知识的人,他们具有排除无关证据的能力,因而没有必要规定品格证据规则、意见证据规则等用以指导排除无关证据的规则;(2)兴奋剂违纪争议是民事争议,主导兴奋剂监管的反兴奋剂组织不具备可能伤害当事人合法权益的权力,也就不存在规定排除非法手段获取证据的需要。非法证据排除规则排除了证明被告有罪的供述和其他具有证明力的证据——如果这些证据是警方通过侵犯被告人某项基本权利的方式获得的。非法证据规则旨在保证刑事司法机制运行的正当性。非法获得证据可能有助于查清事实,但是其来源具有非法性,可能是通过侵犯人的身体健康权、隐私权获得的。如果允许非法证据的适用将会鼓励警察实施违法行为,这不仅侵害人的合法权益而且还将损害刑事司法程序的公正性、刑事判决的可接受性。[①]

### (二)关于证明力的规则

对证据之真实性有无、相关性大小强弱的评价,也就是对证据证明力的判断。[②] 当前自由心证原则已经代替法定证据规则成为司法实践中对证据判断的主流,因此证据证明力问题其实属于裁判者自由心证的范畴。而自由心证是裁判者建立在对客观世界认识上的主观思想活动,正是由于必须以客观世界认识为基础,所以对证据证明力的判断也有迹可循。证据之所以能够对待证事实予以证明是因为它同待证事实之间存在关联,两者之间的关联是将证据同待证事实联系的桥梁,也是裁判者形成主观认识的依据。证据是否具有

---

① [美]亚历克斯·斯坦:《证据法的根据》,樊传明、郑飞等译,中国人民大学出版社2018年版,第30~31页。

② 陈瑞华:《以限制证据证明力为核心的新法定证据主义》,载《法学研究》2012年第6期。

证明力的关键在于它所包含的信息(事实)是否与案件的待证事实相关联。①
虽然存在通过关联性这一客观存在去认识证明力,但世间万物纷繁复杂,因而
无法通过规定固定的规则确定事物之间的关联性,只得由裁判者根据经验法
则和事物的逻辑规律去具体判断。

　　自由心证原则和证据裁判原则是现代司法证明制度的基础原则,这两条
基本原则互为基础,同时又构成了对对方的限制与约束。② 自由心证与证据
规则之间存在着一种平衡,在 CAS 兴奋剂违纪仲裁的证明力规则方面,这种
平衡体现在 WADC 仅就科学证据证明力的推定和生效裁判所确认事实的证
明力作出了规定。

　　1.科学证据证明力的推定

　　在诉讼活动中,推定是由法律规定并由司法人员作出的具有推断性质的
事实认定。③ 推定具有三个特征:一是推定依赖于一个或一批基础性事实,正
是根据这些基础性事实,得出推定的事实结论;二是基础事实与推定事实之间
的联系是建立在经验基础上的逻辑联系,因此经验法则和逻辑法则是推定运
用的基本法则;三是推定事实只有在缺乏有效反证的情况下方成立,只有在对
方不能提出证据进行有效反驳的情况下,推定事实才能成立。④

　　WADC 第 3.2.1 条和第 3.2.2 条对反兴奋剂组织根据世界反兴奋剂机构
(The World Anti-Doping Agency,简称 WADA)相关规定得出的科学证据正
确性作出了推定规定。科学证据的可采性标准由内外两部分构成,内部标准
有科学有效性、可靠性、科学证据的相关性组成,外部标准是指科学专家的可
信性。⑤ 第 3.2.1 条规定:WADA 在咨询相关科学界并经同行评审后批准的
检测方法和检测标准应被推定为科学有效;若当事人欲否定此推定,应承担举
证责任。这一规定的意义在于,在 CAS 兴奋剂违纪仲裁中反兴奋剂组织从运
动员身上获得的生物样本,根据 WADA 确定的检测方法进行检测后,当发现

────────────

　　① 叶青:《诉讼证据法学》,北京大学出版社 2013 年版,第 62 页。
　　② 卞建林、李树真、钟得志:《从逻辑到法律:推定改变了什么》,载《南京大学法律评
论》2009 年春季卷,第 43 页。
　　③ 何家弘:《论推定规则适用中的证明责任和证明标准》,载《中外法学》2008 年第
6 期。
　　④ 龙宗智:《推定的界限及适用》,载《法学研究》2008 年第 1 期。
　　⑤ 张南宁:《科学证据可采性标准的认识论反思与重构》,载《法学研究》2010 年第
1 期。

相关数据指标超出 WADA 发布的正常标准为科学证据时，免除了反兴奋剂组织证明科学证据的检测方法和标准正确性的举证义务。第 3.2.1 条的推定规定直接明确了依 WADA 相关检测方法和检测标准得来的科学证据的内部标准具有可采性。但科学性是科学证据的本质特征，但科学往往具有不确定性的，这也就决定了科学证据的不确定性。[①] 因此 WADC 第 3.2.1 条同时也允许当事人对 WADA 相关检测方法和标准的科学合理性进行质疑，并且要求履行举证义务。

第 3.2.2 条对科学证据的外部标准正确性进行了规定。虽然科学证据的技术先进性在一定程度上决定了它的证明价值，但这并不意味着科学证据的科技含量越高其证明力就大，因为科学技术的"科学性"、检测过程和条件、科学家的知识水平及职业操守等对科学证据的证明力均有重要影响。[②] 由于推定导致举证责任倒置，因此当事人应根据第 3.2.2 条举证实验室在检测活动出现过偏离 WADA 发布的实验室国际标准。

科学证据对违纪事实的证明有赖于科学证据形成依据和检测程序是正确的事实，根据正确标准和程序获得的科学证据所反映的指标异常可以证明存在兴奋剂使用行为。

2.生效裁判确认的预决事实

在诉讼中预决事实是指为生效法律文书（包括法院裁判和仲裁裁决）所确认的事实认定规则，属于证据规则上的免证规则之一。[③] WADC 第 3.2.4 条规定在兴奋剂违纪仲裁之前由法院或有管辖权的裁判机构作出的已生效裁判中认定事实在仲裁中具有免证效力，认可生效裁判确定的事实作为已查明证据在兴奋剂违纪仲裁中使用。因此，在以 WADC 为准据法的 CAS 兴奋剂违纪仲裁中，已生效法律文书（法院裁判和仲裁裁决）所确认的事实具有免于举证、质证的证明力。预决效力的本质是"不容再争议"，因此在后诉中不存在当事人用反证推翻的可能性。[④]

但第 3.2.4 条同时指出除非当事人能够证明此裁判违背了自然正义的原

---

①　张中、石美森：《论科学证据的证明力》，载《证据科学》2012 年第 1 期。

②　张中、石美森：《论科学证据的证明力》，载《证据科学》2012 年第 1 期。

③　吴英姿：《预决事实无需证明的法理基础与适用规则》，载《法律科学（西北政法大学学报）》2017 年第 2 期。

④　吴英姿：《预决事实无需证明的法理基础与适用规则》，载《法律科学（西北政法大学学报）》2017 年第 2 期。

则。而自然正义的意思是法律的公正与正确地实施。① 预决效力的不容置疑的特性使得当事人无权在就相关事实进行举证反驳。判决的既判力效力需要以前诉判决中事实存否的判断大致符合以真实的高度盖然性为前提。② 因此已生效法律文书所确定事实的预决效力是同生效法律文书的既判力紧密联系的。已生效法律文书只要被仲裁庭承认与执行，当事人就无权反驳其所确认的事实。若已生效法律文书被仲裁庭拒绝承认与执行，那么已生效法律文书就对双方当事人没有既判力效力，则相关事实也就对当事人不存在预决效力。所以第 3.2.4 条的这一规定是指已生效法律文书因不符合 CAS 兴奋剂违纪仲裁的仲裁地——瑞士的相关法律规定而导致其不被承认与执行，如存在 PILA 第 25 条不予承认、执行的情况。③

## 五、孙杨兴奋剂上诉仲裁事件中证据规则的运用

孙杨兴奋剂上诉仲裁程序中，仲裁庭围绕孙杨在兴奋检测活动中的行为是否构成"篡改或企图篡改兴奋剂管制过程中的任何环节"的行为④，而展开了对控告方 WADA 和被控方孙杨提交的证据的考察。

仲裁庭首先指出此类罪名的判断中，不适用严格责任原则⑤，即使被申请人行为存在不当之处，申请人也应对证明被申请人的行为到达指控罪名的要求。仲裁庭指出此案中，适用于申请人 WADA 的证明标准是高于"优势证据"，但低于"排除合理怀疑"的证明标准；而适用于孙杨方面的证据标准则是"优势证据"。⑥ 虽然表面上申请人 WADA 在证据标准上提出了更为严格的

---

① Black's Law Dictionary (11th ed. 2019)，natural justice. https://1.next.westlaw.com/Browse/Home/SecondarySources/BlacksLawDictionary? transitionType = Default&contextData =(sc.Default)，访问日期：2020 年 7 月 12 日。

② 段文波：《预决力批判与事实性证明效展开：已决事实效力论》，载《法律科学（西北政法大学学报）》2015 年第 5 期。

③ 陈卫佐：《瑞士国际私法法典研究》，法律出版社 1998 年版，第 67～69 页。

④ CAS 2019/A/6148 World Anti-Doping Agency v. Sun Yang & Fédération Internationale de Natation，para.191.

⑤ CAS 2019/A/6148 World Anti-Doping Agency v. Sun Yang & Fédération Internationale de Natation，para.193.

⑥ CAS 2019/A/6148 World Anti-Doping Agency v. Sun Yang & Fédération Internationale de Natation，para.192.

要求,但由于相关标准实际并非"排除合理怀疑",因此,即使被申请人指出WADA 的提交的证据存在合理怀疑之处,仍然不能阻止仲裁庭根据此证据认定事实;从两方负担的证明标准对比看,可以发现仲裁庭形成事实确信的基础依然是"优势证据",即根据双方提交的证据对比下形成对事实的认定。

由于双方当事人对孙杨在检测过程中阻止兴奋剂检查人员采集尿液样本,指使保安毁坏保存有孙杨血液样本的玻璃容器,以及孙杨撕毁其签署的兴奋剂检查表的事实没有争议。① 因此,仲裁庭的考察重点在于孙杨实施这一系列的行为是否具有合理的依据,即是否如孙杨方面所主张的兴奋剂检查小组出现了程序性瑕疵,没有保证孙杨在此次兴奋剂检查活动中的程序性权利,此程序性瑕疵导致此次检查活动不能成为合格的检查活动;且孙杨方面取出血液样本是受到了兴奋剂检查官(The Doping Control Officer,简称"DCO")的许可。

对此,孙杨方面主张检查小组的个人没有获得检测机构国际兴奋剂检查管理公司(The International Doping Tests and Management,简称"IDTM")出具的授权书,因此,孙杨有权拒绝听从检查小组指示。作为孙杨方面的证人——事发地浙江省反兴奋剂中心副主任韩照岐先生和孙杨所属中国国家游泳队领队程浩先生指出,中国反兴奋剂中心在实施兴奋剂检查时都会给每位检查人员颁发授权证书。② 但 WADA 方面认为,这是中国反兴奋剂中心自身适用的规则,而作为主要兴奋剂检查标准的《检查和调查国际标准》(The International Standard for Testing and Investigations,简称"ISTI")并未提出此项要求,检查人员已经按 ISTI 的要求正确地向孙杨表明了身份。③ 对此 WADA 的专家证人 Kemp 先生指出,孙杨在 2012 年至 2019 年提供了 180 个样本,而且是由 11 个不同的采集机构采集④;专家证人 Soderstrom 先生证实在

① CAS 2019/A/6148 World Anti-Doping Agency v. Sun Yang &. Fédération Internationale de Natation，para.198.

② CAS 2019/A/6148 World Anti-Doping Agency v. Sun Yang &. Fédération Internationale de Natation，para.233,235.

③ CAS 2019/A/6148 World Anti-Doping Agency v. Sun Yang &. Fédération Internationale de Natation，paras214-217.

④ CAS 2019/A/6148 World Anti-Doping Agency v. Sun Yang &. Fédération Internationale de Natation，para.226.

事发前 6 年，IDTM 一直使用与此案相同的通知程序。[①] 孙杨作为当事人也承认事发前 6 年一共接受了 IDTM 主导的 59 次兴奋剂检查[②]，因此仲裁庭认定事发时检查人员的授权模式合乎检查规范要求。

孙杨方面主张由于孙杨曾在 2017 年对此次 DCO 提出过投诉，因此其不能再次成为执行孙杨兴奋剂检查的 DCO。[③] 对此仲裁庭指出根据 ISTI H.4.2 规定只有同被检查人员存在利害关系的人才会被禁止成为相关人员的 DCO，这种利害关系包括两种：一是从事被检查运动项目的行政工作，二是同被检查人员存在私事上的联系。[④] 但孙杨并未就此两项利害关系提供证据，因此，孙杨方面的此主张不成立。[⑤] 对于孙杨方面主张尿液检查人员（The Doping Control Assistant，简称"DCA"）没有接受 IDTM 的培训及合法授权[⑥]，仲裁庭根据 IDTM 提供的书证——此次 DCA 签署的保密声明文件认为 DCA 已经接受了相关培训，并获得了 IDTM 的授权。[⑦] 关于孙杨方面指控实施血液采集的血液采集人员（The Blood Collectiom Assistant，简称"BCA"）不具备采集资格。[⑧] 仲裁庭同样依据 IDTM 提供的书证——此次 BCA 签署的保密声明文件，确认 BCA 已经具备了 ISTI 规则要求的采集血液样本的资格。[⑨] 此外还根据孙杨在事发时撕毁的自己签署的兴奋剂检查表，推定孙杨已经承认

---

[①]　CAS 2019/A/6148 World Anti-Doping Agency v. Sun Yang & Fédération Internationale de Natation，para.237.

[②]　CAS 2019/A/6148 World Anti-Doping Agency v. Sun Yang & Fédération Internationale de Natation，para.239.

[③]　CAS 2019/A/6148 World Anti-Doping Agency v. Sun Yang & Fédération Internationale de Natation，para.260.

[④]　CAS 2019/A/6148 World Anti-Doping Agency v. Sun Yang & Fédération Internationale de Natation，para.261.

[⑤]　CAS 2019/A/6148 World Anti-Doping Agency v. Sun Yang & Fédération Internationale de Natation，paras 262-263.

[⑥]　CAS 2019/A/6148 World Anti-Doping Agency v. Sun Yang & Fédération Internationale de Natation，para.274.

[⑦]　CAS 2019/A/6148 World Anti-Doping Agency v. Sun Yang & Fédération Internationale de Natation，para.276.282.

[⑧]　CAS 2019/A/6148 World Anti-Doping Agency v. Sun Yang & Fédération Internationale de Natation，para.283.

[⑨]　CAS 2019/A/6148 World Anti-Doping Agency v. Sun Yang & Fédération Internationale de Natation，para.286.293.

了他在接受此次检查之初就已经获得了合适的通知。① 因此，孙杨方面不能以检查人员不具备检查资格及为获得正确告知为由进行抗辩，即此次检查人员的通知行为符合 ISTI 要求。

对于 DCA 不恰当的拍照行为是否可以成为中止检查程序的理由时，仲裁庭根据视频证据，和当事人陈述——DCA 提交的书面材料，确认了 DCA 在事发时确实存在不当拍照行为。② 虽然这一理由成立，却不能构成中止整个检查活动的依据，因为 DCA 进行拍照行为时，血液采集活动已经完成。③ 因此 DCA 不恰当行为并没导致整个检查程序的中止。在处理孙杨方面主张其不知道的损坏血液样本容器的后果时，仲裁庭根据 DCO 和 BCA 的陈述以及证人 Popa 先生的证词——在同 DCO 通话期间，听见 DCO 警告孙杨毁损装有血液样本玻璃容器的后果，仲裁庭认定此次检查人员已经准确地将违规行为可能产生的后果告知孙杨。④ 对于孙杨方面主张，其打破容器取出血液样本是经过了 DCO 的认可。⑤ 仲裁庭根据证人 Popa 提交的指示 DCO 不能留下任何东西的证词⑥和 DCO 提交的当事人陈述中表明的其已经警告孙杨他不能留下任何东西的证词⑦，认为取出血液样本的行为是孙杨及其随行人员采取的行动。

最终，仲裁庭根据对上述事实的认定作出了不利于孙杨的惩罚性裁决。

证据规则的目的在于发现真实，而发现真实事实又和公正裁判互为表里。因为只有发现了争议事实的真实情况，裁判者才能够据此适用相关规则作出

---

① CAS 2019/A/6148 World Anti-Doping Agency v. Sun Yang & Fédération Internationale de Natation，para.296.

② CAS 2019/A/6148 World Anti-Doping Agency v. Sun Yang & Fédération Internationale de Natation，paras299-302.

③ CAS 2019/A/6148 World Anti-Doping Agency v. Sun Yang & Fédération Internationale de Natation，para.308.310.

④ CAS 2019/A/6148 World Anti-Doping Agency v. Sun Yang & Fédération Internationale de Natation，paras315-319.

⑤ CAS 2019/A/6148 World Anti-Doping Agency v. Sun Yang & Fédération Internationale de Natation，para.320.

⑥ CAS 2019/A/6148 World Anti-Doping Agency v. Sun Yang & Fédération Internationale de Natation，para.329.

⑦ CAS 2019/A/6148 World Anti-Doping Agency v. Sun Yang & Fédération Internationale de Natation，para.330.

公正裁判。一份公正裁判才能使得当事人发自内心地接受它,而公正裁判意味着裁判者发现了真实事实,因此证据规则同裁判的接受性具有密切的关系。裁决的正当性来源于实体程序的互动作用,不可否认的是,最有效的莫过于作为裁决基础的事实认定是准确的。[①] 在具体案件中,证据规则的运用都是结合论证目的而发挥其适当功能,运用目的都是为了证明主张事实的成立。

---

① 陈卫东:《诉讼中"真实"与证明标准》,载《法学研究》2004 年第 6 期。

# 第六章

# WADA v. Sun Yang & FINA 案兴奋剂违纪认定专题研究*

2020 年 2 月,CAS 公布孙杨案裁决结果,八年的禁赛处罚震动各界。除事实部分外,反兴奋剂违规认定规则、取样程序的合法合理性、规则冲突等问题都成为案件的焦点,引发热议。应该说,由于对检查人员和检测程序存在异议,孙杨采取了私力救济方式,但最终被认定为违反规则,构成"拒检",行为上略显冲动,结果令人惋惜。然而,事件中的争议问题也的确反映出兴奋剂违纪认定准则对运动员权利关照不够的缺陷。因此,分析兴奋剂违纪认定准则,梳理其中的发展和变迁,针对当前存在的问题,只有提出改进方案,才能够理性地从孙杨案中汲取经验与教训,提升反兴奋剂运动法治化的水平,构建更为公正合理的反兴奋剂规则体系。孙杨案的主要争议焦点在于其行为是否为拒检,是否可以被认定为兴奋剂违纪。兴奋剂违纪认定是进行处罚的基础,需要极为严谨的判断和认定。

## 一、兴奋剂违纪认定准则及调适

兴奋剂违纪认定和确定兴奋剂处罚是两个紧密相关又有所区别的概念。

* 本章系 2020 年度司法部法治建设与法学理论研究部级科研项目"构建公正合理的世界反兴奋剂治理体系研究"(课题号:20SFB2028)阶段性研究成果。

这两个概念类似于刑事领域中的"定罪"和"量刑"。认定兴奋剂违纪主要采用"严格责任"原则，只要运动员有违反了兴奋剂规则的事实，则根据相应规则予以认定。而处罚则一定程度上适用"过错原则"，适当考虑运动员的主观因素，强调"过罚相当"。针对兴奋剂认定的标准，WADC中同时列明了兴奋剂违规的三个要素：(1)能提高运动员的比赛成绩；(2)与体育精神相悖；(3)对运动员健康造成实际或潜在的损害。达到了上述三个标准中的两条，则认定为相关药物或行为构成兴奋剂违纪。

（一）兴奋剂违纪认定准则

WADA于1999年在瑞士洛桑成立。在其所具有的公共职能中，最重要的一项即为兴奋剂领域的立"法"职能。2019年，世界反兴奋剂大会表决通过了2021年实施版WADC，其中也对兴奋剂违纪认定规则进行了完善。WADC历来以列举法罗列兴奋剂违纪的行为，所罗列的行为从2009版的8条增加至2015版的10条。2021版WADC正式公布后，所规定的兴奋剂违纪行为增加至11种。这11种兴奋剂违纪行为可以根据兴奋剂检测结果的判断，主要分为检测阳性兴奋剂违纪和非检测阳性兴奋剂违纪两种。

1.检测阳性兴奋剂违纪认定准则

检测阳性兴奋剂违纪是指在运动员样本被采集并检测后，在其中发现禁用物质或代谢物、标记物。这一类兴奋剂违纪行为规定在WADC第2.1条，也是最常见的兴奋剂违纪行为。此类兴奋剂违纪认定适用的规则和原则主要包括《禁用清单》和严格责任原则。首先，运动员赛内及赛外的禁用物质或其代谢物、标记物由世界反兴奋剂机构制定的《禁用清单》规定。这一清单中列明了具有提高比赛成绩、可能伤害到运动员健康的药物及方法，并根据物质的危害程度分为赛内禁用和常时禁用两类。《禁用清单》每年更新，并在世界反兴奋剂机构公布三个月后自动生效。运动员需要充分了解其中变动，保证不摄入禁用物质，也不得对《禁用清单》提出挑战。其次，认定此类兴奋剂违纪运用严格责任原则，即只要检测出违反《禁用清单》的禁用物质阳性结果，则认定违反兴奋剂规则。严格责任原则的适用使得兴奋剂违纪认定不考虑运动员的主观要件，即"存在即违规"。检测阳性兴奋剂违纪是兴奋剂违纪中最为严厉的认定条例，需要严格的检测程序及结果处理程序加持。

2.非检测阳性兴奋剂违纪认定准则

非检测阳性兴奋剂违纪认定是指根据运动员样本阳性检测结果以外的其

他证据，指控运动员违反兴奋剂规则。非检测阳性兴奋剂违纪规则规定于 WADC 第 2 条，除了第 2.1 条检测阳性兴奋剂违纪之外的兴奋剂违纪。近几年，非检测阳性的兴奋剂违纪案件逐渐增加，WADC 所制定的违纪类型也逐步完善。

第一，依据运动员生物样本阳性检测结果之外的其他证据如运动员的自认、证人证言、专家证据等指控运动员使用兴奋剂。这一违纪规则规定在 WADC 第 2.2 条，是非检测阳性兴奋剂违纪案件最基本也是最常见的案件形式。反兴奋剂组织需要针对相关线索展开调查，并通过完整的证据链进行兴奋剂违纪认定。

第二，逃避、拒绝或未完成样本采集。这一违纪行为是指故意逃避样本采集，或者在接到依照反兴奋剂规则授权的检查通知后，拒绝样本采集、无正当理由未能完成样本采集或者其他逃避样本采集的行为。此类违纪也包括违反行踪信息管理规定。2009 年版的 WADC 规定为在 18 个月内累计 3 次错过兴奋剂检查或行踪信息填报失败，构成兴奋剂违纪。2015 版 WADC 略有调整，将统计期间缩短到 12 个月。运动员的行踪信息管理是兴奋剂检查的重要环节。由于"行踪规则"涉及运动员隐私，所以该规则是与运动员人权保护密切相关的一项规则，也是反兴奋剂领域一直受到广泛争议的规则。[①] 经过多次调整，行踪规则的运行已较为完善，由世界反兴奋剂机构及各国国家反兴奋剂组织统一管理，但对运动员的权益进行一定程度的限制，仍不可避免。

第三，篡改或企图篡改兴奋剂管制过程中的任何环节。这一规则规定在 WADC 第 2.5 条，其中的"篡改"包括但不仅限于故意干扰或企图干扰兴奋剂检查官、向反兴奋剂组织提供虚假信息、恐吓或企图恐吓潜在的证人。孙杨禁赛裁决的主要根据正是该条规则。

第四，多个或大量运动员在一定的个人或机构体系的策划下有组织、有计划地使用禁用物质或禁用方法，构成存在计划的兴奋剂违纪。WADC 第 2.9 条共谋和第 2.10 条禁止合作都对这类集体性违纪行为作出了规定。其中，第 2.10 条禁止合作的违纪认定为 2015 年 WADC 新增条款，并在 2021 年版本中进一步进行了调整。新规中强调只要反兴奋剂机构能够证明运动员应当知道

---

[①] 姜熙：《反兴奋剂"行踪规则"的合法性研究——基于欧洲人权法院"FNASS 等诉法国案"的分析》，载《天津体育学院学报》2020 年第 2 期。

被禁止合作的人员的禁赛状态,而仍然与其合作,就可以适用该条款。① 根据这一规则调整,反兴奋剂机构可扩大实际追诉此类违纪行为的标准。

第五,阻挠、报复兴奋剂举报。这一违纪类型是2021年版WADC第2.11条新增的兴奋剂违纪行为,意在保护举报兴奋剂行为的相关人员。此条款的增加是由于俄罗斯集体服药事件爆发后,举报兴奋剂行为的相关人员受到部分威胁。世界反兴奋剂机构对该条款的制定反映了兴奋剂违纪认定规则会根据具体事件进行调整,及时增加新发现的破坏体育运动公平性的违纪行为,保证反兴奋剂运动实体规则的完善。

(二)兴奋剂违纪认定机构

兴奋剂违纪认定机构主要由运动员所注册的IFs和各国反兴奋剂机构组成。根据兴奋剂违纪认定的规则类型,不同类的兴奋剂违纪认定机构也由不同的兴奋剂违纪管理机构进行认定和处罚。

1.检测阳性兴奋剂违纪认定机构

根据WADC第7.1条,一般情况下,进行样本采集的反兴奋剂组织负责结果管理,并根据结果对兴奋剂违纪行为作出判定和处罚。其中,样本采集又可分为赛内兴奋剂检测及赛外兴奋剂检测,因此,对兴奋剂违纪认定机构也可大致以此为标准进行划分。第一,赛内检查由作为赛事管理机构的体育组织负责样本采集。在国际层面,IOC负责奥运会赛事中的兴奋剂检查,各IFs负责世锦赛等赛事的兴奋剂检查。在国内层面,NOC及国家单项体育协会负责组织国内赛事的赛内兴奋剂检测。经过样本采集及分析,相关反兴奋剂机构会进行统一的结果管理。若所采集样本中出现违纪检测结果,由内部反兴奋剂组织进行违纪判断,并作出处罚决定。具体的违纪认定流程由各体育组织按WADC的标准进行调整,可根据所管辖体育项目的特性和组织内部因素,单独实施必要的程序和规范,包括是否举行听证会等重要内容,均可自行调整。第二,赛外检查中,各IFs对其注册运动员有实施赛外检查的权力,包括IOC在内的各重大赛事组织机构,对任何未来参加其赛事的运动员也有权实施赛外检查。国内兴奋剂组织作为独立机构,承担国内主要反兴奋剂工作,负责制定和实施与WADC一致的反兴奋剂条例和规则,对本国的兴奋剂案件

---

① 郭树理:《2021年实施版〈世界反兴奋剂条例〉之修订》,载《体育科研》2020年第2期。

展开检查和监督。多数国家的反兴奋剂组织都设有世界反兴奋剂机构授权的实验室,处理兴奋剂检测工作。

2.非检测阳性兴奋剂违纪认定机构

对违反兴奋剂规则的行为进行调查的反兴奋剂机构有权进行兴奋剂违规认定,并作出处罚,主要包括三类体育组织:第一,运动员所属的 IFs。IFs 在世界反兴奋剂体系中承担了重要角色,也是结果管理的兜底机构。以孙杨案为例,FINA 首先收到兴奋剂检测公司 IDTM 的反馈,并通过仲裁小组展开针对未成功采集兴奋剂样本行为的听证会,并得出孙杨不违反兴奋剂规则的规定。第二,国家反兴奋剂机构。国家反兴奋剂机构可对本国运动员的不当行为展开调查,并对是否存在违纪进行判断。其中最知名的案件为美国反兴奋剂机构对著名自行车运动员兰斯·阿姆斯特朗的制裁。这一案件中,美国反兴奋剂机构对兰斯·阿姆斯特朗展开调查,虽未掌握检测阳性的确实证据,但仍根据其队友和其他证人的证言以及他身体指标参数的非正常变动情况等证据,认定他使用了兴奋剂,这些后来也被他本人所承认。而本应进行管辖的国际自行车联合会并未介入调查,只是对美国反兴奋剂机构所作出的结果表示同意。第三,WADA。WADA 有权对所发现的兴奋剂违纪行为单独展开调查,在俄罗斯集体服药丑闻中,WADA 扮演了重要角色,并最终作出了针对俄罗斯反兴奋剂机构的制裁结论,对俄罗斯运动员实施长达四年的禁赛。

### (三)CAS 对兴奋剂违纪认定准则的调适

CAS 于 1984 年成立,目前每年大约处理 600 个案件,其中约 25% 的案件属于兴奋剂纠纷。CAS 基于举证分析案件的具体情况,对案件的事实进行全面梳理,从而判断兴奋剂违纪认定的正误,仲裁时所适用的实体规则为各 IFs 的反兴奋剂规则以及 WADC。2019 年,成立了 CAS 反兴奋剂仲裁庭,在兴奋剂违规认定及处罚上功能更加全面。

1.以反兴奋剂仲裁庭强化程序规则

兴奋剂违纪行为一般由样本采集及检测机构作出结果管理,对违纪行为进行认定。若运动员或 WADA 对认定结果不服,可上诉至 CAS。CAS 作为体育争端解决的专门机构,其管辖权受限于用尽救济原则,通过涉案运动员或世界反兴奋剂机构的上诉,在上诉仲裁庭受理对体育组织有关兴奋剂处罚不服所产生的纠纷。2019 年 1 月 1 日,经过两届奥运会反兴奋剂临时仲裁庭的尝试,CAS 正式成立常设的反兴奋剂仲裁庭,作为审理兴奋剂相关案件的一审机构。反兴奋剂仲裁庭由 IOC 及 IFs 等体育组织授权,适用专门的仲裁规则,统一进行兴奋剂违纪认定及处罚。

反兴奋剂仲裁庭启动兴奋剂违纪认定仲裁程序需通过授权并举行听证会,在 IOC 及各 IFs 原有的兴奋剂违纪认定权力基础上实施相应权力,以独立的仲裁程序、仲裁员名单和特殊的上诉程序来明确自身的定位。首先,反兴奋剂仲裁庭创设统一的程序规则以匹配兴奋剂实体规则。严格的程序规范保证兴奋剂案件中的事实和证据被完整保留和查明,避免程序漏洞对实体公正可能产生的负面影响,加强对运动员的权利保护。其次,反兴奋剂仲裁庭设置专门的仲裁员名单,其中包括 21 名可获当事人提名的仲裁员,24 名有资格任首席仲裁员或独任仲裁员的仲裁员以及 9 名有权处理 WADC 合规审查的仲裁员。特别仲裁员名单的设计既保证反兴奋剂仲裁庭的独立性,又增加兴奋剂仲裁专业性。最后,反兴奋剂仲裁庭设置了上诉程序。双方当事人可协商选择独任仲裁或是组成三人合议庭对反兴奋剂仲裁庭所管辖的案件进行处理。若选择独任仲裁,对裁决结果不服的当事人可以向 CAS 上诉仲裁庭提起上诉,由 CAS 上诉仲裁庭组建三人合议庭对案件进行审理。若初审由三人合议庭进行,则仲裁为一裁终局,不可针对仲裁结果提起内部上诉。内部上诉程序增加当事人对案件进行进一步陈述的可能,表明对兴奋剂案件的监督和矫正较之其他体育争端的仲裁程序更为全面。反兴奋剂仲裁庭的成立为后续世界反兴奋剂运动乃至国际体育治理法治化发展提供了路径,可以预见,未来反兴奋剂运动中,CAS 将占据重要地位,兴奋剂认定的程序规则也将更加规范。

2.以严格责任为兴奋剂违纪认定主要原则

针对兴奋剂检测阳性的违纪行为,CAS 在裁决中基本主张适用"严格责任"原则。严格责任原则是指只要在运动员体内发现存在某种兴奋剂违禁物质,不论运动员是故意或疏忽导致,均构成兴奋剂违纪。即一种基于运动员体内或者排泄物里客观存在禁用药物,而不考虑运动员的主观故意或者过失,就对服用兴奋剂行为进行处罚的方法。根据 WADC 及 CAS 的判例,可知兴奋剂违纪认定中的严格责任原则共包含以下三层具体内涵:第一,存在即违纪。如果确定运动员存在使用兴奋剂的行为,即对运动员尿液或血液样品的检测结果呈阳性,就构成兴奋剂违纪。兴奋剂检测结果中发现的违禁物质是以每年更新的《禁用清单》条款为标准。重新检测样本的案件中也应适用样本收集当年的《禁用清单》。第二,运动员应附有谨慎义务。运动员有责任了解最新的《禁用清单》中包括哪些物质和方法以及何种行为构成兴奋剂违规,并有义务确保自己体内没有违禁药物进入。对体内含有的禁用物质"不知情"并不能被作为兴奋剂违纪认定的抗辩事由。第三,违纪认定不考虑运动员的主观因素。在兴奋剂违规的认定上,运动员是否存在主观过错或犯罪意图是不需要进行考察的,无论运动员是故意或是疏忽大意抑或因其他过失导致使用了兴奋剂。

3.以一般法律原则对规则进行补缺和矫正

CAS 的兴奋剂违纪仲裁中的法律适用以自治规则优先、一般法律原则及外部法律补缺为基本方式。[①] 其中,一般法律原则是各国法律体系所包含的共同原则,包括诚实信用原则、禁止反言原则、平等原则、比例原则等。一般法律原则的适用是对自治规则的补缺和矫正。第一,在尊重体育自治的基础上,当反兴奋剂规则出现漏洞时,CAS 基于公平正义的理念判断是否认定兴奋剂违纪。第二,针对含义模糊的自治规则,CAS 可以一般法律原则为基础作出解释,并对有违公正的自治规则进行矫正。例如,在俄罗斯集体禁赛事件中,IOC 企图重启"大阪规则",CAS 即依据"一事不再罚"原则进行了反驳,认为没有受到调查报告影响的俄罗斯运动员有权参加奥运会。由此可见,CAS 依据一般法律原则对兴奋剂违纪认定标准进行补缺和矫正,起到对规则的补充作用。

目前,兴奋剂违纪认定在国际和国内层面都已搭就相对统一的管理框架,并尝试从实体和程序上形成规则和标准,这一结构体现为:世界反兴奋剂机构"立法",制定 WADC 及各项国际标准,统一反兴奋剂实体规则;IOC 及各单项体育联合会行使"行政权",采纳并适用反兴奋剂规则,通过样本采集和兴奋剂检测程序管理注册运动员,对违反反兴奋剂规则的行为作出认定和制裁;CAS 专注"司法",制定完善的兴奋剂案件仲裁程序规则对兴奋剂纠纷相关案件审理,从而保护实体规则的适用。在反兴奋剂运动之初,IOC 和单项体育联合会是多面手,将规则制定、取样检测、违规处罚三权集于一身。之后,IOC 先后设立世界反兴奋剂机构和 CAS,希望起到分权制衡的作用。如今,随着世界反兴奋剂机构的崛起和反兴奋剂仲裁庭的建立,这一"三权分立"的制衡

---

① 李智、肖永平:《论国际体育仲裁中一般法律原则的适用》,载《武汉大学学报(哲学社会科学版)》2012 年第 6 期。

体系逐步确立起来。① 但在孙杨案中,现有兴奋剂违纪认定在规则和程序上仍暴露出一些问题,进而招致质疑。

## 二、孙杨案中兴奋剂违纪认定的反思

2020 年 2 月 28 日,CAS 宣布世界反兴奋剂机构诉孙杨与 FINA 听证会的结果。CAS 改变了 FINA 对孙杨所作出的没有违反反兴奋剂规则的认定,采纳了世界反兴奋剂机构的观点,认定孙杨违反了 FINA《反兴奋剂规则》第2.5 条,构成兴奋剂违纪,并对其实施顶格处罚。这一类违纪认定是 CAS 所仲裁的兴奋剂案件中较为少有的,从而引发了对兴奋剂违纪认定规则及其适用的关注。

(一)兴奋剂违纪认定过于严格

世界反兴奋剂机构不断调整兴奋剂违纪认定规则,力求统一兴奋剂实体规范。但目前的兴奋剂违纪规则仍然过于严格,不利于体育运动的健康发展,对运动员权益有一定程度的侵害。

1.《禁用清单》欠科学性

《禁用清单》变化"无常",运动员"计划跟不上变化"。② 世界反兴奋剂机构每年都重新整合最新发现的兴奋剂物质和违禁方法,更新《禁用清单》,这种更新速度常导致运动员跟不上变化。2014 年,孙杨因兴奋剂违纪遭到禁赛处罚,就是因为对当年更新的《禁药清单》变化不了解,在盐酸曲美他嗪被列入《禁用清单》后仍继续服用含有该禁用物质的药物"万爽力",导致在当年 5 月的比赛中兴奋剂检测阳性,最终被中国反兴奋剂中心认定违纪。虽这次违纪中孙杨符合无故意及重大过失的标准,仅被处以禁赛 3 个月的处罚,不致影响重要比赛,但该兴奋剂违纪记录使 CAS 对"暴力抗检"案进行处理时以"二次违禁"的标准顶格处罚,禁赛八年。无独有偶,俄罗斯网球名将莎拉波娃的兴奋剂处罚也与之类似。2016 年,莎拉波娃在澳网公开赛上的兴奋剂检测结果

---

① 李智、刘永平:《从孙杨案看世界反兴奋剂治理架构的完善》,载《北京体育大学学报》2020 年第 4 期。

② 李智、刘永平:《从孙杨案看世界反兴奋剂治理架构的完善》,载《北京体育大学学报》2020 年第 4 期。

呈阳性，显示其服用了违禁物质米屈肼（Meldonium）。米屈肼是 2016 年生效的《禁用清单》中新加入的禁用物质，莎拉波娃解释她是之前为了治疗疾病而服用米屈肼。CAS 最终将她的禁赛期由 2 年减缩到 15 个月，但禁赛期满复出后，莎娃状态不在，很快黯然退役。这两位有着专业辅助团队的明星运动员尚且跟不上每年度《禁用清单》的变化，一般运动员的处理应对能力更可想而知。[①]

2.WADA 权力越界

实践中，WADA 存在权力扩张趋势，它既有权制定世界反兴奋剂的立法准则，也有权对兴奋剂违规行为进行认定及处罚，该"双面身份"导致其拥有"双重权力"。

第一，WADA 既制定规则又适用规则，将"立法"与"执法"权集于一身。在孙杨案中，专家证人 Stuart Kemp 先生对《尿液样本采集指南和血样采集指南的规定》有关检查官员需在检查通知时出示个人信息的规定进行了解读，认为这是世界反兴奋剂机构的推荐做法，不是《检测与调查国际标准》的要求，不具有强制性。作为《检测与调查国际标准》的制定者，他的解释得到了仲裁庭的认可。Stuart Kemp 先生的双重身份正是世界反兴奋剂机构身份两面性的最直接体现，一方面，世界反兴奋剂机构被视为反兴奋剂领域的"立法机关"，拥有"立法"权。另一方面，它又可以适用规则，成为兴奋剂争议的一方当事人。世界反兴奋剂机构的双面身份导致争端当事方地位不对等，双重权力又使它出具的证言更具说服力，导致当事方地位不平等。

第二，调查权、监督权、处罚权混同，执法监督难实现。依 WADC 规定，世界反兴奋剂机构扮演着反兴奋剂规则适用"监督者"的角色，有权对反兴奋剂组织所做的处罚决定上诉，并有权对兴奋剂违规行为进行调查，但是，条例并没有明确介入的条件和调查范围。2018 年实施的《签约方合规国际标准》旨在就各签约方遵守 WADC 的情况进行监督和制裁，由世界反兴奋剂机构合规审查委员会进行判断，并由世界反兴奋剂机构执行委员会作出制裁决定，进一步扩大了世界反兴奋剂机构的权限，将调查权、监督权和处罚权集于一身。在俄罗斯集体禁赛案中，世界反兴奋剂机构委托加拿大籍教授理查德·

---

① Connolly R, Balancing the Justices in Anti-Doping Law: the Need to Ensure Fair Athletic Competition through Effective Anti-Doping Programs vs. the Protection of Rights of Accused Athletes. *Va. Sports & Ent. LJ*, 2005, Vol.5.

麦克拉伦进行调查,并根据调查报告和《签约方合规国际标准》,对俄罗斯反兴奋剂机构实施了严厉制裁。当然,《签约方合规国际标准》也设计了外部监督程序,由 CAS 普通仲裁庭对世界反兴奋剂机构的决定进行审查。但是,对世界反兴奋剂机构因权力混同导致的权限扩张现象,应予以警惕。

3.运动员被赋予过重注意义务

严格责任原则对运动员课以过重的注意义务。2005 年,中国游泳小将赵洁因食用了路边烧烤,导致在 FINA 的赛外检查中被检测出"瘦肉精"这一违禁物质,被禁赛两年。中国柔道运动员佟文也在 2009 年世界柔道锦标赛的兴奋剂检测中被查出样本中存在"瘦肉精"。虽然佟文最后由于样本检测程序瑕疵问题申诉成功,解除禁赛并拿回金牌,但仍然因兴奋剂检测阳性结果对声誉产生了一定影响。可见,严格责任原则的适用下,运动员在兴奋剂防范上承担了过重的义务和成本。晚近,反兴奋剂组织、CAS 也意识到严格责任的局限性,尝试通过减轻甚至免除处罚的方式,进行适当的调适,减轻严格责任给运动员带来的负担。但减轻及免除处罚中在违禁物质来源、无过错的判定等方面,对运动员举证义务的要求仍较高。同时,减轻处罚对兴奋剂违纪认定并无影响,运动员仍然会背上违纪记录,导致在未来需加倍注意,避免"二次违纪"带来的风险。针对这一问题,WADA 在制定新的 WADC 时加强了对"非典型性结果"的定义,除了检测出内源性物质之外,如果检测出瘦肉精等一些容易由于食用受污染的食物而进入体内的物质,倘若其含量极低,也可以作出"非典型性结果"的检测报告。[①] 该检测结果与阳性结果不同,需要进一步进行分析,最终可能不会导致兴奋剂违规认定和处罚。这一调整在很大程度上减轻了运动员的注意义务,但具体如何适用还需在未来实践中进行尝试和调整。

(二)兴奋剂违纪认定混乱

实践中,兴奋剂结果管理的管辖权在各体育组织间多有交叉,造成了世界反兴奋剂机构监督、多级体育组织处罚、体育仲裁及各国家法院诉讼相互冲突的兴奋剂治理局面。[②] 各体育机构管辖范围的重叠可能会导致兴奋剂处罚标

---

[①]　郭树理:《2021 年实施版〈世界反兴奋剂条例〉之修订》,载《体育科研》2020 年第 2 期。

[②]　Jose，Steffi，From Sport's Kangaroo Court to Supreme Court：How the Court of Arbitration for Sport can Legitimize Anti-Doping Law. *Sw. J. Int'l L*. 2013，Vol.20.

准和措施不规范。

1.兴奋剂检测程序不规范

兴奋剂检测取样的程序性规定是孙杨案争议的焦点，虽然仲裁庭没有因为程序瑕疵作出对孙杨有利的裁决，但审理过程也将程序规则不明晰、对运动员权益关照不够的问题突显出来。

第一，检测方所持授权文件的合规性问题。检测当晚，检测小组向孙杨出具的文件包括检测机构 FINA 给样本采集机构 IDTM 公司的概括性授权书、主检官的 IDTM 公司工作卡、血检官的护士资格证和尿检官的身份证。孙杨方认为，检查官应携带包含运动员及各检查官姓名的授权文件，才符合兴奋剂检查的启动标准。听证中，世界反兴奋剂机构标准统一处副处长 Stuart Kemp 先生作为参与编纂《检测与调查国际标准》的工作人员，以专家证人的身份出具证言，表示由于无法提前明确检查对象，所以在样本采集时，可以不提供含有运动员姓名的授权文件。除专家证人的双重身份招致中立性争议外，从操作层面分析，这一解释也有混淆赛内和赛外检查标准的嫌疑。在赛内检查中，由于无法预知赛果，因此，难以出具含有运动员姓名的授权检测文件。但在赛外检查中，检查对象及参与检查人员均为事先安排，有条件和时间出具包含受检运动员和各检查官姓名的授权文件。可见，赛外检测授权文件有进一步完善的必要和条件。

第二，检测人员资质的合法性问题。孙杨方认为三位样本采集人员不符合兴奋剂检查的身份认证要求，不具备样本采集的权限。针对这一问题，Stuart Kemp 先生表示，血检官和尿检官作为陪同人员，在兴奋剂检测过程中起到很小的作用，不需要出具特别授权书。对照法律文本，按《检测与调查国际标准》的要求，检查官需要提供授权书和相关证件，但对证件格式和数量，未做明确规定。我国《兴奋剂检查官管理办法》第 9 条规定，反兴奋剂中心每年对检查官实施资格认证，并为获得资格人员颁发检查官证件，不过这一规定仅及于国内兴奋剂检测，但并不能以此规制国际机构的做法。实践中，IDTM 公司自 1999 年成立以来都适用同样的样本采集程序规范，在 19000 余次的兴奋剂检查中都使用同样的文件，即只有主检查官一人有具体授权书和工作证件。因此，才引发了国际检查规则标准是否比国内标准还低的争论，特别是尿检官在样本收集中出现了对运动员拍照等不规范操作，更增加了外界对国际兴奋剂检测程序和人员资质要求的置喙。

第三，检测次数和标准的合理性。对于运动员接受赛外检查的次数和标准,并无明确规定。孙杨在过去的 8 年内,接受了 180 多次的兴奋剂赛外检测,次数惊人。其中,FINA 委托的 IDTM 公司就对孙杨进行了约 60 次检查。应该说,对于控制运动员赛外使用违禁药物及方法,飞行药检是有效的检测手段。但是,如果在赛内已多次对一名运动员进行了检测,仍频繁地对其进行赛外检查,是否合理,是否可以对检测频率进行合理限制,值得推敲。同时,世界反兴奋剂机构在听证中多次强调,赛外检查的启动、执行和样本检测程序一直都以现行规则为标准,检查官每次所出示的证件数量也与孙杨当晚所质疑的证件一致,未产生过异议,若仲裁庭认可了孙杨对样本采集程序的质疑,则可能据此推翻其他成千上万起检测结果。然而,这种以检测次数强调检测标准合理性的逻辑,似乎并不能给程序的合法性和合理性提供有力支撑。

2.认定机构管辖权力混同

实践中,各体育机构建立了自己的结果管理方法,保障兴奋剂的检测和处罚程序可以得到相对公平的实现。但各体育组织对兴奋剂违纪认定的管辖范围不明晰,导致 WADC 中只能规定由兴奋剂样本检测机构来确定兴奋剂处罚机构,无法统一对兴奋剂案件的制裁。反兴奋剂国际体系与国内体系尚没有形成完善的处罚协调机制,在现阶段的实践中还未能完全实现既不重复处罚又不漏罚的目标。[①]

其一,各反兴奋剂组织在适用规则中容易出现权力交叉的问题,且规则的分散适用不能保证程序及处罚决定的一致性。实践中,各体育机构不同的管辖机制可能会导致兴奋剂处罚机制不恰当,适用严格责任等规则和原则的程度不一致,无法形成完整而规范的案例库,很难对运动员的个人行为产生必要、准确的指引作用。2019 年,CAS 成立了反兴奋剂仲裁庭,兴奋剂违纪认定和处罚的工作由国际体育单项联合会授权集中至 CAS,这在一定程度上解决了各体育组织之间的冲突。但反兴奋剂仲裁庭对兴奋剂案件的管辖需要 IFs的授权,所适用的规则也应按各体育联合会的规章制度进行。这仍可能导致对兴奋剂违纪认定的管辖权存在交叉重合,也可能因程序衔接不畅再产生新的问题。

其二,国内反兴奋剂机构与外部司法既相互配合,也存在矛盾。第一,国家反兴奋剂组织承担国内主要反兴奋剂工作时标准不一,导致各国兴奋剂违

---

① 宋雅馨:《论"一事不再罚原则"在兴奋剂处罚中的适用——以 CAS 案例为视角》,湘潭大学 2015 年硕士论文。

纪认定时参差不齐。同时，俄罗斯集体服药丑闻大幅降低了国家反兴奋剂机构的公信力，使它们面临诚信方面的质疑。第二，有些国家设立了独立机构或程序，对体育纠纷进行仲裁，但这一机制并未普及。如美国仲裁协会专门制定了兴奋剂争议的补充程序，仲裁因使用兴奋剂而引起的争议。它由美国反兴奋剂机构授权，与国际体育仲裁体系接轨。但是，多数国家并未设置专业的国家级体育仲裁机构，只规定对反兴奋剂组织所作决定有争议的可以向 CAS 提出上诉，但对于国内运动员来说，向 CAS 提起上诉的成本高昂，往往需要支付高额的律师费用，地域和时间安排上也有诸多不便。目前，我国也尚未建立体育仲裁机制，兴奋剂违规由国家体育总局反兴奋剂中心直接处理。第三，各国政府基于 2005 年通过的《反对在体育运动中适用兴奋剂国际公约》，进行反兴奋剂立法，开展反兴奋剂工作。依该公约，各缔约国对兴奋剂使用行为进行检查、制裁以及反兴奋剂教育。但是，各国对兴奋剂行为的处罚能力不同，力度参差不齐。第四，一些国家已将兴奋剂违规行为归入刑法规制的范畴，如芬兰、意大利、澳大利亚、法国、德国等国，对兴奋剂犯罪的罪名、罪状和法定刑都做了具体规定。[①] 但是，有些国家则排斥将兴奋剂违规行为纳入刑法管辖范围。无疑，法律体系和法律背景的不同，将是反兴奋剂全球行动需要协调的问题。

### (三)CAS 对兴奋剂违纪认定的困境

CAS 的专业性及灵活性赢得很高声望，可以被称为国际体育界的"最高法院"。但与其他一般体育违纪行为不同，兴奋剂违纪处罚的严厉性决定了这类处罚更需要严格的程序和公正的裁决，以维护运动员的权益和体育赛事的公平公正。CAS 在兴奋剂违纪认定中，仍需要进行更加规范化、法治化的努力。

1.兴奋剂违纪审查范围有限

CAS 在处理兴奋剂违纪案件时的审查范围有限。主要表现在两方面：

其一，规则适用上受限。CAS 在处理兴奋剂案件中优先适用体育组织内部反兴奋剂规则及《世界反兴奋剂条例》，在规则解读上以世界反兴奋剂机构的解释为主。虽然 CAS 有推翻 IOC"大阪规则"的先例，但其从未对世界反兴

---

① 比如，德国于 2015 年 11 月制定了《体育反兴奋剂使用法》，规制一流体育运动员服用兴奋剂的行为。

奋剂机构制定的规则进行过否定。CAS 审理的托里·爱德华兹案即凸显了规则不统一可能引发的困境。托里·爱德华兹是著名的美国田径运动员,在国际田联组织的比赛中被查出违禁药品呈阳性,美国反兴奋剂机构对其处以禁赛两年的处罚。她将案件上诉至 CAS,辩称国际田联规则中存在"例外情形",其使用兴奋剂的行为应该获得减轻或免除处罚。仲裁庭认为例外情形是否存在的判断应取决于国际田联对其行为的认定,而国际田联认为不存在其所述的例外情形。因此,仲裁庭维持了两年禁赛的决定。① 该案涉及了兴奋剂处罚权力分配的问题,即仲裁庭是否有权对体育组织制定的规则进行审查。按国际田联的规则,只有其本身有权就兴奋剂争议中是否存在例外情形作出决定,其他裁决机构应以其决定作为裁决之基础。运动员也可以将田联反兴奋剂机构的决定上诉至 CAS,但国际田联反兴奋剂规则限制 CAS 对其决定进行审查。国际田联的限制条款与 CAS 仲裁规则中规定的仲裁庭对案件进行充分审查的权力存在冲突。尽管在托里·爱德华兹案中,管辖范围限制的规则冲突没有影响仲裁庭的最后裁决,但仲裁庭也指出 CAS 在处理案件的过程中有权根据自己的规则,无限制地对案件的事实及法律适用进行全面审查。② 孙杨案在有关反兴奋剂规则的适用和解释上,也充分暴露了这一问题。

其二,监督范围受限。CAS 反兴奋剂仲裁庭成立后,在体育组织的授权下,由其负责针对兴奋剂违纪行为的一审,并进行制裁,但世界反兴奋剂机构并没有将自身的调查及制裁权授权给反兴奋剂仲裁庭。同时,依反兴奋剂仲裁庭规则,当体育组织向反兴奋剂仲裁庭提交兴奋剂案件时,如果世界反兴奋剂机构不是一方当事人,CAS 须向它发出案件接收通知,便于它对案件进行监督;世界反兴奋剂机构也有权否定当事人对三人仲裁合议庭的选择,以维护自身上诉权。可见,WADA 和 CAS 如何实现监督制衡,还需关注未来的发展。不过,孙杨案的裁决结果让人见识了 WADA 的强势。

2.未形成统一的裁决先例

历经 30 余年的建设和多次改革,CAS 无论在仲裁员组成还是法律适用上,其法律化程度和专业性都远超一般体育管理组织,并形成了一定程度的裁

---

① 李智、郑雅莉:《体育公平语境下国际体育自治规则的调整适用——法律公平视角和法律化方向》,载《北京工业大学学报》2018 年第 1 期。

② 李智、王美烟:《正当程序视野下国际体育兴奋剂处罚体系的发展》,载《武汉大学学报》2010 年第 3 期。

决可确定性和可预见性，但并未完全确立遵循先例原则。第一，CAS 的仲裁中也存在一种特殊的"先例遵循"，有着重参考先例的裁决倾向，但其先前裁决与具有正式规范效力的普通法上的先例略有区分，主要是作为"影响性判例"而非"规范性判例"引用于裁判文书当中。① 遵循先例原则是判例法的核心和精髓，是英美法系司法中一项重要的原则和基础。它以"同案同判"的约束形式维护法律的公平正义，为当事人创造对最终裁决的可预期性。但在 CAS 的裁判中，仲裁先例并不具有绝对的约束效力，仅作为仲裁员裁决的参考。孙杨案中，仲裁员在裁决中引用了 Troicki 案的判决书作为参考，对构成终止兴奋剂检查的正当理由进行分析，并指出孙杨主张的兴奋剂检查官没有给予足够的警示不合理。但对该案例的引用仅为对一方某一个观点的反驳，且仅作参考，并未达到以先例为认定规范的程度。第二，CAS 在裁判文书中对仲裁先例的具体适用采取任意遵循的方式，主要强调对个案的分析和裁决。因此，仲裁员对同类兴奋剂认定案件的认定可能产生标准不一致的情况，容易突破当事人特别是运动员一方的合理期待，直接引发对其裁决公正性的质疑。

兴奋剂违纪认定是世界反兴奋剂体系中最为关注的话题，经历了不断的修订和变革，形成了目前的实体规则及程序规则体系。然而，该规则体系仍体现出运动员权利保护和反兴奋剂治理之间的不平衡。因此，依托 CAS 反兴奋剂仲裁庭的建立和运行，强化实体规则的调整适用，协调权力架构和规则上的冲突，保证兴奋剂违纪认定准则的合理适用，势所必然。

# 三、调整兴奋剂违纪认定并合理适用

2016 年，IOC 发布的《奥林匹克 2020 议程》将奥林匹克运动未来发展的战略核心确定为"保护干净运动员"。因此，兴奋剂违纪认定规则将进一步规范，更好地打击违规行为，实现赛事公平，保护运动员权利。

## （一）加强兴奋剂违纪认定准则的规范化

为协调兴奋剂处罚与运动员权利保护之间的冲突，世界反兴奋剂机构应在实体和程序规则上作出适当调整，放宽实体规则，严格程序规则，通过立法保障运动员权益。适当调整《禁用清单》和严格责任的适用方式，减轻兴奋剂

---

① 李倩、相博达：《平昌冬奥会仲裁案件述评》，载《苏州大学学报》2019 年第 3 期。

处罚带来的"误伤",具体方法包括:

### 1.缩小《禁用清单》的范围

适当缩小《禁用清单》中"违禁物质及违禁方法"的范围。第一,对兴奋剂的定义应该以"是否具有提高运动能力"为主要依据,以"必要性"为基本原则,在最小的范围内确定兴奋剂的定义和范围。这一调整需要 WADA 及 WADC 各签约方的共同努力,以不影响体育纯洁性为前提,协商调整《禁药清单》。第二,禁用清单中的兜底条款应该限制适用,不能过多地依赖兜底条款对兴奋剂违禁物进行认定。虽然药物创新和反兴奋剂规则的价值取向使得兜底条款又有其存在的必要性,但对兜底条款的过分运用可能导致运动员在不知情的情况下误服兴奋剂,使运动员承担过重的注意义务。[①] 实践中应控制对《禁用清单》中兜底条款的适用,尽可能在清单中明确禁用物质和方法,加强"法无明文规定不为罪"这一原则的应用。

### 2.规范 WADA 的权力行使

WADA 的主要工作应是制定和监督实施兴奋剂规则,具体的结果管理环节应该交由反兴奋剂仲裁庭负责,尽量减少世界反兴奋剂机构直接进行兴奋剂处罚的比例。现阶段,由于反兴奋剂仲裁庭刚成立,各项工作都在协调和衔接中,世界反兴奋剂机构对反兴奋剂仲裁庭的一审授权尚无进展,希望在未来的工作中可以有所收获,理清程序规则,明确管辖界限。

其一,WADA 主要监督对象聚焦于国际级运动员,主要监督 IOC 及国际体育单项联合会作出的兴奋剂处罚决定。随着反兴奋剂仲裁庭的建立和运行,WADA 的监督重心将逐渐移转至针对反兴奋剂仲裁庭的处罚决定,所以,须及时设计好合理的衔接程序。若 IOC 或 IFs 检查到运动员可能存在兴奋剂违规行为,且当案件交由反兴奋剂仲裁庭独任仲裁员进行听证时,建议 WADA 派员列席旁听。当 WADA 认为反兴奋剂仲裁庭制裁不适当时,可直接向上诉仲裁庭提起上诉。这一监督流程更具连续性,花费的时间也更少,可以提高效率。同时,可以避免 WADA 仅根据书面情况对案件进行判断,无法对案件全面了解,导致对案件事实认识错误。

其二,对 WADA 的调查权和处罚权需有所限制。比如,针对运动员违规行为的调查可以先通知其所属的体育组织,包括国家反兴奋剂组织或国际体

---

[①] 郭树理、杨伊萍:《兴奋剂禁用清单中的兜底条款探讨》,载《北京体育大学学报》2018 年第 11 期。

育单项联合会,若反兴奋剂组织展开调查,WADA 则退出调查,直接对结果进行监督;若没有反兴奋剂组织展开调查,WADA 才进而以监督者的身份展开适当调查,但调查结果也应交反兴奋剂仲裁庭进行听证,作出处罚,实现监督和制衡。又如,对 WADC 签约方的调查,则可以由世界反兴奋剂机构合规审查委员会展开,适当时也可以内部举报的方式启动,并保护举报人的安全。此类调查可以根据《签约方合规国际标准》的规定,由 WADA 作出处罚,但若受处罚的组织不接受,则需由 CAS 进行最终判定,防止 WADA 的权力边界过大。

3.适当调适严格责任原则

适用严格责任原则应以公平公正为标准,适当运用"比例原则",充分关照运动员权利。第一,以公平、公正原则为基础,加强对兴奋剂违纪的认定规范。虽然检测阳性兴奋剂违纪中必须以"严格责任"原则为基础,但可以适当调整适用的比例。在运动员主观过错不同的情况下,所承担的责任大小也应区别对待,切实做到体育竞赛的公平公正,弱化"严格责任"对道德无辜者的严酷。第二,根据运动员的过错程度对责任进行认定,确定处罚力度。在兴奋剂处罚的范围内实施责任相当原则,对使用兴奋剂的运动员处罚的轻重应与违法行为或违约行为的轻重相适应的原则。若运动员可以证明其对兴奋剂阳性检测结果无主观过错,可适当对禁赛期进行调整,尽量减少对运动员参赛资格的否定。第三,增加处罚启动时间和处罚方式的灵活性。针对例外情况,比如运动员无重大过错,或案件争议较大时,可适当延迟禁赛的启动时间,尽可能减少对运动员参加重大赛事的影响。同时,针对已经取消比赛成绩的兴奋剂违纪可适当减少未来的禁赛时限,在保护运动员权益和规范兴奋剂管理之间进行协调。未来,国际级运动员兴奋剂违纪将统一交由反兴奋剂仲裁庭处理,这将有利于比例原则的适用。

(二)规范各反兴奋剂组织的兴奋剂违纪认定

在国际体育领域,涉兴奋剂争端一直是数量最多、争议最大的体育纠纷。有鉴于此,国际体育组织应不断进行着规范化、法治化的努力,以公平解决此类纠纷。

1.强化兴奋剂取样程序规范

明确兴奋剂取样及检测程序,保障运动员权益。孙杨的"拒检事件"发生后,WADA 在 2019 年的世界体育反兴奋剂会议上通过了《运动员反兴奋剂权利法案》(以下简称《法案》),完善了兴奋剂检测程序中所需要注意的流程和证件规范,体现了对运动员权益的保护。例如,《法案》第11条规定,运动员有权在样本收集过程中查看兴奋剂检查官的身份,有权要求提供样本采集所依据的授权文件,也可以要求更多关于样本收集过程的信息。或许,这一程序的改革和完善是孙杨为世界体育和运动员作出的最大贡献。《法案》将于2021年正式生效,以此为基础,世界反兴奋剂机构可进一步推进《检测与调查国际标准》的修订,将《法案》中确立的原则在样本采集、检测程序等规则中体现出来。新规应强调样本采集程序规范化,在三个方面作出调整。第一,完善运动员对每一次样本采集的授权方、检查官身份、检测流程等具体信息的知情权。由于样本采集的工作关系重大,需要更加严格的程序管理。运动员有权明确样本采集的授权及流程,从而保护个人信息不被泄露,也保证样本采集程序的规范化。第二,为运动员提供提出异议的具体程序,要求检测机构需及时对异议作出回应,保证运动员救济途径的完整性。孙杨方在庭审中提到,孙杨曾多次提出针对检查官不规范行为的投诉,但并未得到有效回复,这表明样本采集程序并不能完全得到运动员的信任和认同,程序规范有待加强。第三,完善对授权机构的监督。多数国际体育联合会都将成本较高的兴奋剂检测工作委托给第三方营利机构进行,检测公司的营利性和受托性可能会导致其对运动员关照不够。但由于样本采集需要专业的培训,且运动员分布在全球各地,要求每个体育组织都设置样本采集专门工作组也不现实。因此,各体育组织应完善监督程序,在授权后应保障第三方能合理合法地完成工作,同时对检测流程及结果予以适度的公开。

2.以"属人管辖"划分体育自治基础

建议在世界反兴奋剂体系中设置以"属人管辖"为基础的兴奋剂检测及处罚机构,对兴奋剂违规进行管辖。

体育仲裁中的"属人管辖"与一般管辖不尽相同,并不单纯指通过运动员国籍区分管辖,而是依运动员所属国家、运动联合会以及运动员级别进行划分,实施并协调管辖。由于同一体育项目参与的运动员来自不同国家且人数众多,IFs可以将兴奋剂检测及结果管理分为赛内和赛外两类进行管理。第一,赛内的兴奋剂检测由IFs负责,可以委托独立检测机构进行。独立检测机构发现阳性结果后,交由反兴奋剂仲裁庭进行听证和处罚,程序的良好衔接可以方便兴奋剂检测的统一实施和管理。第二,赛外的兴奋剂检测管辖权可交由当事人所属的国家反兴奋剂组织进行结果管理。各国反兴奋剂组织对本国运动员兴奋剂样本进行检测,若发现违规情况,将运动员的兴奋剂处罚程序按运动员等级进一步划分。若涉及本国国家级运动员,则可以由国家反兴奋剂机构对其进行处罚,并将处罚结果提交运动员所属 IFs 及世界反兴奋剂机构,以便监督;若运动员为国际级运动员或在参加国际赛事中检测出兴奋剂,则将结果交由 IFs 或 IOC 进行结果管理。IFs 或 IOC 通过授权,将可能涉及兴奋剂违规的案件提交至反兴奋剂仲裁庭管辖,反兴奋剂仲裁庭作出的处罚结果也受到申请人及世界反兴奋剂机构的监督。这一程序设计可清楚划分管辖范围,保证同一兴奋剂违规免受二次处罚。同时,WADA 作为监督机构有权介入每一个流程,防止 IFs 或国家机构产生包庇行为。

3.以"公私结合"体系作为体育自治补充

"公法框架"系指各国政府在反兴奋剂框架内对兴奋剂进行适当管理,它通过补缺和矫正的方式,弥补体育自治的遗漏或不足。第一,各国通过国际立法加强反兴奋剂国际合作。首先,《公约》缔约国有权审核《禁用清单》和《治疗用药豁免的国际标准》的调整内容,这项工作通过每年举办的缔约国大会完成。其次,可逐渐扩大审核的范围。2019 年的世界反兴奋剂大会中,世界反兴奋剂机构重新调整了《签约方合规国际标准》《教育国际标准》《治疗用药豁免国际标准》《保护隐私和个人信息国际标准》《检测与调查国际标准》《结果管理国际标准》6 个国际标准,并都将于 2021 年正式生效。目前,依《公约》的规定,有的标准具有国际法约束力,有的标准则不具有约束力,属于推荐缔约国采用。但在世界反兴奋剂规则制定体系内,这些标准均具有强制力。因此,未来应逐步细化这些标准,增强其强制力,并和《禁用清单》一样,纳入缔约国大审核范围,既规范了世界反兴奋剂机构规则制定行为,也保证了反兴奋剂规则在国家层面的认可度。第二,对"公法框架"进行补缺和矫正。各国司法在体育领域的功能,通过对自治的补缺及矫正来实现。一方面,体育自治具有局限性,有时难以面面俱到,对于某些特定情形缺乏规则和处理方法。有时力有不济,没有相应的权力对特定行为进行规范。比如,体育组织对兴奋剂违规只能采取禁赛、取消成绩等处罚措施,处罚对象也有限制。有鉴于此,国家可以通过将兴奋剂违法入刑的方式,加强打击力度,扩大规制对象,对反兴奋剂体系予以补缺。另一方面,当体育自治显失公平,且内部无法更正时,国家司法可以通过适当的路径,介入体育自治,发挥矫正功能。[①]

### (三)实现 CAS 对兴奋剂违纪认定的协调功能

CAS 对兴奋剂案件的管辖使体育自治"权力化"属性进一步增强,在单项体育联合会执行、CAS 审查、世界反兴奋剂机构监督的"类司法体系"中,仲裁院在积极处理兴奋剂案件的同时应发挥越来越强的制衡功能。新成立的反兴奋剂仲裁庭及其程序规则,在管辖权、仲裁庭组成、法律适用以及上诉等方面都作出了颇具创新性的规定。这不仅标志着世界反兴奋剂运动有了统一的组织规则和程序,而且提高了兴奋剂案件解决的专业化、法律化的程度,为后续世界反兴奋剂运动乃至国际体育治理法治化发展提供了路径。

1.适当扩大自由裁量权,协调实体规则合理性

在裁决执行期起算上,孙杨案的仲裁庭作出了自己的安排。由于此案的缘由为"拒检",且孙杨在此次样本收集前后的数次兴奋剂检测中均合格,因此,仲裁庭将禁赛起始时间定为裁决公布之日,孙杨在事发前后取得的金牌和成绩均得以保留,一定程度上体现了"罪刑相一致"的原则。从仲裁庭的自由裁量中可以发现,根据个案的处罚调整可以更好地完善兴奋剂违纪过于严格的认定,从而实现"过罚相当"的目的。CAS 为了更好地协调兴奋剂违纪认定规则,可以增加自由裁量的范围,从三个方面对个案进行分析判断。第一,CAS 可以自行裁定案件的管辖权,对所提交的案件先行确认管辖规范,以防止外部司法对体育仲裁的提前介入所造成的不当否定。第二,反兴奋剂仲裁庭设立后可以实现对兴奋剂违纪案件的一审管辖,提升兴奋剂违纪认定的"准司法"性,使兴奋剂检测主体与处罚主体分离,将"判决权"彻底收归"司法机关",避免"执法权"与"司法权"混同,使处罚更具公信力。第三,CAS 应在检查权与处罚权分离的基础上统一兴奋剂违纪的认定标准和程序规范,对个案情况进行分析。这样,既可以平衡反兴奋剂与运动员权益的冲突,又保持了仲裁结果的可预见性和确定性,使 CAS 自主裁判的能力得到充分提升。现阶段,由于 CAS 的反兴奋剂仲裁庭刚成立,各项工作都在协调和衔接中,各体育组织也正在探索授权的阶段,希望在未来的工作中可以有所收获,理清兴奋剂检测及认定的程序规则,明确各体育组织管辖界限。

---

[①] 李智、刘永平:《从孙杨案看世界反兴奋剂治理架构的完善》,载《北京体育大学学报》2020 年第 4 期。

**2.依托反兴奋剂仲裁庭,统一程序规则规范化**

随着授权体育组织的增加,反兴奋剂仲裁庭在统一兴奋剂认定程序上将逐渐成为重要的权威机构。因此,反兴奋剂仲裁庭在适用实体规则时,更需严格符合程序正义原则的规范。一方面,在一审的过程中,反兴奋剂仲裁庭须谨慎对待体育组织提出的申请,严格按照程序规则的要求,从专门仲裁员名册中选择专业的仲裁员,组成合议庭对案件进行审查。反兴奋剂仲裁庭应保障当事人的辩论权,充分发挥律师和专家的作用,构建实体辩论和程序辩论并重之格局。[①] 应在原先的基础上加大对公开听证程序的运用范围,从而实现反兴奋剂工作从倾向打击兴奋剂的使用,转向平衡打击兴奋剂违规和运动员权利保障,保证兴奋剂违规处罚能在公开透明的程序规范下作出。当事人可以通过双方和仲裁庭发表的陈述、申辩和意见充分理解裁判结果所示的纷争解决方案,增加当事人对仲裁管辖主观上的认可,高效解决纠纷。另一方面,加强对上诉规则的运用。反兴奋剂仲裁庭一审审级及上诉程序的设置,为运动员提供了更丰富的程序救济,为仲裁院内部复审作出了尝试。这一项尝试目前在国际体育仲裁中还未有过相关实践案例,在仲裁领域也不多见,因此,各仲裁庭须严格按照程序规则对案件进行处理,保证独立性。

**3.设立兴奋剂违纪认定数据库,完善补缺和矫正功能**

遵循先例原则可限制仲裁员通过主观判断进行裁决,增加仲裁规则的确定性、安全性和可预测性。[②] 反兴奋剂仲裁庭所处理的是最饱受争议的兴奋剂案件,在处理的过程中建立先例数据库,可以方便仲裁员适当运用先例对模糊的规则进行解释,在个案分析的基础上实现公正裁判的目的。

首先,反兴奋剂仲裁庭的仲裁员应辅以善意、理性、平衡良心原则适用裁决先例。针对个案,在对体育组织的规则和 WADC 规定的原则适用上可进行适当调整。实践中,应保障运动员一方之举证权,对不同类型的案件采取灵活性制裁,根据个案的特性适用兴奋剂违规中"严格责任"等基本原则,以弹性克服僵化,追求实质正义之实现。其次,反兴奋剂仲裁庭在适用严格责任原则时,还需要考虑更为具体的适用标准。CAS 对于兴奋剂纠纷解决中严格责任

---

① 徐磊、于增尊:《国际体育仲裁中当事人辩论权的类型化研究——以兴奋剂违规案件中的运动员为视角》,载《天津体育学院学报》2018 年第 1 期。

② 刘韵:《我国体育仲裁体系之初步建构——基于 CAS 仲裁体系中运动员仲裁权益视角》,载《上海体育学院学报》2017 年第 5 期。

这一基本原则的适用,包括举证责任、证明标准等方面发展出了很多具体判例,为后续的裁判有很大的借鉴意义。最后,建立先例数据库可以较好地解决同一仲裁庭"同案不同裁"的问题,使兴奋剂纠纷解决和制裁实现相当程度的一致性。先例数据库不仅能指导反兴奋剂仲裁庭的裁决,也会为其他反兴奋剂组织提供参考。[①]

当然,在强调判例的积极作用,推动先例数据库建设的同时,也不能片面夸大这种判例法渊源的独立性和创新性,而忽视它的消极影响。[②] 反兴奋剂仲裁庭在创设判例法规则时应谨慎行事,仍应以成文的各国际体育联合会反兴奋剂规则及 WADC 为主要依据,确立判例的具体适用范围和标准,将其作为准确适用规则的有效补充。

孙杨案引发的巨大舆论波反映出社会各界对反兴奋剂领域的关注。目前,SFT 已决定撤销 CAS 对孙杨的裁决。SFT 作为 CAS 裁决救济的主要路径,虽然未对兴奋剂案件的实体问题进行审查,但也为保护运动员权利发挥了巨大的作用。可以想见,未来的体育竞争不仅存在于竞技层面,还体现在对体育规则的解读和把握,及至对规则制定和适用的参与和影响。反兴奋剂运动是维护体育竞技"清洁化"的重要程序,兴奋剂违纪规则和准则的改革与变迁,体现的正是兴奋剂违规制裁与保护运动员权益的衡平过程。完善兴奋剂违纪规则和准则,不仅需要国际反剂机构、CAS 及各体育组织的努力,也需要各国政府的配合。我国作为体育大国,应该遵守规则,积极做好兴奋剂相关规则的宣传与普及工作。积极参与规则的制定和实施,增加体育话语权,完善国内反兴奋剂机构和争端解决机制,推进构建公正合理的反兴奋剂治理体系。

---

[①]　Jacobs H L, Brandon L S. The Uniform Plan: A Cost—Benefit Analysis of a Proposed CAS First-Instance Tribunal to Hear all Anti-Doping Cases. *The International Sports Law Journal*, 2018, Vol.17.

[②]　张文闻、吴义华:《国际体育仲裁裁决的特殊效力:以 CAS 的仲裁权为视角》,载《成都体育学院学报》2017 年第 1 期。

# 第七章

# WADA v. Sun Yang ＆ FINA 案规则适用专题研究*

## 一、反兴奋剂规则适用概述

### (一)CAS 适用的反兴奋剂规则之范围

本文旨在探讨 CAS 对反兴奋剂规则的解释和适用，理应先行探讨其解释和适用的规则范围。CAS 在兴奋剂违纪案件汇总的适用与解释的对象即是指，CAS 仲裁庭在审理具体的兴奋剂违纪案件中应当加以解释和适用的相关规则。从一般的仲裁着眼，这里的"相关规则"一般包括仲裁程序推进的程序性规则，亦包括仲裁中确定当事人权利义务关系或责任的实体性规则。

2019 年，CAS 在原有的普通仲裁部门和上诉仲裁部门的基础上，新设立了兴奋剂仲裁部门，并正式开始运作，且发布了专门的《CAS 反兴奋剂仲裁规则》[①]，该规则独立于 CAS 体育仲裁法典，是 CAS 为新设立的兴奋剂仲裁机构所通过的专门仲裁规则。故而在程序性规则方面，其通常遵循《CAS 反兴奋

---

　*　本章系 2018 年度国家社科项目"冬奥会赛事争议仲裁研究"（18BTY069）研究成果。
　①　周青山：《CAS 兴奋剂仲裁机制评析》，载《武汉体育学院学报》2019 年第 5 期。

剂仲裁规则》的相关规定。在实体性规则方面,CAS 的适用范围包括 WADC,各单项体育协会的体育规则,以及相关国家关于反兴奋剂的相关立法。但毋庸置疑的是,WADC 在其中起到了更为重要的作用。首先,各单项体育协会和各国家的反兴奋剂活动实质上需要遵循世界反兴奋剂机构的相关规定,在 CAS 审理的案件之中,通常而言,除 WADC 的例外规定,WADC 具有更高的规则效力;此外,各单项体育协会以及各国的反兴奋剂立法活动,也以世界反兴奋剂机构的相关文件为参照,WADC 则成为相关立法活动的主要参照对象。可以认为 WADC 是 CAS 仲裁庭在审理兴奋剂案件的重要规则依据。

在本书看来,《CAS 反兴奋剂仲裁规则》固然重要,但是所谓"反兴奋剂规则"更偏向于实体,且实体性的反兴奋剂规则方才在具体的案件中由于解释主体的不同而略有差异[①]。而反兴奋剂规则又与一般所见的法律条文亦有不同,一方面,从规则体系上来看,其内容包括反兴奋剂规则或条例本身,也包括在具体案件中需要强制适用的国际标准;另一方面,从其语义结构上来讲,其兴奋剂管制与违纪后果的相关规则分离,如 WADC 事实上形成了由第 2 条"违纪行为"到第 9 条至第 12 条"处罚后果"之间的映射关系。为方便探讨,此处将主要采 WADC 的规则体系作为深入讨论的对象,以期为 CAS 在反兴奋剂案件中的适用和解释对象即反兴奋剂规则证得其在表现特征上的"公约数"。

(二)WADC 下反兴奋剂规则的制度体系

根据 WADC 的规定,WADC 下的反兴奋剂体系分为三级。其中,第一级是条例本身;第二级为国际标准,主要包括 ISTI 和 ISL;第三级为最佳实施模式及指南。其中,国际标准包含实施本条例所必需的主要技术细节。在与各签约方、各政府和其他有关的利益相关方协商后,国际标准由专家起草,独立分成若干文件;而无论是否对条例本身进行修改,WADA 执行委员会均可以适时对标准进行修改。最佳实施模式及指南是指在 WADC 和国际标准的基础上已经制定和即将制定的各种最佳实施模式及指南,为反兴奋剂的不同领域提供解决方案。其中,第一级和第二级对各签约方及利益相关方具有约束力,而第三级则没有这种约束力,仅对各方具有指导和建议的功能。

---

　　① 　这里的解释主体即包括在审理具体案件中由不同成员组成的 CAS 仲裁庭,也包括 CAS 仲裁庭以外的其他仲裁主体。

在第一级中，WADC 分为四个部分，分别是第一部分"兴奋剂管制"，第二部分"教育与研究"，第三部分"责任与义务"，第四部分"承认、遵守、修改及解释"。其中，在 CAS 反兴奋剂案件中主要得以适用的是第一部分关于"兴奋剂管制"的内容。第一部分共有 17 个条文，其中第 1 条为兴奋剂的定义，第 2 条规定了兴奋剂违纪的具体情形，第 3 条为举证责任和证明标准的规定，第 8 条及第 13 条为程序性权利的规定，第 9 条至第 12 条规定了处罚标准，其余条款多为技术性规定。在 CAS 审理具体案件的过程之中，关于第 2 条及第 9 条至第 12 条的解释与适用更为重要，因为上述规则解决了"处罚什么"和"怎么处罚"两方面的内容。

在第二级的国际标准中，由于国际标准本身是程序性和技术性规定的综合体，其明确了反兴奋剂机构在具体的反兴奋剂活动中应当遵守的行为准则。相对于 WADC 的规定，国际标准既不解决"处罚什么"的问题，也不解决"怎么处罚"的问题，而是通过明确反兴奋剂活动的具体实施程序，从而为反兴奋剂工作及案件的审理提供准确的事实依据。然而，国际标准的适用与 WADC 的反兴奋剂规则息息相关。一方面，反兴奋剂机构只有在遵守国际标准的情况下得到的样本及样本结果才能作为 CAS 认定相关当事人是否违反兴奋剂纪律的事实依据；另一方面，运动员违反国际标准的行为可能直接被认定符合 WADC 第 2 条的相关规定。由此可见，虽然国际标准并非直接在仲裁案件中得以适用，但是 CAS 仲裁庭在审理相关案件时不能避免地要对国际标准的规则进行解释。

### (三)WADC 下反兴奋剂规则的逻辑结构

通常而言，完整的规则条文有其自身的语言逻辑结构。这种逻辑结构，将构成规则的诸多要素或者各部分连接起来。而针对这种逻辑结构，学界主要有"三要素"说和"两要素"说两种观点。其中，"三要素说"认为法律规则通常由假定、处理和制裁三个要素构成。假定是对规则适用的条件；行为模式包括应为模式和勿为模式，以指导可能适用该规则的具体行为；后果又包含肯定性后果及否定性后果，即对符合规则要求的保护、奖励或制裁。"两要素说"则认为，法律规则是由行为模式和法律后果两部分构成的。[1] WADC 的反兴奋剂规则在逻辑结构上较为特殊，它并非将三种或两种要素混为一体，而是分别加

---

[1] 　雷磊：《法律规则的逻辑结构》，载《法学研究》2013 年第 1 期。

以规定。如 WADC 第 2 条是关于假定和行为模式的规定,而关于后果的规定则在第 9 条、第 10 条、第 11 条和第 12 条得以体现,这些都属于实体性规则。

WADC 第 2 条一共列举了 8 种不同的违反兴奋剂管制的行为,分别是第 2.1 条"在运动员的样本中,发现禁用物质或其代谢物或标记物",第 2.2 条"运动员使用或企图使用某种禁用物质或禁用方法",第 2.3 条"逃避、拒绝或未完成样本采集的行为",第 2.4 条"违反行踪信息管理规定",第 2.5 条"篡改或企图篡改兴奋剂管制过程中的任何环节",第 2.6 条"持有某种禁用物质或禁用方法",第 2.7 条"从事或企图从事任何禁用物质或禁用方法的交易",第 2.8 条"赛内对运动员施用或企图施用任何禁用物质或禁用方法,或赛外对运动员施用或企图施用任何赛外禁用物质或禁用方法",第 2.9 条"共谋(Complicity)",以及第 2.10 条"禁止合作(Prohibited Association)"的规定。WADC 第 9 条明确了兴奋剂违纪情形发生后,个人成绩自动取消的规则。而第 10 条、第 11 条和第 12 条则分别规定了针对运动员个人、集体项目运动队、体育团体出现兴奋剂管制违纪的相关处罚措施。其中,第 2.5 条、第 2.7 条、第 2.8 条以及第 2.9 条所规定的违纪行为,必须以故意为主观上的构成要件。

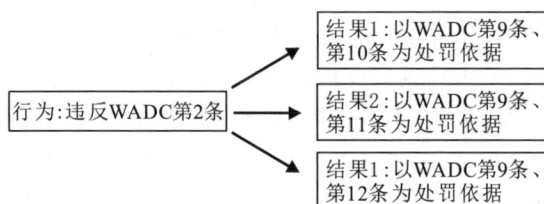

**图 7-1　从"违纪行为"到"处罚结果"的映射**

更进一步,如图 7-1,WADC 第 2 条虽然是对于违反兴奋剂管制总的规定,但是,其项下的各款规定,实质上包括了运动员个人、集体项目运动队以及体育团体三个不同行为主体可能从事的兴奋剂管制违纪活动。而第 9 条、第 10 条、第 11 条和第 12 条的规定则与前述第 2 条的违纪行为相对应,从违纪行为主体的角度进行区分,从而形成"违纪行为——处罚结果"的映射关系。第 9 条虽然是对"个人成绩"自动取消的规则,然而在实践之中,无论是哪种主体违反了 WADC 第 2 条的具体规定,与其违纪行为相关的运动员的成绩都有可能面临自动取消的风险。这种映射关系远不止上图所示这么简单,因为第 2 条所规定的为兴奋剂管制的行为,部分行为的主体并不限于一种,甚至在特定的兴奋剂违纪行为中,有数个不同类型的行为主体共同参与,对相关内容将在下文进行深入的讨论。

### (四)WADC 下兴奋剂管制的国际标准

前文将 WADC 下的反兴奋剂规则一分为二,其一是第 2 条所规定的各种具体的违法兴奋剂管制的行为,其二则是第 9 条、第 10 条、第 11 条以及第 12 条规定的由兴奋剂违纪行为所引致的后果。但是,如何判断运动员、集体项目运动队或者运动团体的行为是否属于违纪,尚需要认定。

WADC 第 2 条规定的违反兴奋剂管制的诸多情形,多是围绕着使用或可能适用禁用物质及禁用方法展开的。[①] WADC 项下包括 ISTI 与 ISL 两个国际标准文件,ISTI 与 ISL 以生物样本实验分析为时间节点,在此之前的样本采集、运输等样本分析前环节遵循 ISTI 的相关规定,而在这之后的样本分析、样本结果管理等环节则遵循 ISL 的规定。样本的检测分析以及结果的管理,需要由经过 WADA 授权的实验室或反兴奋剂机构进行。根据 ISL 的规定,实验室必须申请且经过严格审核后方能获得授权,尿样检测和血样检测分别授权,且应满足 ISL 严格的操作标准和实验方法。

上述两个国际标准对运动员、体育协会和相关组织机构具有强制约束力,WADC 强调"严格执行国际标准是遵守本条例的必要条件"。以上国际标准规定了在相关实体从事反兴奋剂活动时(包括样本采集、检测,相关事实的调查等)应当遵循的基本行为规范,以及相关环节推动的程序性问题。在认定行为主体是否存在违纪时,应当从以上国际标准的具体规定出发。申言之,作为违反兴奋剂管制行为认定的事实依据,应当是在符合上述国际标准的情况之下得到的。于此,在具体的案件之中,由于各方对于这些细致规则的理解存在较大差异,从而可能导致最后 WADC 兴奋剂管制规则的不同适用结果。以孙杨案为例,正是由于 WADA、孙杨以及国际泳联对 ISTI 具体规则的理解不同,方才引发此案。

## 二、反兴奋剂规则的解释

不管规则制定有多么周延,在运行和适用的过程中都需要加以解释。对

---

① 当然,这里的"使用"应当作广义上的理解,即根据 WADC 的规定,即使是在非故意的情形之下,只要运动员体内被检测到禁用物质或者证明其使用了禁用方法,也认为其是"使用"了兴奋剂,或违反了兴奋剂管制规则。

规则的解释是适用规则的前提,然而,规则的解释主体并不是唯一的。各不同的主体在解释某一特定规则时所采用的解释方法也可能各不相同。这就导致了规则在实际的运行,乃至最后的适用过程中,各种解释之间形成了冲突。值得注意的是,虽然反兴奋剂规则是系统的存在,但是其解释权并非专属于某一解释主体的。在这些规则制定和完善的过程中,它的制定主体也会对其进行一些解释。在规则的运行过程中,规则的执行者,包括反兴奋剂机构及其工作人员,以及运动员都在对这些规则进行一种"事实层面"的解释。而在规则最终的适用过程中,当然,各方当事人都会依据有利于自身的解释在听证会中进行攻防抗辩。因为这些问题,本文将对于反兴奋剂规则的解释单独析出,在厘清反兴奋剂规则的解释问题之后,再行探讨这些规则的具体适用。

(一)反兴奋剂规则的解释差异

1.不同主体的反兴奋剂规则解释

(1)规则制定中不同主体的解释

反兴奋剂规则在制定过程中的解释主体主要是指规则的制定者在制定相关规则时对其进行的各种释义或定义。① 事实上,反兴奋剂规则有一套较为严密的解释规则。其中,较为重要的是通过关于规则解释的条款进行总的原则性规定,通过对于特定名词进行定义的方式进行解释,或者在特定的条款下通过"释义"的方式进行解释。

一是,通过解释条款进行原则性规定。以 WADC 为例,现行 WADC 第24 条规定了该条例的解释原则。第 24 条项下共有 6 款。其中,第 24.1 条规定了条例的官方文本和作准文本,根据规定,WADC 的官方文本为英文文本和法文文本,其中,英文文本为作准文本。第 24.2 条则明确了条例内各"释义"具有解释该条例的作用。第 24.3 条排除了各签约方或政府的现行法律或法规作为解释的依据。第 24.4 条明确了各部分和各条款的标题不影响条款的语言含义。第 24.5 条部分否定了条例的溯及力。② 第 24.6 条则规定了条

---

① 这里的"制定"拟作扩大解释,即包括新规则的制定、对已有规则的执行,以及对过时规则的撤销。

② 根据该条款规定,条例颁布前的兴奋剂违规行为,可继续作为"首次违规"或"二次违规"来处理。

例组成部分的内容范围。[①]

　　二是，通过条款"释义"进行解释。在 WADC 中充斥着大量的条款释义。一些释义可能从正面解释存在于特定条款中的某些名词，限缩或者扩大其语义范围，例如，第 2.3 条的释义："如果运动员被确认通过蓄意躲避兴奋剂检查人员来逃避通知或检查，此行为即构成兴奋剂违规中的'逃避样本采集'。'未完成样本采集'的违规，既可能是故意的，也可能是由于运动员的过失而造成的；而'逃避'或'拒绝'样本采集，则认定运动员是故意的"。一些释义则可能从反面排除某些情况下条款的适用，例如，第 2.6.1 条和第 2.6.2 条的释义："可接受的正当理由不包括，诸如为赠送朋友或亲人而购买或持有禁用物质，除非当事人有正当的医疗理由，并持有医生开具的处方，如为糖尿病患儿购买胰岛素。"而有些释义则不专门对条款中特定的名词进行解释，而是声明甚至指导该条款的适用，如第 2.1.1 条的释义："根据本条款，确定兴奋剂违规行为并不考虑运动员的过错问题。本规则参考了 CAS 诸多判决中的'严格责任'原则。运动员的过错应根据第 10 条在决定违反反兴奋剂规则后果时予以考虑。这一原则得到 CAS 的一贯支持。"

　　三是，通过定义等方式进行解释。根据 WADC 第 24.6 的规定，"世界反兴奋剂体系和本条例的宗旨、适用范围和组织实施、以及附录一（定义）和附录二（第 10 条应用举例）应被视为本条例的组成部分"，因而 WADC 的制定者在定义部分对于使用频次较高的，或者所涉较广的名词进行专门的解释。但是，问题在于该条款规定之"附录二"是否可以作为解释。WADC 认为附录二是"第 10 条的应用举例"，这种观点是较为贴切的。WADC 第 10 条是关于运动员个人处罚结果的规定，而附录二则通过 6 个案例对具体情形下的违纪处罚（或者可以看作特殊的"量刑"）提供指导，事实上起到了解释的作用。

　　（2）规则运行过程中不同主体的解释

　　所谓规则的运行，事实上即是指某一抽象规则与具体的事实相结合，从而在具象的活动或关系中发生作用。反兴奋剂规则的运行，一方面，是反兴奋剂机构、组织、相关的其他部门及其工作人员在执行反兴奋剂工作时对其进行的解释；另一方面，则是运动员等利益相关人在参与反兴奋剂活动时对相关规则所做的解释。这种解释只能被看作事实上的解释，或者是披着"解释外衣"的

---

　　① 根据该条款规定，WADC 的内容范围包括：世界反兴奋剂体系和本条例的宗旨、适用范围和组织实施、以及附录一（定义）和附录二（第 10 条应用举例）。

事实。在反兴奋剂案件中,无论是运动员还是工作人员的解释,都不能直接得以适用,而是在相关听证会中,作为一种事实材料加以质证。例如,在孙杨案中,运动员认为,DCA所提供的身份证不能证明其有采集样本的资质,并要求DCA回避。随后,BCA采集了运动员血样。运动员又以BCA资质不全为由,拒绝检测小组转移血样,并破坏了血样容器。根据检测小组成员的说法,DCO在事件过程中一直向运动员及其随行人员解释DCA资质问题并提供解决办法,但遭到运动员的拒绝;后其又向运动员解释违反后果,仍未得到运动员及随行人员的配合。关于所谓"资质"的问题,在FDP的听证会中,FDP经过双方的质证部分采纳了运动员的观点;但是在CAS听证会中,FDP的观点却被推翻。

(3)规则适用过程中不同主体的解释

此处的规则适用特指在涉兴奋剂纠纷发生时,处理相关纠纷的主体运用相关规则处理或解决案件、纠纷的活动。而此处主体的内涵却较为广泛。首先,各单项体育协会通常都有自己的反兴奋剂部门,这些部门可以依据WADC的规定对涉兴奋剂的处罚措施等其他纠纷举行听证会;其次,各国的反兴奋剂机构以及部分国家设立的专门处理国内或涉外兴奋剂案件的仲裁机构也可以成为所谓"处理相关纠纷的主体";再次,CAS在处理涉兴奋剂案件时是当然的规则适用主体;最后,部分国家审查仲裁裁决时,可能对程序、事实和适用的法律进行全面审查,因而其在受理撤销某体育仲裁裁决时也有可能因其对相关法律或规则的审查从而成为事实上的"处理相关纠纷的主体"。有趣的是,由于CAS在定性上被认为是民间组织,因而其仲裁裁决通常被认为是瑞士的国内仲裁裁决,因而当瑞士法院要对CAS的仲裁裁决进行司法介入时,一般适用瑞士国内关于仲裁的相关立法。这种情况是否合理虽并不在本文的讨论范围之内,但是,由瑞士法院撤销CAS仲裁裁决从而得到救济的案件屈指可数,从而使运动员通过寻求司法介入从而保障自己权益的途径,很大程度上只停留在理论和法律条文中。孙杨案中,虽然瑞士法院撤销了CAS的仲裁裁决,但是从总体上来看,这样的成功案例并不多见。

2.不同方法的反兴奋剂规则解释

规则的解释方法参照法律的一般解释方法,可以细分为字面解释、体系解释、历史解释、社会学解释、目的解释、扩大或缩小解释等。但是,单独探讨各种解释方法在反兴奋剂规则的适用或运行过程中分别具有什么含义并不具有特别的价值,关键是探讨各种解释之间的位阶问题,以及CAS仲裁庭在审理相关案件时如何选择规则解释的方法。

关于法律解释的位阶问题,部分学者持肯定态度,他们认为在适用和解释法律的过程之中,文义解释具有优先的地位。而持反对态度的学者则认为,即使从文义解释出发,也不代表这种解释方法的解释结果具有正确性;这种观点当然有一定道理,但是却过于理想化,如果不确定优先的解释方法,那么在个案中条文可能就会被解释主体打着个案正义的旗帜进行任意解释。按照《维也纳条约法公约》的规定,字面解释或者通常含义的解释具有较为优先的地位。但是,WADC 以及各单项体育协会的反兴奋剂规则并不是在《维也纳条约法公约》的适用范围之内。严格来说,WADC 并非主权国家之间缔结的条约或公约,根据 WADC 第 23.1 条的规定,其承认或参与的主体,只能是 WADA,IOC,国际单项体育联合会,国际残疾人奥委会,NOC,国家残疾人奥委会,重大赛事组织机构和国家反兴奋剂组织。但是,CAS 在审理具体案件时确实也从文义解释出发,但是当文义解释不能完全解决反兴奋剂规则的适用问题时,其也会寻求其他的解释方法。例如,在孙杨案中,CAS 仲裁庭通过对 DCA 工作性质的考察,从而得出了其不需要单独的资质证明的结论,从而否定了运动员关于兴奋剂检测小组证明资质存在瑕疵的观点。

(二)反兴奋剂规则的解释冲突

1.基于解释主体不同而产生的解释冲突

前文曾经论述,在反兴奋剂规则的制定、运行和最终适用的阶段,有不同的主体采取不同的方式对相关规则进行解释。而由此产生的结果可能是各个主体之间对于相同规则条文或者条文中的名词得出不同的解释,从而产生解释之间的冲突。但是,部分主体的解释可能只是涉兴奋剂案中的事实,因而不能被直接适用。然而,反兴奋剂规则的制定主体在制定兴奋剂的过程之中所融入规则体系中的各种解释,事实上是可以直接适用的。根据 WADC 第 24 条的规定,WADC 中的附录一(定义)、附录二(第 10 条的应用举例)、各条款的释义等与 WADC 本身具有同等的效力,与其说其是解释,毋宁说其本身就是反兴奋剂规则体系的一部分,因而当其他解释与这种解释相冲突时,当然应当以这种解释为准。除此之外,在具体的案件中,前述所谓争议解决的主体对于反兴奋剂规则的解释同样具有"法律上的效力"。但是,他们之间也有可能出现不同解释的情况,当他们之间的解释发生冲突时采用哪种解释,事实上是基于程序环节不同而产生的解释冲突。

2.基于程序环节不同而产生的解释冲突

涉兴奋剂案件有类似与国内法院"审级"的存在。在 WADC 的程序规则体系中,听证会规则有赖于相关反兴奋剂组织和听证委员会的程序性规定,上诉规则有赖于上诉机构的程序性规定,而其关于兴奋剂检查和调查、样本检测及结果管理规则主要依赖于 WADC 及相关国际标准的规定。对于兴奋剂管制而言,样本检测及结果管理环节考察内容主要是兴奋剂是否进入运动员的体内,兴奋剂检查和调查环节主要针对运动员生物样本采集及反兴奋剂信息和情报收集的规定。WADC 第 13.2 条专门规定了对兴奋剂违规、违规后果、临时停赛、接受决定和管辖权异议等决定的上诉,根据该规定:(1)对兴奋剂违规作出的决定、因违规是否实施处罚的决定或兴奋剂违规不成立的决定;(2)由于程序原因(如某项规定)而使得兴奋剂违规处理程序无法进行的决定;(3)WADA 依据第 5.7.1 条不给予一个退役运动员重返赛场的免除 6 个月特例的决定;(4)WADA 依据第 7.1 条作出的关于结果管理的决定;(5)反兴奋剂组织不提交阳性检测结果或非典型性结果作为违规的决定,或根据第 7.7 条调查后不再继续追究兴奋剂违规的决定;(6)临时听证会给予临时停赛的决定;(7)反兴奋剂组织未能遵守第 7.9 条的决定;(8)反兴奋剂组织无权对被指控的兴奋剂违规行为或其结果进行裁决的决定;(9)依据第 10.6.1 条,是否暂缓禁赛期或是否恢复暂缓禁赛期的决定;(10)依据第 10.12.3 条作出的决定;(11)一个反兴奋剂组织未按照第 15 条承认另一个反兴奋剂组织作出决定的决定等,均可以提起上诉。

当存在可上诉且当事人就相关纠纷提起上诉时,纠纷就会进入到另外一个"审级"。最终生效的裁决,自然以"终审"所采纳的反兴奋剂规则的解释和适用为准。例如,在孙杨案中,FDP 最终给出的报告认为,在检测小组成员资质问题上,DCO 提供的授权证明存在数量上的缺陷,即是指 DCO 提供的授权文件仅能证明 DCO 享有授权,而不能覆盖到其他人员享有授权。因而驳斥了国际泳联关于检测小组资质不存在问题的观点;但其确认为对 DCA 资质的要求不应该高于 ISTI 的要求。但是,CAS 仲裁庭针对同样的问题却得出了不同的观点,其认为 ISTI 中并没有明确要求兴奋剂检测小组提供的资质证明单独列明每个成员。当然,如果当事人不服最终裁决,从而向有关国内法院提起撤销仲裁裁决的申请时,当该法院对相关法律进行审查并最终撤销或修改仲裁裁决时,该法院对相关仲裁裁决的解释则成为最终的解释。

# 三、CAS 对反兴奋剂规则的具体适用

## (一)"违纪行为—处罚结果"的适用

### 1.WDAC 反兴奋剂规则与国际标准的对应

WADC 第 2 条项下的各种违反兴奋剂管制的情形,可以分为 3 种不同类型。(1)"使兴奋剂进入体内",根据 WADC 的规定,无论运动员是否故意服用兴奋剂,只要兴奋剂进入运动员体内,均属于违反兴奋剂管制的情形。如第 2.1 条明确规定,"确保没有禁用物质进入自己体内,是每个运动员的个人责任。运动员应对从其体内采集的样本中发现的任何禁用物质或其代谢物或标记物承担责任";又如第 2.2 条,针对故意使用兴奋剂或违纪方法的情形,该条规定"使用或企图使用某种禁用物质或禁用方法就足以构成兴奋剂违纪"。(2)"妨碍兴奋剂样本检测的行为",如 WADC 第 2.3 条、第 2.4 条、第 2.5 条分别规定了"逃避、拒绝或未完成""违反行踪规定""篡改或企图篡改"的违纪行为,而这些行为本质上是行为主体干涉或妨碍生物样本的最终检测结果。(3)"与样本检测无关的其他行为",如 WADC 第 2.6 条"持有某种禁用物质或禁用方法",第 2.7 条"从事或企图从事任何禁用物质或禁用方法的交易",或违反第 2.10 条"禁止合作"规则的行为,以上行为并不以兴奋剂检测为中心,易言之,这种规定仅在于防止兴奋剂或禁用方法被使用的可能。从逻辑上讲,上述(1)(2)类型的兴奋剂管制是在药检发生后才可能发生,而(3)类型的行为则多在药检之前或与药检无关的情形之下发生。

从 WADC 第 2 条的构成来看,第 2.1 条以及第 2.2 条均强调了在兴奋剂违纪上"严格责任"的规则原则,略有不同的是,第 2.1 条强调的是在运动员的体内发现禁用物质或证明其采用了禁用方法,而无论运动员在主观上是否构成故意;而第 2.2 条则强调运动员不能"使用"违禁物质或禁用方法,无论其"使用"的行为是否构成既遂,均被视作兴奋剂违纪。然而,第 2.2 条应当一分为二地看待,首先,"使用"既遂与未遂的"使用"在判断方式上存在不同,因为"使用"的既遂实际上也需要通过生物样本检验才能够得出,然而未遂的"使用"肯定无法通过生物样本检验得到可靠的结论,因为"使用"是在未遂的状态,因而违禁物质并没有真正进入运动员的体内。所以,判断运动员是否"意图"使用兴奋剂,应当从其他客观事实加以确定。因而,第 2.1 条以及第 2.2 条

中既遂"使用"应当认为是前述(1)类行为。第2.3条关于逃避、拒绝及未完成样本采集的规定和第2.4条违反行踪信息管理的规定是为了保证得到样本，以至于获得成功的样本分析结果，最后确定是否有兴奋剂进入运动员体内①，这种行为属于前述(2)类型。而第2.6条至第2.10条所规定的其他行为，包括第2.2条下未遂的"使用"行为，则应当归属于上述(3)类行为。

ISTI不仅包括样本的采集，还包括调查的相关程序性规定。其中，关于样本采集的程序性规定主要见于ISTI第二部分以及相关定义、附件的规定，关于调查事项的程序性规定则见于第三部分及相关定义附件。从样本检测的流程上来讲，上述(1)类行为最后认定需要样本采集环节和样本的检验环节均不存在足以推翻最终结论的瑕疵，因而，(1)类行为的违纪不可避免地需要辅以根据ISTI第二部分内容及相关定义和附件对于样本采集程序的合规性认定以及根据ISL关于样本检验和实验室的合规性认定。而上述(2)类行为，由于样本并没有采集成果，从而无法实现样本的检验，因而这类行为应当辅以根据ISTI第二部分内容及相关定义和附件对于样本采集程序的合规性认定加以认定。上述(3)类型则主要需要辅以根据ISTI第三部分内容及相关定义和附件对于调查程序的合规性认定。

2.WADC违纪行为与处罚结果的对应

WADC违纪行为主体包括个人、集体项目运动队、单项体育协会。但是，WADC对于个人以外的主体所规定的处罚结果，明显较为简单。如第11条关于集体项目运动队的处罚结果规定，"该赛事管理机构除对违规运动员进行处罚外，还应给予该队适当的处罚(如扣除积分，取消参加某场比赛或该赛事的资格，或其他形式的处罚)"，以及"赛事管理机构可制定赛事规则，对该赛事中的集体项目给予第11.2条更为严厉的违规处罚"；第12条则仅规定了"本条例不妨碍任何承认本条例的签约方或政府执行自己的规定，对其管辖的其他体育团体给予处罚"。因而，WADC关于处罚结果的规定，是从对个人的处罚出发的。

根据WADC的规定，对个人确定适当的处罚应依次经过四个步骤。第一步，听证委员会决定哪一项基准处罚(第10.2条、第10.3条、第10.4条或第

---

① Oliver de Hon，Maarten Van Bottenburg. True Dopers or Negligent Athletes? An Analysis of Anti-Doping Rule Violations Reported to the World Anti-Doping Agency 2010—2012. *Substance Use & Misuse*，2017，Vol.52，No.14.

10.5 条)适合于具体的兴奋剂违规行为。其中,第 10.2 条规定了违反第 2.1
条、第 2.2 条或第 2.6 条的第一次违规行为的禁赛期限;第 10.3.1 条规定了违
反第 2.3 条或第 2.5 条的禁赛期;第 10.3.2 条规定了违反第 2.4 条的禁赛期;
第 10.3.3 条规定了违反第 2.7 条或第 2.8 条的禁赛期;第 10.3.4 条规定了违
反第 2.9 条的禁赛期;第 10.3.5 条规定了违反第 2.10 条的禁赛期。因为
WADC 第 10 条的个人不仅包括运动员,还包括其他作为当事人的利益相关
人,所以当所涉"其他当事人"为实体而不是个人,那么该实体可依照第 12 条
的规定受到处罚。第二步,如果基准处罚对禁赛期有范围幅度规定,听证委员
会必须在该范围幅度内根据运动员或其他当事人的过错程度决定可适用的处
罚。第三步,听证委员会确认是否存在免除或缩减禁赛期的依据。第四步,听
证委员会根据 WADC 第 10.11 条决定禁赛期开始的时间。

(二)WADC 第 2 条适用的特殊问题

1.WADC 第 2.3 条的适用问题

尽管从事第 2.3 条规定的任意一种行为都属于兴奋剂违纪,但在具体事
实中对其加以区分仍是有所必要的。一是,在主观恶意方面,根据相关释义,
逃避是指通过蓄意躲避兴奋剂检查人员来逃避通知或检查,该释义并没有确
定"拒绝"和"未完成"的情形,只确定了"逃避"和"拒绝"的运动员主观状态是
故意,"未完成"的主观状态既可以是故意也可以是过失。根据该释义,运动员
不提供尿样的行为显然无法归于"逃避"当中,而应当属于"拒绝"或"未完成"
样本采集。二是,在处罚方面,根据 WADC 第 10.3.1 条的规定,违反第 2.3 条
将面临 4 年的禁赛期,但若证实运动员未能完成样本采集主观上并非故意,则
可缩短为 2 年。三是,在适用"正当理由"方面,第 2.3 条中"拒绝"和"未完成"
存在正当理由的例外情形,而"逃避"却没有这种例外情形存在。WADC 第 2.
3 条规定运动员可在具有"正当理由"的前提下排除其"拒绝"或"未完成"样本
采集的违法性。中国反兴奋剂中心译本却认为,只有"未完成"才可以适用"正
当理由"[①],这种翻译是有问题的。那么,程序瑕疵是否可以作为运动员拒绝
或未完成采样的正当理由呢?条例对于"正当理由"并没有统一明确的规定。
WADC 第 2.6 条就本条所称正当理由进行了负面规定,对第2.6.2条所称正当

---

① 中国反兴奋剂中心:《世界反兴奋剂条例》第 2 条,http//www.chinada.cn/
contents/704/11144.html,访问日期:2020 年 8 月 12 日。

理由进行了正面规定,但第2.6条所给出的释义并不能扩大到第2.3条所称之正当理由。同样,第2.3条所称正当理由也不能等同于第10.4条的"无过错或无疏漏",因为根据释义第10.4条只能作为实施处罚时的免责情形,而不适用于运动员是否构成兴奋剂违纪的决定。因此,正当理由只能在个案中由相关组织或仲裁庭成员通过自由心证加以认定。

2.WADC 第 2.4 条的适用问题

WADC 第 2.4 条规定运动员应当遵守行踪规则。行踪规则即是指运动员需要事前(尤其指在飞行检查前)及时准确地向反兴奋剂机构报告其行踪信息。行踪规则自 2003 年被 WADC 所接受以来,一直沿用至今。行踪规则的违法构成发生了变化。2009 年 WADC 规定,自第一次行踪信息填报失败或者错过检查之日起,18 个月累计 3 次的,构成兴奋剂违纪;2015 年 WADC 对其进行了修改,将原来的 18 个月缩短为 12 个月。① 而关于"行踪信息填报失败"和"错过检查"的具体情形,则由 ISTI 加以规定。因而对于第 2.4 条的适用,事实上需要参照 ISTI 的相关解释。但是,WADC 同时规定,根据运动员的过错程度,禁赛期最短可减少至一年。如果运动员在即将检查之前变动行踪信息或者严重涉嫌试图逃避兴奋剂检查的其他行为,那么该运动员不得享有本条款所规定的禁赛期从两年缩减至最短一年的灵活调整。

3.WADC 第 2.5 条的适用问题

篡改或企图篡改兴奋剂管制任何环节(以下简称篡改)作为违反兴奋剂管制的行为见 WADC 和 FINA DC 第 2.5 条,该规定使篡改的内涵包含宽泛。该条款前半部分认为,只要是破坏兴奋剂管制过程,但又未包括在禁用方法定义之内的行为均属于篡改;条款的后半部分仅对某些情况做了不完全列举,其具体适用范围并不明确。但是篡改不能与"破坏"等同而论,破坏只是篡改的客观表现,且有破坏兴奋剂管制的结果。② 根据 WADC 定义部分的规定,篡改包括出于不正当目的或以不正当手段所做的改变行为,导致不当影响的行为,不正当的干扰行为,及通过阻碍、误导、欺骗行径改变结果或妨碍正常程序

---

① 杨春然、张梅:《世界反兴奋剂机构的行踪规则与法律的冲突及限制》,载《成都体育学院学报》2018 年第 1 期。

② CAS. CAS 2017/A/4968, Mr. Alexander Legkov v. International Ski Federation (FIS) Alexander Legkov, https://www.doping.nl/media/kb/4970/CAS% 202017 _ A _ 4968%20Alexander%20Legkov%20vs%20FIS %20%28OS%29, 2020.9.6.

进行的行为。该定义要求篡改至少需要有主观上的不正当目的或者客观上的不正当手段。但从 CAS 的具体适用上看,作为篡改的破坏,在主观上必须是故意的,至于"破坏"的意图却并未在篡改构成要件的考查范围之内。[①] 客观上,构成篡改需要行为造成破坏兴奋剂管制的结果,这就要求被破坏的环节或程序是符合兴奋剂管制要求的。

### (三)TUE 规则、NSF 及 NFN 规则的具体适用

#### 1.TUE 规则在 CAS 仲裁中的适用

TUE 规则,即"治疗性用药豁免",根据 WADC 第 4.4.1 条的规定,"如果发现某种禁用物质或其代谢物或标记物,和/或使用或企图使用,持有或施用或企图施用某种禁用物质或方法,与获得的 TUE 内容一致,且该 TUE 符合治疗用药豁免国际标准,则不应作为兴奋剂违规",TUE 内容需要提前申请[②],如果申请是被拒绝的,运动员可以以此提起上诉,CAS 临时仲裁小组或类似的机构以及 WADA 可以作为特定赛事的独立上诉机构。如果 CAS 或 WADA 均不执行该项职能,WADA 有权审查与赛事有关的 TUE 决定。

TUE 规则在 CAS 仲裁案件中的适用,主要依据 2002 年 CAS 仲裁庭首次提出的 6 条关于认定合法药物治疗的原则:(1)一项药物治疗必须只能针对个别运动员的伤病;(2)在该条件下,治疗只有违禁方法,没有任何其他可替代又不违禁的治疗方法;(3)该药物治疗不会提高运动员的成绩;(4)该药物治疗必须是在运动员诊断作出之后进行的;(5)药物治疗必须由适当且合格的专业人士在必需的设备辅助下进行;(6)必须做适当的治疗记录以备查阅。[③] 而实际上直到 2005 年,TUE 才作为 WADC 的构成内容被纳入条例的规则体系。同时,TUE 有专门的国际标准,运动员的治疗用药种类、对应病症以及用量应当符合标准规定,否则将会承担包括证明超量用药合理性或不能免除处罚的不利后果。

---

① 赵永如:《〈世界反兴奋剂条例〉"篡改"规定的不足与完善》,载《体育科研》2018 年第 5 期。
② 国家反兴奋剂组织可以决定,比如检查休闲水平竞赛者但不要求事前申报 TUE。
③ 李真:《治疗用药豁免(TUE)规则初探——首例 TUE 案分析》,载《天津体育学院学报》2013 年第 3 期。

2.NSF 及 NFN 规则在 CAS 仲裁中的适用

NSF，即"无重大过错或无重大疏忽"，与 NFN，即"无过错或无疏忽（No Fault or Negligence）"，根据 WADC 第 10.4 条的规定，"如果运动员或其他当事人在个案中能证实自己无过错或无疏忽，则将免除其禁赛期"，第 10.5 条则规定运动员在可以证明自己无重大过错或无重大疏忽时可以减轻处罚。NSF 适用的情形包括第 10.5.1 条规定的"特定物质""受污染品"和第 10.5.2 规定的个案中的其他情况。其中第 10.5.2 条可适用于任何兴奋剂违规，除了兴奋剂违规的构成要件之一是故意的条款。

在具体的案例中，CAS 认为成立 NSF，至少应满足以下两个条件：其一，仲裁庭对该疏忽是否"重大"有绝对的判断权，具体通过运动员对违禁物质进入体内的详细说明是否合理进行判断；其二，通过运动员的行为和言辞推断运动员的主观目的是否为了提高比赛成绩。[①]

## 四、孙杨案中反兴奋剂规则适用之考察

### （一）反兴奋剂规则适用的争议

孙杨案中各方在基本事实的描述上并没有太大的争议：(1)运动员确实没有完成 2018 年 9 月 4 日的药检；(2)运动员损坏了（或者分离了）已经采集的血液；(3)检测小组部分成员资质待考证。但对于这些事实描述的性质认定，各方却多有争执。

根据 CAS 裁决所释出的信息，运动员一方认为检测小组 DCA 无法证明其资质，BCA 提供的资质不能完全证明其工作权限；二者均不能证明其与 IDTM 公司之间的联系，属于"无关人员"。因而，该检测小组的行为不能被认定为是进行兴奋剂药检的样本采集活动。国际泳联坚称，证明 DCA、BCA 与 IDTM 公司之间的联系是没有必要的，最重要的是 DCO 能够提供相应的证明，而 DCA 的工作"仅仅是监督运动员取尿和进行尿样采集"，其资质已经得到了 DCO 的认可。这一点也同样得到 CAS 仲裁庭的认可。[②] 依据 WADC

---

[①] 李真、李自炜：《兴奋剂"违禁"救济及 NSF 规则——莎拉波娃上诉案之启示》，载《武汉体育学院学报》2017 年第 2 期。

[②] CAS. 2019/A/6148 World Anti-Doping Agency v. Sun Yang & FINA.

及《国际泳联反兴奋剂规则》（FINA Doping Control Rules 2014，后简称
FINA DC），运动员不配合尿样采集的行为可能违反该规则 2.3 的情形，而破
坏血样的行为可能违反 2.5 关于"篡改"的规定。从法律而言，此次事件争点
可提炼为二：（1）样本采集小组成员提供的其他证明是否能够证明检测小组成
员与 IDTM 公司之间的关联及成员资质？（2）运动员是否有权不配合该小组
的样本采集，运动员的行为是否属于 WADC 所称的"篡改"行为？

　　FDP 认为，在检测小组成员资质问题上，DCO 提供的授权证明存在数量
上的缺陷，即 DCO 提供的授权文件仅能证明 DCO 享有授权，而不能覆盖到
其他人员享有授权，因而驳斥了国际泳联关于检测小组资质不存在问题的观
点。但其确认为对 DCA 资质的要求不应该高于 ISTI 的要求，而与 DCO 相
同，而 BCO 的资质却受到了质疑。最终，FDP 以运动员未得到明确的违法后
果告知得出其没有违反 FINA DC 和 WADC 相关规定的结论。但是，这一结
论很显然没有得到世界反兴奋剂机构及 CAS 仲裁庭的认可。世界反兴奋剂
机构及 CAS 认为，检测小组资质齐全，且已经完全履行了程序性义务，而运动
员破坏血样组织检查小组采样的行为是严重违规。CAS 仲裁庭最终给予运
动员禁赛 8 年的严厉处罚。①

　　各方就所涉事实的定性大相径庭，究其本质，是由于世界反兴奋剂规则体
系中对样本分析前程序的规定较为模糊。落实到孙杨案中，即表现为样本采
集环节的程序困境。一方面，反兴奋剂工作人员之间在适用相关规定的过程
中难以形成统一意见，极易形成差异性裁判；另一方面，运动员与反兴奋剂工
作人员之间也有可能就同一事实存在相悖观点，从而致使运动员的权利处于
一种不确定的状态之中。世界反兴奋剂规则体系的建立，并非为了压制运动
员的违规行为，其宗旨是为了保护运动员的平等参赛权利，营造公平公正的竞
赛环境。申言之，处罚兴奋剂违规行为只是世界反兴奋剂规则体系的手段，并
非最终目的。维护竞技体育的公平公正及运动员的切身权益才符合其制度设
计的考虑。

---

　　①　CAS. Sun Yang Is Found Guilty of A Doping Offense and Sanctioned with An 8-
Year Period of Ineligibility. https://www.tas-cas.org/en/general-information/news-detail/
article/sun-yang-is-found-guilty-of-a-doping-offense-and-sanctioned-with-an-8-year-period-
of-ineligibility.html，2020.9.7.

### (二)CAS 对反兴奋剂规则适用的态度及问题

CAS 仲裁庭并没有就运动员是否违反第 2.3 条进行认定,但仲裁庭并没有因此站在运动员一边,从 CAS 最终公布的裁决上来看,仲裁庭认为"负责兴奋剂控制的人员遵守了 ISTI 中规定的所有要求"。简言之,仲裁庭并没有将前述存在的程序性瑕疵认定为赋予运动员一系列不配合行为正当性的理由,抑或是从仲裁庭的认识出发,本案中并不存在样本采集人员身份的形式瑕疵。仲裁庭着实注意到了 BCO(或 BCA)可能存在身份上的实质瑕疵,但其裁决依然认为 BCO 具备 ISTI 规定的资质。按照仲裁庭的逻辑,BCO 具备技能资质,ISTI 也只是要求 BCO 具备合适资质,并没有规定其向运动员展示该资质的义务。仲裁庭同时也注意到了关于 BCO 资质的地域性问题,但其认为这只是事后(ex post facto)论点,并不会影响血液采集。前述认识直接导致仲裁庭在对运动员是否违反 FINA DC 第 2.5 条的认定上存在偏颇。FDP 认为,孙杨案中的 BCO 资质欠缺,是故其采集的血样不符合 ISTI 要求,因而不能将其认定为"为进行兴奋剂管制而采集的任何生物材料",故而对其损坏不能认定为破坏了兴奋剂管制。而 CAS 仲裁庭则认为,"当他(指运动员)认为样本采集程序不符合 ISTI 时,他未能为销毁收集样品的容器(指储存血液容器)和放弃兴奋剂管制提供充分的理由"。值得注意的是,仲裁庭并没有直言不讳地指出运动员破坏的是"血样",而是采用了"收集样品的容器"的说法,虽然这种语词上的置换可能并没有讨论的价值,但是否可以将其理解为仲裁庭对于"篡改"的对象存在审慎认知呢?

由此可以推断出,仲裁庭至少认可以下 2 种观点之一:(1)无论 BCO 的实质身份是否完全符合 ISTI 的规定,其仅须向反兴奋剂组织负责,而不须向运动员负责;(2)BCO 是否符合 ISTI 规定的样本采集人员,并不影响其所采集血液被认定为"血液样本"。无论以上哪种观点,仲裁庭对于"样本"或者"样本采集人员"的认识都是脱离 ISTI 规则价值本身的。第 1 种观点中,仲裁庭忽视了运动员的程序性权利,易言之,ISTI 旨在保障反兴奋剂活动的标准化展开及其合程序性,在此之间无论反兴奋剂组织抑或运动员都是与规则紧密相关的人员,对反兴奋剂活动过程的合规性考察不应仅从反兴奋剂组织的立场进行,如此,反兴奋剂便容易成为单纯反对运动员的"审查"活动。第 2 种观点中,仲裁庭忽略了所谓 BCO 及"样本"的构成要件,对于任何阶段确实存在瑕疵,不能仅因为其是事后的而被忽略,况且这一瑕疵只是事后被提及,却从程序一开始便客观存在；如果样本采集人员的身份可以是随意的，那么 ISTI 对于样本采集中人员甄选和操作程序的严格规定就失去了意义，而对 BCO 执业地域范围方面的忽视也并不符合 ISTI 尊重行为地国法律的本意。

(三)本案中规则适用分歧之释析

孙杨案所暴露出的程序性问题主要体现在生物样本进行实验分析前的样本采集环节。无论是关于样本采集人员的资格之争，违法告知程序的争论，还是适用违反兴奋剂管制的相关规定，均表明了相对于实验室的生物样本分析和结果管理，WADC 对样本采集环节的程序规定更为宽松。而这些失之严格的程序规则不仅将运动员引入追求程序权利和维持职业生涯安全的两难困境，也有悖反兴奋剂制度所要追求的价值目标。一旦运动员在模棱两可的程序规则中陷入与体育协会、反兴奋剂组织或体育仲裁机构相反或不完全相同的认识，其权益将会遭受严重损失。这也从侧面说明，在现行的世界反兴奋剂规则体系下，运动员至少在样本分析前阶段的权利是处于一种不确定状态的。

1.兴奋剂样本分析前置程序问题

WADA 对实验室及实验方法采取的一系列准入要求和后续评估确保了样本检测的准确性；WADC 第 3.2 条也允许运动员对实验方法提出质疑，其证明标准虽较严苛，但无疑也为样本分析结果的准确性提供了保障。[①] 然而，相对于样本检测和结果管理环节，采样、运输等样本分析前的兴奋剂控制环节却欠缺严格的质量监控的程序性规定。[②] 样本采集等环节程序性规定的欠缺，不仅不利于反兴奋剂目的的实现，同样也损害了运动员的权利。一方面，体育竞技远没有跳出利益角逐的圈子，体育既可能是商业角逐的战场，也可能是政治博弈的棱镜，经济得失和民族主义情绪在国际体育竞技中大行其道。[③] 出于对不正当利益的追求，兴奋剂反倒成为一些体育团体甚至国家的制胜法宝，而他们规避兴奋剂管制的方法，往往在于利用缺乏严格程序监管的样本分析前程序。如索契冬奥会中俄罗斯奥组委组织参赛人员使用兴奋剂，并通过

---

① 曹绍芳、郭树理：《对 2015 版〈世界反兴奋剂条例〉3.2 条的评析》，载《首都体育学院学报》2019 年第 1 期。

② 熊英灼、宋彬龄：《从信赖到怀疑：世界反兴奋剂体系对科学的法律控制》，载《武汉体育学院学报》2016 年第 10 期。

③ Victor D. Cha. Match Point：Sports，Nationalism，and Diplomacy. *Georgetown Journal of International Affairs*，2010，Vol.11，No.2.

特工人员进行"尿样交换",从而避免最后阳性检测结果。① 另一方面,样本分析前的采样等环节虽然受到 ISTI 的限制,但是 WADC 却允许反兴奋剂机构将这些工作外包给专业的第三方,对这些第三方实体的资质及具体工作流程却没有制度层面的要求。② 此外,运动员也无法依据 WADC 要求对这些环节的程序瑕疵进行审查。

2.兴奋剂职权行为程序性制裁缺失

WADC 第 2 条是关于假定和行为模式的规定,而关于后果的规定则在第 10 条、第 11 条和第 12 条中得以体现,这些都属于实体性规则。实体性制裁针对的是一般违法者的违法或犯罪的后果,即实体性制裁的对象没有角色上的特殊要求;而程序性制裁则一般针对违反程序规则的职权行为。③ 落实到反兴奋剂制度中,实体性制裁针对的对象包括运动员、集体运动队和运动团体等;程序性制裁则应当针对反兴奋剂机构及其工作人员。样本检测环节的程序瑕疵招致程序性制裁的情况在中国柔道运动员佟文诉国际柔道联合会案中得以体现,正因国际柔道联合会在样本检测环节违背了程序性规定,CAS 最终裁定佟文胜诉。④ 对于违背兴奋剂检查和调查环节程序的后果性规定未见于反兴奋剂的规则设计之中。

在孙杨案中,一方面,FDP 的决定虽然支持了样本采集环节的程序性制裁,但于反兴奋剂的制度框架下,相关规则的缺失仍会产生不利于运动员的风险。首先,在 CAS 既有的判例中,并没有针对样本采集环节的案例以供参考,而 FDP 作为国际泳联的反兴奋剂部门,其裁决中关于程序瑕疵以及程序性制裁的认定不能形成先例而被 CAS 采用;其次,按照 CAS 仲裁规则的规定,其首先适用 WADC,欠缺程序性制裁无法为剥夺反兴奋剂机构的违法利益提供法律依据;最后,按照 CAS 及 WADA 所采取的证明标准,运动员不仅要证明反兴奋剂机构违法,还要证明其违法行为达到影响检测结果的准确程度,才能使之承担程序上的不利后果,这无疑加大了运动员的辩

---

①　张翼:《俄罗斯兴奋剂事件的社会学解读与思考》,载《南京体育学院学报:社会科学版》2016 年第 4 期。

②　熊英灼:《俄罗斯系统性使用兴奋剂事件述评》,载《体育学刊》2017 年第 4 期。

③　黄士元:《以程序性制裁弥补实体性制裁之不足》,载《法学论坛》2005 年第 5 期。

④　宋彬龄:《中国运动员国际体育仲裁胜诉第一案述评:兴奋剂处罚的程序正义问题》,载《天津体育学院学报》2011 第 2 期。

护难度。[①] 另一方面,FDP 只承认 BCO 资格和违法后果告知程序出现了问题,仲裁庭却并不认可这一点,各方对 DCA 及 BCO 资质问题的分歧显露出 WADC 及 ISTI 相关规定的模糊性,正因为程序性制裁规则的缺位,方才不能完全确定该事件中 DCA 及 BCO 的资质是否真的可以达到影响检测结果的标准,故程序性制裁规则的缺位难以让出现在不同环节的程序瑕疵得到程度一致的正面回应。

3.运动员程序性权利失效

欠缺后果性规定的程序规则势必会引致程序性权利的失衡,程序性约束将会对职权者失去强制力,从而增加其相对方的程序负担。在 WADC 的框架之下,运动员及体育团体无疑承担了更多的不利后果,而且在"严格责任"适用于反兴奋剂案件中的趋势下,运动员、体育团体和反兴奋剂机构之间的权利失衡在进一步扩大,尤其是在运动员面临强度较大的处罚时,这种程序上的权利不对等进一步延伸到了实体利益的冲突上,从而形成反兴奋剂活动对 WADC 目的的僭越。[②]

(1)救济权利受限

国际泳联指出,运动员完全可以在事后寻求公平的解决方法,但于实践之中并非易事。USADA v. Jenkins 案与孙杨案如出一辙,运动员 Latasha Jenkins 在一次飞行检测中被检为兴奋剂阳性,但其否认服用兴奋剂,并指出样本采集环节存在诸多不合理,尤其在样本采集环境方面,封闭空间内吸烟者产生的大量烟雾极有可能影响样本的质量。Latasha 选择了与孙杨截然不同的处理方式,她没有拒绝样本的采集,但最后的检测结果却让她身陷囹圄,即使她上诉成功,但耗费数年才"侥幸"赢得的这种公平显然不能为其运动生涯中各项损失买单[③],更遑论若其上诉失败将对其职业带来怎样的打击。申言之,缺乏即时的救济性权利,才是拿运动员的职业生命进行"愚蠢的赌博"。虽然 WADC 第2.3条规定了"正当理由"作为"拒绝"或"未完成"样本采集的依据,但因其自身的含义不甚明晰,在适用上依然存在诸多

---

① 杨春然、王学栋:《论反兴奋剂国际体育仲裁中的运动员程序保护》,载《北京体育大学学报》2018 第 11 期。

② 杨春然:《论兴奋剂处罚的归责原则与 WADC 目的的冲突及协调》,载《武汉体育学院学报》2017 年第 3 期。

③ Michael S. Straubel. Lessons from USADA v. Jenkins:You Can't Win When You Beat a Monopoly. *Pepperdine Dispute Resolution Law Journal*,2009,Vol.10,No.1.

问题。在孙杨案中,各方反复争论孰对孰错便是其真实写照。而 CAS 仲裁庭最终的裁决,也更说明在反兴奋剂规则规定并不明晰的情况下,运动员追求有利结果举步维艰。

(2)诉讼权利失衡

样本采集环节的程序瑕疵不会直接导致反兴奋剂机构承担不利后果,易言之,样本在经过检测实验之后,其结果仍然可能成为反兴奋剂机构据以处罚运动员的事实依据。这里运动员将面临以下两方面问题:(1)证明标准问题,虽然根据 WADC 第 3.1 条的规定,反兴奋剂案件证据的证明标准必须要高于优势证据标准,且低于排出合理怀疑的程度,而运动员和其他当事人的抗辩仅需要达到证据优势标准,于实践之中运动员必须提供足以推翻这一结果的证明才会有机会免受处罚。即使是因为样本分析前环节存在程序瑕疵,运动员的抗辩理由也只能是这种瑕疵对最终的实验结果具有较大的影响。(2)举证能力问题,尽管运动员可以在兴奋剂事件发证之后得到实验结果的分析报告并可以参与复查,其仍缺乏具体的调查取证的权利[①];同时,因为分析前的程序瑕疵与样本实验标准的问题有所不同,运动员不仅需要证明确有程序瑕疵存在,还需证明该瑕疵会使实验室的检测产生偏差,如此无疑再次增加了运动员一方的证明难度。

# 五、结论:反兴奋剂程序规则的合理化

WADC 在其基本原理部分指出,反兴奋剂体系的目的在于维护"体育精神",实现公平竞技。处罚从来就不是反兴奋剂的目的,其不过是实现目的的手段。然而在现实中,各种单纯为实现反兴奋剂处罚的学说诸多。一方面,其确实符合加大打击兴奋剂力度的国际趋势;另一方面,这种学说的兴盛背离了"公平"这一体育理念。反兴奋剂需要雷霆手段,但是却不可不关注这些手段的正当性。

## (一)对反兴奋剂体系程序原则的反思

在世界各国及各体育团体都声称对兴奋剂零容忍的今天,严格责任大行

---

① 敬文:《兴奋剂案件在国际体育仲裁中的证据规则研究》,载《广州体育学院学报》2016 年第 3 期。

其道;与此同时,保护运动员合法权益的呼声渐长,存乎公法体系中的比例原则在反兴奋剂制度中得以体现。夫此二者并非运动员与反兴奋剂组织之间的博弈,反兴奋剂工作既应维系体育公平,亦当保证运动员的合法权利。但公平与权利尤在反兴奋剂体系的程序建设中矛盾日显,严格责任的适用因其严苛而遭受诟病,比例原则也未见得在程序规则中得到充分发展。原则贯穿于规则之中,反兴奋剂体系程序规则的完善应先从原则入手,对严苛者应予限制,不充分者加以强化,令上述二者在使反兴奋剂工作更加符合其目的的道路上相得益彰方是正举。

1.比例原则在反兴奋剂程序规则中的扩大适用

为了保证反兴奋剂过程中的程序正义,维护运动员的合法权益,WADC引入了比例原则作为兴奋剂处罚的基本原则。所谓比例原则,由正当性、必要性和相称性组成。正当性要求手段在实现目的的过程中是适当的或有益的,必要性指在手段选择上采用侵害最小的方式,相称性则指采取的措施与目的的实现合比例。WADC 将这一原则具体化,规定故意违规和累犯违规加重处罚,而对过错者及自首者规定了减轻处罚。① 但这种具体化规则仅局限于违反兴奋剂管制的实体制裁,在程序之中并无留影。然而,在反兴奋剂体系的程序规则之中引入比例原则是可行的。首先,比例原则适用于程序法部门之中有理可寻。在刑事诉讼法中,比例原则可以作为一种约束侦查、检察等公权力机关的他律手段,保证诉讼强制手段及诉讼追究措施的合正当性;落实到反兴奋剂的规则之中,比例原则在程序性规则中的适用同样可以规范反兴奋剂机构的检测、调查行为。其次,反兴奋剂规则是实体程序一体化的体系。无论WADC 抑或是单项体育协会的反兴奋剂规则,就将实体上的权利义务与程序规定纳入其中,虽然比例原则仅在实体规则上得以具体体现,但是作为WADC 序言所宣称的基本原则,在程序方面考虑比例原则的适用并无不妥。此外,在程序规则中引入比例原则并不会降低反兴奋剂工作的效率,只是要求反兴奋剂机构所采取的手段更加符合其目的,对反兴奋剂的工作手段和程序流程的管理更为严格。对反兴奋剂机构及第三方实体而言,更加严格的操作标准与程序性约束并不会损害其打击兴奋剂违规的工作;相反,比例原则的引入可以更加有效地指导其制定兴奋剂检测计划,并加强其对反兴奋剂工作人

---

① 刘翔军、李佩聪、高峰:《世界反兴奋剂规则的新发展:对 2015 年〈世界反兴奋剂条例〉的述评》,载《首都体育学院学报》2018 年第 4 期。

员的培训,使之能够更加规范地开展样本采集、兴奋剂检测和调查等工作,从而避免类似"孙杨案"的再次发生。

　　2.严格责任在涉样本分析前环节案件的适用限缩

　　严格责任是 WADC 第2.1条和第2.2条所提出的归责原则,该原则排除了反兴奋剂机构在证明运动员兴奋剂违规时对运动员主观状态的证明责任。WADC 第2.1条与第2.2条所指的兴奋剂违规,主要是指运动员生物样本药检阳性和运动员使用或企图使用兴奋剂或禁用方法的情形,单纯违反 WADC 第2.3条的规定并不导致严格责任的适用。但是,如果运动员的生物样本从采集到实验室分析前的各个环节存在程序性瑕疵,致使药检结果呈阳性,那么直接适用严格责任将会先入为主地认为运动员使用了兴奋剂。严格责任的适用与 WADC 第3.2条所规定的事实与推定事项密切相关。根据 WADC 第3.2.1条的规定,推定事项是指经 WADA 咨询相关科学界和同行评审后而批准的分析方法或检测限制,二者均针对实验室的样本分析,且运动员被赋予了针对此二者的抗辩权。分析前的程序流程问题明显超出该推定事项的范围。

　　严格责任在涉样本分析前环节案件的适用限缩,并不是指排除该原则在具体案件中的适用,而是要求在相关案件中不能直接加以适用。涉样本分析前环节的案件,应当先排除分析前程序瑕疵对样本分析的影响,如果不能排除,则不能认定阳性结果是符合 WADC 第3.2条的事实推定,从而不能适用严格责任进行归责。样本采集、运输等程序可能导致影响兴奋剂阳性结果的问题与实验室内的实验手段是分离的,基于实验室分析方法及检测限的推定事项是权威导向的结果,严格的认定标准与实际操作经验使实验室的分析方法和检测限具有权威的说明能力,以此作为运动员使用或误用兴奋剂的主要证据。如此,适用严格责任原则进行归责可以被视作是公正的[①],但没有严格认证与评审的样本分析前环节的诸多流程却缺乏这种权威性,因而对于在分析前环节存在程序问题的药检阳性结果不能直接认定为第3.2条中所称之事实,继而对运动员适用严格责任也缺少合理性(见图7-2)。

---

　　①　宋军生:《严格责任原则规范下的反兴奋剂逆向处罚研究》,载《成都体育学院学报》2015年第3期。

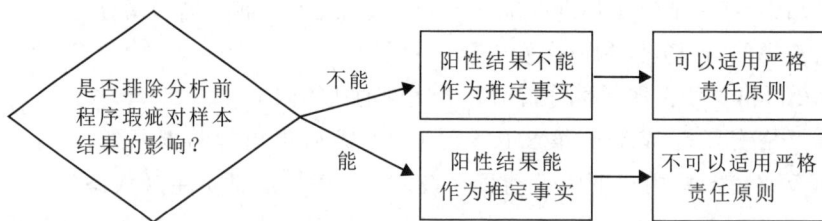

图 7-2　严格责任的适用

## (二)对样本采集阶段程序规则的修正

样本采集环节的程序困境不仅体现在规则，同时也表现在其制度的设计之中。一方面，适用于样本分析前程序的 ISTI 其严格程度并不如 ISL；另一方面，缺乏程序性制裁的 ISTI 规则无形增加了运动员的负担。从前所述，更为完善的样本采集程序并不会阻碍反兴奋剂工作的开展，而会推动反兴奋剂工作的专业性。一方面，其避免了对未使用兴奋剂运动员的错误惩罚；另一方面，真正使用兴奋剂的运动员也无法通过程序问题进行诡辩。

1.完善样本采集阶段的程序性制裁

程序性制裁应当被应用于样本采集阶段的程序流程，而反兴奋剂机构、第三方实体及其工作人员应当承担违反程序的不利后果。但是，考虑到反兴奋剂的目标，样本采集阶段的程序瑕疵应当加以区分，将可能影响样本分析结果的程序流程纳入程序性制裁的适用范围之中，而将对样本分析结果意义不大的程序流程排除于直接适用程序性制裁的范围之外，引入补正规则。在实际操作中，涉及工作人员身份、运动员权利告知等问题均应当视作可能影响样本分析结果的程序规定。其中，工作人员是样本采集的直接执行者，未经专业训练或者与样本采集主体之间不存在关联的执行者可能执行影响样本质量的错误操作，将这些错误归责于运动员是不适宜的；运动员权利告知和违规通知程序虽然对样本本身的影响较小，但其是反兴奋剂体系遵循文明发展和人权保护的体现，也应当作为 WADC 尊重程序正义的具体内容。此外，ISTI 中有关样本采集地点、随行人员等规定也应当经过程序性制裁的适用性甄别。这样做的意义在于：(1)将未使用兴奋剂的运动员可能承担的不利风险控制于严密的程序监控之下；(2)将仲裁阶段的成本负担分散于样本分析前的各个环节之中，将事后的程序正义上升为事前的程序正义。

2.明确样本采集阶段的运动员权利

运动员在样本采集阶段的权利体现在 WADC 及 ISTI 的具体规定之中。运动员有申诉、举行听证会、上诉等事后程序性权利,而在事件过程中的及时救济权利却处于真空状态。从前所述,这种单纯将救济置于事后程序的做法增加了运动员的程序风险。WADC 第 2.3 条为样本采集阶段提供了"正当理由"这一例外情形,虽然是实体性规定,但"正当理由"的援引必须结合 ISTI 规则及具体事实。运动员一旦获得"正当理由",第 2.3 条便成为其"拒绝"或"未完成"样本采集的程序性依据。然而,第 2.3 条中"正当理由"缺少释义,概念模糊且缺乏适用先例,从而欠缺实用性。但是,对其释义既不宜过于宽泛,这样有悖于反兴奋剂的目的,亦不应太过狭隘,否则并不能有效保护运动员的救济权。"正当理由"应当切合上述程序性制裁的标准,以是否可能影响样本质量和样本分析结果为限,在合目的的范围之内给予运动员应有的程序保障。

3.扩大 WADC 第 3.2 条的适用范围

样本分析前程序同样可能影响样本分析结果,相较于具有更为严格操作标准的实验室标准,样本分析前程序反而暴露出更多漏洞。因而,不合规范的样本采集环节亦应成为推翻推定事实的理由之一。WADC 第 3.2.2 条规定,当运动员或其他当事人对实验室的分析方法等事项背离国际标准而产生的药检阳性结果予以抗辩时,由反兴奋剂组织就标准的偏离不会影响样本检测结果承担证明责任。将该规定的适用范围从样本分析环节扩大到包含样本分析前的诸多环节有理可寻。首先,这一规定下的证明责任分配是基于反兴奋剂组织就相关问题的专业性以及取证便利性的考虑,但在样本分析前的诸多环节出现的程序流程瑕疵同样可能对样本分析结果产生影响,由这些瑕疵产生样本质量、样本污染情况及其对样本结果的影响程度等问题对于运动员而言同样难以取证;其次,样本分析前环节的程序瑕疵不应归责于运动员,反兴奋剂组织才是整个程序流程的主导者,也是可能的程序破坏者;最后,将第 3.2.2条的适用范围扩大到样本分析前环节是对程序性制裁的回应,合理的程序权利分配才能够引导反兴奋剂工作朝着更加公平和效率的方向进步。

# 第八章

# WADA v. Sun Yang & FINA 案司法审查专题研究

　　所有 CAS 裁决法律上都是瑞士裁决,SFT 享有专属司法审查权。对最近十年公布在 CAS Bulletin 上的全部 SFT 有关 CAS 裁决上诉案件的裁定进行统计分析表明,SFT 坚定地奉行支持 CAS 仲裁及裁决的立场,严格解释和限制适用 PILA 规定的可撤销仲裁裁决的各项理由,绝不轻易撤销 CAS 裁决,将对 CAS 裁决的司法干预控制在最低限度,有力地维护了 CAS 仲裁的独立性及其裁决的终局性。

　　撤销仲裁裁决是国际仲裁当事人对仲裁裁决不服时可获得的重要救济,也是仲裁地国法院对仲裁进行监督的主要方式,是保障国际仲裁公平公正的核心制度,国际体育仲裁裁决亦不能豁免于仲裁地国法院的审查和监督。[①]根据 CAS 与体育相关的仲裁法典第 R28 条之规定,CAS 及其特别仲裁庭无论在何地作出仲裁裁决,其法律上的仲裁地都在瑞士洛桑。因此,瑞士法院对 CAS 仲裁裁决撤销案件享有排他管辖权,其他任何国家的法院都没有撤销 CAS 仲裁裁决的权力。[②]在瑞士,撤销国际仲裁裁决之诉实行"一锤子"上诉,只有 SFT 才有权撤销国际仲裁裁决,故撤销 CAS 裁决的申请只能向 SFT 提出。这一独特的制度安排有助于简化仲裁裁决上诉程序,提高争议解决的速

---

①　周江:《刍议国际体育仲裁的司法监督问题(上)》,载《仲裁研究》第 14 辑。

②　See Simon Gardiner, Sports Law, 2<sup>nd</sup> edition, *Carvendish Publisher*, 2001, p.260.

度和效率。[①] 随着 CAS 受案数量和裁决数量的增加,申请撤销 CAS 裁决的案件大幅增长。据统计,SFT 在 2001—2005 年受理的撤销国际仲裁裁决案件中有 13% 是 CAS 裁决。[②] 近几年来申请撤销 CAS 裁决的案件数量更是急剧增加,几乎占到 SFT 受理的国际仲裁案件的一半。[③] 本文以 CAS Bulletin 最近十年公布的 SFT 判决案例为主要依据,统计分析当事人的上诉理由和 SFT 的判决理由,揭示 SFT 审查 CAS 裁决的基本立场及发展趋势。

　　PILA 第 190 条第 2 款规定,如果存在下述情形,可以撤销国际仲裁裁决:(a)独任仲裁员的指定或仲裁庭的组成不适当;(b)仲裁庭错误地行使或拒绝管辖权;(c)仲裁庭的裁决超越仲裁请求范围或未对某项仲裁请求作出决定;(d)违反平等对待当事人或当事人有权获得听审之原则;(e)仲裁裁决违反公共政策。SFT 的判例认为这些撤销仲裁裁决的理由是穷尽的,且应从严解释。[④] 鉴于 CAS 仲裁的独立性公正性已获普遍认可,SFT 对撤销 CAS 裁决持谨慎态度,不过多干预 CAS 仲裁裁决,以维护 CAS 裁决的终局效力,实现国际体育纠纷解决的自治性;只在必要时根据 PILA 撤销 CAS 裁决,从而实现仲裁结果的公正。[⑤] 基于对 CAS 仲裁的支持和对 CAS 裁决的尊重,SFT 在认定当事人提出的证据是否构成撤销仲裁裁决理由时,采用限制解释方法(restrictive approach),获其支持的撤销申请屈指可数。[⑥] CAS Bulletin 2010 年第 1 期至 2019 年第 1 期公布的共计 65 个 CAS 裁决上诉案件中,只有 5 个裁决被全部撤销,2 个裁决被部分撤销[⑦],撤销率仅为 10.77%,就连 IOC 作为

---

　　① See Jean-François Poudret & Sébastien Besson, Comparative Law of International Arbitration, *Sweet & Maxwell*, 2007, p.705.

　　② See Felix Dasser, International Arbitration and Setting Aside Proceedings in Switzerland: A Statistical Analysis, *ASA Bulletin*, 2007, p.466.

　　③ See Antonio Rigozzi, Challenging awards of the Court of Arbitration for Sport, *Journal of International Dispute Settlement*, Vol. 1, No. 1, 2010, p.218.

　　④ See Gabrielle Kaufmann-Kohler & Blaise Stucki, International Arbitration in Switzerland: A Handbook for Practitioners, *Kluwer Law International*, 2004, p.135.

　　⑤ 董金鑫:《论瑞士法在国际体育仲裁中的作用》,载《武汉体育学院学报》2015 年第 7 期。

　　⑥ See Kaufmann-Kohler G. & Rigozzi, A., Arbitrage International, Droit Et Pratique À La Lumière De La LDIP, 2nd ed., 2010, para. 707.

　　⑦ See Judgments 4A_358/2009, 4A_490/2009, 4A_456/2009, 4A_558/2011, 4A_627/2011, 4A_246/2014, 4A_246/2014.

上诉人的上诉都被驳回[①],总体情况见图 8-1。

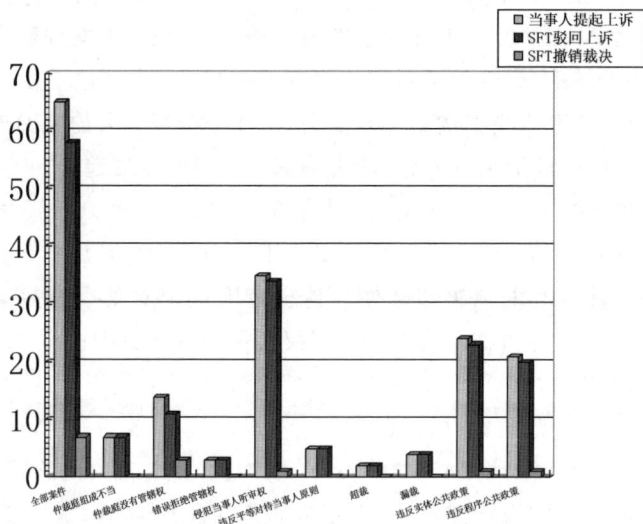

图 8-1　SFT 撤销 CA3 裁决情况

# 一、"仲裁庭组成不当"的解释与适用

根据 PILA,仲裁庭组成不当是指没有遵守当事人约定的仲裁员指定程序,或者仲裁员不独立不公正。[②] CAS《与体育相关的仲裁法典》第 R40.2 条第 1 款规定,当事人可以约定仲裁员指定方法,如没有约定,则应按照该条的其他规定指定仲裁员。该法典第 R33 条规定,仲裁员应保持公正并独立于当事人,应当立即公开可能影响其与任何当事人的独立性的任何情况。如果存在导致对仲裁员的独立性产生合理怀疑的情况,当事人可以要求该仲裁员回避。该法典第 R34 条第 1 款规定,如果存在对仲裁员的独立性或公正性产生合理怀疑的情形,当事人可在知悉该情形后 7 天内申请该仲裁员回避。

在 CAS 仲裁的早期阶段,CAS 隶属于 IOC,IOC 又与其他国际单项体育

---

① See Judgement 4A_382/2018.

② See Antonio Rigozzi, Challenging Awards of the Court of Arbitration for Sport, *Journal of International Dispute Settlement*, 2010 (1), p.222.

组织间存在千丝万缕的联系和利益冲突,CAS 的独立性、公正性以及 CAS 是否是仲裁机构备受质疑,许多案件的当事人以此为理由挑战 CAS 裁决。为保障和增强独立性中立性,CAS 于 1994 年进行了"中立性改革",成立了 ICAS,专门负责 CAS 的财政和人事任命,包括拟定仲裁员名册。改革后,CAS 的独立性中立性获得普遍认可,极少再有人以此为由申请撤销 CAS 裁决。最近十年来,只有 2017 年的一个案件,上诉人申请撤销裁决的理由之一是,CAS 不是《纽约公约》所指的仲裁机构,FIFA 章程规定的必须向 CAS 追诉的义务完全非法,构成仲裁庭组成不当。SFT 援引其先前判例及其他国家判例,驳回了上诉人的申请。[①]

在 CAS 仲裁中,当事人约定仲裁员指定方法的情形极其少见,仲裁员通常是按照 CAS 仲裁规则指定的,故极少出现仲裁员指定与当事人约定不符的情况。CAS 实行 150 人组成的封闭仲裁员名册,当事人只能从该名册中指定仲裁员,而这些仲裁员绝大部分与体育组织或协会有着千丝万缕的联系,运动员实际可选的仲裁员有限,故在 CAS 仲裁的早期阶段,运动员一方当事人经常以仲裁员不独立不公正为由申请撤销仲裁裁决。但 SFT 充分考虑 CAS 仲裁的特殊性,以仲裁员不独立、不中立为由撤销 CAS 裁决的案例并不多见。[②]特别是最近十年来,当事人以仲裁庭组成不当为由申请撤销 CAS 裁决的案件数量大幅下降。CAS Bulletin 2010 年第 1 期至 2019 年第 1 期公布的共计 65个申请撤销 CAS 裁决的案件中,只有 7 个案件涉及仲裁庭组成不当,仅占10.76%。这些案件中,上诉人指控仲裁庭组成不当的理由有:仲裁员为对方当事人提供过咨询服务,违反仲裁员指定规则,仲裁员不独立不中立等。SFT则一如既往地,或者因为指控事实不成立,或者因为当事人在仲裁中没有及时提出异议,无一例外地驳回了上诉。当事人大多以存在下述情形而上诉指控仲裁员不独立不公正,但都没有被 SFT 采纳。

一是仲裁员在一个时期内多次被同一当事人指定为仲裁员。在 CAS 仲裁中,被申请人往往都是国家或国际体育组织,他们经常被起诉,会习惯于指定他们先前指定过的仲裁员,从而出现同一当事人多次指定同一仲裁员的情

---

① See Judgment 4A_260/2017.

② See Luca B., Challenge of International Arbitration Awards in Switzerland for Lack of Independence and/or Impartiality of an Arbitrator: A Critical Overview of the Recent Case Law of the Swiss Federal Tribunal, *IBA Arbitra News*, 2011(16), p.4.

形。根据国际律师协会《仲裁员道德规范》，仲裁员在过去 3 年里被同一当事人两次或多次指定为仲裁员属于"黄色清单"，对方当事人可以对其独立性提出异议。有瑞士学者主张，在这种情形下，仲裁员的独立性客观上难以得到保证；加之体育仲裁本质上的非合意性，应当采用更加严格的仲裁员独立性标准。① 但在 2008 年作出的一个判决中，SFT 虽然承认"CAS 主持的与体育有关的仲裁具有与众不同的特点，例如可以被任命为组成 CAS 仲裁庭的仲裁员名单是封闭的，即使没有理由在体育仲裁中适用不像在商事仲裁中那样严格的独立性标准，此种情况也应予考虑"，却没有对此种情况下仲裁员是否独立的问题作出裁决，而是以上诉人没有及时对仲裁员的独立性提出异议为由驳回了其申请。② 在 2009 年的 Adrian Mutu 案中，上诉人以首席仲裁员曾在另一案件中作出有利于被申请人的裁决为由主张该仲裁员不独立不公正。SFT 认为，一般情况下，已在先前案件中担任仲裁员，会增加对该人存在偏私的质疑，但只有存在充分有说服力证据时才可认定仲裁员偏私，仲裁员采取了正确或错误的程序性措施并不能构成判断仲裁员偏私的客观证据。③

　　二是仲裁员曾为一方当事人或一方当事人所属的相关国际体育组织提供过服务。在 CAS 仲裁中，仲裁员名单中的仲裁员都是体育行业专家，可能会与一方当事人存在业务联系或曾服务于一方当事人。在国际商事仲裁中，这种关系的存在属于可对仲裁员独立性公正性产生合理怀疑的情形，一方当事人可以要求仲裁员回避或者申请撤销仲裁裁决。在 Alejandro Valverde 反兴奋剂争议仲裁案中，被上诉人意大利奥委会指定 Ulrich Haas 为仲裁员。在接受指定前和仲裁程序进行中，Hass 先后披露其曾作为 WADA 工作组成员参与过《世界反兴奋剂条例》的修订，曾受聘于该机构担任雅典奥运会独立观察组组长。上诉人对 Hass 独立性提出异议，但均被 CAS 和国际体育仲裁委员会驳回。仲裁裁决作出后，上诉人以仲裁员不独立等理由向 SFT 申请撤销该裁决。SFT 驳回了上诉人的申请，认为 Haas 是独立的专家，不受制于 WADA；Haas 与 WADA 有过接触是体育仲裁院指定程序中封闭性仲裁员名

---

　　① See Antonio Rigozzi, Challenging Awards of the Court of Arbitration for Sport, *Journal of International Dispute Settlement*, Vol. 1, No. 1, 2010, p.239.

　　② See Decision 4A_506/2007 of 20 March 2008, *Swiss Int'l Arb L Rep.*, 2008, p.204.

　　③ 熊瑛子：《国际体育仲裁院仲裁员中立性探讨》，载《体育科学》2015 年第 12 期。

单的必然结果;Haas曾两次接受WADA任命本身不足以证明仲裁庭组成不当。[①]

三是仲裁员与其他仲裁员或当事人的代理人存在特殊职业关系。在一个CAS裁决撤销案件中,上诉人主张,对方当事人的代理人是CAS前法律顾问,为CAS工作了数年,协助过CAS案件的审理,担任过特别仲裁分院职员,参与过由仲裁员作为主讲人的培训项目,其与CAS仲裁员之间具有超出正常职业接触之关系。对于上诉人的这一撤销裁决理由,SFT没有直接作出决定,只是认为在这种情况下是否足以对仲裁员提出异议值得怀疑。[②] 在另一个案件中,上诉人申请撤销裁决的理由是3个仲裁员中有2个与对方当事人的代理人是同一体育协会的成员。但最高人民法院认为,仲裁员与其他仲裁员或一方当事人的代理人因是同一职业团体的会员而具有某种关系之事实属于国际律师协会《仲裁员道德规范》中的"绿色清单",当事人不得以此为由对仲裁员提出异议。[③] 可见,仲裁员与当事人的律师曾经共同审理过CAS仲裁案件或者同为某一体育组织之成员,不能构成撤销CAS裁决之理由。

## 二、"不当行使管辖权"的解释与适用

仲裁,包括国际商事仲裁和国际体育仲裁,是一种合意的而非法定的争议解决方式,仲裁庭行使管辖权、裁决权的基础和前提是当事人之间的有效仲裁协议。按照《纽约公约》和绝大多数国家和地区的仲裁法的规定,如果没有仲裁协议,仲裁协议不成立、无效、失效或不可操作,仲裁庭即无管辖权,仲裁裁决可以被撤销或被其他国家法院拒绝承认与执行。在国际商事仲裁实践中,由于法律适用的复杂性,仲裁庭经常对仲裁协议的成立与否和是否有效作出错误判断,加之仲裁庭大多会倾向于裁定自己有管辖权,故仲裁庭不当行使管辖权的情况时有发生。在国际商事仲裁中,仲裁庭没有管辖权的现象时有发

---

① 尹雪萍:《国际体育仲裁中指定仲裁员的独立性与公正性》,载《天津体育学院学报》2011年第3期。

② See Decision 4A_176/2008 of 23 September 2008,*ASA Bulletin*,2009,p.133.

③ See Decision 4A_506/2007 of 20 March 2008,*Swiss Int'l Arb L Rep.*,2008,p.215.

生,当事人以仲裁庭没有管辖权比以其他理由对裁决提出异议更易获得成功。① CAS Bulletin 2010 年第 1 期至 2019 年第 1 期公布的共计 65 个申请撤销 CAS 裁决的案件中,有 14 个案件的当事人以 CAS 没有管辖权或错误行使管辖权为由向 SFT 上诉,申请撤销裁决,占全部案件的 21.53%。

在这些案件中,共有三个案件的 SFT 判决认定 CAS 没有管辖权而撤销裁决,撤销率达到 21.42%,是所有撤销 CAS 裁决理由中成功率最高的。在 2009 年的德国冰球运动员案中,CAS 依据运动员签署的《运动员报名报(Player Entry Form)》中的仲裁条款受理了 WADA 针对 IIHF 决定提起的仲裁并作出裁决,上诉人主张 CAS 没有管辖权而请求撤销裁决。SFT 判决认为,运动员报名表中的仲裁条款有效,但他在签署时间和地点都确定的比赛报名表时并没有笼统地考虑将与该特定赛事无关的任何争议都交由 CAS 管辖,WADA 也未能证明该案所涉取样和禁赛争议与 IIHF2008 年世界锦标赛之间的联系,故该争议不属于报名表中的仲裁条款范围,CAS 没有管辖权。② 在 2010 年的一个案件中,SFT 判决认为,被上诉人是国内运动员,不受 WADA 章程中的 CAS 仲裁条款约束,双方也未达成特别的仲裁协议,CAS 没有管辖权。③ 在 2012 年的一个案件中,SFT 判决认为,仲裁条款的主体范围不能扩及被申请人,CAS 没有管辖权。④ 此外,在 2014 年的一个没有收入 CAS Bulletin 的案件中,FIFA 争议解决委员会(DRC)裁决一名已转会足球运动员违反合同,应向原俱乐部支付损害赔偿,新俱乐部承担连带责任。运动员和新俱乐部均向 CAS 提出上诉,CAS 将两个上诉合并审理,后运动员一方没有缴纳预付仲裁费而被按撤诉处理。原俱乐部向 CAS 提出管辖权异议,CAS 裁定其有管辖权,并裁定撤销 DRC 决定,发回重审。原俱乐部以 CAS 没有管辖权为由向 SFT 上诉。SFT 判决认为,CAS 确有管辖权裁决新俱乐部提出的上诉,但没有管辖权裁决撤销 DRC 仅涉及原俱乐部与运动员的后一个决定,因为运动员撤诉就终结了其与原俱乐部间的上诉程序,DRC 决定在运动员与原俱乐部之间具有既判力。⑤ 但在更多案件中,SFT 通过多种方式维护和支持 CAS 管辖权。

---

① See Felix Dasser, International Arbitration and Setting Aside Proceedings in Switzerland: A Statistical Analysis, *ASA Bulletin*, 2007, p.445.

② See Judgment 4A_358/2009.

③ See Judgment 4A_456/2009.

④ See Judgment 4A_627/2011.

⑤ See Judgment 4A_6/2014.

一是主张体育组织章程或其他文件中的强制性仲裁条款有效。有效仲裁协议应是双方自愿协商一致的结果,体育仲裁协议亦应反映当事人自由意志和真实意愿。在 CAS 仲裁中,尽管 CAS 明确声称其管辖不是强制性的,但允许国际单项体育协会在其章程等规范性文件或报名表中纳入格式化的 CAS 仲裁条款。现今所有单项国际体育联合会都承认 CAS 管辖权,并载入其章程,CAS 大多是依据此类格式化仲裁条款获得和行使管辖权。国际体育组织章程或其他文件中的 CAS 仲裁条款都具有强制性,其法理效力值得怀疑和商榷。故在 CAS 仲裁早期阶段,许多运动员一方当事人据此主张 CAS 没有管辖权而申请撤销 CAS 裁决。但在 CAS 管辖权已得到国际体育界普遍认可背景下,SFT 明显采取支持 CAS 仲裁的立场,倾向于认定 CAS 仲裁协议有效。[1] 如在 Cañas 案中,SFT 虽然质疑和否定弃权条款的有效性,但明确主张体育仲裁固有的强制性不影响仲裁协议的有效性。[2] 在备受关注的 Pechstein 案中,德国慕尼黑地方法院和高等法院也都认为,体育组织要求运动员签署含有按反兴奋剂规则指定 CAS 仲裁的仲裁协议才能参加体育比赛,并非滥用市场支配地位,《CAS 程序规则》有充分的保障运动员权利的机制,仲裁协议是有效的。[3]

二是对瑕疵仲裁条款进行有效化解释和补充。根据瑞士法律,不完整、不清晰、相互矛盾的仲裁条款是瑕疵仲裁条款(Pathological Clauses)。对瑕疵仲裁条款,SFT 倾向于按照当事人的仲裁意图进行解释补充,使之有效。例如,在 2011 年的一个案件中,当事人在转会协议中订立了"与本协议有关的争议的管辖机构是 FIFA 委员会或 EUFA 委员会,他们将裁决俱乐部与代理人间产生的争议"这样一个几乎不可操作的仲裁条款。争议发生后,被上诉人先后向 FIFA 运动员身份委员会和苏黎世高等法院指定的仲裁庭申请仲裁,但均因没有管辖权被驳回。被上诉人最后向 CAS 申请仲裁,CAS 作出了裁决。上诉人以 CAS 没有管辖权为由申请 SFT 撤销裁决。但 SFT 判决认为,在当事人排除国家管辖权而选择仲裁时,本案当事人即是如此,可以找到一种顾及当事人将争议提交仲裁之基本意愿的方案;为此目的,合同不仅可以解释也可

---

[1]　高薇:《论司法对国际体育仲裁的干预》,载《环球法律评论》2017 第 6 期。

[2]　See Judgment 4A_18/2008.

[3]　See Judgement of Federal Court of Justice(English Translation),KZR 6/15, 7 June 2016.

以补充,该仲裁条款应依据当事人的意图进行补救。SFT 最终认定 CAS 有管辖权,驳回了上诉请求。[①] 在 2014 年的一个案件中,合同中的仲裁条款规定:"因为运动员意图转会或实际已经转会至国外俱乐部而产生的争议,一审仲裁由 FIFA 争议解决委员会或运动员身份委员会管辖(视情况而定),上诉仲裁由 CAS 管辖。"争议发生后,运动员(被上诉人)向俱乐部(上诉人)住所地国的运动员身份委员会提起仲裁被拒,遂向 CAS 提起上诉,CAS 仲裁庭裁定其有管辖权并作出了不利于俱乐部方的裁决。俱乐部向 SFT 上诉,理由之一是合同中的仲裁条款只允许对国家仲裁庭或 FIFA 作出的决定向 CAS 上诉,CAS 对本案没有管辖权。SFT 判决驳回了上诉。SFT 认为,瑕疵仲裁条款不必然导致其中的仲裁协议无效,只要具有有效仲裁协议必须包含的要素,特别是将争议提交仲裁的约束性承诺,就是有效的;本案合同中的仲裁条款清晰地表明了双方当事人排除国家法院而选择仲裁的共同意思,清晰地表明了在任何情况下 CAS 都是终审裁决机构,唯一争议和模糊之处是一审仲裁机构,这并不导致该仲裁条款无效,只需按使其有效和可执行的方式解释补救。[②]

三是认为国际体育组织章程中的 CAS 仲裁条款在特定情形下能有效约束非会员当事人。对于国际体育组织章程中的 CAS 仲裁条款对非会员当事人是否有效的问题,SFT 持有利于仲裁的立场。SFT 指出,在确定是否存在提交 CAS 仲裁的意向时,其采取的是某种程度的"自由主义"态度。[③] 在 2009 年的一个案件中,上诉人认为,他只是巴西足协会员而非 FIFA 会员,巴西足协章程没有规定可以向 CAS 上诉,CAS 没有管辖权。SFT 判决认为,上诉人是国际职业足球运动员,是巴西足协会员,巴西足协是 FIFA 会员,故 FIFA 规则,特别是 FIFA 章程第 61 条的 CAS 管辖权规则,适用于上诉人。[④] 在 2011 年的另一个案件中,上诉人也主张,他不是 FIFA 会员,FIFA 章程中的 CAS 管辖权条款对他没有约束力。但 SFT 判决认为,塞浦路斯足协(CFA)章程援引了 FIFA 章程的反兴奋剂规则,FIFA 章程中的 CAS 有权管辖就国家足协作出的反兴奋剂决定提出上诉的案件之规定应

---

① See Judgment 4A_246/2011.

② See Judgment 4A_90/2014.

③ 黄世席:《国际体育仲裁裁决的撤销》,载《天津体育学院学报》2011 年第 5 期。

④ See Judgement 4A_460/2008.

有法律约束力。①

与仲裁庭没有管辖权相反的是,仲裁庭错误地裁定自己没有管辖权。这也是 PILA 第 190 条第 2 款 B 项规定的可以撤销裁决的理由。CAS Bulletin 2010 年第 1 期至 2019 年第 1 期公布的共计 65 个申请撤销 CAS 裁决的案件中,有 3 个案件上诉人主张仲裁庭错误地拒绝行使管辖权,但都被 SFT 判决驳回。②

## 三、"违反正当程序"的解释与适用

正当程序是诉讼和仲裁的基本理念和原则,其具体内容难以准确界定,各国法律关于正当程序的具体要求各不相同。根据 PILA 第 190 条第 2 款 d 项,正当程序包括平等对待当事人和当事人有权获得听审两个基本原则。③

当事人有权获得听审原则旨在保障各方当事人能够陈述相关案件事实、表达法律意见、请求采取取证措施、参与质证程序、反驳对方当事人的主张、审查质疑对方当事人出示的证据、提交反驳对方的证据等程序性权利。④ 仲裁违反听审原则是当事人经常援引的抗辩理由。CAS Bulletin 2010 年第 1 期至 2019 年第 1 期公布的共计 65 个申请撤销 CAS 裁决的案件中,有 35 个案件的当事人提出 CAS 侵犯其听审权之抗辩,占全部案件的 53.84%,援引频率仅次于"违反公共政策"理由。但在这些案件中,仅有一个案件 SFT 认定仲裁庭侵犯了当事人的听审权并撤销了仲裁裁决⑤,撤销率仅为 2.85%。实践中,当事人主张仲裁庭侵犯听审权和 SFT 判决认定仲裁庭侵犯当事人听审权主要有如下两种情形:

一是没有审理或考虑当事人提出的全部主张(不同于没有处理当事人全部仲裁请求的漏裁)。在仲裁中,各方当事人有权就裁决依据的基本事实陈述观点,提出法律辩论,就相关事实举证,参与仲裁庭审理。SFT 判断仲裁是否

---

① See Judgment 4A_640/2010.

② See Judgment 4A_404/2010,4A_488/2011,4A_388/2012.

③ See Jan Paulsson, International Handbook on Commercial Arbitration：Switzerland, *Kluwer Law International*, 2010, p.37.

④ See Gabrielle Kaufmann-Kohler & Blaise Stucki, International Arbitration in Switzerland：A Handbook for Practitioners, *Kluwer Law International*, 2004, p.147.

⑤ See Judgment 4A_246/2014.

违反公平听审原则的标准是,仲裁庭疏忽了上诉人提出的主张,而该主张必须是重要的、可能影响案件裁决结果的,如果仲裁庭忽略了无足轻重的程序或事实问题不构成撤销裁决的正当理由。[①] SFT 在多个案件的判决中指出,仲裁员负有审查处理相关事项的最低义务。如果仲裁庭由于疏忽或误解没有考虑一方当事人提出的对裁决具有重要影响的陈述、主张、证据及要求出示证据,则违反了该义务。[②] 例如,在 2007 年的 Cañas 案中,SFT 认为,CAS 仲裁庭在审查案件实体时完全没有涉及上诉人提出的"如果应适用的反兴奋剂规则之下施加处罚的条件得到满足,则 ATP 作出取消参赛资格的处罚就与相关国内法特别是竞争法不符,与一般法律原则特别是比例原则不符"这一替代理由,没有对上诉人提出的撤销处罚决定之请求作出评论,故判决撤销该裁决。[③] SFT 的判例认为,听审权仅赋予仲裁庭审查对争议结果有重要意义的事项的最低义务,而不要求仲裁庭明确处理当事人提出的每一个主张。2014 年,在土耳其内巴赫俱乐部诉欧足联案中,上诉方内巴赫俱乐部认为,CAS 没有审理其提出的几个主张,违反公平听审原则。SFT 认为,CAS 在裁决书中论述了所有相关事项,实际上符合前述义务之要求。[④] 在 2017 年的一个案例中,上诉人主张,CAS 仲裁庭没有审理其按《世界壁球联合会反兴奋剂规则》第 10.6.3 条提出的将禁赛期减至最低 2 年之请求的条件是否满足,违反了公平听审原则。SFT 判决认为,仲裁庭用一整章阐述了该减轻处罚条款的适用条件,没有违反该原则。[⑤] 2019 年 1 月,在 IOC 诉俄罗斯越野滑雪运动员 X 案[⑥]及 2019 年 5 月国际足联前秘书长瓦尔克诉国际足联案[⑦]等的判决中,SFT 反复申明,在对抗式程序中获得听审之神圣权利,不要求国际仲裁裁决说明理由,上诉人有义务在上诉中证明仲裁员的疏忽何以致其在重要事项上未被听审。

二是仲裁裁决出人意料。依据瑞士判例法,仲裁庭虽然可以依据未经当

---

[①] 熊瑛子:《国际体育仲裁裁决违反平等听证原则的司法审查》,载《天津体育学院学报》2018 年第 6 期。

[②] See Judgments 4A_600/2010,4A_246/2014.

[③] See ATF 133 III 235, *Swiss Int'l Arb L Rep.*,2007,p.97.

[④] See Judgment 4A_324/2014.

[⑤] See Judgment 4A_424/2017.

[⑥] See Judgement 4A_382/2018.

[⑦] See Judgment 4A_540/2018.

事人辩论的法律原则或规则作出裁决,但不得出人意料地适用任何当事方都不曾预料到其会适用的法律条款或法律原则。[①] 2002 年,在 Goitia 案中,SFT 认为,由于争议与瑞士没有客观联系,只有当经纪人在瑞士有营业地时才可适用《瑞士联邦劳务与服务租用法》,而当事人在仲裁程序中都不曾主张应适用这一法律,CAS 仲裁庭也没有征求当事人的意见,故仲裁裁决出乎当事人意料,故判决撤销该仲裁裁决。[②] 在前引 2014 年的土耳其内巴赫俱乐部诉欧足联案中,上诉人内巴赫俱乐部申请撤销裁决的另一个理由是,仲裁庭在确认其只操控了四场比赛且在报名表中没有虚假陈述的情况下没有降低欧足联上诉委员会宣告的禁赛期,是类推适用 WADA 的处罚衡量规则,但没有给予其发表意见的机会,侵犯了其听审权。SFT 判决认为,仲裁庭依据《欧足联纪律处罚规则》第 17 条论证了给予二年禁赛的合理性;虽然 CAS 提及类似处罚在反兴奋剂案件中很普遍,但并非类比反兴奋剂案件作出裁决,故未违反公平听审原则。

平等对待当事人原则要求仲裁员在仲裁程序进行过程中应为各方当事人表达和陈述其主张和理由提供同等的机会。[③] 随着 CAS 仲裁程序的机制化和日益规范化,仲裁庭不公平对待当事人的现象极少发生。CAS Bulletin 2010 年第 1 期至 2019 年第 1 期公布的共计 65 个申请撤销 CAS 裁决的案件中,只有 5 个案件的当事人上诉指控仲裁庭违反平等对待当事人原则,仅占全部案件的 7.69%,而且都是在指控仲裁庭侵犯听审权时附带提出。在这 5 个案件中,SFT 全都认定指控事实不存在,驳回了当事人的上诉。[④] 例如,在 2011 年的一个案件中,上诉人以仲裁庭给予了被申请人再次举证机会而拒绝其就该问题补充证据的请求为由,主张仲裁庭违反了平等对待当事人原则。SFT 认为,举证权仅在及时且符合形式要求提交证据时才存在,上诉人在仲裁中请求听审新证人的申请迟延,故判决驳回其上诉。在 2014 年的另一个案件中,上诉人以 CAS 仲裁庭以之前的 EUFA 的程序为基础进行仲裁,对上诉人不公平,但 SFT 因为上诉人没有在仲裁程序中及时提出异议驳回了上诉。

---

①　See AFT 130 III 35，*ASA Bulletin*，2002，p.550.

②　See Judgment 4A_400/2008.

③　See Decision 4A.244/2007，*ASA Bulletin*，2008，p.368.

④　See Judgments 4A_326/2010，4A_162/2011，4A_324/2014，4A_690/2016，4A_80/2017.

## 四、"违反公共政策"的解释与适用

国际仲裁是主权国家将其主权范围内的跨国争议的管辖权和裁判权让与国际仲裁机构和仲裁庭的结果,故各国在认可和支持国际仲裁的同时,又都将违反公共政策作为审查和撤销仲裁裁决的理由。同其他国家一样,PILA 也将公共政策列为撤销裁决的理由而又没有明确界定何为"公共政策"。由于公共政策的难以界定性及其内涵外延的模糊性,违反公共政策成为当事人最偏好的上诉理由。据笔者统计,在 CAS Bulletin 2010 年第 1 期至 2019 年第 1 期公布的共计 65 个申请撤销 CAS 裁决的案件中,共有 37 个案件的上诉人以违反公共政策为由申请撤销裁决,占比高达 56.92%,是当事人援引频率最高的理由。其中,主张违反实体公共政策的 24 例,主张违反程序公共政策的 21 例,主张既违反实体公共政策又违反程序公共政策的 9 例。但 SFT 一直坚持从严解释和适用"公共政策",在 2010 年之前从未以违反公共政策为由撤销过 CAS 裁决。2010 年之后也仅有两个 CAS 裁决被分别以违反实体公共政策和程序公共政策撤销,撤销率约为 5.40%。

关于实体公共政策,SFT 在多个判决中反复重申,仅当违反应适用于实体问题的法律的某些基本原则,特别包括但不限于契约神圣、遵守诚信规则、禁止滥用权利、禁止歧视性和没收性措施、保护能力缺陷者等,以至于不符合其正义理念和价值体系,仲裁裁决才违反实体公共政策。主张仲裁裁决认定事实明显错误甚至武断、仲裁裁决明显违反法律规则或公平、违反合同规定或业已确立的合同解释规则等都不必然构成违反公共政策。只有当仲裁裁决的理由和仲裁裁决所导致的结果都违反公共政策时仲裁裁决才违反公共政策。[①] 例如,在 Mutu 案中,SFT 认为,违反《瑞士民法典》第 27 条不必然违反公共政策,违反公共政策的行为必须是明显而严重侵犯基本权利的行为。特别是,在所有反兴奋剂争议案件中,SFT 均主张,反兴奋剂禁赛处罚不违反"经济自由原则",适用"严格责任"原则和不考虑违禁药物对运动员成绩的实

---

① See Gabrielle Kaufmann-Kohler & Blaise Stucki, International Arbitration in Switzerland: A Handbook for Practitioners, *Kluwer Law International*, 2004, pp.149-150.

际效果而施以处罚①,对服用兴奋剂的运动员给予自动取消比赛成绩和禁赛两年的处罚而不考虑可归咎于运动员的过错程度②,不违反公共政策。2012年的 Matuzalem 案是 SFT 以违反实体公共政策为理由撤销 CAS 裁决的一个里程碑式案例。在该案中,巴西球员 Matuzalem 申请撤销 CAS 裁决的理由之一是:由于没有按时缴纳转会费就禁止其在世界范围内从事职业足球运动,违反了《瑞士联邦宪法》第 10 条第 2 款"保障人身自由"和第 27 条第 2 款"保障经济自由"之规定,违反了相关国际条约和《瑞士民法典》第 27 条禁止过分限制劳动者自由的规定,违反了公共政策。SFT 支持了这一主张,认为 FIFA 禁止 Matuzalem 在世界范围内参加足球运动的处罚决定侵犯了运动员的基本经济自由,促使足球运动员遵守与原雇主合同的利益显然不如保障职业自由重要,FIFA 的禁赛处罚是对运动员权利的过分限制,违背了"保障基本经济自由"这一公共政策。③

关于程序公共政策,有论者认为,程序性公共政策主要涉及仲裁庭的独立和公正、平等对待当事人平等以及正当程序等问题。④ 但违反正当程序与违反程序公共政策是两类相互独立的撤销裁决的理由,运动员可能或实际上没有受到平等对待不必然违反程序公共政策。⑤ SFT 在多个判决中指出,程序公共政策包含基本的、普遍认可的程序原则,违反这些原则会与正义意识发生无可容忍的抵触,与法治国家的价值和法律秩序绝对不相容。在 2014 年的土耳其内巴赫俱乐部诉欧足联案中,上诉人内巴赫俱乐部申请撤销裁决的一个理由是,土耳其足协(TFF)已给予其禁赛一个赛季之处罚,CAS 基于同一违法行为给予其接下来几个赛季的禁赛处罚,违反一事不再理原则,违反程序公共政策。SFT 承认一事不再理原则构成程序公共政策的一部分,但认为 CAS

---

① See Decision 4P.105/2006, *ASA Bulletin*, 2007, pp.120-121.

② See Decision 4P.148/2006, *ASA Bulletin*, 2007, p.576.

③ See Royuvy, Swiss Federal Tribunal Overrules CAS Award in the Landmark Decision: FIFA VS. Matuzalem, *International Sports Law Journal*, 2012(1), pp.35-38.

④ See Hilmar Raeschke-Kessler, Recent Austrian, German, and Swiss Judicial Decisions Involving International Arbitration[C]. Arthur W. Rovine (ed), Contemporary Issues in International Arbitration and Mediation: the Fordham papers 2008, Leiden: The Nethedands, 2009, p.132.

⑤ See Antonio Rigozzi, Challenging Awards of the Court of Arbitration for Sport, *Journal of International Dispute Settlement*, 2010(1), p.254.

裁决论及了该问题,而且 TFF 的处罚决定不阻止 CAS 追加处罚。① 该判决申明,如果两个处罚不是关涉和保护同一利益,一事不再理原则不适用于与体育有关的事项。② 在同年的另外两个极其相似的案件中,两上诉人均主张 CAS 仲裁裁决依据的证据是非法获取的,违反程序公共政策。SFT 在这两个案件的判决中重申了其关于程序公共政策的主张,认为在所有案件中都不得采信非法获得的证据,必须平衡争议的各种利益,主要是探求案件真实的利益与维护依法应予保护而在取证中受到侵害的利益。SFT 判决认为,CAS 裁决在审查证据时考虑了打击操控比赛这一公共体育利益的重要性和施加处罚的必要性,满足了前述平衡要求。③ 在 2018 年的国际足联前秘书长瓦尔克案中,上诉人瓦尔克申请撤销 CAS 裁决的一个理由是,任何人都不得自证其罪和有权保持沉默,在针对他的刑事程序尚在进行中就因其没有配合国际足联内部调查程序而对其给予纪律处罚,侵犯了其获得公正审判的权利,违反程序公共政策。SFT 承认这是一个特有意义的问题,但必须证明刑事程序已经或即将启动,而瓦尔克在仲裁程序中没有证实在国际足联调查组要求其配合时瑞士和美国将可能对他进行刑事调查,故判决该理由不成立。④ 2010 年的 Daniel 案是迄今为止 SFT 以违反程序公共政策为由撤销 CAS 仲裁裁决的唯一案例。SFT 判决指出,其在先前判例中业已明确既判力原则是程序公共政策的一部分;就本案而言,苏黎世商事法院已就国际足联特别委员会作出的涉及本菲卡向马德里竞技赔偿的裁定的合法性进行了判决,该判决虽仅涉及马德里竞技和国际足联,但具整体效力,故对本菲卡有约束力;CAS 裁决忽略了苏黎世商事法院判决的基本事实,违反了既判力原则,违反了程序公共政策。⑤

此外,按照国际仲裁惯例,仲裁庭只能就当事人根据仲裁协议提交仲裁的争议进行仲裁。也就是说,仲裁庭的管辖权要受到两方面的限制:一是当事人所签订的可以提交仲裁的争议范围;二是当事人实际提交仲裁解决的争议范

---

① See Judgment 4A_324/2014.

② See Hansjörg Stutzer, Michael Bösch, The Corrupt Fenerbahçe Spor Kulübü: Does the Principle ne bis in idem Applying to the Disciplinary Aspects of Sport from Part of International Public Policy Pursuant to Art. 190(2)(e) PILA?. http://thouvenin.com/wp-content/uploads/2014/11/20141114-Arbitration-Newsletter-FENERBAHCE.pdf,2020-07-20.

③ See Judgments 4A_362/2013 and 4A_448/2013.

④ See Judgment 4A_540/2018.

⑤ See Judgment 4A 490/2009.

围。如果仲裁庭超越了这两个范围即构成超裁。仲裁庭超越管辖权作出的裁决在本质上与仲裁庭没有管辖权作出的裁决完全一样,是可撤销的错误裁决。与之相反,如果仲裁庭没有对当事人所提交的全部争议作出裁决则为漏裁。对于漏裁,有学者主张,应当把漏裁事项的重要性与已经作出的裁决当作一个整体加以衡量,如果漏裁事项如此重要以至于该事项若被裁决就会改变裁决的总体平衡,则受害方应有权就整个裁决提起追诉才是公平的。按照 PILA 第 190 条第 2 款,无论是超裁还是漏裁,当事人都可以申请撤销仲裁裁决。但在 2011 年以前,不曾有人以超裁或漏裁为由申请撤销 CAS 裁决。2012 年以来,有 2 个案件上诉人主张仲裁庭超越管辖权,有 4 个案件上诉人主张仲裁庭漏裁,但都被 SFT 判决驳回。

## 五、孙杨案上诉前景预判

有批判意见极端地认为,SFT 对 CAS 裁决的审查过于仁慈、宽大与放任,流于形式,损害了当事人的上诉权利。[①] 但笔者以为,对仲裁裁决的司法审查必须在维护仲裁裁决的终局性和保证仲裁程序及仲裁裁决的质量与公正这两个相互冲突的价值目标之间保持适当平衡,妥善调处仲裁独立与司法监督之关系。一方面,作为唯一的错误裁决救济途径,SFT 在撤销程序中对 CAS 裁决的司法审查对于提高 CAS 仲裁的质量、保障当事人的合法权益具有无可替代的重要作用。因此,SFT 在实践中放宽了申请撤销 CAS 裁决的条件,无论是最终裁决还是部分裁决或临时裁决,与裁决有利害关系的各方当事人都可以提出撤销申请,包含在 CAS 仲裁规则或其他体育组织仲裁程序规则中的排除当事人向法院申请撤销裁决的条款不能阻止当事人申请撤销 CAS 裁决,保障了当事人获得司法救济的权利和机会。另一方面,任何救济途径都有可能被当事人滥用,被当事人用于拖延或阻止对其不利的仲裁裁决的执行,与国际体育仲裁注重时效、追求效率之目标相抵触。在 CAS 的独立性和公正性得到普遍认可的背景下,SFT 奉行支持 CAS 仲裁之立场,严格解释和适用各种撤销仲裁裁决的法定理由,谨慎撤销 CAS 裁决,将对 CAS 裁决的司法审查控制在最低程度,较好地维护了 CAS 仲裁的独立性和 CAS 裁决的终局性。

---

① 郭树理:《国际体育仲裁机制的制度缺陷与改革路径》,载《上海体育学院学报》2018 年第 6 期。

2020 年年初孙杨案仲裁裁决作出后，国内媒体和公众舆论高度关注，绝大多数人认为 CAS 裁决有错误或不公正，支持孙杨向 SFT 上诉申请撤销该裁决。据说目前孙杨已经按照瑞士法律规定正式向 SFT 提出了上诉，申请撤销 CAS 裁决。孙杨可以依据哪些理由申请撤销裁决？这些理由能否有效成立并为 SFT 采纳？SFT 是否会撤销 CAS 裁决？笔者在此结合孙杨案已经公开的信息和 SFT 审查 CAS 裁决的基本立场与做法作出如下不成熟的预判。

一是 CAS 有无管辖权的问题。孙杨上诉的第一个可能的理由是 CAS 没有管辖权。FINA《反兴奋剂规则》第 13.2.1 条规定："对于涉及国际级赛事参赛或者国际级运动员的争议，相关决定可以上诉至 CAS 并适用其相关规则。"毫无疑问，孙杨是国际级运动员，对此各方均无异议，CAS 依据该条款行使管辖权应无不当。在仲裁程序进行过程中，孙杨以 WADA 提交上诉性仲裁申请书（appeal brief）的时间晚于 CAS 规定期限为理由主张 CAS 没有管辖权，最后因为 CAS 裁定有管辖权上诉到了 SFT。SFT 判决已经明确而且正确地指出，遵守启动仲裁程序的最后期限仅仅是上诉（WADA 向 CAS 上诉）可受理的条件，不影响仲裁庭的管辖权；WADA 逾期提交仲裁申请书是 WADA 的上诉请求是否可以受理的问题，而不是 CAS 有无管辖权的问题。虽然 SFT 在判决中说应在最终裁决作出后再申请撤裁，但 WADA 向 CAS 上诉是否逾期是一个事实认定及相关规则解释适用的问题，CAS 对该问题的裁决具有终局性，SFT 是不会干预和改变的。孙杨在仲裁程序中没有以其他理由对 CAS 的管辖权提出异议，按照瑞士法律和 SFT 判例确立的异议权放弃规则，孙杨不能再以其他任何理由主张 CAS 没有管辖权。笔者断定，SFT 不会以 CAS 没有管辖权为理由撤销孙杨案的仲裁裁决。

二是仲裁庭组成是否适当的问题。孙杨案主要涉及仲裁庭和仲裁员是否独立中立的问题。在仲裁程序进行过程中，孙杨两次申请 WADA 提名的边裁 Beloff 回避并对仲裁庭驳回回避申请的决定上诉至 SFT，最后以 Beloff 主动离职收场。之后，孙杨又申请 WADA 提名的替代边裁 Subiotto 回避，理由是其在 2017 年被任命为 WADA 治理问题工作组（Governance Issues Working Group）的五名体育运动代表之一为 WADA 理事会提供改革咨询意见，该项工作直至 2018 年年底才完成，Subiotto 的独立性中立性值得合理怀疑。CAS 仲裁庭驳回了该回避申请。仲裁裁决作出后，孙杨可以再以这个理由申请撤销仲裁裁决。但是，本文第一部分已经分析指出，基于 CAS 仲裁员名册的封闭性，SFT 已在多个判例中申明，仲裁员在一段时期内多次被同一当事人指定为仲裁员,仲裁员曾为一方当事人或一方当事人所属的相关国际体育组织提供过服务,仲裁员与其他仲裁员或当事人的代理人存在特殊职业关系等都不构成或不必然构成仲裁员不独立不中立。迄今为止,SFT 还没有因为仲裁员曾为一方当事人提供过服务就认定其不独立不中立而撤销 CAS 裁决的先例。笔者大胆断言,SFT 不会以此为理由认定仲裁庭组成不当和撤销仲裁裁决。在仲裁程序进行过程中,孙杨还申请 WADA 代理人 Richard Young 回避,理由是 Young 参与过起草 WADA《反兴奋剂规则》,与本案存在利益冲突。笔者认为,这完全如同原告反对被告雇员或法律顾问担任被告诉讼代理人,毫无道理,是典型的滥用异议权。而且 PILA 只允许对仲裁庭组成不当给予司法审查救济,当事人的代理人显然不属于仲裁庭组成范畴,不可能被 SFT 采纳。就目前披露出来的信息,笔者预测,SFT 因为仲裁庭组成不当撤销本案仲裁裁决的可能性较小,除非孙杨及其律师团队能够找到足以证明仲裁庭或仲裁员不独立不公正的新证据。

三是仲裁裁决是否违反公共政策的问题。孙杨可能提出的第三个上诉理由是仲裁违反程序公共政策和仲裁裁决违反实体公共政策。如前所述,违反公共政策是当事人援引频率最高的上诉理由。毫无疑问,孙杨可以仲裁庭违反疑罪从无、一事不再罚和既判力等原则来主张仲裁违反程序公共政策,也可以以仲裁裁决对其施以八年禁赛处罚违反比例原则、侵犯其人格权人身权等主张仲裁裁决违反实体公共政策。但需要清楚以下两点:一是 SFT 一贯严格解释和限制适用"违反公共政策"这一理由,主张只有当仲裁裁决的理由和仲裁裁决所导致的结果都违反公共政策时仲裁裁决才违反公共政策。虽然以违反公共政策为理由上诉的案件很多,但 SFT 判决构成违反公共政策的案例极少。二是在反兴奋剂案件中,SFT 反复申明,主张兴奋剂禁赛处罚不违反公共政策,"严格责任"原则和不考虑违禁药物对运动员成绩的实际效果而施以处罚不违反公共政策,运动员不得依据无罪推定原则为自己开脱,运动员可能或实际上没有受到平等对待不构成导致违反公共政策。迄今为止,SFT 没有因为违反公共政策而撤销 CAS 裁决的先例。笔者预测,SFT 以违反公共政策为由撤销本案仲裁裁决的可能性几近于零。

四是仲裁是否违反公平听审原则的问题。孙杨可能提出的最后一个上诉理由是仲裁庭侵犯了其听审权。如前所述,SFT 判决仲裁庭违反当事人有权获得听审原则主要有两种情形:一是仲裁庭没有考虑和处理当事人的全部主张和理由,二是仲裁裁决的法律适用出人意料。孙杨案的仲裁裁决书非常详细地阐释了所涉主要法律问题和法律适用,应不存在第二种情形。是否存在第一种情形,笔者无从知晓,不敢妄加断言。如果确实存在仲裁庭没有考虑处理孙杨的全部仲裁主张(Arguments)的情形,SFT 有可能撤销仲裁裁决。但需要指出的是,SFT 判例主张,当事人有权获得听审原则并不要求仲裁裁决对当事人提出的全部主张逐一评价和说明理由。如果仲裁庭已经考虑了孙杨的全部仲裁主张,或虽有遗漏但对裁决结果没有实质性影响,SFT 也不大可能撤销本案仲裁裁决。

# 第九章

# WADA v. Sun Yang & FINA 案运动员权利保障专题研究\*

　　北京时间 2020 年 2 月 28 日下午,CAS 就 WADA 诉孙杨和 FINA 一案作出被禁赛 8 年的裁决。一度引起社会关注的孙杨案,随着 CAS 这影响运动员体育生涯的裁决而引起社会热议,后上诉至 SFT 得以撤销裁决,一波数折,让该案颇具研究意义。孙杨案不仅是孙杨之案,也是我国运动员之案,此案并非仅为个例,它是 CAS 兴奋剂违纪仲裁中运动员权利保障缺失的表征,也是我国体育社会与国际体育社会制度沟壑的体现,以及 CAS 兴奋剂违纪仲裁中我国运动员权利之国家保障需求的反映。

　　CAS 兴奋剂违纪仲裁乃 CAS 仲裁项下概念,专指 CAS 仲裁中处理兴奋剂违纪相关争议之仲裁。在 2019 年 1 月之前,CAS 兴奋剂违纪仲裁包括 CAS 上诉仲裁程序中的兴奋剂违纪相关争议仲裁[①],以及首设于 2016 年里约奥运会,CAS 之专司奥运会反兴奋剂案件的反兴奋剂临时仲裁庭。而在 2019

---

　　\*　本章系 2020 年度司法部法治建设与法学理论研究部级科研项目"CAS 兴奋剂违纪仲裁中运动员权利保障研究"(20SFB3022)阶段性研究成果。

　　①　CAS 下辖四类仲裁程序,每类仲裁程序专司其责,以满足各类纠纷解决的精细化需求。此四类程序具体包括:普通仲裁程序,即调整与体育相关的商事性争议;上诉仲裁程序,即作为凌驾于诸体育联合会之上的上诉机构调整与体育相关的竞技性争议;咨询仲裁程序,即应相关体育机构请求解释体育相关规则;奥运会仲裁程序,即专司奥运会赛事争议,由 CAS 奥运会特别仲裁分处(Ad Hoc Division,简称 AHD)负责的程序。

年 CAS 新设立的 CAS 反兴奋剂仲裁处正式开始运作。该部门实际上是在里约奥运会首设反兴奋剂临时仲裁庭经验之上设立的常设性 CAS 下设机构,其职能是作为初审机构专司兴奋剂违纪争议的处理。<sup>①</sup> 事实上该仲裁机构拥有广泛的权力,能全权代替相应的国际体育组织来行使兴奋剂违规的管理职责。但在孙杨案中,因 FINA 对孙杨兴奋剂违纪事件进行体育组织内部裁决的时间为 2018 年 11 月 19 日,故而未直接诉至 CAS 反兴奋剂仲裁处,而 CAS 仍是作为上诉机构按照上诉仲裁程序对该案进行仲裁。

CAS 兴奋剂违纪仲裁中运动员权利应明晰权利划分的体系依据,本文认为该权利划分可借用诉讼法中实体与程序之划分。但应当注意,虽有划分,但从纠纷发生之始至末,程序与实体本就相互交融难以决然分开,二者相互交融作用形成了诉讼本身。<sup>②</sup>

# 一、CAS 兴奋剂违纪仲裁中的运动员权利

实体性权利即指直接影响权利人利害关系的实质性权利,为程序法所保护的权利。<sup>③</sup> 将 CAS 兴奋剂违纪仲裁中运动员实体性权利梳理如下。

## (一)CAS 兴奋剂违纪仲裁中的运动员实体性权利

### 1.公平受罚权

运动员在体育竞赛中享有权利,同样也有承担的义务,运动员须遵守体育组织的纪律要求,如若违反则要承担相应的责任。在体育纪律要求中最为重要的则是关于兴奋剂的规定,为维持公平竞赛的体育环境,体育组织对违反兴奋剂的处罚也较重,往往是予以运动员禁赛处罚。而这样的处罚对于运动员来说可谓是关系重大,特别是 4 年一期的奥运会,运动员黄金参赛时间实际上并不长,如果面临数年的处罚,对其影响极大。为此,保障运动员受到公正的处罚是国际体育仲裁保障运动员权利的一大重心,运动员公平受罚权也成为一项重要的国际体育仲裁中运动员权利。

---

① Code of Sports-related Arbitration(2019). https://www.tas-cas.org/fileadmin/ user_upload/CAS_Code_2019_EN_.pdf,访问日期:2020 年 4 月 7 日。
② 李龙、闫兵:《历史维度中的实体法与程序法》,载《河北法学》2005 年第 7 期。
③ Black's Law Dictionary(eight edition),p.4123.

关于运动员的公平受罚权,《奥林匹克宪章》第 43 条规定[①],奥林匹克中反兴奋剂问题由反兴奋剂规则规制,在第 6 章中专门规定了纪律规则[②],第59.2 条规定,IOC、WADA、IF 以及 NOCs 的纪律规则都是奥运会运动员应当遵守的纪律规则,也就是说上述体育纪律规则都是运动员公平竞争权的法律依据。[③] 对于每一届奥运会,IOC 还会制定反兴奋剂规则。兴奋剂最重要的监管机构为 WADA,其规则则是 WADC。在孙杨案中主要涉及的争议当事方也是 WADA,以及主要处罚相关规则也是 WADC(2015)。兴奋剂违纪争议也一直在 CAS 处理的争议中占很大比例,在 2019 年设立 CAS 反兴奋剂仲裁处更反映出其对运动员处罚问题的重视。就其他法律而言,因为该权利较专业化,一般法律对该问题不做详细规定,而是将其交由体育社团规则规定,例如,我国《体育法》第 49 条规定,在竞技体育中从事弄虚作假等违反纪律和体育规则的行为,由体育社团按章程处罚;该法第 50 条规定,对在运动中使用禁用药物的也由体育社团章程处罚。[④]

2.公平竞赛权

为开展公平的体育赛事,应当建立和维护好公平的比赛环境,这是体育组织和每个参与体育竞赛者之义务,而对于运动员而言,则是应享有的权利,即公平竞赛权。它既要求体育组织维护公平比赛的环境,同时也要求裁判、运动员等参与体育竞赛者也不得破坏公平比赛。

恰如最高体育赛事之奥运会,在《奥林匹克宪章》中阐释,奥林匹克运动蕴含着奥林匹克主义———一个将身心相融合之哲学,其彰显之精神是友好、团结和公平竞赛。[⑤] WADC 也是为维护公平竞赛环境而制定。CAS 反兴奋剂特别仲裁庭的设立也是为了更好地维护公平竞赛。另外,《国际体育教育、体育活动和体育运动宪章》第 10.2 条规定:"必须尽一切努力抵制使用兴奋剂的有害影响,同时保护参与者的身心和社会能力即福祉,保护公平竞赛和公平竞赛

---

① Article 4 of Olympic Chater(2015).

② Charter 6 of Olympic Chater(2015).

③ Article 59.2 of Olympic Chater (2015).

④ 《中华人民共和国体育法》第 49 条、第 50 条。

⑤ Fundamental Principles of Olympism. Olympic Charter(2019),https://stillmed. olympic. org/media/Document% 20Library/OlympicOrg/General/EN-Olympic-Charter. pdf ♯_ga=2.16218166.1612577800.1586233445-488765981.1586233445,访问日期:2020 年 4 月 7 日。

的美德、体育界的纯洁性以及各层面参与者的权利。"①在国家国内法中，对于保障比赛公平性的规则也不鲜见，特别是反兴奋剂相关规则。

3.平等不受歧视权

所谓 CSA 体育仲裁中运动员平等不受歧视权是指在整个体育竞技赛事中运动员都享有平等的权利，不因性别、国籍、宗教等任何情况而受到歧视。该权利更贯穿整个比赛，在选拔中、参赛中、裁判裁决中、违规处罚中以及权利救济中该权利始终存在。可见，平等不受歧视权的内容涵盖非常广泛，涉及种族平等不受歧视，性别平等不受歧视（男、女、双性），残疾平等不受歧视，年龄平等不受歧视等。

《奥林匹克宪章》基本原则第 6 条规定，上述参与奥林匹克运动的所有权利和自由将被无差别地赋予给所有人，无论其种族、肤色、性别、语言、宗教、政治和其他观点、国籍以及社会阶层、财产、出生等其他情形。② CAS 体育仲裁也在仲裁规则制定以及裁决中都有体现该权利。另外，平等权一直是国际社会最为关注的人权之一，国际人权法律文件，如《联合国宪章》《世界人权宣言》《消除对妇女一切形式的歧视公约》对平等权都有所涉及。《国际体育教育、体育活动和体育运动宪章》第 1 条就规定人人都有参加体育运动的权利，无论种族、性别、性取向、语言、政见，或其他主张、国籍，或门第、财产，或其他任何原因均应得到保证和保障。③ 联合国大会于 1995 年通过的《反对体育运动领域种族隔离国际公约》是目前唯一一部专门的体育领域反歧视国际条约，该公约明确反对体育领域的种族歧视，并规定了相应的实施机制。④ 在国内法方面，平等权作为一项基本人权在各国也被广泛践行，体育领域的反歧视虽各国实践情况不一致，但也逐渐被关注，例如，美国在体育领域曾经也是男性有更多的参与体育的机会，但随着保护平等法案的健全，体育领域反歧视问题的法律

---

① 参见《国际体育教育、体育活动和体育运动宪章》第 10.2 条。

② Fundamental Principles of Olympism. Olympic Charter(2019)，https://stillmed. olympic. org/media/Document％20Library/OlympicOrg/General/EN-Olympic-Charter. pdf ♯_ga＝2.16218166.1612577800.1586233445-488765981.1586233445,访问日期：2020 年 4 月 7 日。

③ 《国际体育教育、体育活动和体育运动宪章》第 1 条。

④ 周青山：《体育领域反歧视法律问题研究》，武汉大学 2011 年博士论文。

规制也逐渐完善。①

**(二)CAS兴奋剂违纪仲裁中的运动员程序性权利**

程序性权利即指产生于法律或行政程序,用于保障实体权利的权利。②
CAS兴奋剂违纪仲裁中程序性权利较为繁杂,为更清楚说明每一项权利的功
能,将各项权利按照仲裁进行时序归纳为以下权利:

1.仲裁程序开始前的运动员程序性权利

(1)将争议提交CAS仲裁的权利。作为体育社会的"最高法院",CAS对
体育社会的纠纷具有仲裁终裁管辖权,也当然地具有对兴奋剂违纪争议的最
高管辖权。而在2019年设立CAS反兴奋剂仲裁处之后,应当说在兴奋剂违
纪争议中CAS替代了国际体育组织自裁程序,而直接管辖兴奋剂违纪争议,
在启动上一般为国际体育组织开启,运动员处于被申请人地位。换言之,CAS
反兴奋剂仲裁处对兴奋剂违纪争议享有了垄断管辖权,在CAS广泛性管辖权
之下,同时也赋予了运动员权利,即运动员享有将相关争议提交给CAS仲裁
的权利。

在传统的CAS上诉仲裁中所涉及的兴奋剂违纪争议中,其管辖权来自各
体育组织章程规定,以及运动员在参加体育赛事时的同意授权。而CAS反兴
奋剂仲裁处设立之后,根据CAS《反兴奋剂仲裁规则》第A2条规定,该机构对
兴奋剂违纪争议享有初审管辖权。③

(2)选择代理人或寻求法律帮助的权利。该权利是仲裁中当事人的基本
权利,在CAS《反兴奋剂仲裁规则》第A5条中有专门规定,该条规定,当事人
可选择他们的代理人,既可以是律师也可以是其他人。④

(3)被通知和通讯的权利。运动员作为奥林匹克体育仲裁当事任何一方
或利益相关方都享有就仲裁相关事宜被仲裁庭通知和通讯的权利。同样,该
权利主要见于内部法律规定。CAS《反兴奋剂仲裁规则》第A6条⑤对此有所
规定。

---

① ［美］马修·J.米顿:《种族、性别与残疾:美国体育领域中的反歧视法律问题》,郭
树理译,载《苏州大学学报(法学版)》2016年第4期。

② Black's Law Dictionary(eight edition),p.4122.

③ Arbitration Rules CAS Anti-Doping Division A2.

④ Arbitration Rules CAS Anti-Doping Division A5.

⑤ Arbitration Rules CAS Anti-Doping Division A6.

（4）选择仲裁员的权利。作为仲裁当事人，运动员有权在 CAS 反兴奋剂仲裁处所公开的仲裁员名单中选择仲裁员，并以此组成仲裁庭。同时，要求仲裁员应当具有独立性。①

（5）申请仲裁庭临时和保全措施的权利。CAS《反兴奋剂仲裁规则》第 A18 条规定，在案件转交给仲裁专家组之前，一方当事人可以申请临时和保全措施。② 中止有异议的决定是绝大多数申请人所要求采取的临时措施，在服用兴奋剂而被禁赛的案件中尤为如此。而对紧急事项提供初步救济就涉猎很广，可以是证据保全、财产保全等。

2.仲裁程序中的运动员程序性权利

（1）要求仲裁程序公正的权利。国际体育仲裁的仲裁机制与传统商事仲裁相比，在当事人意思自治、法律适用等方面有着显著区别，却更似司法性纠纷解决机制。③ 其准司法性对其公平性提出了更高要求，保障仲裁程序公正是裁决公正的基本要求，参与其中的运动员也就当然享有要求仲裁程序公正的权利。

CAS《反兴奋剂仲裁规则》第 A19 条、第 20 条、第 21 条规定对仲裁程序作了详细规定。而基于奥林匹克体育仲裁的准司法性，其作为一项终局裁判，也应符合《世界人权宣言》第 10 条④和《公民权利和政治权利公约》第 14 条⑤中对于公正裁判的规定。

（2）对仲裁员提出质疑的权利。为保证仲裁的公正性，运动员作为仲裁当事方时，享有对仲裁员提出质疑的权利，当事方在怀疑仲裁员独立性时即可对该仲裁员提出质疑，被提出质疑的仲裁员，在仲裁庭主席为保证公正裁决的情况下将可能被撤换。在 CAS《反兴奋剂仲裁规则》第 A10 条、第 11 条中规定了当事人对仲裁员的质疑及仲裁员替换的问题。

（3）享有公开仲裁的权利。2018 年 10 月，在欧洲人权法院裁决的佩希施

---

① Arbitration Rules CAS Anti-Doping Division A8，A9.

② Arbitration Rules CAS Anti-Doping Division A18.

③ 郭树理、李倩：《奥运会特别仲裁机制司法化趋势探讨》，载《体育科学》2010 年第 30 卷第 4 期。

④ 《世界人权宣言》第 10 条规定："人人完全平等地有权由一个独立而无偏倚的法庭进行公正和公开的审讯……"

⑤ 《公民权利和政治权利公约》第 14 条规定："人人有资格由一个依法设立的合格的、独立的和无偏倚的法庭进行公正的和公开的审讯……"

泰因案中,法院虽然认可了 CAS 的独立性,但同时指出在兴奋剂纠纷中应当以公开听证的方式保障运动员权利。因此,CAS 在 2019 年新修订的仲裁规则第 R57 条增加了公开开庭的要求,即对于涉及纪律处罚的上诉,除非因公共秩序、国家安全、道德等例外情形,经当事人请求公开开庭的,应该公开开庭。① 也正因为此,孙杨案最终是以公开的方式开庭审理。在 CAS《反兴奋剂仲裁规则》第 A19.3 条中也作出了规定。②

3.仲裁裁决后的运动员程序性权利

(1)申请解释权。CAS《反兴奋剂仲裁规则》第 A22 条规定,在当事人收到仲裁裁决 10 日内,可以向 CAS 反兴奋剂仲裁处提起解释申请,即要求对仲裁裁决中不清楚、不完整、模棱两可的问题作出解释。③

(2)救济权。国际体育仲裁裁决后,各当事方的权利主要集中在对错误仲裁裁决的救济权。这也是在孙杨案 CAS 上诉仲裁裁决失利后重点讨论问题。

因孙杨案并不是在 2019 年后直接由 CAS 反兴奋剂仲裁处审理的案件,因此,该案的后续救济并不同于对 CAS 反兴奋剂仲裁处的救济。为保证兴奋剂违纪仲裁的公正性,将 CAS 反兴奋剂仲裁处设置为兴奋剂违纪仲裁中的初审程序,因此,对该裁决不服可以通过 CAS 上诉机制提起 CAS 上诉,也就是将 CAS 反兴奋剂仲裁处之初审裁决提交 CAS 解决。但对于 CAS 处理之上诉争议中的兴奋剂违纪案件,CAS 仲裁裁决则为终审裁决,及有仲裁之"一裁终局"性。

其救济主要为外部司法救济,而外部司法救济机制则是传统的司法对于仲裁的监督,即撤销和承认与执行。因为仲裁裁决只能由裁决作出地法院撤销,而奥运会特别仲裁庭裁决无论其实际作出地为何地,皆认为是在 CAS 所在地瑞士作出的,因此对该裁决享有撤销权的只有瑞士联邦法院。④ 但需要注意的是,并不是所有作为当事方的运动员都享有申请撤销的权利。⑤ 对于 CAS 体育仲裁裁决的承认与执行可根据《纽约公约》进行,但也需要注意,实

---

① Code of Sports-related Arbitration R57.

② Arbitration Rules CAS Anti-Doping Division A19.3.

③ Arbitration Rules CAS Anti-Doping Division A22.

④ 黄世席:《国际体育仲裁裁决的撤销》,载《天津体育学院学报》2011 年第 5 期。

⑤ 根据 CAS《体育仲裁规则》第 59 条规定,如果当事人在瑞士没有住所、习惯居所或者营业地,以及在仲裁协议尤其是仲裁开始后的协议中明确放弃撤销仲裁裁决的诉讼程序,则不得提起撤销仲裁裁决的诉讼以抗辩 CAS 裁决。

际上对于相关争议，其解决之根本也往往不在各国的法院是否予以承认和执行，而更需要体育领域内的体育组织予以承认和执行。除此之外，也有通过欧洲人权法院、本国仲裁机构、本国法院等途径寻求救济。

## 二、CAS 兴奋剂违纪仲裁中运动员权利的现有保障

CAS 兴奋剂违纪仲裁中运动员权利保障现状，即是指 CAS 兴奋剂违纪仲裁对所涉兴奋剂违纪的运动员权利有何种保障，在实践中的保障情况如何。按国际体育仲裁中运动员权利来源的法律依据来分类，对该运动员权利的法律保障亦应分为内部法律体系的权利保障和外部法律体系的权利保障。但运动员权利由内部法律体系直接调整，基于此，处于体育领域外的外部法律体系因无法直接调整该运动员权利，故在本文中不作重点分析，而集中于内部法律体系对 CAS 兴奋剂违纪仲裁中运动员权利保障的讨论。

法律体系对权利的保障，具体而言，应为立法保障和实践保障。所谓内部法律体系立法，如前所述，反兴奋剂相关规则，尤其重要的是 WADC 以及 CAS 相关的仲裁规则。所谓实践保障，即 CAS 仲裁对兴奋剂违纪问题的实践，也就是 CAS 在具体判例中对运动员权利的保障。虽然 CAS 所作出的裁决并无严格的判例法效力，但 CAS 仲裁实践所形成的法理，也是"Lex sportiva"的重要组成，同样是内部法律体系中运动员权利保障的重要法律依据。

### （一）CAS 兴奋剂违纪仲裁中运动员实体性权利的现有保障

在 CAS 兴奋剂违纪争议中，运动员之实体性权利最为重要的即为公平受罚权。因此，在 CAS 兴奋剂违纪争议中对运动员实体性权利保障也主要集中在该权利上。国际体育组织对违规运动员进行纪律处罚也是为了维护体育运动秩序。但如果纪律处罚程序并不合法，结果并不是公平的，那么对运动员权益来说就是莫大的侵害。事实上，在 CAS 所处理的体育争议中，兴奋剂违纪争议也占有较高比例，因此，在里约奥运会上首次设立的 ADD 更是专门处理兴奋剂处罚仲裁案件，并延续至昌平冬奥会，以及在 2019 年 1 月设立了 CAS 反兴奋剂仲裁处作为常设机构专司兴奋剂违纪争议。保障运动员权益，防止运动员受到不公处罚侵害成为国际体育仲裁的重要职责。在实践中，为保障运动员公平受罚权，确保运动员受到公平公正的处罚，仲裁庭既要审查处罚程

序是否公正等程序性问题,同样对处罚是否恰当等实体性问题也要予以审查。
不过,基于对体育领域自体规则的尊重,一般仲裁庭不对既定体育处罚规则提
出质疑。对于公平受罚权的立法保障主要是各纪律管理组织的规则,例如
WADC、奥林匹克反兴奋剂规则等。而实践保障则是CAS仲裁中涉及纪律处
罚争议所用于保障运动员公平受罚权的各审查原则,因该权利的实践保障虽
以立法保障,也就是相关处罚规则为基础,但本文主要关注实践保障,因此下
文主要对实践保障予以分析。为便于归纳研析,下文将从处罚程序性问题审
查中的运动员公平受罚权保障和实体性问题审查中的运动员公平受罚权保障
两个方面分析。

　　1.程序性问题审查中运动员公平受罚权的保障

　　(1)严格审查纪律处罚程序正当性。对处罚的审查首先在于对处罚程序
的审查,程序正义是实质正义的保证,在体育领域亦是如此。CAS在仲裁兴
奋剂处罚案件时,对于处罚程序的审查采取严格审查原则。事实上,体育纪律
处罚机构仅为内部裁决机构,它没有国家行政机关和司法机关执法时的严格
规则约束,纪律处罚过程中的违法行为确也不少见。其类型包括:以某一有瑕
疵的指控为基础确认违规行为;错误地理解或错误地适用了被适用的纪律规
则;在确认某一事实时,缺乏证据;恶意行事;裁决一起纪律案件时未对被指控
者进行听证;偏私行为;处罚措施越权等。[①]

　　在国际体育仲裁中,基于处罚程序不正当而撤销处罚的也为数不少。
1996年,在亚特兰大奥运会上,临时仲裁机构裁决的Andrade案就是一例。
该案中,佛得角运动员Andrade被佛得角NOC处罚取消参赛资格,但因佛得
角NOC没有遵守《奥林匹克宪章》关于此类问题需要经过IOC执行委员会同
意的程序规定,违反程序正义,仲裁庭将该决定撤销,裁决申请人可以恢复参
赛资格。[②] 纪律处罚中运动员的听证权也是CAS审查的重要程序性问题。
2000年悉尼奥运会中,CAS AHD所裁决的Ofisa案,仲裁庭审查后认为,有
关证据表明萨摩亚举协对Ofisa的禁赛处罚最致命的问题就是没有给予
Ofisa公平听证机会,最后裁决撤销处罚。[③] 2006年都灵冬奥会中,美国雪车

---

　　① 　[英]米歇尔·贝洛夫、蒂姆·克尔、玛丽·德米特里:《体育法》,郭树理译,武汉大
学出版社2008年版,第186～187页。

　　② 　黄世席:《奥运会争议仲裁》,法律出版社2006年版,第91～92页。

　　③ 　Arbitration CAS ad hoc Division (O.G. Sydney) 00/002.

运动员 Lund 兴奋剂处罚争议案,WADA 提出对 Lund 禁赛 2 年的申请,但仲裁审查后认为,运动员之所以兴奋剂检验出禁用物质,是因为反兴奋剂机构在更新兴奋剂药物信息时没有做好充分通知服务,导致运动员没有得到通知,因此运动员没有重大过错或过失,最后裁决将 WADA 要求两年处罚减为 1 年。[①]

另外,在兴奋剂处罚程序中,药检呈阳性并不代表已经违反兴奋剂规则。在 2006 年都灵冬奥会中,澳大利亚 NOC 与国际平底雪橇联合会之间的参赛资格争议就是一个例子。[②] 可见,严格进行处罚程序审查是对运动员公平受罚权的重要保障。而在孙杨案中所涉及的药检人员资质问题却暂未成为 CAS 所认可的运动员公平受罚权的程序正当性问题。

(2)纪律处罚证明标准的严格认定。证明标准是指证据的证明力须达到何种程度才能认定为证明有效。CAS 在兴奋剂案件中适用的证据规则主要包括反兴奋剂规则中的证据规定、有关国家法律中的规定,以及 CAS 仲裁规则中的证据规定。就证明标准而言,在一般民商事案件中,证据的证明标准判断往往采取优势证明原则,即当证据显示某一需证事实为真的可能性明显大于其不存在的可能性时,法官有理由相信它很可能存在,即便还未能彻底排除其不可能性,应当根据优势证据认定这一事实。尽管兴奋剂案件属于民事案件,但它所适用的证明标准却有别于一般的民事案件的优势证明标准,具体而言,是比优势证明标准更严格的证明标准。[③]

CAS 反兴奋剂仲裁处裁决的俄罗斯游泳和摔跤运动员与 IOC 之间的兴奋剂争议就是极好例证。在该案中,仲裁庭认为,兴奋剂处罚的证据并不能达到"完全满意",并不能排除运动员服用该禁用物质的唯一目的是增强运动员

---

① Arbitration CAS ad hoc Division (OG Turin) 06/001.

② 在该案中,申请人澳大利亚国家奥委会提出,因为巴西奥委会的赛外要件表明其运动员之一有服用违禁物质,应该取消巴西 4 人队的参赛资格。但仲裁庭认为,阳性检验结果和违反兴奋剂规则并不是一件事,阳性检验结果仅仅是服用了违禁物质的检验报告,确定服用兴奋剂是一个较长的程序,只有在该程序结束后并确认服用了禁用物质才能被认为是服用了兴奋剂,并给予处罚。Arbitration CAS ad hoc Division (OG Turin) 06/010.

③ 宋彬龄:《CAS 兴奋剂案件证据规则研究》,湘潭大学 2013 年博士论文。

的免疫系统的可能。① 可见,对证明标准的严格要求是对运动员公平受罚权保障的重要方式,可避免无辜运动员受到不公平处罚。

(3)法无明文规定不为罚。WADA对于兴奋剂违规认定有严格的规则,其中禁用物质名单就是其认定的关键依据,即运动员体内是否能检测出禁用物质是认定运动员是否违规的重要标准。因此,确定禁用物质是否在名单上对于运动员的影响极大。

CAS对该问题的认定曾有先例,加拿大运动员Rebagliati兴奋剂争议案中,仲裁庭认为,虽然运动员被检测出体内含有大麻的代谢物成分,但是根据长野冬奥会所适用的《IOC药物条例》,大麻不在其包括的五种禁用的物质之内,也不再IOC公布的另一份禁药名单内,仅是《IOC药物条例》里标为“受到某些限制使用的物质”。该条规定,根据与IFs以及相关负责组织的协议,可以进行大麻成分的检验。根据该结果可以进行处罚。也就是说,如果IOC与国际滑雪联合会之间就禁用大麻问题达成了协议的话,大麻就可以被IOC视为禁用物质,也就可以据此对Rebgliati进行处罚。但是,在禁用大麻方面,国际滑雪联合会却并没有对此达成协议,因此,仲裁庭最后裁决当事人没有责任,但同时也强调了兴奋剂争议中的严格责任以及反兴奋剂的重要性。②

保加利亚举重运动员Tsagaev与国际举联之间的兴奋剂争议是另一例证。该案中,由于保加利亚举重运动员在悉尼奥运会上出现了3次兴奋剂检验呈阳性的结果,决定对保加利亚举重协会禁赛至少12个月以及不得再允许保加利亚的其他举重运动员参加奥运会。仲裁庭认为,尽管《国际举联章程》第19.18条指出被禁赛的体育协会下属的运动员不能参加国际比赛,但该条并没有对那些已经报名参加比赛的运动员在本国体育协会被禁赛后是否还具备参加比赛的资格问题予以明确规定。对包括没有服用兴奋剂的运动员在内的整个体育协会实施禁止参加奥运会的处罚至少需要具有明确的而不是模棱两可的法律依据。③ 可见,CAS对于兴奋剂违纪仲裁中的禁用药物认定是严格对规则进行解释。

---

① Gabrielle Kaufmann-Kohler, Arbitration at the Olympics: Issues of fast-track disputes resolution and sports law, *The Hague*: *Kluwer Law International*, 2001, pp.114-115.

② Arbitration CAS ad hoc Division (O.G. Nagano) 98/002.

③ Arbitration CAS ad hoc Division (O.G. Sydney) 00/010.

2.实体性问题审查中运动员公平受罚权的保障

(1)责行相适应原则。严格责任是兴奋剂处罚中的基本责任认定标准,但它也涉及责行相适应问题。严格责任标准的适用本来不会产生争议,只要在某运动员的体检中发现禁用物质就是违反有关的兴奋剂规则。而责行相适应是指,对使用兴奋剂的运动员该给予何种程度的处罚,行为严重则责任更大,行为较轻则责任较小。[①]

无疑,责行相适应原则是保证运动员受到公正处罚的一项重要原则。在以往的 CAS 裁决案例中,该原则频繁出现,已成为处理兴奋剂争议的重要原则。由 CAS 处理的 Aanes 案就是责行相适应原则的很好例证。在该案中,仲裁庭认为在决定纪律性处罚的时候,该 IF 的裁定有违关于严格责任问题的瑞士法规定。在实施纪律性处罚的时候运动员和体育联合会的利害关系孰轻孰重也需要平衡,运动员的权利应得到优先保护。相应的 IF 须证明运动员在客观上存在过错。[②]

另一个例证,即是 CAS 裁决的美国残疾人篮球联合会诉国际残奥委员会案,在 1992 年巴塞罗那残奥会上击败西班牙队而获得金牌,但因为一名运动员被指控服用兴奋剂,而被取消了全队的金牌。仲裁庭认为,因为只有一名成员违规而取消全队的金牌,这样的处罚责行是不相当的。[③]

(2)一事不再罚原则。一事不再罚原则是一项法律原则,一般被国家承认作为普通刑事法律规则或者宪法性原则。具体是指,不可因同一违反行为受到多于一个的起诉,以及不可因同一违反行为受到多于一个的惩罚。在体育仲裁领域,一事不再罚原则主要是针对体育组织对运动员的处罚。[④] 至今为止,CAS 运用一事不再罚原则保障运动员权利主要体现在两个方面。

一是,确保运动员不因同一违规行为受两次以上的处罚。具体案例如在Prusis 兴奋剂违纪争议案中,Prusis 是拉脱维亚雪车运动员,因被检测出体内含有禁用物质,于 2002 年 1 月 20 日,国际平底雪橇联合会执行委员会对Prusis 作出禁赛 3 个月的决定。从 2001 年 11 月起算,到 2002 年 2 月 9 日期

---

① 黄世席:《奥林匹克赛事争议与仲裁》,法律出版社 2005 年版,第 123 页。

② 黄世席:《奥运会争议仲裁》,法律出版社 2006 年版,第 167 页。

③ [英]米歇尔·贝洛夫、蒂姆·克尔、玛丽·德米特里:《体育法》,郭树理译,武汉大学出版社 2008 年版,第 225 页。

④ 王霁霞、陈艳:《反兴奋剂领域的一事不再罚原则》,载《体育文化导刊》2014 年第3 期。

满,这样距盐湖城冬奥会首场比赛有 6 天时间。随后盐湖城奥组委向该运动员发放了参加奥运会的身份注册卡,随后在 2 月 1 日,在没有事先通知 Prusis 和拉脱维亚奥委的情况下,IOC 作出 Prusis 不得参加盐湖城冬奥会的处罚决定。仲裁在审理该案之后,认为该案国际单项体育联合会已经作出了处罚,如若 IOC 再以同样事情对运动员再次作出处罚,则违反一事不再罚原则。仲裁庭最后裁决撤销 IOC 的处罚决定,该运动员有权参加盐湖城冬奥会。①

二是,CAS 以违反一事不再罚原则宣布 IOC 的"大阪规则"违法。"大阪规则"源于 2008 年 6 月 27 日 IOC 在日本大阪举行的执委会会议上对《奥林匹克宪章》第 64 条关于奥运会参赛条件的修改。其规定,因兴奋剂违规被禁赛 6 个月以上的运动员,在禁赛期结束后,仍不得以任何身份参加下一届奥运会。2011 年 6 月,美国奥委会与 IOC 达成仲裁协议,就"大阪规则"的合法性问题,提请 CAS 进行仲裁裁决。CAS 最终认为"大阪规则"违反了 WADC 和《奥林匹克宪章》,选拔该规则无效。②

此外,对于运动员公平参赛权和平等不受歧视权的保障,在兴奋剂违纪仲裁中虽也有考量,但因在兴奋剂违纪仲裁中往往是运动员为被诉方,故而运动员公平受罚权关联更为直接。而对运动员公平参赛权的保障主要体现在 CAS 兴奋剂违纪仲裁通过公正审理对违纪运动员的处罚从而保障其他运动员的公平参赛权。而平等不受歧视权虽为实体性权利,但却保障更多需要程序加以实现。

### (二)CAS 兴奋剂违纪仲裁中运动员程序性权利的现有保障

1.对仲裁程序开始前的运动员权利保障现状——CAS 反兴奋剂仲裁处的设置

为解决某一类特殊争议,在 CAS 下设专门机构进行解决,并制定专门仲裁规则予以程序保障,一直以来都是 CAS 对重要领域仲裁公正性、专业性的保障,同样也是运动员权利的保障。如 CAS 为奥运会争议专设了奥运会特别仲裁庭(Ad hoc Divisions,简称 AHD)。在 2019 年 1 月为兴奋剂违纪争议专设之 CAS 反兴奋剂仲裁处也是在 2016 年里约奥运会设立的反兴奋剂特别仲

---

① Arbitration CAS ad hoc Division (O.G. Salt Lake City) 02/001.

② 郭树理:《兴奋剂禁赛期满仍不得参加奥运会? ——评 IOC"大阪规则"的重启》,载《上海体育学院学报》2018 年第 42 卷第 2 期。

裁庭基础上发展而成。该专司为兴奋剂违纪仲裁的 CAS 下设机构,就此,全权代替相关国际体育组织行使兴奋剂违规的处理工作,在兴奋剂违纪处罚中对运动员权利给予了重要保护。

首先,专设兴奋剂违纪仲裁部门提供更专业仲裁。CAS 反兴奋剂仲裁处是与原有的普通仲裁和上诉仲裁部门平行,成为 CAS 第三个专门仲裁部门,设有主席、副主席各 1 名,负责本部门管理工作。另还专门设立了独立的办公室负责仲裁庭的秘书工作,以及独立的仲裁员名册,以确保作为一审的 CAS 反兴奋剂仲裁处不会与 CAS 上诉机制混同。

其次,专门制定了兴奋剂违纪仲裁之仲裁规则——《CAS 反兴奋剂部门仲裁规则》。CAS《与体育有关的仲裁法典》是 CAS 仲裁的基本规则,但 CAS 反兴奋剂仲裁处并不直接适用该仲裁法典,而是适用其专门仲裁规则。该仲裁规则虽基本程序与 CAS 其他仲裁类似,但也考虑了兴奋剂违纪争议的特殊性,设置了诸多特殊仲裁制度。例如,在赋予了仲裁庭广泛权力之下,实际上是赋予了 CAS 反兴奋剂仲裁处代替国际体育组织行使兴奋剂违规管理的职责。

2.对仲裁程序进行中的运动员权利保障现状

(1)仲裁中立性保障。仲裁机构作为公断者,需要以其中立性保证其公正性,这是仲裁制度的内在需求,同样也是运动员权利得到公正救济的必要保证。CAS 作为国际体育纠纷解决机构,经过数十年的发展,已经成为国际体育界的"最高法院"。作为体育世界最富权威的仲裁机构,保证中立性是其发展的关键,这个中立既是要求机构的中立,也要求仲裁员的中立。

在仲裁机构的中立性方面,CAS 的中立性建立在独立的基础之上,而其独立性是在发展和改革中逐步确立的。自 1982 年 IOC 批准设立 CAS,至今已发展了 30 余年的时间,最初的 CAS 可以说在多个方面都受制于 IOC。直到 1994 年瑞士联邦法院裁决了甘德尔诉国际马术联合会和 CAS 的案件之后,ICAS 的建立才为其中立性和独立性提供了制度保证。在保证中立性方面,不仅需要仲裁机构的中立,同样需要仲裁庭和仲裁员中立无偏私。对于仲裁庭组建的中立性考量,其旨在不仅仅让正义实现,还应当让正义被看得见的实现。一个似乎针对一方当事人在某一事项上进行过辩护的人,在涉及同一当事人的案件中不能作为一名仲裁员,即使在完全不同的事项上。必须"不存在任何可能的推定"。为确保仲裁员的中立性,CAS 反兴奋剂仲裁处为此设计了多种保障措施,例如,前文所述的当事人拥有申请仲裁员回避和要求撤换仲裁员的权利,再如 ADD 的仲裁员名册独立于 CAS 的仲裁员名册,以防出现同时涉案的可能。

(2)仲裁公开性保障。2018 年 10 月,欧洲人权法院在佩希斯泰因的裁决中指出,基于兴奋剂处罚争议的特殊性,CAS 应该考虑与一般体育仲裁不同,应给予运动员公开听证的权利。据此,CAS 也在 2019 年修订后的《CAS 仲裁规则》中纳入了公开开庭要求,即对涉及纪律处罚的上诉,除了涉及公共秩序、国家安全、道德因素等例外情形,经当事人请求公开开庭的,应该公开开庭。①

在 CAS 反兴奋剂仲裁处也列入了公开开庭要求,根据《反兴奋剂仲裁规则》第 A19 条的规定,应当事人申请应该公开开庭审理。② 这是基于兴奋剂违纪仲裁的处罚性,应对仲裁的不公开审理原则予以变通。

3.对仲裁裁决后的运动员权利保障现状

CAS 兴奋剂违纪仲裁裁决后的权利保障也就是对错误仲裁裁决的救济权,因此对该权利的保障实则是对该体育仲裁裁决的监督。当下对于 CAS 兴奋剂违纪仲裁裁决公正性的监督分为两个方面:一是机构内部监督;二是外部监督。机构内部监督即通过 CAS 内部机制对其裁决进行自我监督,在 CAS 单设了 ADD 之后,CAS 对兴奋剂违纪争议正式确立了复级仲裁制度,ADD 仅作为兴奋剂违纪争议的初审,若对该部门裁决不服可向 CAS 上诉;外部监督即司法监督,就 CAS 仲裁裁决而言,现有之外部司法救济途径最常见的仍为传统司法监督,即撤销和承认与执行,而在国际体育仲裁中也有运动员通过向欧洲人权法院、本国法院起诉等方式寻求权利救济。

## 三、孙杨案中运动员权利保障不足及其根由

在前文中已厘出 CAS 兴奋剂违纪仲裁中对运动员权利的现有保障,其保障范围既涵盖实体性权利,亦涉及程序性权利,而 CAS 反兴奋剂仲裁处的专门程序设计更为运动员获得 CAS 权利救济提供了直达途径,这看似齐备的保障实际上却存在着运动员权利保障不足的问题。而这些问题在孙杨案中尤为体现显著。故而,本文以孙杨案为视角审视 CAS 兴奋剂违纪仲裁中运动员权利保障之不足,并探究其问题根由。

---

① Code of Sports-related Arbitration(2019) R57.
② Arbitration Rules CAS Anti-Doping Division A19.3.

### (一)孙杨案中运动员权利保障之不足

孙杨作为我国优秀运动员,其权利保障问题已不再仅仅关系个人,同样也关系到 CAS 中运动员权利保障制度的问题。虽然在前文中对 CAS 兴奋剂违纪仲裁中运动员现有保障有所阐述,但在孙杨案中却暴露出现有保障并不完善,下文将从实体性权利和程序性权利两个方面分析孙杨案中的运动员权利保障问题。

1.孙杨案中所涉及的运动员实体性权利及保障缺失

如前所述,CAS 兴奋剂违纪仲裁中所涉及之运动员实体性权利主要有三个,即公平受罚权、公平竞赛权和平等不受歧视权。其中,公平竞赛权主要是基于反兴奋剂斗争而给未违纪运动员提供更洁净的运动赛场从而保障其公平竞赛权,因此,对孙杨作为涉嫌违纪的运动员而言,该项权利并不直接体现。观孙杨案始末,亦可发现在该案中争议的焦点并非歧视性处罚问题,故而平等不受歧视权亦非该案的运动员实体权利保障问题。在该案中,核心争议点为在 IDTM 检验中存在程序性瑕疵的时候再基于此给予运动员处罚是否是公正处罚,因此,在实体权利中主要涉及的是运动员公平受罚权。

在体育领域的准行政性管理模式下,运动员作为被管理者,应当说公平受罚权是运动员基本权利,特别是兴奋剂违纪处罚中,可能将影响运动员数年甚至是一生的运动生涯,CAS 作为体育领域的"最高法院"应当如同真正的法院一般给予运动员最后的权利救济。但事实上,即便有前文所阐述的 CAS 现有运动员实体性权利保障,但依然存在严格责任适用中运动员权利势域压缩、纪律处罚程序中运动员听证权保障不足等问题,但就孙杨案而言,主要反映出以下问题。

(1)兴奋剂处罚规则中的运动员权利保障缺失。在孙杨案中,双方的核心争议点为 IDTM 是否符合 ISTI 规则;检查程序瑕疵是否影响整个检查的有效性;运动员是否能因检查人员资质问题拒绝检查。孙杨方在仲裁中确实也指出了检查中所存在的多个瑕疵,包括:检查官在检测中所持的授权文件仅为概括性的授权;检查官携无关人员参加检测;主检官曾被孙杨投诉,尿检官对孙杨进行偷拍照片;血样被三次置于无人监管状态(并据此佐证检查人员已放弃此次检查的状态,而己方并非对检测血样进行损毁)等。但 WADA 则提出由其制定的 ISTI 规则本就是一种指导性规则,而非是一种严格性规则,只是提供一种更好的操作模式,但并不是最低标准。案件在国际泳联阶段,国际泳联反兴奋剂小组曾通过文义解释、系统解释等解释方法,认为仅仅一份普通授权书不符合ISTI要求,运动员必须确切地知道他们在谁的授权下接受检查,参加样本采集过程的每位官员都经过样本采集机构的适当培训、指定和授权。但在CAS仲裁程序中,仲裁庭却作出了和FINA相反的理解,完全采纳了WADA的观点,认为该瑕疵性检测仍符合ISTI规则。

在该问题上看似是对规则理解之争,但事实上却反映出在兴奋剂违纪问题上运动员在规则中的弱势地位。作为一个专业运动员,其精力更多,甚至是全部都放在训练和比赛上,他/她并不是精于规则之律学家,而相反,作为执法者的WADA却一人分饰两角,既为规则制定者,亦为规则执行者。而运动员作为被管理者,对于烦琐的兴奋剂规则的了解和理解却更多地依赖身边可以信赖之专业人士,例如,在孙杨拒检中起到关键作用的队医。仔细观察兴奋剂规则,不难发现,在该规则中给予了运动员几近严苛的责任,如严格责任原则[①],又如本案中对瑕疵程序的容忍,然而,在规则对运动员课以重任之下,却对处于强势地位之执法相关部门,如IDTM确给予了极大的宽容。事实上,也正是该事实性规则将CAS仲裁庭捆绑,让其不得不考虑以往之大量瑕疵性检测实践,而最终容忍了该瑕疵。

(2)证明责任分配中的运动员权利失衡。在兴奋剂争议中,运动员承担着很重的证明责任。基于上述之严格责任,在兴奋剂认定中,其是否违规没有主观认定的必要,但是对于处罚的轻重判断则需要考虑其主观过错,对此,仲裁庭采用过错推定责任认定原则,即需要运动员承担证明自身清白的责任。确实,为反兴奋剂工作的开展,要求运动员自证清白本也具有其合理性,能保证运动员在兴奋剂问题上的自律性和高度警惕性,但是该责任分配原则在严格责任下,则是给运动员加以了相较一般体育仲裁更重的举证责任。

在该案中,虽然孙杨方采取的诉讼策略是集中抗辩检测瑕疵问题,但事实上,就一般兴奋剂违纪争议而言,还可以通过举证证明自己无过错而减轻或免于处罚。即便仍有如此一条救济路径,但仍存在运动员权利保障缺失的问题。实践中,也有不少例子最后因为运动员难以举证证明自己无过错而导致不能减轻或免于处罚。在2016年里约奥运会中,WADA诉Narsingh Yadav和印

---

① 在处理兴奋剂违规中,国际体育组织所适用的原则是严格责任原则,即只要有关的禁用样品里面含有国际体育组织禁用的有关物质,那么接受检查的运动员就被视为违规,而无须考虑运动员主观上的心理状态,即故意或者过失。

度国家反兴奋剂机构(National Anti-Doping Agency of India)案就是一例。Narsingh Yadav 是印度的摔跤运动员,分别在赛前进行了两次兴奋剂检测,在两次检测的样本中发现了兴奋剂物质。在第一次检测出兴奋剂物质之后,该运动员随即被临时禁赛。之后运动员向警方报案,提出这是因为竞争对手将其饮用的饮料污染所致,最终才导致检测结果呈阳性。Narsingh Yadav 同时也向印度反兴奋剂机构提出确认申请,要求确认其清白。在举行了四次听证后,该机构于 8 月 1 日作出决定,确认该运动员是受害者,主观无过错,最后免于处罚。对于印度国家反兴奋剂机构的决定,WADA 于 8 月 13 日向 AHD 提起仲裁申请。仲裁庭经过审理,认为运动员提供的证据并不能证明其的主观过错程度,最后支持了 WADA 关于对运动员进行禁赛四年的处罚。① 实际上,在 CAS 兴奋剂违纪仲裁中,受处罚运动员想在较短的时间寻找到证明自己清白的证据,实属不易。

在以往个案中普遍存在运动员的证明责任过重的问题,而在里约奥运会中,俄罗斯运动员遭到集体禁赛,也有部分运动员选择奥林匹克体育仲裁进行权利救济,但最终结果并未遂意。在里约奥运会中,AHD 所公布的裁决中,俄罗斯运动员对禁赛不服提出申请的有 9 件,其中申请被部分支持的只有 1 件②,ADD 并无俄罗斯运动员的相关申请。在 2018 年平昌冬奥会中,该禁赛决定仍影响着俄罗斯运动员,虽有 169 名俄罗斯运动员被允许以"中立"身份参加平昌奥运会,但仍有诸多俄罗斯运动员被排除在外,向 CAS 上诉的运动员,AHD 均裁决驳回了运动员申请,ADD 也并未支持。俄罗斯集体禁赛案中,运动员个人权利被牵连,需证明承担自己和俄罗斯国家兴奋剂普遍行为无关的举证责任。在众多俄罗斯运动员申请的仲裁案件中仅有 Darya Klishina 案,因为该运动员一直在美国接受训练,才举证证明其与俄罗斯国家兴奋剂行为无关,最终得到仲裁庭支持获得了参赛资格。③

在孙杨案中,如果要考虑通过论证运动员无过错,或可将其错误决定归因于其对医疗团队的过度依赖。在我国举国体制下的运动员享有更大的训练资源,当运动员被选入国家队时也无须为训练外的事情分心,可谓举全国之力成就优秀运动员。因此,造成运动员对 ISTI 规则的无知是有可能的。但即便如

---

① Arbitration CAS ad hoc Division (OG Rio) 16/025.

② Arbitration CAS ad hoc Division (OG Rio) 16/013.

③ Arbitration CAS ad hoc Division (OG Rio) 16/024.

此抗辩,CAS 规则下的西方思维模式很难因此将孙杨之责任外移,最终,运动员要想因此减免责任仍然困难重重。可见,在 CAS 兴奋剂违纪仲裁中运动员证明责任的过多分配在一定程度上对运动员权利保障带来较大障碍。

2.孙杨案中所涉及的运动员程序性权利及保障缺失

由于孙杨涉嫌兴奋剂违规事件发生在 2018 年 9 月,CAS 尚未设立 CAS 反兴奋剂仲裁处,仅有为各届奥运会特设之临时 ADD,故而,孙杨案的一审也未涉及 CAS 反兴奋剂仲裁处程序,而是由 FINA 举行听证会,并对其行为是否构成兴奋剂违纪作出裁决。而后,根据 FINA 章程,CAS 对其裁决具有管辖权,而运动员在接受 FINA 管理时即被视为也接受了 FINA 章程中同意 CAS 管辖其争议之条款。因此,该案在程序上遵照的是 CAS 上诉仲裁程序,而非 CAS 反兴奋剂仲裁处程序。CAS 上诉仲裁程序与处于一审程序的 CAS 反兴奋剂仲裁处不同,考虑到体育仲裁的司法性较强于普通民商事仲裁,CAS 打破了传统民商事仲裁中一裁终局之惯例,而设计了仲裁体系内的二审制度,如处于一审地位的 CAS 反兴奋剂仲裁处,以及处于二审地位的 CAS 上诉仲裁。在孙杨案中,实际上也经历了二审,只不过初审为 FINA 裁决,二审为 CAS 上诉仲裁。事实上,即便有仲裁程序内的复级审级的程序支持,但仍存在运动员程序性权利保障不足的问题。

(1)体育内部事项不审查原则。传统理论认为,对于体育内部事项除非出现恶意损害运动员权利的情况,否则不应该受到体育领域之外的审查,包括司法审查与仲裁审查。CAS 在仲裁审查中也一直秉承着该原则,除非有证据证明该行为有恶意、专断、受贿等情况,否则将不审查该内部事项。对于该原则表述有所不同,R. Jake Locklear 将其称为"赛场判罚不予审查原则"[①],Michael. Beloff 称其为"体育事项司法拒绝审查原则"[②],Robert Seikman 称为"裁判规则不予审查原则"[③]。究其内容,不予审查主要包含两个方面,即对体育组织的自由裁量权所属事项不审查,例如,体育组织规则制定,赛事规

① Rjake Locklear, Arbitration in Olympic Disputes: Should Arbitration Review the Field of Play Decisions of Officials, *Texas Review of Entertainment & Sports Law*, Vol.4, pp.199-232.

② [英]米歇尔·贝洛夫、蒂姆·克尔、玛丽·德米特里:《体育法》,郭树理译,武汉大学出版社 2008 年版,第 71 页。

③ Robert C. R. Siekmann · Janwillem Soek, *Lex Sportiva: What is Sports Law?*, Hague: T · M. C. Asser Press, 2012, pp.12-15.

则制定等。

在孙杨案中,虽然未成为直接的争议焦点,但事实上,可以看出对于在运动员方面有失保障的 ISTI 规则及其解释而言,CAS 仲裁庭给予了极大的尊重,严格遵照体育内部事项不审查原则,未对相关兴奋剂检测规则作出任何裁决,甚至未提出任何建议。

CAS 对体育规则也曾经有过著名的干预裁决,即对"大阪规则"的裁决。在反兴奋剂规则上,最为重要的一次审查就是 CAS 对 IOC 所制定的"大阪规则"的审查。"大阪规则"源于 2008 年 6 月 27 日 IOC 在日本大阪举行的执行委员会会议上对《奥林匹克宪章》关于奥运会参赛条件的修改。2008 年 7 月 1日起发生的兴奋剂违规行为适用该规则。在该规则中规定,任何因违反反兴奋剂条例而受到反兴奋剂组织禁赛 6 个月以上的运动员,不得以任何身份参加下一届奥运会,也不得参加禁赛期间届满后的下一届冬奥会。后因美国运动员兴奋剂违规引发了其是否适用"大阪规则"的问题。美国奥委会就"大阪规则"的合法性问题,向 CAS 提请仲裁。最后 CAS 仲裁庭支持了美国奥委会,裁决认为"大阪规则"违背了《世界反兴奋剂规则》和《奥林匹克宪章》,宣布该规则无效。① 即便有这样的先例,仍无法弥补在规则审查缺位上对运动员权利保障的失效。因为,CAS 对体育规则的审查一般遵照不审查原则,这是基于对体育领域自治性的尊重。对"大阪规则"的审查也是基于 IOC 的同意,其愿意将该规则提交由 CAS 仲裁。而对于一般兴奋剂处罚争议,难以通过置疑既有规则的有效性而获得仲裁庭的支持。也就是说,仲裁庭对于可能属于无效的兴奋剂处罚规则的审查是极为被动的,这将严重制约了 CAS 对运动员权利的救济。

(2)仲裁中立性仍未完全保证。孙杨方在裁决后曾通过律师声明方式对裁决公正性提出了质疑,虽然律师声明并无法律效用,在声明中也未举证,就该案本身而言,确也未见仲裁庭存在明显歧视性不公正行为。但孙杨案确实有一定代表性,在该案中所反映的 CAS 西方思维主导下的地域规则差异、体育组织执法利益加成考量等问题确实为不少非发达国家的运动员带来了实际不公。其看似规则性中立却有着实质性偏失。

在仲裁机构中立性方面,CAS 经过数年的努力,已建立独立的仲裁体系,机构的独立性是中立的基本保证。CAS 已经由建立之初的司法、行政、财政、

---

① Arbitration CAS 2011/O/2422.

人员皆受制于 IOC,到现今建立起 ICAS 独立负责 CAS 的各项行政事务,确实在仲裁机构中立性上有极大进步。实践中的 CAS 裁决也能以较为公正的裁决再一次确认起其独立性。但是,CAS 的独立性方面并非完美。CAS 于 IOC 虽然因为增加了中间机构 ICAS,隔断了二者的直接联系,但是仍无法完全消除其纠缠关系。其中一大问题就是,ICAS 的成立无法解决 CAS 在经济上对 IOC 的依赖。另外,在人事上,虽然 ICAS 有自己的成员,但其成员的组成仍和 IOC 有极大关联。根据 ICAS 成员组成规则,ICAS 由 20 个成员组成,其中包括 4 个国际联合会,4 个 NOC 协会,4 个 IOC 指定成员,4 个由上述 12 个 ICAS 成员指定的为保障运动员利益的成员,4 个由上述 16 个 ICAS 成员选择的独立机构成员。① 如前所述,奥林匹克体育组织本身就包括 IOC、Ifs 和 NOC,可见 ICAS 与奥林匹克体育组织机构在人员上有所重合。

　　在仲裁员中立性方面,难以找到直接证据证明 CAS 仲裁员存在中立性缺失问题,但是就仲裁员构成而言,却存在较大地域差异。CAS 仲裁员数量较多,但不难发现地域性失衡问题,绝大多数仲裁员都是欧美等发达国家,而来自非发达国家的仲裁员占比较少。这虽并非规则上的不公,但国际体育仲裁的法律门槛限制,让很多无法大量普及国际体育仲裁教育以及本国国际体育仲裁并不发达的国家无法大量参与。在该问题上,我国的情况就尤为具有代表性,应当说我国在并未建立体育仲裁制度的情况下,对于国际体育仲裁熟悉的专家数量也较少,确切地说,我国法律专家逐渐参与国际体育仲裁,并逐渐进入仲裁员名单也是近年之事。而考察 CAS 反兴奋剂仲裁处仲裁员名册,更直观地感受到该问题。名册上总共 21 位仲裁员,双国籍仲裁员有 3 位,分别是斯洛伐克/加拿大、意大利/爱尔兰、伊拉克/瑞士,其余仲裁员分别来自美国(4 名)、意大利(3 名)、中国(3 名)、芬兰(2 名)、澳大利亚(1 名)、瑞士(1 名)、德国(1 名)、加拿大(1 名)、牙买加(1 名)、南非(1 名)。② 可见,在 CAS 兴奋剂违纪仲裁中存在仲裁员地域性不平衡问题,这也同时是 CAS 仲裁程序中思维和规则导向仍为西方导向。

　　而在孙杨案中,同样也出现首席仲裁员弗拉蒂尼(Franco Frattini)因多次公开发表反华和种族歧视的言论,使得其公正性和独立性遭受质疑。

---

　　①　S4 of Code Statues of ICAS and CAS.

　　②　Arbitrator-ADD-arbitrators eligible for party nominations,https://www.tas-cas.org/en/arbitration/list-of-arbitrators-add.html,访问日期:2020 年 4 月 15 日。

（3）仲裁中当事人平等原则的模糊性。在孙杨案中就明显看出，虽然给予了当事人公开听证的权利，但是在公开听证中，很明显，运动员的平等听证权未能完善保障。

首先，仲裁中当事人的平等权旨在保障当事人能够陈述相关案件事实、表达法律意见、进行质证、阐述己方主张、反驳对方主张等，但在该案中，因翻译的问题，出现严重的翻译缺陷，导致运动员方的主张和反驳都没有很好地呈现。然而，看似给予了当事人认可的聘任翻译程序，也算是对运动员权利予以保障，但语言障碍却是事实上让非 CAS 官方语言为母语的运动员处于弱势地位，甚至很难在听证之前很好地检验其聘任的翻译是否有能力胜任反兴奋剂仲裁中较专业的翻译。

其次，临时指定翻译中的中立性考证缺失。当天听证程序中，仲裁庭指定了一名现场翻译，但该翻译曾为 WADA 一名雇员，且不论曾为雇员是否一定影响公正性，但就该问题，仲裁庭并没有予以披露，让运动员用充分的知悉权，同时也难以排除对其翻译出现错误的而导致的中立性问题合理怀疑。

（二）从孙杨案看运动员权利保障不足之根由

如前所述，虽 CAS 兴奋剂违纪仲裁中对运动员权利已有保障，但仍存在保障不足的问题，分析其主要根由如下：

1.制度权威与运动员权利保障的冲突

在兴奋剂违纪问题中运动员权利联系最紧密之制度为执法性反兴奋剂制度与司法性兴奋剂违纪仲裁制度，前者为 WADA 主导，后者以 CAS 为核心。然而，无论是执法的反兴奋剂制度，抑或是司法的 CAS 仲裁制度，在一定程度上都存在其制度权威价值向度高于运动员权利保障价值向度的问题。

（1）反兴奋剂制度权威下的运动员权利让位

在人类社会发展的进程中，体育活动成为人类生活中不可缺少的一部分。随着人类社会的经济发展，体育运动更是被冠以了商业性、经济性、全球性等特征。同时，对比昔日传统体育竞技，现代体育难以避免地受到过度商业化、职业化、暴力和滥用药物的侵蚀。被称为奥运会之父的顾拜旦先生认为，古代奥运会是为人类提供深邃和强烈的灵感源泉。在古代奥运会中，其象征的是追求强健体格与杰出智慧完美结合的文化理念。而这种结合源于对卓尔不群不仅应当拥有勇猛矫健的身躯,还应具有道德和智慧的品质的信仰。[①] 虽然现代体育难以再如此纯粹,但这种孕育着人生哲学的体育精神和体育信仰却在体育界内有着广泛信奉者,使得竞技体育中的"公平竞技"比最终效益有着更高的价值位阶。而这种价值追求的最重要体现就是反兴奋剂的长期斗争。反兴奋剂斗争,可以看作是对世界体坛上各个国家组织和国际组织的道德诉求的"酸测试"。[②] 在体育竞技中取得优异的成绩,特别是奥运会这样的世界体育顶级盛会,无论是对国家、体育团队还是对运动员个人都将获得丰厚的回报。竞技体育与政治、经济交织纷繁,在多元利益的催化下兴奋剂问题一直为体育界难以摆脱的阴霾。虽兴奋剂问题对竞技体育的影响持久而深远,但仍为个体行为居多。直至 2016 年里约奥运会,这一历史问题终于从个体问题演化成了群体问题。在里约奥运会中俄罗斯涉嫌兴奋剂国家违规行为,当届有116 名运动员因涉嫌使用"兴奋剂"遭遇禁赛的处罚,随后的里约残奥会更是全面禁止俄罗斯参加比赛,甚至在 2018 年平昌冬奥会仍然有大量俄罗斯运动员无法参加比赛。这无疑是奥林匹克历史上因兴奋剂而禁赛的重大事件。体育竞技是公开、公平的竞争,而使用兴奋剂则是与体育运动精神所相背离的作弊行为。它不仅违背体育道德、医学道德,也是有悖于体育精神,在体育竞技中,使用兴奋剂也是对奥林匹克精神的践踏,对奥林匹克运动基石的基本原则的背离,当然该行为也是被各体育组织所禁止的。

但事实上,在体育竞技史上,兴奋剂的使用并不是什么新生事物,只要比赛结果会带来金钱、地位、名利或其他回报时,都曾经发生过企图通过使用兴奋剂来获得竞技优势的事件。早在公元前 3 世纪,古希腊运动员就通过食用蘑菇来提高其竞技能力。[③] 而后的现代体育竞技中,运动员兴奋剂使用问题一直都是竞技赛场的重要问题,使用药物也逐渐增多。如何开展兴奋剂打击工作保障体育赛场的竞技公平性,成为体育组织的关键任务。在此理念下,运动员成为被监管者,施以严格的责任和严密的监管。例如,附有极强权力扩张性的严格责任原则,在该责任之下,运动员被苛以严格的注意义务,同时还被

---

①　Segrave,J.O.& Chu, D. (eds),The Olympic Games in Transition,*Chaign*,Ⅲ:*Human Kinetcs Books*,1988.

②　[英]巴里·霍利亨:《孤注一掷:现代体育的反兴奋剂斗争——体育运动中的使用兴奋剂现象及反兴奋剂政策的制定》,郑斌译,人民体育出版社 2007 年版,第 4 页。

③　Puffer,J.,The Use of Drugs in Swimming,*Clinical Sports Medicine*,Vol.5.77,1986.

施以倒置性举证责任，然而，这对于专于训练的运动员而言并非易事。再如，2003 年《世界反兴奋剂条例》所确立的"行踪规则"①，这是为了在训练和竞赛之外进行兴奋剂突击检查，因此，要求特定运动员在特定时间提供有关行踪位置的信息。② 在 2009 年和 2015 年版的 WADC 中也都延续了该制度。虽然欧洲人权法院在"FNASS 等诉法国案"的判决中确认了"行踪规则"的合法性，但同时也指出了该规则对运动员生活的负面影响。③ 可见，即便认为运动员权利被侵蚀，但基于对反兴奋剂宗旨和反兴奋剂制度的认可和尊重，欧洲人权法院仍然认为制度权威高于运动员权利。

(2)CAS 仲裁制度垄断下的运动员权利割舍

作为准司法性的 CAS，在反兴奋剂制度中也有着重要作用和地位。对于 CAS 反兴奋剂仲裁而言，实际上是与一般商事仲裁有着不同之处，其中很重要的一点就是其仲裁条款的强制性。国际体育仲裁作为消解体育争议的有效方式，其运行基础仍取决于仲裁协议的有效性，这些仲裁协议嵌入体育组织章程，当运动员参与体育竞技时则已经被动同意了该条款。此高格式化合同，体现在奥林匹克章程、各体育组织章程、奥运会参赛报名表、IOC 与承办国签署的承办协议等规范之中。因此，在国际体育仲裁领域的仲裁自愿性却是有着其行业特色的"自愿"。此种变相"自愿"事实上是对仲裁协议自治原则的冲犯，体育仲裁本质本是仲裁范畴，它应当信守仲裁的基本规则和一般理念，而这些仲裁规则与理念也应当延展到国际体育仲裁中。然而，在 CAS 仲裁实践中极少会有当事人以仲裁条款的强制性为由对 CAS 仲裁管辖权提出抗辩的案例，即便有，也无一例外地被证伪。④

CAS 仲裁的管辖权势域扩张与体育社会的高自治性密切相关。CAS 从 1984 年正式成立到现在已有 30 余年历史，这期间经历了一个不完善到完善的发展成熟过程，现今已经发展为体育领域自治性最高的裁断机构。CAS 从

---

① 该规则是指被 Ifs 或 NOCs 列入注册检查库的运动员应根据反兴奋剂检测和调查国际标准中规定的方式提供行踪信息。

② 朱文英：《论兴奋剂"行踪"规则与运动员隐私权的冲突》，载《潍坊学院学报》2011 年第 11 期。

③ 姜熙：《反兴奋剂"行踪规则"的合法性研究——基于欧洲人权法院"FNASS 等诉法国案"的分析》，载《天津体育学院学报》2020 年第 2 期。

④ 张春良：《强制性体育仲裁协议的合法性论证——CAS 仲裁条款的效力考察兼及对中国的启示》，载《体育与科学》2011 年第 2 期。

成立到现在,其发展过程其实为体育领域裁断自治理念的表达,在该领域下,以 CAS 为中心,已建立起了较为稳固的伞状自治体系,此为国际体育仲裁的制度架构,因此 CAS 的垄断管辖权实为体育领域自治权的彰显,亦是该领域可以自律自治的制度保障。

　　与此同时,运动员作为体育领域的参与者,也是体育领域中的被治理者,自治性制度权威使得其权利不得不被消减,当然,同时也可获得进入该自治领域可能获得的极丰厚的利益回报,其所支付的代价之一则为诉权的让渡。

　　2.CAS 兴奋剂违纪仲裁形式中立下的倾斜性赛事秩序维护

　　讨论 CAS 仲裁的价值导向应先厘清其制度框架和内在逻辑。CAS 治下的国际体育纠纷解决程序共有五类,每类仲裁程序专司特定类型的体育争议之裁决,以确保体育争议的处理更贴合个性化需求。[①] 具体包括:普通仲裁程序[②];上诉仲裁程序[③];咨询仲裁程序[④];奥运会仲裁程序[⑤];反兴奋剂仲裁程序[⑥]。

　　本文所谈的兴奋剂违纪仲裁,在性质上与国际商事仲裁一样在统一的仲裁基本理念和制度框架下,即便在仲裁程序上有一定差别,但存在着共性,都

---

　　① 　张春良:《论奥运会体育仲裁程序》,载《西安体育学院学报》2007 年 9 月第 5 期。

　　② 　该类仲裁程序调整与体育相关的商事性争议,例如赛事转播权争议、体育类用品购销协议争议等,负责该程序的分理机构是 CAS 普通仲裁分处。该类仲裁程序所司之案件是发生于地位平等的当事人之间的争议,是一种横向民商事法律关系,以合同争议为主。

　　③ 　该类仲裁程序调整的与体育组织相关的体育竞技争议,例如参赛资格争议、兴奋剂争议等,由 CAS 上诉仲裁分处负责。此类争议是 CAS 主要的管辖范围,也是 CAS 作为体育仲裁机构的特殊性体现。

　　④ 　该类仲裁程序调整与体育相关的规则之理解和解释,由 CAS 组建专门的咨询仲裁庭负责管辖。CAS 可以在 IOC 或 Ifs 等体育组织的请求下,可就体育类专业性问题进行解答和提供不具有拘束力的咨询意见。

　　⑤ 　该仲裁程序调整的是奥运会赛事争议,由 CAS 奥运会特别仲裁分处负责。根据《奥林匹克宪章》的规定,CAS 奥运会特别仲裁分处排他性的垄断管辖所有奥运赛事争议。

　　⑥ 　该仲裁程序调整的是兴奋剂违纪争议,由 CAS 反兴奋剂特别仲裁分处负责。该仲裁程序仅对兴奋剂争议有管辖权。

遵循民间仲裁的基本制度理念。[①] 其程序目的是为涉嫌兴奋剂违规而被提交给 CAS 反兴奋剂仲裁处解决的争议提供仲裁解决途径[②]，同时也为兴奋剂违纪仲裁保留了上诉仲裁程序用以提供仲裁内部救济途径。程序价值预设：CAS 反兴奋剂仲裁处作为专门处理兴奋剂违纪争议的机构，其程序相较于其他 CAS 下辖之仲裁程序更具专业性和垄断性，当审级设定上已不再要求被申请人是 IOC、NOC、IF 和其他奥林匹克体育组织时，申请人原则上应用尽内部救济，而事实上该程序在一定程度上起到了替代兴奋剂执法裁判的作用，申请人不再多为被处罚的运动员，反而是执法机关。因此，其司法价值被加入了执法考量。而 CAS 上诉仲裁程序虽可作仲裁内部监督机制，但从制度理念上却与作为初审的 CAS 反兴奋剂仲裁处有着相同的秩序价值倾向，而该秩序价值并非弱者利益保护的理念导向，反而是在准刑法的兴奋剂违纪问题中带有反兴奋剂斗争价值倾向。

从上述 CAS 兴奋剂违纪仲裁制度架构来看，兴奋剂违纪仲裁已采用复裁机制，CAS 反兴奋剂仲裁处为初审，而 CAS 上诉机制为复裁。对仲裁一裁终局原则的打破在一定程度上确能为仲裁公正性加一层保护，但该仲裁制度虽仍带着公断解纷之原始烙印，但却透露着反兴奋剂的行政执法权的味道，CAS 反兴奋剂仲裁处审查权更似兴奋剂纪律监督机构，确系能在一定程度上保障对兴奋剂违规运动员处理上的程序公正，但却并非行使的严格第三公断人之公断权。综上观之，现有的兴奋剂违纪仲裁制度对体育运动秩序的关怀更胜，而并没有对运动员权利保障倾注足够关怀。

首先，在管辖权设置方面，兴奋剂违纪仲裁与 CAS 普通仲裁不同，它打破了传统仲裁坚守的仲裁自治原则，而建立了垄断管辖的新原则。体育仲裁协议高度呈现为格式化的合同条款，体现在奥林匹克宪章、各 NOC 和 IF 章程、奥运会参赛报名表、IOC 与承办国签署的承办协议等规范之中。由于此类文件共同指向的 CAS 对奥运会案件的垄断仲裁不容许参赛团队或者个人进行其他选择，其强制性色彩非常浓厚。[③] 此强制管辖权虽然并不符合仲裁一般

---

① 石俭平：《国际体育仲裁与国际商事仲裁之界分——以 CAS 体育仲裁为中心》，载《体育科研》2012 年第 5 期。

② Arbitration Rules CAS Anti-Doping Division A2.

③ 张春良：《强制性体育仲裁协议的合法性论证——CAS 仲裁条款的效力考察兼及对中国的启示》，载《体育与科学》2011 年第 2 期。

理念,但作为一项体育仲裁特色制度同样实现于所有仲裁当事人,并无厚此薄彼之意,且对奥运会赛事的快速解决确有积极效用。① 但是该强制性却并不会对奥林匹克体育组织产生过多负面影响,而对于弱势地位的运动员而言,该强制管辖就是对运动员权利的牺牲。

其次,在司法监督方面,兴奋剂违纪争议因为其处罚严重性极大可能对运动员有限体育生涯造成难以弥补的损害,其时效性要求天然与司法监督难以契合。同时,体育仲裁与一般民商事仲裁不同,其自治性要求,同样造成司法监督的顾虑。最常见的司法监督形式撤销仲裁裁决在奥林匹克体育仲裁上也运用极少。2007—2011 年,瑞士联邦法院一共受理了 347 件申请撤销 CAS 裁决的案件,最终获其支持的仅为 8 件,不到总数的 3%。② 司法监督作为仲裁的最后保障,在奥林匹克体育仲裁中却发挥的作用并不大,这对运动员权利的最后保障造成缺失。

最后,对于兴奋剂违纪问题,体育仲裁在案件审查中极力维护体育组织的自治权,尽量不干涉体育组织的自治事项,对于兴奋剂处罚规则一般不干涉,这对运动员对体育组织造成的权利损害保障不利。价值选择上,更倾向于秩序维护而非运动员个体权利保障,例如,在举证责任分配上运动员的劣势。

总体而言,CAS 兴奋剂违纪仲裁并未建立以运动员权利保障为中心的仲裁理念,相反,更倾向于维护竞赛秩序的方面。而注意到运动员弱势地位,在体育仲裁中给予了运动员倾斜性保护以弥补其地位弱势已有先例,日本体育仲裁机构,其在机构决策层组建上、制度设计上都专门纳入了运动员权利保障。CAS 程序设计理念上的形式性公正实际上是对运动员弱势地位的现状漠视,其秩序价值优先于权利价值的考量是该仲裁制度下运动员权利保障缺失的根由之一。

---

① Jason Gubi, The Olympic Binding Arbitration Clause and the Court of Arbitration for Sport: An Analysis of Due Process Concerns, Fordham Intellectual Property, *Media & Entertainment Law Journal*, Vol. 18, Issue 4 (2008), pp.1016-1017.

② 陈斌彬:《从困局到变局:析 PECHEIN 案对 CAS 的挑战及应对》,载《天津体育学院学报》2015 年第 4 期。

## 四、孙杨案与我国运动员权利保障反思

著名的美国法学家罗斯柯·庞德说过："法学之难者，莫过于权利也。"[①]权利问题是法学的"基石范畴"，也是核心问题。人类社会追求的是一种有序社会，任何一种制度都需要通过一定规则维持其基本秩序，而有秩序的社会则需要建立权利体系，因此，在人类社会的任一制度下，权利都是其基石。因此，在法学界，对权利问题的关注一直都是研究的基础。国际体育仲裁，是体育社会中的纠纷解决制度，它也维系着体育社会的有效运转，其职责是专司该体育社会中的纠纷解决，同时也肩负着重要的权利救济责任。可以说，CAS 体育仲裁制度是奥林匹克体育社会中对于权利保障而言最为关键的制度。但从孙杨案中暴露出在 CAS 体育仲裁中，特别是兴奋剂违纪问题，此种严重影响运动员运动生涯和核心体育权益的方面，我国运动员权利保障几乎为真空状，缺少自身的规则意识和权利理念，也没有专业团队提供相应兴奋剂法律问题的帮助和指导，最终才产生后续的不利处境。

### (一)举国体制下运动员权利保障的特殊需要

竞技体育发展至今，特别是在现代奥林匹克运动恢复并重新获得国际公认最高国际体育竞技赛场之地位后，随着奥运会每四年一次在全球不同城市的举行，其产生的影响波摄全球，对世界各国都产生着影响，且日益变大，已经深入到世界政治、经济、外交和文化等多个领域和方面，奥林匹克体育运动引起了世界各国，特别是世界大国对发展竞技体育的高度重视。为尽可能地在奥林匹克竞技赛场上展现本国最佳形象，各国为此实施了相应鼓励政策，同时重视本国的竞技体育发展。但因各国的发展水平和社会制度的不同，其采取的发展竞技体育的模式也有不同，而我国所采取的发展模式就是举国体制。当代我国竞技体育发展之兴起可溯于 1979 年，即我国在 IOC 恢复合法席位

---

[①] 陈燎原、王人博：《赢得神圣——权利及其救济通论》，山东人民出版社 1993 年版，第 2 页。

时①,当时为实现中国竞技体育的迅速崛起,摆脱"东亚病夫"之名②,举全国之力,以为国争光为首要甚至是唯一目标,以奥运争金为具体形式,是当时我国的竞技体育的发展方略。③ 这也就是所谓的奥运战略,在此战略引导下,我国竞技体育发展迅速,取得辉煌成绩。我国的竞技体育兴起至今,数十载就由体育落后国家成为体育大国,"举国体制"发挥着重要作用。可以说,是该体制造就了我国竞技体育发展的奇迹,与此同时,也给社会创造了经济增长和巨大的精神财富。然而,"举国体制"实施之初是顾及中国综合国力较弱,若想迅速崛起只能通过集中优势资源发展的方法,但随着中国经济实力的快速增强、社会观念和文明程度的进步,"举国体制"也暴露出问题。举国体制的初衷在于强化国家政府的这一主体的主动性与主导性,充分发挥其对竞技体育的引导与决定作用。诚然,举国体制在初期发展体育的功效卓著,然而,随着我国竞技体育辉煌成绩的不断取得,以及其效应的不断形成,这一主客体关系也悄然发生着变化。

我国竞技体育举国体制的组织领导体系是以国家体育行政部门为主导的组织领导体系,反映到对运动员的管理体系中就是包办式管理,整个运动员队伍呈现金字塔形,国家队为最顶端,省区市专业运动队为中间部分,重点业余体校为奠基部分,一般业余体校青少年运动员为地基的4级运动训练管理体系。从进入国家管理训练体系开始,运动员就不需要操心除训练以外的任何事务,各项事务都由国家负责操办。

以"举国体制"为核心的我国竞技体育,能集中力量发展国家竞技体育的能力,集中最优资源实现运动员训练,确实在近几十年间取得了辉煌的成绩,但同时也招来了众多的非议。"举国体制"下的运动员极为矛盾,一方面他们的训练由国家负责并提供个人保障,从这个角度来看我国运动员无疑是幸福的,他们由国家来供养,无忧于衣食住行,甚至是生活琐事也有专人负责,可以说除了在国家组建的专业教练队中专心训练,他们已经没有了任何后顾之忧,如若能在世界体育竞技舞台上获得殊荣还能为运动员带来巨大的荣誉和丰厚

---

① 田雨普:《新中国 60 年体育发展战略重点的转移的回眸与思索》,载《体育科学》2010 年第 1 期。

② 张晓义、熊晓正、樊浩:《中国选择奥林匹克的历史必然性》,载《体育学刊》2008 年第 5 期。

③ 何强:《我国竞技体育奥运战略的历史审视:兼论奥运战略的可持续发展》,载《首都体育学院学报》2012 年第 3 期。

的经济利益,若能够在奥运会中取得金牌,那相应而来的回报就更加惊人,其一生的命运都会随之改变;但另一方面但他们却又是不幸的,虽然他们不需要像国外运动员一样为自己的前期训练投入资金和精力,但是在"举国体制"下的中国运动员却更似夺取金牌之机器,整个体育体制如同金牌生产线,为能产出金牌而各司其职地运转着。

在这样"襁褓"下的运动员更似体育竞技国家链下的一个特殊部件,其体育专业性确实更易发挥,但相较国外运动员,我国运动员在体育竞技之外的能力,如对体育领域的相关法律规则、在体育领域内的权利维护等方面就非常弱。孙杨案是一个特殊的案例,特定的优秀运动员,在特殊情况下,基于特定的原因作出了不同寻常的举动。这看似特例的孙杨案,事实上却但并不是个例,它反映出的是我国运动员在国际体育相关制度和规则下的无知和无措。

在"举国体制"下的运动员虽然享受到了国家服务的福利,可是同时却付出了运动员在体育领域全面认知能力培养的代价,在该体制下的运动员需要承担的更多是义务,为国争光之义务,而非个人实现体育竞技梦想之权利。然而,这一异化现象也逐渐被意识到,消除异化,由体育竞技生产模式发展向个人体育发展的转变将导致运动员义务本位向运动员权利本位的转变,因此,建立运动员权利保障体系在我国"举国体制"下有极大的社会价值。而以往之运动员权利保障皆以运动员文化教育等社会性权利为考量主体,对现役运动员的体育运动中权利关注不足,作为现役运动员权利救济途径的体育仲裁是与运动员权利最为相关之制度,考虑到我国运动员权利的特殊保障需求,应该为其提供权利保障措施,而非如孙杨案一般,争光时举国,维权时个人的差异之态。

### (二)CAS 兴奋剂违纪仲裁中运动员权利的国家保障

如前文所述,运动员权利的弱势地位在孙杨案中暴露无掩。长期以来,我国竞技体育中的举国体制使得中国运动员与国家的天然联系更为突出,在俄罗斯群体性兴奋剂违规事件中,业已存在国家间政治博弈波及于运动员的例证,在国际形势纷繁复杂的当下,我国运动员是否会受其牵连难以保证。兴奋剂违纪问题对于运动员而言是比公平参赛、公平比赛等问题都更严重侵害其权利,它涉及的不仅是本次赛事,而是远远影响未来数月、数年是否能参赛,在运动生涯比较短的领域中,一次如孙杨案的重罚足以影响该运动员整个运动生涯。事实上,28 岁的孙杨确也会因此产生重大影响。另外,在举国体制下,我国运动员对国家之依赖性甚高,其作为个人捍卫其在奥运会中个人权利的能力尤为不足,在孙杨案中就有充分体现,故而,建立 CAS 兴奋剂违纪仲裁中运动员权利的国家保障机制尤其具有重大意义。

1.运动员权利保障前提:建立体育仲裁制度

在中国体育领域中,已有大量学者呼吁尽快建立体育仲裁制度以满足体育领域的纠纷解决,但众所周知,虽《体育法》第 33 条已有体育仲裁的规定,但中国却尚未建立体育仲裁制度,现有之体育领域的仲裁仍为体育协会内部的类似申诉机制般的协会内部仲裁机制。然而,该仲裁并不具有独立性,也就无法保证其裁决的公正性。随着中国体育事业的飞速发展,为日渐增多的体育纠纷建立体育仲裁制度是必然需求,当然,也是运动员权利能得以保障的基本前提。在孙杨案中亦可以看出我国因缺乏体育仲裁制度,在强行政性管理下,运动员产生了极强的行政依赖感,而对国际体育领域中的相关规则却是无知无畏。表面上来看,可以归结为我国相关宣传不够,资深法律人才不足等原因,但究其根本,却并非上述原因,而是因为我国运动员的法治思维尚欠缺,通过体育仲裁制度予以维护自身权利的意识尚未形成。

2.CAS 兴奋剂违纪仲裁中运动员权利的国家保障实现方案

国际体育仲裁制度,作为一个民间性仲裁,国家可否参与其中应先予以讨论。在权利社会中,考察国家可否参与权利保障应先理清该权利的功能范畴,即该权利是对抗公权力之权利还是对抗私权利的权利。对于对抗公权力的权利,国家作为公主体可参与权利纷争中,而对于对抗私权利的权利国家作为公主体则不宜过多参与市民社会之权利纷争。

从公私划分上来看,各体育组织符合非政府组织的特点,在性质上应是非政府组织。虽然体育运动受政治影响颇大,但就体育运动本身而言,并未与国家产生直接关系,国际体育仲裁也属民间行为。因此,在国际体育仲裁中也不会涉及直接关于国家的争议,国际体育仲裁中的运动员权利所发挥之功能应为对私权功能。但需注意的是,体育竞技中运动员在规则层面上虽与国家政府没有直接关联,但以最重要之体育盛会——奥运会为例,其选派由各国 NOC,虽 NOC 在性质上也非官方组织,却在实践中和国家体育管理机构有着千丝万缕的联系。特别是在我国竞技体育举国体制下,NOC 与国家体育总局关系更密,因此,该运动员私权虽系私权却有着一定公属性。

但无论其特性如何,从规则层面而言,国家难以直接参与私人权利间的纷争,即便是本国运动员与国际体育组织间因不公正处罚而引起的权利争议也属运动员个人和国际民间组织间的私权纷争,国家不能直接参与保障运动员权利。但并不排除国家给予运动员在国际体育仲裁中权利的间接保障。所谓间接保障,即在不直接参与仲裁的情况下通过建立国内运动员保障机制来帮助运动员在国际体育仲裁中维护自身私权。

3.CAS 兴奋剂违纪仲裁中运动员权利的国家保障路径

一是,设立专门机构。如前所述,当下我国尚无国际体育仲裁中运动员权利保障机制,当然,也未有专门机构。该权利之保障职责可否通过加于现有机构而兼管? 笔者认为不妥。其一,国际体育仲裁中运动员权利保障的专业性较强,难以由一般体育行政机构兼管;其二,现有与国际体育运动相关的机构因其性质或职责原因不宜兼管,例如,国家奥林匹克委员会虽是与奥林匹克运动最相关,但其终为非官方性质,且系国际奥林匹克体育组织中的一员,若以专门机构形式为国际体育仲裁中运动员权利提供保障与该组织身份不符,再如,国家体育总局奥林匹克体育中心虽也与奥林匹克运动相关,但该组织更似国家对奥林匹克赛事的管理机构,而不宜承担该运动员权利保障之职责。成立专门的机构对该权利进行保障方为最佳之举。最后值得一提的是,该机构应属国家之运动员权利保障机构,故而应隶属于国家相关行政机构,行使之职权也为公权。

二是,机制建立须以明确的规则为制度保证。在该规则中,应主要明晰以下内容:主管机构,即上述之专门机构;职能范围,即保障之运动员权利范围;如何保障,即该机构通过何种途径对国际体育仲裁中运动员权利进行保障等。

需说明的是,关于如何保障,可主要从三个方面考量。一是,通过为运动员提供帮助——主要是法律上的帮助,便于其以个人名义向 CAS 上诉;二是,对于奥运会相关兴奋剂违纪争议,可通过与中国国家奥委会建立密切联系,利用中国国家奥委会有权向 CAS 奥林匹克体育仲裁机构提起上诉的权利,积极维护我国运动员在奥运会中的权利;三是,鼓励和推选符合条件的法律人士成为 CAS 的仲裁员,增加我国对该体育仲裁的熟悉度及在国际体育组织中的话语权;四是,普及奥运会和奥林匹克体育仲裁中相关法律知识也应为职能范围,对兴奋剂问题也应该加强教育和预防工作,尽量避免权利纷争的发生。

三是,鼓励积极参与 CAS 仲裁。以运动员最高荣誉殿堂奥运会为例,自

1996 年亚特兰大奥运会设立 CAS 临时仲裁机构负责处理奥运会期间的争议或者与奥运会有关的争议伊始,与我国运动员相关的奥运会争议仲裁案件仅有一件,即在里约奥运中 CAS 反兴奋剂仲裁处裁决的 IOC 诉中国游泳运动员陈欣怡案①,但该案也是 IOC 诉至 ADD 而非运动员主动通过奥林匹克体育仲裁维权。在该案中,被申请人陈欣怡是我国奥运代表队的一名游泳运动员,因兴奋剂违规,IOC 向 ADD 提出申请,要求对运动员禁赛。在该案中,虽然运动员极力想证明违禁物质的来源,但并未证实其来源,最后运动员诉求并未得到仲裁庭支持。实际上,在奥运会中,我国运动员也经常会面临一些错误判罚或不公正待遇,但也未通过 CAS 奥林匹克体育仲裁对其权利进行救济。典型案例如里约奥运会中女子 4×100 米接力赛的"重赛"事件,在该案中,国际田联裁判长与裁判仲裁委员会对美国女子 4×100 米接力预赛"单独重赛"决定,是对比赛规则的错误解释和适用,本也可以向 CAS 奥运会特别仲裁庭进行上诉②,可最终却并未做此选择。

而在实践中,运用仲裁机构相关法律规则和仲裁规则维护权利,我国也有成功案例。中国柔道运动员佟文诉国际柔道联合会案,作为中国运动员在国际体育仲裁胜诉的第一案有其研究价值。在该案中,CAS 最后推翻国际柔道联合会对佟文的兴奋剂禁赛处罚是因为在兴奋剂违规认定中存在程序问题。③ 可见,积极参与奥林匹克体育仲裁,熟悉并运用该规则来维护运动员权利需要实践磨炼。

总之,政治和国家对体育的影响始终无法避免,在奥运会中表现尤为显著,当国际政治因素不稳定的情况下尤为如此。1980 年莫斯科奥运会因冷战原因,举办得异常坎坷,美国奥委会在最后也未派代表团参赛。④ 随后的 1984 年洛杉矶奥运会也受到苏联等国的抵制。这两个案件仅是国家政治影响奥运

---

① CAS AD 16/005.

② 郭树理:《重来之赛,规则已殆——里约奥运会"重赛风波"的法律思考》,载《法学评论》2017 年第 1 期。

③ 宋彬龄:《中国运动员国际体育仲裁胜诉第一案述评》,载《天津体育学院学报》2011 年第 2 期。

④ Jeffrey M. Marks, Political Abuse of Olympic Sport, *New York University Journal of International Law and Politics*,1981,14.pp.155-156.

会的众多例证之二。① 国家与国际性体育竞技的关联难以摒除,而运动会的主体毕竟是运动员,其权利也应被国家关注。我国运动员又因举国体制,使其与国家的联系更密于他国,这导致运动员在奥运会中维权能力较弱,因此,国家通过建立国际体育仲裁中运动员权利保障机制,间接参与运动员权利保障应予以考虑。

---

① JoAnne D. Spotts, Global Politics and the Olympic Games: Speparating the Two Oldest Games in Histoty, *Dickinson Journal of International Law*, Vol. 13, Issue 1 (Fall 1994), pp.103-104.

# 第十章

# 中国体育话语权的法治保障专题研究
## ——基于 WADA v. Sun Yang & FINA 案的启示*

　　体育话语权建设作为国际话语权体系的重要组成部分,是中国体育治理体系与治理能力现代化建设的题中应有之意。通过体育话语权"供给侧—媒介—需求侧—转化"的理想性逻辑导向模型,可构建保障该话语权的理论体系。以此为基础,本章将以孙杨案为靶向案例,指明需求侧中规则制定话语权与文化影响话语权的缺失,分析供给侧中体育法治人才供给、体育智识资源输出、运动员法律素质培养的不足,冀望通过建立涉外体育工作法务库、国际体育治理数据库、运动员法治素养提升等三大方面来推动中国体育话语权供给侧改革,为需求侧转化提供力量源泉,为中国体育话语权体系建设创造良好的治理环境。

## 一、体育话语权之内涵及类型

　　《中共中央关于全面深化改革若干重大问题的决定》中明确指出"加强国际传播能力和对外话语体系建设",可见对外话语体系乃至国际话语权的建设对于中国推进全面外交,深化改革开放具有至关重要的作用。2019 年出台的

---

　　* 本章系 2020 年度教育部后期资助重大项目"国际体育赛事法律问题研究"(20JHQ013)研究成果。

《体育强国建设纲要》中明确指出："到 2050 年,体育综合实力和国际影响力居于世界前列";十九届五中全会更是明确将体育强国列为远景目标之一。体育强国目标的实现离不开体育话语权的建设,体育话语权是衡量体育强国的重要标志之一。在孙杨案件中,由于孙杨在国际体育世界中的优异成绩和偶像影响力,加上国际舆论的推波助澜,引起了国际体育世界的高度关注。同时,在 CAS 的庭审过程中也折射出中国在国际上的体育话语权与体育国际地位、影响力之间发展的不平衡。因此,在完善体育话语权理论的基础上,剖析孙杨案中体育话语权的"供—需"两侧缺失与不足,提出具体可行的完善建议,对中国体育话语权的建设将产生重要的促进作用。

### (一)"供—需"视域下体育话语权的内涵解析

与作为国家硬实力的经济、科技不同,体育话语权属于国家软实力的重要组成部分。同时,中国体育话语权也是中国特色话语体系组成部分。[①] 目前来看,学界对体育话语权并没有明确统一的内涵界定。有学者认为,国际体育话语权是话语主体通过体育这一媒介,以教育、制度等方式向国际社会输出权利与权力的统一。[②] 也有学者指出,体育国际话语权是指主权国家在国际体育中的话语权力和话语权利。[③] 还有学者在阐述体育话语权内涵时,指出话语权力要求话语主体在国际体育舞台上为国内民众争取体育话语权利,表达国家发展体育的立场,又要用国家体育话语实力展现责任与担当,拥有权力以维持国际体育发展秩序。[④] 尽管表述各异,但这些界定中也存在如下的共识因素:体育话语权是体育话语权力与体育话语权利的结合体,两者相辅相成。

体育话语权存在广义和狭义之分。广义的体育话语权包括国家和国际两个层面。国家体育话语权是指政治国家在体育领导和宏观调控方面所享有的公权力,包括国内体育事务的指导权、规则制定权、纠纷处理权等,也指市民社

---

[①] 张晓义:《基于归纳法的中国体育国际话语权理论建构研究》,载《沈阳体育学院学报》2020 年第 2 期。

[②] 汪习根、汪茹霞:《中国国际体育法治话语权提升的法理基础及路径选择》,载《北京体育大学学报》2019 年第 5 期。

[③] 张晓义:《基于归纳法的中国体育国际话语权理论建构研究》,载《沈阳体育学院学报》2020 年第 2 期。

[④] 梁立启、栗霞、邓星华:《体育话语权的认识解读和提升策略》,载《体育文化导刊》2019 年第 1 期。

会中体育关系主体在体育活动领域享有的私权利,包括参与体育比赛的权利、会员注册的权利等。国际层面的体育话语权是指主权国家在与 IOC、IFs 等国际体育组织和其他国家的体育交往中形成的保障国家公共利益和提升国际体育地位的国家权力,包括国际体育规则制定权、舆论影响权、事务管理权等;也指运动员、教练等体育个人在国际体育活动中所享有的个人权利,即诉求表达权、知情权、赛事参与权等。狭义的体育话语权就是指国家或国际某一层面的话语权力。鉴于孙杨案凸显了体育话语权的某种缺失,考虑为"2022 年北京—张家口冬季奥运会"和"东京奥运会"提供备战经验,本章仅关注国际层面话语权的法治建构与保障问题。

(二)需求侧体育话语权之类型解析

从"供—求"关系结构看,需求是自变量,供给是因变量,需求塑造乃至决定供给,有什么样的需求,就应回应以相应的供给。因此,中国体育话语权的建构作为需求,在探讨法治保障的供给之前,就必须理清我国对体育话语权建设中的话语需求,即我国需要什么样的体育话语权,以及体育话语权的相关范围是什么。为简化论述,本章所构想的需求侧体育话语权类型主要分为权力和权利两类,并进一步对两类话语权作延伸分解。具体列示如图 10-1:

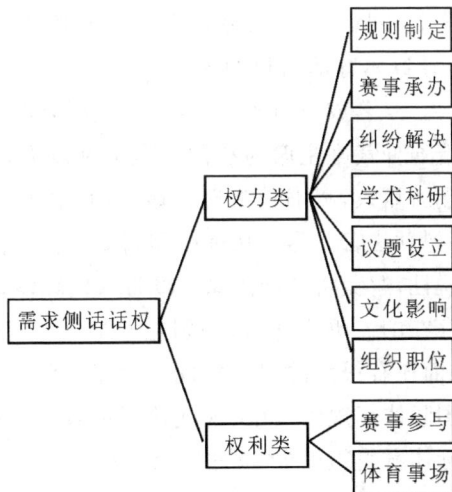

图 10-1　需求侧话语权体系

1.权力话语权

作为需求侧的权力话语权,指明了提升国际体育地位、保障运动员体育权益、提高国际体育影响力所需的权力范围。该话语权表现为一种强权,即能够对其他国家乃至国际体育社会产生影响力或约束力。

(1)规则制定话语权

规则制定话语权是主权国家在国际体育规则中所享有的"立法权",即在立、废、改、释四个方面的话语权力。国际体育规则体系包括国际组织章程、赛事规则、裁判规则、反兴奋剂规则、纠纷解决规则等,主要是由非政府间的国际体育组织出台,相比于国内法律与国际条约而言,不能称之为"法",但鉴于国际体育这一特殊领域,这些规则对成员国又能够产生约束力,具有准立法的性质,因此可称之为广义的"立法"。主权国家将本国体育专业人士输送到各项国际体育组织的管理层进行任职,参与规则的制定,将所代表的国家利益、国家体育价值观通过规则表现出来,隐形地传达给体育组织成员国,对其产生约束力。这样既能够传递中国文化与价值立场,又能够在国际体育组织举办的活动中,保护我国体育关系主体的权益,从而实现规则制定话语权的目标。

在体育组织中的话语权与特定组织的人事安排存在事实上的关联,特别是特定组织的主席或者主要责任人。据研究,在奥运项目国际体育组织中的现任主席没有 1 人来自中国。[①] 中国体育人才参与者少,参与者能够发挥主导作用的就更少了,导致体育话语权的缺失。在 CAS 中,ICAS 作为 CAS 规则的"立法"阶层,共由 20 名成员组成,主席为澳大利亚籍人,副主席为斯洛文尼亚籍、美国籍人,普通仲裁庭主席为法国和意大利籍人,上诉仲裁庭和反兴奋剂仲裁庭主席为瑞士籍人,秘书长为瑞士籍人,其他 13 名成员中只有一位中国籍仲裁员,即薛捍勤法官。尽管从理论和制度逻辑上言,各成员均应保持自己的独立性和超脱性,避免将各国国家立场带入国际体育组织中,但事实上这种影响总是客观存在的。毋庸讳言,中国在 CAS 中并没有深入 CAS 高层内部,在立法话语方面还有很大的提升空间。由于目前还不能把中国国家立场和国家利益融入国际体育规则当中,这就使得体育话语权建设急需体育专业人士为中国在国际体育组织谋求"立法"话语权。

---

① 张飙、刘亮、徐泽:《中国体育对外话语体系建构的若干问题探析》,载《体育学刊》2019 年第 6 期。

（2）赛事承办话语权

国际体育赛事的"承办权"是指主权国家所积极争取的，对奥林匹克运动会和国际体育赛事的承办权力。奥运会、国际单项赛事等作为全球文化权力的象征[①]，赛事承办权不仅可以向世界展现国家文化风采，输出人类命运共同体等价值观念，而且还可以增加国际社会对中国的了解，推动跨国政治、经济、文化交流，获得国际社会对中国的认同，从而使中国可以获得提升体育话语权的更多机会。我国在 2008 年成功举办了第 29 届夏季奥林匹克运动会，并且将在 2022 年首次举办冬季奥运会，表明我国赢得了体育话语表达的机会。[②]重大国际体育赛事的承办能够向世界传播中国的体育文化精神，展现中国的体育实力，获得国际社会对中国体育话语的认同，这是体育话语权建设所不可或缺的。

（3）纠纷解决话语权

国际体育争议解决不同于其他国际民事纠纷的解决，后者属于国际私法的调整范围，只要符合国家民事管辖的范畴，国内相关的法院便具有管辖权，可以审理涉外民商事案件，同时如果选择仲裁或调解，有关国内的仲裁或调解机构也可以审理。但国际体育纠纷解决不同于后者，前者具有自治性和专业性的特点，已经形成了完整的自治体系，国内法院很少介入。

国际体育治理具有"伞状"结构特点，顶尖矗立的为 IOC，第二层级为IFs、NOCs，第三层级为国内单项体育协会（National Federations，以下简称为NFs），地区性的体育协会等等，每个协会内部普遍设立纪律委员会或道德委员会来解决有关的体育纠纷，并且有些组织还具有排除法院管辖的规定，设立格式化的国际体育仲裁条款。从国内层面来说，例如《中国足球协会章程》第54 条第 1 款规定："除本章程和国际足联另有规定外，本会及本会管辖范围内的足球组织和足球从业人员不得将争议诉诸法院。有关争议应提交本会或国际足联的有关机构解决。"第 55 条第 1 款规定："根据国际足联章程，任何对国际足联作出的最终的、具有约束力的裁决上诉，应当向位于瑞士洛桑的体育仲裁法庭提出。"[③]在国际层面，IF、NGO 等国际体育组织在其章程中也纳入格

---

①　曾诚、邓星华：《体育国际话语权与中国形象构建》，载《体育学刊》2016 年第 2 期。

②　梁立启、栗霞、邓星等：《我国体育话语权的产生基础与有效发挥研究》，载《武汉体育学院学报》2017 年第 7 期。据悉，成渝两城还在共同谋划申报奥运会赛事。

③　《中国足球协会章程》第 54 条第 1 款、第 55 条。

式化的 CAS 仲裁条款。① 这表明在国际体育领域的纠纷解决方面,构成了国家内运动项目体育协会、国际单项体育协会以及 CAS 三方衔接的仲裁纠纷解决体系。因此,国际体育组织总部设于哪一国家,该国家在"纠纷解决"中就可能享有更高话语权。

以 CAS 为例,可资说明:首先,CAS 总部坐落于瑞士洛桑,该组织内部瑞士籍仲裁员有 28 位,ICAS 成员加秘书长共 3 位瑞士籍人。与此同时,瑞士联邦法院对 CAS 上诉仲裁裁决具有撤销或发回重审的唯一权力,可见瑞士在国际体育纠纷解决中的话语权极高。其次,主权国家在国际体育组织司法机构中的人才输入也会影响"纠纷解决"裁判权。例如,在 FIFA 的纪律委员会和上诉委员会中,没有一人具有中国国籍,只在独立道德委员会中有一位成员,可见,我国在足球领域的纠纷解决话语权较弱。最后,仲裁员能够在"纠纷解决"话语权中扮演重要角色。在 CAS 中按国籍分类的仲裁员中,中国籍仲裁员只有 6 位,美国有 30 位,瑞士有 28 位,②较多的仲裁员代表着被选为仲裁员参与到国际体育纠纷案件审理的机会就越大。如果中国籍仲裁员过少,就不能使中国人的体育法律思维体现在 CAS 仲裁裁决的立场中,并且成为判例,导致该话语权的缺失。对于我国而言,如何输出国际体育法治人才到国际体育组织中,为提升"纠纷解决"话语权提供人才保障,将影响体育话语权的建设。同时,在以后可能入奥、并成为世界认同的运动项目,需要设立国际体育联合会时,积极推动该总部在中国落成,可为"纠纷解决"话语权建设提供地域保障。

(4)文化影响话语权

文化影响话语权是指主权国家在体育价值观念、思维模式、文化理念、舆论影响、体育政策理念等文化领域的影响力,能够在国际体育社会中被认同、被理解和被使用。国际话语权的内核是文化价值观,塑造和输出文化是国际话语权建构的核心要素和精神支持。③ 在外交谈判领域,我国提出的"和平共

---

① 张春良:《强制性体育仲裁协议的合法性论证——CAS 仲裁条款的效力考察兼及对中国的启示》,载《体育与科学》2011 年第 2 期。

② Court of Arbitration for Sport:List of CAS Arbitrators by nationality,https://www.tas-cas.org/fileadmin/ user_ upload/List_of_arbitrators_per_nationality__without_ ADD__Feb_2020.pdf.

③ 唐扬、张多:《权力、价值与制度:中国国际话语权的三维建构》,载《社会主义研究》2019 年第 6 期。

处五项原则"被国际社会所认同。在国际民事交往、资本流通领域,"人类命运共同体""一带一路"倡议等能够被国际社会所认同,产生国际影响力。但是,在国际体育领域,国际体育从产生之日起,就存在"西强东弱"的局面,国际体育组织中的理事会多为西方人士,这在客观上限制了中国表达话语的机会。文化影响话语权作为体育话语权建设中的重要一环,该话语权的提升有助于推动其他各项体育话语权的完善。

(5)科研学术话语权

该话语权不仅包括领导人员、裁判员、医师等体育专业人才,教授、学者等体育学术人才,律师、仲裁员、法官等体育法律人才所形成的著作、学说和言论,以及影响力,而且也包括这些人员在国际体育社会中形成的个人影响力。他们所形成的学术思想往往能够成为体育法律、规则制定的参考资料。不论是国内体育协会还是国际体育组织,其内部的管理制度都需要学术理论做支撑。体育学术人才的学术思想若能够在体育社会达成共识,被普遍接受和认可,就有可能成为制定规则的理论基础,对国际体育社会产生约束力。同时,在体育纠纷案件的处理过程中,专家证人提出的法律建议可能成为仲裁员认定事实和适用法律的重要依据。体育法律人士与体育学术人才的介入,会影响国际体育仲裁的走向。可见科研学术话语权在国际体育社会的作用尤为重要。中国需要体现"中国智慧"和"中国利益"的体育人才在国际体育社会中发声,需要该话语权来丰富体育话语权体系。

(6)议题设立话语权

主权国家将涉及国家利益和国民权益的体育议题纳入政府体育管理部门和运动项目协会的日程,并且通过议题的讨论和实施在国内社会产生反响,被国际体育社会所关注,进而转化为国际体育组织所讨论的议题内容,最后上升到国际体育规则层面。因此,议题设立的问题就是选题问题,也是立项问题,能够作为构建话语权的开端而存在,对于话语权的开启至关重要。凡是对我国重要的议题,我们都要积极开启这个话语议题,并不断向广度和深度推进。① 该话语权也能够与规则制定话语权相配合,占据我国在国际体育组织中的规则制定制高点。

(7)组织职位话语权

IOC、CAS、国际体育组织、区域体育组织以及国内单项运动项目协会都

---

① 张国祚:《关于"话语权"的几点思考》,载《求是》2009 年第 9 期。

有组织机构，常见的为理事会、执行理事会和司法机构。这些机构负责国际体育组织的规则制定、事务执行、纠纷处理。因此，国家在国际体育组织中任职人员越多、职位越高就越能为自己国家谋求体育利益。在 2019 年 4 月 6 日，新任国际足联理事杜兆才称：当选国际足联理事对提高中国在国际足球事务中的话语权具有重大意义。① 中国需要积极争取在国际体育组织中的领导席位，作为中国体育理念、成果与国际体育规则制定、实施的中间媒介。

2.权利话语权

体育话语权利要求体育行为主体在国际体育领域进行自主性活动，自行支配体育权利，行使体育义务，强调的是自由与资格权。

（1）赛事参与话语权

赛事参与话语权是指体育行为主体参与到国际体育各种活动上的权利，包括加入国际体育组织、获得参赛资格等等。国际话语权是主动争取，积极构建的结果，②体育话语权也需要体育行为主体积极参与和争取。在 1958 年，由于受到国际政治因素的影响，我国断裂了与 IOC 的关系，导致在新中国成立到决定进行改革开放的这段时间里，无法在国际体育领域表达中国形象，体育话语影响力严重不足。直到 1979 年，IOC 恢复了中国的合法席位，中国才能参与到国际体育领域，获得表达话语权的机会。参赛资格是一个主权国家在国际体育赛事中能够派出代表团进行比赛，进行争金夺银的权利。在 2018 年的平昌冬奥会中，维尔京群岛的一名女雪车运动员 Kathryn Tannenbaum 未获得参奥资格，该 NOC 向 CAS 提起仲裁，要求 CAS 仲裁庭承认该女士的参赛资格，③该申请最终被驳回。这表明维尔京群岛未能获得参加平昌冬奥会的赛事参与话语权，这将降低该国在体育话语权领域的影响力。因此赛事参与话语权不仅是体育话语权的表现之一，也是体育话语权的需求侧类型。

（2）体育市场话语权

体育话语权涉及经济方面的话语建设，即中国在国际体育市场上的影响力。品牌性大型公司能够作为国际体育的赞助商，占据国际体育市场。国家

---

① 杜兆才：《当选国际足联理事对提高中国足球国际话语权意义重大》，http://www.xinhuanet.com/sports/2019-04/07/c_1124334185.htm，访问日期：2020 年 12 月 24 日。

② 杜黎明：《构建中国国际话语权的多重维度》，载《人民论坛》2019 年第 30 期。

③ CAS：OG18/001，Virgin Islands Olympic Committee v. International Olympic Committee，http://jurisprudence.tas-cas.org/Shared%20Documents/OG%2018-001.pdf.

性、国际性的体育组织,对于供应商、合作伙伴的选择,不但有助于这些市场主体扩充国际体育市场规模,而且能够间接提升其背后的国家在国际市场的话语权。中国印钞造币总公司和伊利集团成为相约北京赛事钻石合作伙伴,泰诺健成为 2020 年东京奥运会和残奥会官方供应商,爱彼迎成为 IOC 的赞助商。① 这能够增加中国、意大利和美国在体育领域的收入,扩张国际市场,提升体育市场主体的国际影响力。同时,体育运动员、爱好者、教练员对体育产品市场中商家的选择,能够表现出体育市场主体在国际体育组织和赛事中的话语影响力,从而为体育话语权建设提供良好的经济环境,进而影响到体育话语权的建设。中国需要体育产业的现代化发展,需要中国的大牌商家进入国际体育领域,来提升中国在国际体育社会中的市场话语权。

　　总之,上述各项话语权作为体育话语权体系的分支,为该话语权建设所必须。只有中国满足了各项话语权的供给,并通过体育媒介转化为需求,才能得出"1+1＞2"的最优体育话语权建设效果,从而充实国际体育话语权体系,向国际体育社会展现最美的体育中国,实现维护国家利益和体育个体权益的目标。

### (三)供给侧体育话语权之类型解析

#### 1.全民参与的体育基础

　　我国积极制订全民健身计划,出台《全民健身条例》,推动老、少、弱、残以及民族性体育全面发展。全民参与体育活动不仅是提高大众身体素质和健康的一种方式,也是推进"体育强国"实现的途径之一。全民性、健康性的体育社会能够扩大向国家输送优秀运动员的范围。通过全民健身,发掘具有体育潜力的运动人才,扩大国家队规模,为中国体育事业做贡献。国际体育赛事的参赛资格一般以运动员的成绩作为分配标准。全民参与的体育社会有利于扩大运动员的选择面,促进运动员之间的竞争与提升。在 2018 年平昌奥运会中,国际有舵雪橇和俯式冰橇联合会(IBSF)发布的奥林匹克资格制度中,对于女子雪橇配额有限,这些配额是根据在 IBSF 中的排名表分配给相关国家。② 可

――――――――――――

①　体育器材装备中心:《中国奥委会市场开发通讯(2020 年第 2 期)》,http://www.sport.gov.cn/ zbzx/ n5639/ c949882/content.html,访问日期:2020 年 12 月 27 日。

②　CAS/OG18/001,Virgin Islands Olympic Committee v. International Olympic Committee.

见，在根据运动员成绩进行参奥资格配额时，一个健康的体育社会能够通过择优录取，选出最优秀的运动员去争取参赛资格，从而满足对国际体育赛事参与话语权的需求，进而提升国际体育形象。

2.创新绿色的体育经济

《体育产业分类统计(2019)》中明确阐释了现代体育产业的内涵和种类。这些产业结构类型包括用品、服务、场地、管理、经纪和代理等。由于对冬季奥运会的高度重视，还有针对性地对冰雪类场地和足球产地建设进行了单独分类。除此之外。我国体育产业也注重以"体育＋互联网"的方式，推动其数字化、便捷化发展，积极推动现代化的体育产业发展和转型升级。我国还应以"新模式、新平台、新技术"为体育产业发展理念，推进体育投资商进行海外投资，大力发展优势体育产业。在保障体育市场主体进行自主活动时，还要发挥政府对弱势体育产业的扶持作用。据统计，在 2018 年，全国体育产业总规模（总产出）为 26579 亿元，增加值为 10078 亿元，体育产业增加值占国内生产总值的比重达到 1.1％。[1] 因此，现代、绿色、创新的体育产业能够带动内需，优化体育市场资源配置，拉动国民经济的增长，为体育话语权建设奠定良好的经济基础。在推动可持续发展的今天，我国应当更加注重推动绿色体育经济的发展。对于具有经济性国际优势的体育产业或者相关产业重点进行扶持，向国际体育社会进军，有望成为国际体育赛事的赞助商和体育产品供应商，占据国际体育市场，成为国际体育市场的支柱主体。

3.特色自信的体育文化

中国体育文化是指中国人民群众在上下五千年的社会实践过程中所形成的与体育相关的价值理念、思维模式、体育语言符号等精神财富的集合。优秀的体育文化通过传播能够对国际体育社会产生潜移默化的影响，增加中国体育影响力，提升文化影响话语权。该话语权与主权国家的政治经济影响力存在密切联系，美国强势文化输出，既压缩了中华体育文化的传播空间，而且在其影响下，一些国家对中华体育文化有排斥心理。[2] 因此，体育话语权需要中

---

① 体育器材装备中心：《2018 年全国体育产业总规模 26579 亿，增加值占国内生产总值比重达 1.1％》，http://www.sport.gov.cn/n319/n4835/c942314/content.html，访问日期：2020 年 5 月 5 日。

② 裴永杰：《"一带一路"战略下中国体育文化国际传播研究——以伯克认同理论为视角》，载《广州体育学院学报》2020 年第 2 期。

国人民具有足够的体育文化自觉与自信,来应对西方的体育文化输入。文化影响话语权还需要发掘中国优秀的传统体育文化,讲好中国"体育故事",推向国际体育世界,确保中国运动项目中"中国模式"在国际体育上的影响力。例如,融入中国传统舞蹈元素的体操表演就能够增强世界对中国的传统舞蹈文化认同。除此之外,坚韧、合作、宽容的女排精神体现了中国人民创造美好生活的艰苦奋斗精神,这与井冈山等中国红色精神一脉相承。中国女排通过在体育赛事中的飒爽英姿向世界展示了中国自强不息、不受强势国家宰割、勇于向世界证明自己的文化精神,让国际体育社会想了解中国体育文化、接受中国体育文化、爱上中国体育文化,打破西方国家对中国体育的刻板印象。

4.共赢多元的体育外交

体育外交不仅体现在习近平总书记体育强国的思想中,也体现在对外体育交往所形成的理论、实践,以及签订的国际或双边的体育文件中。体育外交作为中国国际外交的组成部分,即是实现中华民族伟大复兴的一种路径,也为体育话语权建设提供良好的国际环境。新时代的中国体育外交更应该主动担当,勇于融入世界体育,提升大国体育话语权和责任感。① 习近平总书记积极出席索契奥运会的开幕式、访问 IOC,积极推进体育外交,以体育外交带动大国外交。《决胜全面建成小康社会　夺取新时代中国特色社会主义伟大胜利》指出:"各国人民同心协力,构建人类命运共同体,建设持久和平、普遍安全、共同繁荣、开放包容、清洁美丽的世界。"中国作为有担当的大国,积极为世界和平与发展贡献中国外交智慧。中国体育话语权建设需要推进与大国、周边、亚非拉国家、国际体育组织之间的多元化体育外交,需要中国领导人推动中国特色社会主义理论走向世界,需要与体育社会共享中国体育改革的成果,让国际社会认识并了解中国和平共赢的体育外交理念。

5.民主健全的体育法治

法治建设已经成为全球进行国家治理的统一方式,中国体育治理也在坚持着法治化的道路,必须将体育活动关进制度的笼子里。《中共中央关于坚持和完善中国特色社会主义制度推进国家治理体系和治理能力现代化若干重大问题的决定》指出:"加快形成完备的法律规范体系、高效的法治实施体系、严密的法治监督体系、有力的法治保障体系,加快形成完善的党内法规体系。"因

---

① 韩会君:《新时代习近平总书记大国治理进程中的体育外交战略研究》,载《体育与科学》2019 年第 1 期。

此,在实行法治化建设的体育领域,为了提升体育话语权,需要建立完备的体育立法体系、高效的体育法治实施体系、严密的体育法治监督体系和有力的体育法治保障体系,促进体育治理体系和体育治理能力的现代化。

在体育立法层面,我国现存一部《中华人民共和国体育法》,但该法于1995年通过,对于现时代高速发展的体育社会未免滞后。同时,在我国高度重视全民健身与竞技体育协同发展的今天,《全民健身条例》作为全民健身的规范性文件,有必要上升至法律层面。体育立法应当根据时代需求进行立、废、改、释,并且应当以保障体育行为主体的人权为前提。在体育执法层面,体育法律、行政法规、政策性文件必须经过高效落实,才能由静态的法律法规转变为动态的"活法"。在法治监督层面,以"国家—体育社会—体育个人"的方式构建监督主体体系,以"事前预防—事中跟进—事后监督"构建监督追踪体系,对体育法治的实施过程进行全面监督,保障体育立法的民主性、科学性、与世界的接轨性。在法治保障层面,首先,体育话语权需要建构完备的体育权利保障和救济体系。其次,需要建立具有中国特色的体育仲裁院,为体育纠纷的解决提供机构保障,从而有助于国内外体育纠纷的专业化解决,与国际体育仲裁机构展开竞争。除此之外,体育话语权的形成还需要坚持中国共产党的领导和政策的指引。

只有民主性、科学性、完备性的体育法治,才能够为体育话语权的建设提供法治保障,增加国际体育社会效仿中国体育治理模式的机会。

6.多元优质的体育人才

《体育强国纲要》指出:"加快体育人才培养和引进。建立健全适应体育行业特点的人事制度、薪酬制度、人才评价机制。"[1]实现"朝中有人",是掌握国际体育话语权的根本。[2] 体育话语权建设需要体育人才的参与,包括体育外交人才、体育法律人才、体育管理人才、体育科技人才、体育学术人才、体育参与人才、体育外交人才。不同类型的体育话语权对体育人才的要求不同。向国际输出中国体育法律人才,如向 CAS 输出仲裁员,能够为纠纷解决话语权提供人员保障。向国际体育组织领导层输入体育专业人才,不仅能够增加中

---

[1] 国务院:《体育强国建设纲要》,http://www.gov.cn/zhengce/content/2019-09/02/content_5426485.htm,访问日期:2020年5月15日。

[2] 黄冶、陶锦:《我国体育外交70年:回顾、特征和推进路径》,载《沈阳体育学院学报》2019年第5期。

国籍人员的比例,还能参与到规则制定过程中。高素质的体育管理人才能够为体育企业海外投资、国际体育组织管理建言献策,为规则制定话语权、体育市场话语权助力。体育科技人才通过向国际体育社会输出各种智库、"互联网＋"数据库,为体育话语权的供需侧提供硬件设备。通过培养高素质、高水平的体育学术人才,满足学术科研话语权的需求。向国际体育赛事输入体育参与人才,包括运动员、裁判员、教练员等,能够为参与话语权提供优质人才。体育外交人才通过外交语言魅力为体育需求侧创造良好的国际环境。

需要明确的是,多元优质的体育人才的共同特点在于业务能力强、基本功扎实、道德素质高、有魅力。但是,在人才培养环节需要注意对不同类型的体育人才需要有针对性的培养。例如,体育法律人才的培养侧重于对体育法律素养、体育法律知识的学习。体育人才作为"供－需"体育话语权类型的参与主体,多元优质的体育人才输出,能够满足体育话语权建设对人才的需求。

7.自治合理的体育组织

中国的体育组织上至 NOC、中华体育总会,中至各单项体育协会,下至根据国家行政区划分类的地域性体育组织和各种体育俱乐部。在 2014 年《以运动项目管理中心和单项体育协会改革试点为突破口,深化体育管理体例改革的方案》和 2015 年《行业协会商会与行政机关脱钩总体方案》的指导下,以中国足协为突破口开始进行中国单项体育协会与运动项目管理中心的脱钩工作,有望全国性的体育单项协会能够走上自治化道路。体育协会应当借鉴法人治理模式,建立合适的内部管理机构与机制。各全国性的单项体育协会作为国际单项体育联合会的唯一合法组织,内部建立起完备的治理规则,能够增加被国际体育社会认同和借鉴的机会,有利于规则制定话语权和文化影响话语权等需求侧的提升。例如,中国羽毛球协会在备战 2020 年东京奥运会期间进行了实体化改革,协会进行了一系列顶层设计,完善组织建设,积极推进委员会和专项委员会建设,强化内部管理,建立有效的管理体制和运行机制。[①]这表明机构完备、自治合理的体育组织能够为国际体育赛事做足准备,为体育话语权建设提供组织基础。

8.科学先进的境外资源

由于在经济、政治、文化、社会、环境的建设过程中,都存在国际先进经验

---

① 周圆:《中国羽协深化改革全力备战 2020 东京奥运》,http:// www. sport. gov. cn/ n318/ n353/ c936532 / content.html,访问日期:2020 年 5 月 11 日。

的本土化趋势。中国的体育话语权必须摒弃"闭关锁国"，欢迎境外优秀的体育人才，有法治治理经验、体育组织建设经验、体育产业转型升级经验、先进的国际体育制度经验的人才入驻中国。国际体育社会对国际体育规则、判例的解释，对仲裁员的立场与法律思维模式的整合资源，能够为运动员赢得 CAS 裁决提供正确的方向指引。境外资源的中国引进不仅要注意"取其精华，去其糟粕"，还应注意与中国的体育国情相结合，选择适合本土化的资源，满足中国体育领域的特色化发展需求。对国际体育单项组织先进的组织机构模式的借鉴，需要结合中国体育组织自治化、实体化改革的实践，并与国家政策、立法取向保持一致。

9.多元化、国际性的传播媒介

沟通体育话语权需求侧和供给侧的桥梁纽带就是传播媒介。只有供给侧，没有平台推向国际体育社会，将无法转变成为需求侧。只有需求侧，没有媒介传输，供给侧将形同虚设。体育传播媒介的不作为会导致体育话语权建设难产。建立中国话语体系，尤需采取"中国立场、国际表达"的方式①，需要借助传播媒介的力量。只有足够"强硬的供给侧"＋"传播媒介"才有满足体育话语权需求的可能。传播媒介不仅包括硬件，即电视台、报纸、人才、网络和图书等，还包括软件，即外交、讲座、体育赛事等。通过国内传播媒介的作用，将体育话语权向国际进行输送。体育市场主体应积极投资海外媒体公司，如海外华文媒体，能够拓宽传播中国体育影响力的途径。因此，体育话语权建设由供给侧转化为需求侧的唯一路径就是发挥传播媒介的作用。

总之，体育话语权作为中国国际话语权建设的一个分支，只有不断充实体育话语权理论体系，并且以体育实践中的突出"问题"为导向，有针对性地进行供给，才能实现对体育话语权的提升。

## 二、孙杨案中体育话语权缺失之反思

虽然孙杨案是个案，但其反映的却是应如何处理体育法律事务，特别是法律风险的普遍性问题。② 通过分析仲裁庭、WADA 以及孙杨方在 CAS 仲裁

---

① 李育民：《近代中外条约研究的话语体系构建》，载《中国社会科学》2020 年第 3 期。
② 于善旭：《基于"孙杨案"对依法推进我国体育治理现代化的几点思考》，载《天津体育学院学报》2020 年第 3 期。

中的表现利弊,才能发现我国在体育话语权建设中的弱项或短板。

(一)需求侧体育话语权之缺失

1.规则制定话语权的缺失

孙杨案中最大的争议焦点在于,样本采集人员是否应提供个人授权证明。关于该争议焦点的事实查明与法律认定,不仅涉及听证会中孙杨方的表现,还涉及 ISTI、WADA 指南、收集人员资质与授权的地域性规定之间的效力位阶问题。在此争议焦点中,孙杨方主要以中国反兴奋剂的相关规定来代替对世界反兴奋剂法的考量,因为在对运动员进行兴奋剂检测和样本收集中,中国反兴奋剂检查规则要求样本收集人员出示兴奋剂检查证件和一次性兴奋剂检查授权书[①],这种要求要高于 WADA 所规定的世界标准。同时,ISTI 就样本收集人员的资质与授权问题存在模糊性规定,关于对 DCO、BCA/BCO、DCA/Chaperone 的专有解释,规定在 ISTI(2017 版)第 3.2 条,即需要得到样本收集机构的培训和授权,BCA 还应具有抽血的资质,该规定明确了兴奋剂检测人员的实质资格问题。[②] 形式资格规定于第 5.3.3 条:"样本收集人员必须具有由样本收集机构提供的官方文件,证明他们被授权从运动员处取得样本,例如来自检测机构的授权书。DCO 也必须携带……"对该条的解释,WADA 认为"their"指样本收集人员集合体,否则就会向 WADA 指南一样明确表明个人授权。而孙杨方认为对于"their"的解释正好相反,但仲裁庭接受了 WADA 的证词。在第 5.3.3 条中,"文件"的英文表达为复数,即"documentation",陪护员及所有其他参加检查的官员,必须出示样本收集机构提供的"官方文件"。其实结合文义解释、上下文解释(与第 5.4.2 条结合)以及规则之间的统一性(与 WADA 指南的衔接性)来看,孙杨方的主张并无不妥。总之,ISTI 关于 5.3.3 条规定具有语意模糊的问题,兴奋剂检测规则不具有可预见性。

透过中国规则的高标准,以及 ISTI 的相关条款模糊性,可看出中国法律法规与国际体育规则没有进行有效衔接。同时,由于 WADC、ISTI 等国际性的规则相较于国内规则而言又是优先适用,IDTM 公司在样本采集程序中不会遵守国内规则。除非上述国际性体育规则中有遵循国家法律的规定,例如

---

① 《中国反兴奋剂条例》第 35 条。

② 梅傲、向伦:《世界反兴奋剂制度体系下样本采集的程序困境及化解进路——以"孙杨案"为引》,载《天津体育学院学报》2020 年第 3 期。

ISTI 规定 BCO/BCA 采血时需遵守的附加地域标准。① 关于形式资格的标准问题，既然中国的高标准要优于仲裁庭接受的 ISTI 标准，那么在国内规则与国际体育规则接轨时就并不只是要求中国"服从于"国际性规则。中国应当积极设置"兴奋剂检测程序优化"议程，引起国际体育界的关注，努力将中国优质并科学的体育规则融入国际规则中，避免模糊而又硬性的国际兴奋剂检测程序损害运动员的人权。同时，还应当将这种情况反馈给在 WADA 任职的体育专业人士，由其积极推动 ISTI 规则的修改。通过对孙杨案的解读，可发现作为需求侧的规则制定、议题设立、组织职位类型的体育话语权的缺失。

2.文化影响话语权的缺失

新媒体时代，官方舆论场、媒体舆论场、民间舆论场同时并存②，在孙杨案中，国内外的舆论褒贬不一，主观曲解偏向严重。在《悉尼晨报》中，FINA 法律委员会成员 Darren Kane 就发表了关于孙杨案的个人声明，即"公平是孙杨案的核心，尽管题目歇斯底里"。其指出，西方媒体对孙杨进行归类，有关孙杨案的报道和猜测都是令人迷惑的，希望 CAS 仲裁庭能够在"干净的空气"中裁决此案。③ 在孙杨案中可见西方媒体对孙杨的舆论引导，能够产生连锁反应，在国际公众不了解案件客观事实的基础上，对此案进行片面评论。而中国媒体在报道内容中存在实事报道与评论报道的失衡问题，对孙杨案着重于微不足道的实事报道，例如听证会时间，缺乏对孙杨有利的正向评价引导。正向的舆论引导若能够推向国际社会，获取大众的认同，对案件裁决的走向会产生巨大影响。因为在人权保障、WADC 和 ISTI 瑕疵、仲裁院立场偏向问题上，孙杨通过合理辩论会占有很大优势，在这些方面的正确舆论引导能够为孙杨获取胜利提供很大帮助。不论司法机构的法官还是仲裁机构的仲裁员总是要结合法理、情理与人理进行案件审理，不可能与世隔绝，不可能不考虑裁决结果的社会反响。在让国际公众客观认知孙杨案的同时，加强客观正确的舆论引导，增加中国解读国际体育规则的国际认同，也会成为在孙杨案中的制胜法宝。

---

① 《检测与调查国际标准》附件 H 第 4.11 条。

② 董颖：《新媒体时代传统体育媒体的话语权危机》，载《广州体育学院学报》2019 年第 4 期。

③ Darren kane, Fairness at core of Sun Yang case despite headline hysteria, https://www.smh.com.au/sport/swimming/fairness-at-core-of-sun-yang-case-despite-headline-hysteria-20191122-p53d4r.html.

## (二)供给侧体育话语权之不足

### 1.体育法治人才缺乏整合

体育纠纷的解决对于体育法律人士的需求极高。对于国际体育仲裁而言,只有了解体育竞技规则、熟悉国内外体育规则、懂国际体育仲裁审判思维、掌握体育仲裁技能、研读国际体育仲裁判例、积累深厚体育法理论与实践经验的专业法律人士的参与才能读懂体育仲裁中的术语符号。因此,体育法治人才对国际体育仲裁结果起着关键性的作用。

在孙杨案中,WADA 代理律师技高一筹,利用其娴熟的交叉盘问技能让孙杨方的证词前后矛盾。2020 年 2 月 29 日,北京市法学会体育法学、奥林匹克法律事务研究会与天津市法学会体育法学分会联合举办了 CAS 裁决孙杨案专家在线座谈会①,就体育法律人才、运动员的法律素养、保护等问题进行热议,这表明学术界对国际体育仲裁理论研究工作,以及该如何应对运动员所面临的 CAS 仲裁困境给予了高度重视。但是,该研讨会的召开对于孙杨案来说,具有滞后性,因为没有在案件审理之前为该案提供有用的学术建议,这也从侧面显示了体育人才与体育纠纷解决之间的衔接机制没有建立起来。本案裁决显示,在收集样本的当晚,运动员本人就样本收集人员的资质与授权问题询问了相关医师和领队,但并没有得到专业的帮助,对于专业的法律问题也不能过分苛责医师和领队,因为本应让专业的法律人士来对 WADA 的国际体育规则、拒检的可能后果提供专业的法律解读。解决这个问题的根本路径只有两种可能:要么运动员本人就是专门的法律人,要么必须有专业法律人为运动员提供专业服务。前者显然是过高的要求,客观而言只能要求运动员一定要有法治意识,知道向什么人士寻求帮助,毕竟最终的法律责任将由运动员本人自担。《中共中央关于坚持和完善中国特色社会主义制度推进国家治理体系和治理能力现代化若干重大问题的决定》中提出了"建立涉外工作法务制度,加强国际法研究和运用"。因此,我国在体育领域应建立起由体育专家、学者、高校教师、律师、仲裁员等体育法治人才组成的涉外体育工作法务库,建立起"事前预防—事中跟进—事后纠纷解决"的保障体系,有力的保障国家荣誉和运动权益。

---

① 赵晓娜:《京津法学组织联合举办 CAS 裁决孙杨案专家在线座谈会》,载《民主与法制时报》2020 年 3 月 3 日第 3 版。

2.体育智识资源有待提升

(1)国际体育规则解读与适用能力较弱

孙杨案中涉及对 ISTI 以及 FIFA DC 的适用问题,如果未对规则进行充分解读可能会出现法律理解错误,从而导致在反兴奋剂管理程序过程中与样本收集人员发生不必要的冲突,成为 CAS 仲裁庭中的被申请人。相比起 WADA 方对规则的理解与运用,孙杨方存在不足之处。在 CAS 仲裁裁决中, WADA 多次以证人受"恐吓"为由,要求对重要证人予以保护,防止孙杨、家庭成员等与其进行接触。"恐吓"一词在该案中具有以下法律意义:第一,在事实认定方面,如果一方当事人对重要证人进行"恐吓",则该证人的证词可能会成为非法证词降低甚至消除证据的证明力,对实施恐吓行为的一方当事人产生不利影响。如果样本收集人员的证词有利于孙杨方,若对 DCO/DCA/BCA 进行恐吓,可能会使现实中的事实无法变为法庭中的事实,对孙杨方变有利为不利,在事实认定方面降低胜诉概率。第二,在法律适用方面,FIFA DC 第2.5条("篡改或试图篡改兴奋剂管制任何一部分")中规定:"篡改应当包括(不限于)故意干扰或试图干扰兴奋剂管制官员,向反兴奋剂组织提供欺诈信息,或者恐吓或者试图恐吓潜在证人。"①虽然,仲裁庭从样本收集人员是否根据 ISTI 规则通知了运动员,运动员是否有其他正当理由不遵守样本收集程序以及运动员的主观故意等方面来论证第2.5条,但是,并不排除"恐吓"成为违反该条的法律理由。因此,可见 WADA 方具有对国际体育规则理解与适用的深厚理解,而孙杨方缺乏对这一规则的深入理解,同时也混淆了 IDTM 和中国反兴奋剂中心等样本检测机构的采样程序,辩论不具有针对性。

(2)CAS 仲裁庭的立场偏向

CAS 上诉仲裁庭的仲裁员作为体育组织处罚决定再审的"裁判者",必须保持独立,站在天平的中间不偏不倚地对待当事人,否则当事人就可以以此为理由向瑞士联邦法院上诉,CAS 仲裁裁决也将会面临被撤裁或发回重审的结果。这并不代表在涉及行使自由裁量权的领域,仲裁庭就不能进行立场判断,但是,这种立场判断必须合法、合理与公开。CAS 仲裁庭具有广泛的自由裁量权,主要表现为:第一,上诉审查裁量权。根据 CAS 体育仲裁法典第57条:"仲裁庭有审查法律和事实的全部权力。它可以发布新裁决、废除受质疑的决定也可以发回重审。"CAS 内部规则授予了仲裁庭对上诉审查范围的自由裁

---

① See Art. 2.5, FINA Doping Control Rules.

270

量权。第二,证据采纳裁量权。在证据的采纳领域,CAS 仲裁庭存在明显的自由裁量权。仲裁庭可以自由裁量证据问题,自由选择查案方式①,但是,自由裁量之行使必须满足基本的法律原则和自然正义。② 在 CAS 仲裁庭证据采纳中,自由裁量中包含着正义判断,其实就代表了仲裁庭的立场判断问题,例如,如何在运动员个人人权保障与公共利益或公共秩序之间平衡。第三,法律适用裁量权。CAS 上诉仲裁庭在法律适用层面上,可以根据意思自治选法,可以适用体育组织或协会、联合会所在国法律,也可以适用依据自由裁量权所选的法律。即在没有当事人意思自治的情况下,CAS 仲裁庭在出具正当理由的情况下,依据自由裁量权选择的法律就具有适用的可能。第四,规则出现漏洞时的裁量权。存在法律适用没有相关规定的情况下,CAS 仲裁庭可依据自由裁量权处理仲裁案件。例如,FIFA DC 第 2.3 条中规定,逃避、未提交收集样品必须具有"正当理由"才能不遵循样本收集程序。何为"正当理由"则需法官自由裁量。为此,CAS 形成一项判例来保证规则适用的统一性,即"身体、卫生和道德方面允许的情况下,无论何时都应当提供样本"。③ CAS 仲裁庭在仲裁审理过程中遵循先例的同时,还是会存在自由裁量空间,如对"身体、卫生和道德"的范围界定,仍需依靠仲裁庭进行能动解释。

　　在孙杨案中的证据采纳方面,仲裁庭的态度明显偏向 WADA 一方。在听证会中仲裁庭主席询问孙杨经历过多少次检测?检测中都会有什么文件过目?孙杨运用中国反兴奋剂的高标准进行说明,即应有 FINA 授权(通用授权书),也会有样本收集人员的个人授权书。仲裁庭主席的询问目的在于在孙杨的样本收集过程中是否会形成只使用通用授权书的先例。通过听证会中的交叉盘问,仲裁庭认为已经有证据证明 IDTM 公司在为具有个人授权书的形式资格的情况下已经进行了数万份之多的样本收集④,随后,仲裁庭指明立场:

---

①　张春良:《论国际体育仲裁中的衡平救济——基于 CAS 衡平仲裁之考察》,载《西安体育学院学报》2012 年第 2 期。

②　张春良:《论国际体育仲裁院(CAS)庭审证据规则》,载《武汉体育学院学报》2010 年第 7 期。

③　CAS:2013/A/3077 World Anti-Doping-Agency (WADA) v. Ivan Mauricio Casas Buitrago & Colombian Olympic Committee (COC), http://jurisprudence.tas-cas.org/Shared%20Documents/3077.pdf.

④　杨秀清:《先例在国际体育仲裁法律适用中的指引作用探析》,载《体育科学》2014 年第 1 期。

如果认为运动员关于个人授权书的主张是正确的，则成百上千份的以前依据未出示的个人授权证明所进行的样本收集将归于无效，这其中暗含仲裁庭保护样本采集"既判力"的立场，是维护公共秩序立场的体现。因此，在审理多起体育仲裁案件的基础上，仲裁员已经形成了固定的立场模式，通过对 CAS 仲裁案例的研读，就可以导出哪些仲裁员总是在维护公共利益，哪些仲裁员总是在维护运动员的人权，这样就能够选取对己方可能有利的仲裁员参与仲裁程序。

### 3.运动员法律素养较弱

在体育仲裁庭审中，当事人双方在法庭上的个人魅力展现、法律素养表现、道德人格体现都能够或多或少地对仲裁庭的判断产生影响。如果被申请人在法律素养较弱作用的影响下，实施了一系列庭审行为，可能会令仲裁庭产生对己方反感的态度，作出对被申请人不利的仲裁裁决。

在庭审中，若需要更换翻译人员，当事方必须征求 CAS 仲裁庭的同意。但是在听证会最后陈述阶段，孙杨未经仲裁庭同意，私自更换翻译人员，实为不遵循仲裁庭程序规则之举，这就体现了运动员法律素养较弱。正如仲裁庭在裁决中表示："运动员不能将自己凌驾于法律之上，不得不遵守国际体育规则。"在整个裁决书中出现多次仲裁庭对孙杨的不利评价，除无视仲裁庭程序外还在于：第一，在 DCO 是否告知运动员不遵守样本收集程序的后果进行认定时，仲裁庭也表示出孙杨在听证会中显得个性强势。第二，在裁决中还指出仲裁庭认为孙杨并没有对其未遵守样本收集程序的行为表示遗憾。孙杨未完成样本收集已经成为不争的事实，本应该运用国际体育规则和原则，以及各种庭审技术手段来谦虚地参与仲裁审理。不管出于何种理由，敬畏国际体育实体和程序规则，保持谨慎、诚恳的态度参加听证会，为己方权益而战才是王道。孙杨在听证会的做法遭到了仲裁庭的批评，这些做法是否会令仲裁庭感到反感，是否会影响案件结果，是否会影响仲裁庭的自由裁量，影响程度如何可想而知。因此，忽视国际体育自治规则的权威，会引起仲裁庭产生对孙杨不利的态度。

因此，从对孙杨案听证会过程和仲裁裁决的分析结果来看，多元优质体育人才的缺乏、运动员法律素养的不足、体育境外资源输入的缺失，不仅会影响体育话语权需求侧的建设，也会对"体育强国"战略的落实造成负面影响。

## 三、孙杨案对体育话语权法治保障的启示

### (一)体育法治人才之整合:建构涉外体育工作法务库

体育法治人才整合的缺失,导致孙杨在采样过程中没有获得足够的法律建议。这表明建立涉外体育工作法务库对体育话语权建构尤为重要。由于国际体育活动涉及的多为国际荣誉和软实力竞争,因此,该整合必须以国家作为牵头主体,以律师、专家、学者以及国外优秀法律人才作为供应主体。

在"涉外工作法务制度"建设的政策指引下,以国家体育行政机关为政策导向,由中华全国体育协会牵头,在中国法学会协助下,在体育协会内部设立"体育法治人才专家库",负责统筹涉外体育法务工作。由需求主体以申请方式向专家库提出体育法治人才的需求,保障需求主体的选择自由,为包括在 CAS 仲裁庭作为当事人的中方运动员或体育组织提供法律咨询、代理或其他专业法律服务。体育法治人才专家库还可以常设各专业委员会,或特定专题的核心专家小组,例如反兴奋剂的法律服务专家小组等,出具年度或行业报告,对本领域体育法律问题、法律风险预警和预防、行动指南等提供建议或意见。通过法务库的支持,可形成"事前预防、事中跟进和事后监督"的全方位法律服务支持体系,为中国体育话语权的建设提供人才保障。

### (二)体育治理国际资源之利用:集成国际体育治理数据库

对国际体育相关规则的灵活掌握,是参与国际体育游戏获得体育话语权的前提。因此,应建立国际体育领域重要的治理数据库,至少包括如下三方面的内容:第一,国际体育规则数据库,包括 IFs、WADA、CAS 的章程、内部治理规则数据和体育规则解读数据。第二,争议解决数据库。国际体育领域的纠纷解决方式包括组织内仲裁、专门的仲裁、行业外审查。组织内仲裁是指各 IFs 内部设立仲裁机构,处理内部会员、运动员等体育行为主体之间的体育纠纷;专门的仲裁是由 CAS 作为独立仲裁机构进行的仲裁。行业外审查指瑞士联邦法院根据当事人的申请,对 CAS 仲裁裁决进行司法审查,必要时可以撤销裁决。这些仲裁委员会或者仲裁机构内部已经形成较多先例,对于规则的理解、解释和适用具有重要的引导和示范作用。需要对先例数据进行整合,建

立争议解决资源库。第三,仲裁员信息数据库。尽管有的立法禁止对仲裁员进行大数据分析,但从权利保障角度看,有必要通过对各仲裁员教育背景、庭审表现和仲裁裁决意见等的综合分析,提取仲裁员在各类体育纠纷中的立场偏向,为我国体育组织或运动员在维权过程中提供积极的预判和帮助。借助互联网、大数据等科技力量,整合上述三库资源,降低需求主体解读规则的时间成本,充实体育话语权建设的供给。

(三)运动员法律素养之提升:形成法体、内外联动的培养体制

运动员作为国家参加国际体育竞赛的代表,在国际体育社会的一举一动都是国家形象的展现。基于孙杨案中仲裁庭对孙杨的评价,反映出运动员中存在法律素养不足的问题,这无论是对体育话语权建设还是对国家体育形象提升都会造成消极影响。因此,运动员法律素养的培养对体育话语权的建设是不可或缺的。

该法律素养的养成需要内外联动。一方面在运动员培养和培训中应嵌入法治意识和内容,外部用力;另一方面运动员要在内心对法律敬畏和遵守,让法治思维入脑入心,在法律的指引下调配自己的行为。因此,建议在对运动员素质的培养中建立"运动员素养评价"指标,专设法律素养一级指标,并在"法律素养"下设"知—守—用"二级指标。"法律素养"作为一个重要的指标设计,要求运动员必须着重加强对国际体育自治规则的知、守、用,并将其作为运动员日常训练、参赛资格的一个不可或缺的、重要的权重指标,必要时甚至可以一票否决竞赛成果。中国体育管理层应当明确,与其要一个在世界上为中国体育带来污点形象的世界冠军,不如要一批能为中国体育带来正面形象的体育参与者和享受者。正如电影《争冠》中所言:只有内心不够强大,才会在乎一个比赛的结果。其言虽值得商榷,但它不无真理之处在于:中国要作为体育强国,必须要有体育强国之心。强国之心要的是干净的胜利、公平的胜利。体育竞技的评价体系和指挥方式能否发生转变,是法体、内外联动培养体制能否发挥效用的核心。唯如此,才能打通内外联动的指标设计,倒逼中国体育界提高自身法律素养,在各级竞技场上能力制胜、规则制胜。

冰冻三尺,非一日之寒。中国体育话语权建构的法治保障,并非一朝一夕即可完成。只有在供给侧和需求侧的共同作用下,才能提升中国的国际体育话语权。透过孙杨案可洞察供—需侧中国体育话语权在某种程度上的缺失与不足,通过建立涉外体育法务机制、国际体育治理数据库,形成法体、内外联动

的培养体制,实现中国体育话语权的供给侧结构性改革,形成中国特色的体育话语权体系,借力法治引领与保障的双翼,让中国体育不仅赢在法庭中,还应胜在"话语上"。语言是存在的家,中国体育话语权就是中国体育如何存在的家。